湖北发展研究报告

2022

武汉大学湖北发展问题研究中心　组编
武汉大学发展研究院

武汉大学出版社

湖北发展研究报告 2022

报 告 统 筹 人：	李　光						
报 告 撰 写 人： （以姓氏笔画为序）	万凤娇	王　烨	王　勤	王　慧	王才玮	王兴宇	王晨茜
	王薇薇	韦　吉	云昭洁	牛婧红	付新平	宁晓静	邢　翔
	光峰涛	朱　帅	朱昌明	乔亚兰	向　福	刘　芳	刘　欣
	刘　亮	刘卫华	刘汉成	刘再起	刘春江	刘淑靓	许传红
	许诗杨	李　光	李　好	李　健	李小芳	李文成	李喜英
	杨　炎	杨　奕	杨小曼	杨明银	肖　松	肖泽磊	吴　斯
	吴传清	何　峰	何科方	邹　蔚	邹小伟	邹进泰	张　宁
	张　兴	张　磊	张　毅	张司飞	张欲晓	陈　芮	陈向军
	陈志强	范欲晓	林　洪	尚斌斌	昌　诚	易　明	易晓波
	罗静怡	金三泰	周　阳	周　茜	周　豹	郑　楠	赵　林
	赵　明	赵　豪	赵荣凯	胡　然	胡道银	姜军民	姚栋夫
	秦思敏	秦尊文	栗姗姗	夏　谦	高建平	高程程	黄　涛
	盛建新	谌祖文	彭　宇	董家瑞	惠晓通	程　晨	傅诗雯
	童　欣	曾国安	谢梓月	管彦钰	谭熙钰	熊　怡	樊志宏
	樊艳萍						

《湖北发展研究报告2022》由武汉大学湖北发展问题研究中心、武汉大学发展研究院组织研究和出版，并获湖北省普通高校人文社会科学重点研究基地建设基金、武汉大学人文社会科学发展基金支持。

目录

湖北省养老科技发展策略研究
武汉大学发展研究院课题组 ……………………………………… 1

湖北省科技创新资源配置效率研究
邹 蔚 王兴宇 万凤娇 ………………………………………… 23

湖北省科研机构绩效评价管理和改革重组研究
盛建新 胡 然 牛婧红 ………………………………………… 41

湖北省公民科学素质现状分析和对策研究
刘春江 李 健 …………………………………………………… 59

创新湖北：东湖科学城打造高水平创新集群研究
李 光 ……………………………………………………………… 63

加快推进武汉建设国家新一代人工智能创新发展试验区的对策研究
华中科技大学课题组 ……………………………………………… 69

湖北省实验室科技人才队伍建设现状与对策
何科方 刘 欣 …………………………………………………… 89

武汉建设科技创新中心的路径研究
——基于"五大核心能力"分析框架
黄 涛 彭 宇 王 慧 ………………………………………… 103

关于推动湖北科教优势转化为创新优势、发展胜势的决策建议
肖 松 等 ………………………………………………………… 118

湖北省两院院士群体特征及启示研究
  武汉科技大学课题组 ………………………………………………… 132

湖北省科创"新物种"企业发展现状及培育建议
  武汉光谷创新发展研究院课题组 ……………………………………… 148

湖北省金融创新支撑科技创新发展的思考与建议
  高建平　邹小伟　姚栋夫 …………………………………………… 160

湖北省建设创新型县(市、区)的实施路径研究
  范欲晓　云昭洁　童　欣 …………………………………………… 171

湖北省大健康产业发展研究
  黄冈师范学院课题组 …………………………………………………… 181

湖北省农业产业化发展研究
  王薇薇　惠晓通　朱　帅 …………………………………………… 208

湖北省氢能产业高质量发展研究
  吴传清　赵　豪 ……………………………………………………… 222

湖北省高标准农田建设现状、面临的挑战及对策建议
  许传红　李小芳 ……………………………………………………… 237

湖北省巩固拓展易地扶贫搬迁成果同乡村振兴有效衔接研究
  邹进泰　罗静怡 ……………………………………………………… 258

湖北省区域文化产业科技创新能力提升路径研究
  ——基于模糊集定性比较分析方法
  张司飞　韦　吉 ……………………………………………………… 270

湖北鄂州花湖机场航空物流产业发展研究
  湖北航空物流产业发展研究课题组 …………………………………… 290

发挥湖北省在建设全国统一大市场中重要作用研究
  武汉大学发展研究院课题组 …………………………………………… 306

服务和融入新发展格局　构建高水平对外开放"新沿海"
  ——对湖北开放型经济发展情况的调查与建议
  联合课题组 ……………………………………………………………… 312

高质量推进湖北省市场监管现代化建设研究
中国地质大学（武汉）课题组 ……………………………………… 329

湖北省重要矿产资源勘查开发利用现状调查及建议
联合课题组 ………………………………………………………… 350

湖北省艺术职业教育面临的竞争态势及对策
乔亚兰 ……………………………………………………………… 358

乡村振兴背景下湖北省宜红茶品牌建设研究
刘再起　吴　斯 …………………………………………………… 370

新时代背景下湖北省卫生健康人才培养现状与优化策略研究
武汉大学公共卫生学院课题组 …………………………………… 387

武汉长期坚持工业强市加码先进制造中心研究
樊志宏　周　阳 …………………………………………………… 400

武汉市住房市场金融调控政策的成效、存在的问题及完善建议
曾国安　陈　芮　杨小曼 ………………………………………… 431

关于提升商科毕业生就业质量的思考
——基于武汉大学2021届商科毕业生就业状况的系统分析
李　好　王晨茜 …………………………………………………… 449

超大城市社区冲突类型与矛盾化解机制研究
——基于武汉市典型社区的考察
肖泽磊　王　烨 …………………………………………………… 472

荆州市推进承接产业转移示范区发展研究
秦尊文　张　宁 …………………………………………………… 489

2021年湖北省国民经济和社会发展主要指标
易晓波　摘编 ……………………………………………………… 509

后记 ……………………………………………………………… 510

湖北省养老科技发展策略研究

武汉大学发展研究院课题组

我国正在深入实施创新驱动发展战略,科技创新在全面创新中具有核心地位和引领作用。按照以全球视野谋划科技创新的要求,湖北省应切实关注世界养老科技发展态势,重视养老科技创新的重要战略意义,并采取积极应对策略。

一、养老科技及其兴起的时代背景

早在20世纪80年代,有关老龄化与科技的探索逐渐兴起,早期的研究问题集中于相关人体工学、人因工程和辅助技术等。20世纪90年代以来,老龄化动态与多样化特征、老年人的多重主体身份、技术的社会属性等问题逐渐被重视,跨学科研究边界与深度得到拓展,养老科技(gerontechnology)概念应运而生。① 养老技术是一个复合词,它由老年学(gerontology)——研究衰老的科学和技术(technology)组成,代指利用技术进步助推衰老的生物、心理、社会和医学的研究与应用。② 目前,国外关于养老科技创新概念并没有形成共识,使用术语通常有"gerontechnology innovation""technology innovation for ageing"和"innovation in aging"等。当然,这并不影响人们开展大量面向老年化社

---

① Bouma H, Fozard J L, Bouwhuis D G, et al. Gerontechnology in perspective[J]. Gerontechnology, 2007, 6(4): 190-216.
② Micera S, Bonato P, Tamura T. Gerontechnology[J]. IEEE Engineering in Medicine and Biology Magazine, 2008, 27(4): 10-14.

会及人口老龄化问题的科技创新实践。Jackson 等学者在学术论文《面向老龄化的技术创新合作研究》中，采用了"gerontechnology innovation"的用法，但并未给出明确的科学定义。① Chen 和 Lee 面对日益老龄化的人口提出一种新的养老科技创新模式，期待在养老科技方面发挥关键作用，为老年人带来更多幸福感和心理健康，从而提高整个社会的福祉。② de A Melo 等学者认为"人口老龄化是养老科技创新的机遇和挑战"。③ Laperche 等学者提出了新的术语，即"养老科技的创新（geront'innovation）"，以此界定满足老年人需要的各种创新形式。④ Jean-Jacques 认为养老科技创新是银发创新（silver innovation）的一个组成部分。⑤ 国际养老科技学会在阐述养老科技使命时指出，养老科技作为一个技术领域，将现有和正在发展的技术与老年人的愿望与需求联系起来，成为社会可持续性的一个关键因素，因为它涉及以技术为基础的产品、服务和环境，以及改善老年功能和生活质量。Thomas 等认为，养老科技是指可以满足老龄化社会需求的技术，由"老年医学"和"技术"组成，其中老年医学更多关注生物学、心理学、社会学和医学方面的研究，技术则涉及物理、化学、机械、电子工程、信息和通信工程等

---

① Jackson P, Sixsmith J, Mihailidis A, et al. Perspectives on collaboration in technology innovation for ageing［C］//International Conference on Smart Homes and Health Telematics. Springer, Cham, 2015：27-37.

② Chen S H, Lee R S. A new gerontechnology innovation model：interdisciplinary open innovation orange technology［J］. Gerontechnology, 2014, 13(2).

③ de A Melo J E, Rodrigues S S, Martins G A, et al. An analysis of application usage for notes and reminders by older persons-eldernote case study［C］//Proceedings of the 7th International Conference on Software Development and Technologies for Enhancing Accessibility and Fighting Info-exclusion, 2016：339-345.

④ Laperche B, Boutillier S, Djellal F, et al. Innovating for elderly people：the development of geront'innovations in the French silver economy［J］. Technology Analysis & Strategic Management, 2019, 31(4)：462-476.

⑤ Jean-Jacques T. From gerontechnology to silver innovation：moving beyond classical frontiers［EB/OL］. http：//activeaging2.com/gerontechnology-silver-innovation-moving-beyond-classical-frontiers/, 2016-12-18.

科学。Chen 等认为，养老科技是可以增加老年人独立生活和社会参与的健康、舒适和安全的数字产品或者服务。[1]

探索养老科技领域技术的发展趋势，解决养老市场供需失衡问题，确定我国养老科技领域的未来布局，加快养老科技研发与应用是以科技创新应对老龄化问题的关键。养老科技作为跨学科的科技，是指利用技术在老年领域中的创新活动。[2] 养老科技有广义和狭义之分。广义的养老科技覆盖面宽，1991 年第一届国际养老科技会议将养老科技界定为"综合老年学与现代科技手段，支撑老年人健康、舒适、安全地独立生活的科技与社会环境"。狭义的养老科技覆盖面窄，马俊达等学者认为养老科技综合了现代老年学与信息技术、老年医学养护、生命科学、中医药学和康复辅具等跨学科技术手段，为老年人提供最佳照料护理、健康管理、卫生保健、安全环境和社会参与途径，目标是提高老年人健康水平、福祉和生命生活质量。[3]时至今日，养老科技已成为社会可持续发展的关键因素，人们通过完善围绕该技术的产品、服务与环境，以实现健康老龄化愿景。Halicka 和 Surel 从技术应用角度，将养老科技划分为九个类别，分别为健康、教育、人际沟通、安全、移动、护理、休闲、住房和数字无障碍，并通过创新性、可用性、功能性、易用性和道德性等标准来评估各项技术，以实现其多维度的效力。[4]

COVID-19 疫情对世界的公共卫生造成了巨大影响，尤其是弱势群体，如老年人或养老院居民受到了极大的不利影响，引发社会对于老年人健康的密切关注与担忧。此时，如果没有适当的解决方案，老年人将会经历更严重的功能衰退、孤独、抑郁、认知障碍、社会孤立等健康风

---

[1] 黄鲁成，李晋，吴菲菲. 基于文献的养老科技学科体系研究[J]. 情报杂志，2020，39(2)：63-71.

[2] Petermans J. Gerontechnology: don't miss the train, but which is the right carriage[J]. European Geriatric Medicine, 2017, 8(4): 281-283.

[3] 马俊达，刘冠男，沈晓军. 社会福利视野下我国老年福祉科技及其发展路径探析[J]. 中国科技论坛，2014(5)：130-136.

[4] Halicka K, Surel D. Evaluation and selection of technologies improving the quality of life of older people[J]. European Research Studies Journal, 2020, 23(2): 592-611.

险。在COVID-19疫情后时代，通过养老科技创新提升弱势群体的幸福感，被赋予更深切的期望。①

人工智能、可穿戴设备以及辅助技术的快速发展，正在重塑针对老年人的心理与生理服务，已在世界范围内引起广泛关注。②然而，医学和护理的"人性化"问题受到了强烈关注，如基于算法的标准化护理使服务失去人格化、高度自动化技术使护理关系失去人性化、通过监测与监视对用户进行纪律约束。因此，如何围绕以人为本的原则，可持续性维系与改善老年人的身体状况、认知表现和心理健康，是未来养老科技发展的方向。③

养老科技是在研究应用现代科技应对人口老龄化挑战过程中发展起来的。养老科技是以满足老年社会多方面需求为目的的科学技术，它在老年人健康与自尊、居住与日常生活、行动与交通、交流沟通、工作与闲暇等领域发挥着日益重要的作用。"养老科技是以应对人口老龄化挑战、满足老年人物质与精神需求为目的，在多学科交叉基础上形成的科学技术"。养老科技创新包括面向老龄化人口群体的产品、服务和老年友好社会空间环境。在我国与养老科技相关的概念有智能化养老、智慧养老、智慧健康养老等，但这些概念与养老科技概念有明显差异。④

从上述相关研究可以归纳出国内外学者关于养老科技创新的一些基本认识：（1）养老科技是一个跨学科研究领域，涉及自然科学、技术科学、工程科学、人文社会科学、管理学等学科。（2）养老科技是全面满足老年人日益增长巨大需求的科技，是通过赋能养老产业和商业模式发

---

① Park Y H, Chang H K, Lee M H, et al. Community-dwelling older adults' needs and acceptance regarding the use of robot technology to assist with daily living performance[J]. BMC geriatrics, 2019, 19(1): 1-9.

② Nevedal A L, Ayalon L, Briller S H. A qualitative evidence synthesis review of longitudinal qualitative research in gerontology[J]. The Gerontologist, 2019, 59(6): e791-e801.

③ Tey N P, Siraj S B, Kamaruzzaman S B B, et al. Aging in multi-ethnic Malaysia[J]. The Gerontologist, 2016, 56(4): 603-609.

④ 黄鲁成，李晋，吴菲菲. 基于文献的养老科技学科体系研究[J]. 情报杂志, 2020, 39(2): 63-71.

挥作用的科技,是应对人口老龄化的科技。(3)养老科技创新包括各种形式的创新,尤其是开放式创新和负责任创新。(4)养老科技体现了老年人的综合价值,他们不仅是养老科技创新的刚性需求者,而且是养老科技创新的积极参与者。(5)养老科技体现了人类社会发展需要,尤其是养老科技创新以问题导向、用户导向、需求导向、市场导向、目标导向。(6)养老科技发展旨在提升老年人福祉、老年人的幸福感和心理健康。(7)养老科技能够实现"三赢方略",即实现决策者、科技创新者和老年人多方共赢,有助于老年友好社会建设。(8)养老科技为国家及区域科技、经济、社会带来了发展机遇。从养老科技的国际学术组织看,国际养老科技学会(International Society for Gerontechnology,简称ISG)成立于1997年,会址位于荷兰艾恩德霍芬。创会者分别为荷兰老年学学者Johannes Adrianus Maria Graafmans、芬兰医学教授Vappa Tuulikki Taipale和德国老年学学者Heinz Richard Pieper。国际养老科技大会(International Society for Gerontechnology World Conference,简称ISG World Conference),是由ISG组织的国际跨学科会议。国际养老科技大会始于1991年,每两年举行一次。第十二届国际养老科技大会于2020年10月7日至9日在挪威特隆赫姆举行。由于COVID-19疫情蔓延,会议首次采用在线形式开展。会议的主题是"实现更高生活质量和积极健康老龄化的措施(Measures to Achieve Better Quality of Life and Active Healthy Aging)",会议讨论了科技提高老年人生活质量和解决年龄相关疾病的潜在力量。科技解决方案也可以支撑独立且有意义的活动,同时科技可以让老人远离孤独、无聊和无助。此次会议包括6次主题演讲、13次专题讨论会、69次口头报告、50次海报推广和2次圆桌会议。第十三届国际养老科技大会定于2022年10月22—26日在韩国大邱举行,将联合第6届国际养老科技博览会暨论坛(6th International Gerontechnology Expo & Forum,IGEF 2022)开展系列活动,将是一场集科技规划、陈列、展览、论坛等多种活动于一体的全球性养老科技交流盛会。第十三届国际养老科技大会的主题是"人工智能时代的养老科技(Gerontechnology in the Era of Artificial Intelligence)"。为了加强养老科技国际交流,国际养老科技学会官方季刊 Gerontechnology 于 2001 年正式创刊。

从养老科技兴起的时代背景看,首先是世界人口老龄化,尤其是中国人口老龄化问题日益凸显,这是一个关系人类命运的全球问题;其次是面对全球人口老龄化问题,国际上先后提出积极老年化、健康老年化、互联老年化、幸福老年化等对策及预期;再次是大健康产业,尤其是养老产业发展方兴未艾,既需要科技创新链、产业链的深度融合,也需要科技赋能产业链纵向延伸和横向扩展;最后是科技创新应以需求和用户导向,形成科技创新利益共同体。

从养老科技发展带来的社会转型看,养老科技的跨学科性、学科融合性,不仅对人类社会发展产生深刻影响,而且加快了社会转型进程。如方兴未艾的人工智能技术引发了人类社会的深刻变革。日新月异的人工智能技术,不仅促进了养老服务模式、养老服务产业、养老服务管理的智能化转型,而且提升了养老服务工作效率,降低了养老服务人力资源成本,促进了养老服务供给与需求之间的精准匹配。与此同时,人工智能技术也给养老服务主体法律地位、养老服务侵权制度、养老服务伦理以及老年人权利保障带来了新挑战。在这种社会背景下,养老服务领域应摒弃消极被动的应对模式,通过积极主动的养老服务法律制度重构活动,合理规制人工智能给法律制度带来的新挑战。[1]

从养老科技发展的社会趋势看,世界养老科技的形成与发展分为两个阶段:1980—1991 称为养老科技孕育阶段,1991 年至今称为养老科技发展阶段。[2] 由于人口老龄化持续演进、大健康产业蓬勃发展、科技创新赋能日益深刻、社会治理现代化等一系列重大刚性需求,尤其是伴随着人口老龄化群体不断增加、老年人口数量占全部人口比重持续增加、老年人口对生活质量需求不断增加,养老科技创新将进一步受到政

---

① 苏炜杰,徐智华. 人工智能对养老服务法律制度的挑战及其完善路径[J]. 宁夏社会科学,2021(3):77-85.

② 黄鲁成,李晓宇,苗红,等. 国外养老科技创新研究:趋势、主题与展望[J]. 科学学研究,2020,38(7):1294-1303.

府、社会公众及企业的关注,进入加快发展的战略机遇期。

二、我国养老科技发展的社会环境

我国是世界上人口最多的国家,也是世界上人口老龄化绝对数最大的国家。相比较而言,我国比世界上任何国家的老年人口问题压力更大。根据第七次全国人口普查结果,① 我国60岁及以上人口26402万人,占18.70%(其中65岁及以上人口为19064万人,占13.50%);与2010年相比,60岁及以上人口的比重上升5.44个百分点。我国人口老龄化程度进一步加深,快速进入人口老龄化社会带来的压力越来越大。我国人口老龄化的主要特点有以下几个方面:

第一,老年人口规模庞大。我国60岁及以上人口有2.6亿人,其中65岁及以上人口1.9亿人。全国31个省、自治区、直辖市中,有16个65岁及以上人口超过了500万人,其中有6个老年人口超过了1000万人;有11个60岁以上人口超过1000万,其中山东是我国唯一老年人口超过2000万的省份,老年人口已达到2212万人(见表1)。

第二,老龄化进程明显加快。2010—2020年,我国60岁及以上人口比重上升了5.44个百分点,65岁及以上人口上升了4.63个百分点。与2010年相比,上升幅度分别提高了2.51和2.72个百分点。

第三,老龄化水平城乡差异明显。我国乡村60岁、65岁及以上老人的比重分别为23.81%、17.72%,比城镇分别高出7.99、6.61个百分点。我国人口老龄化水平的城乡差异,除了经济社会发展不平衡原因外,与人口流动密切相关。

第四,老年人口质量不断提高。我国60岁及以上人口中,拥有高中及以上文化程度的有3669万人,比2010年增加了2085万人;高中及以上文化程度的人口比重为13.90%,比2010年提高了4.98个百分

---

① 第七次全国人口普查中全国人口是指我国大陆31个省、自治区、直辖市和现役军人的人口。

点。我国人口预期寿命持续提高，2020年80岁及以上人口有3580万人，占总人口的比重为2.54%；比2010年增加了1485万人，比重提高了0.98个百分点。

人口老龄化是我国社会发展的重要趋势，也是今后较长一段时期我国的基本国情，这既是挑战也带来机遇。人口老龄化从挑战方面看，将减少劳动力的供给数量、增加家庭养老负担和基本公共服务供给的压力。同时，也要看到人口老龄化能够促进"银发经济"发展，扩大老年产品和服务消费，而且有利于推动我国科技创新和养老科技发展。

表1　　　第七次全国人口普查31个省、自治区、直辖市
老年人口数量及老龄化程度　　　（单位：万人）

省、自治区、直辖市	60岁以上人口	占比	65岁人口	占比
山东	2122.10	20.90%	1536.40	15.13%
江苏	1850.53	21.84%	1372.65	16.20%
四川	1816.38	21.71%	1416.76	16.93%
河南	1796.40	18.08%	1340.19	13.49%
广东	1556.51	12.35%	1081.30	8.58%
河北	1481.20	19.85%	1038.79	13.92%
湖南	1321.13	19.88%	984.21	14.81%
浙江	1207.27	18.70%	856.63	13.27%
湖北	1179.50	20.42%	842.43	14.59%
安徽	1146.92	18.79%	915.94	15.01%
辽宁	1095.45	25.72%	741.75	17.42%
广西	836.38	16.69%	611.41	12.20%
江西	762.48	16.87%	537.10	11.89%
陕西	759.12	19.20%	526.66	13.32%
黑龙江	739.57	23.22%	497.29	15.61%
云南	703.80	14.91%	507.33	10.75%

续表

省、自治区、直辖市	60岁以上人口	占比	65岁人口	占比
重庆	701.04	21.87%	547.36	17.08%
福建	663.79	15.98%	461.00	11.10%
山西	660.70	18.92%	450.47	12.90%
贵州	593.14	15.38%	445.65	11.56%
上海	581.55	23.40%	404.90	16.30%
吉林	555.12	23.06%	375.72	15.61%
内蒙古	475.72	19.78%	313.89	13.05%
北京	429.90	19.60%	291.20	13.30%
甘肃	426.10	17.03%	314.78	12.58%
天津	300.27	21.66%	204.57	14.75%
新疆	291.70	11.28%	200.59	7.76%
海南	147.66	14.65%	105.15	10.43
宁夏	97.41	13.53%	69.28	9.62%
青海	71.94	12.15%	51.41	8.68%
西藏	31.10	8.52%	20.70	5.67%

我国在养老科技理论引进及养老科技实践研究方面，已经取得了一系列阶段性研究成果。近年来，我国一些专家学者开始密切关注、引进和研究养老科技，尤其是以北京工业大学黄鲁成教授研究团队等为代表，对养老科技理论及方法引进、我国养老科技发展相关问题进行了系统深入的研究，提出了一系列有价值的对策建议。[①]

在我国积极应对人口老龄化顶层设计及发展规划方面，党中央、国务院先后出台了一系列重要文件。2019年11月，《国家积极应对人口老龄化中长期规划》正式发布(简称"《规划》")。《规划》明确了积极应

---

① 黄鲁成，李晓宇，苗红，等. 国外养老科技创新研究：趋势、主题与展望[J]. 科学学研究，2020，38(7)：1294-1303.

对人口老龄化的战略目标：积极应对人口老龄化的制度基础持续巩固，财富储备日益充沛，人力资本不断提升，科技支撑更加有力，产品和服务丰富优质，社会环境宜居友好，经济社会发展始终与人口老龄化进程相适应，顺利建成社会主义现代化强国，实现中华民族伟大复兴的中国梦。到2022年，我国积极应对人口老龄化的制度框架初步建立；到2035年，积极应对人口老龄化的制度安排更加科学有效；到21世纪中叶，与社会主义现代化强国相适应的应对人口老龄化制度安排成熟完备。《规划》从五个方面部署了应对人口老龄化的具体工作任务：一是夯实应对人口老龄化的社会财富储备；二是改善人口老龄化背景下的劳动力有效供给；三是打造高质量的养老服务和产品供给体系；四是强化应对人口老龄化的科技创新能力；五是构建养老、孝老、敬老的社会环境。

《规划》明确提出：深入实施创新驱动发展战略，充分发挥科技创新引领带动作用，把技术创新作为积极应对人口老龄化的第一动力和战略支撑。一方面，增强科技支撑能力。一是发挥创新引领作用，推动我国产业迈向全球价值链中高端，对冲人口老龄化对经济增长的负面影响。二是发展劳动力替代及增强技术，顺应劳动年龄人口减少的趋势，大力发展物联网、云计算、人工智能、机器人等新技术、新设备，推动科技创新成为经济社会发展新引擎。另一方面，提高老年服务科技化水平。一是加大老年健康科技支撑力度。大力发展老年医学。促进生物技术和信息技术融合发展，推进老年医疗临床和科研大数据应用，推动一系列前沿共性技术发展。二是加强老年辅助技术研发和应用。优先发展老年人护理照料、生活辅助、功能代偿增进等老年辅助科技产品。优化老年辅助产品设计，提高实用性，为老年人功能退化缺损提供智能科技代偿，辅助、替代人力照护，以技术创新增进老龄群体的社会参与。三是融合移动互联网、大数据、可穿戴、云计算等新一代信息技术，发展以主动健康技术为引领的信息化老年健康服务。从以治病为中心转变为以人民健康为中心，关注疾病预防、功能完善以及健康寿命延长，建设基于循证医学的持续性健康维护和干预体系。随着经济社会发展水平的不断提高，老年群体对适老产品的需求更加多样化多层次。

《规划》对发展银发经济也作出部署安排，着力推动增加为老服务和产品有效供给。一是推动老年产品市场提质扩容。积极开发适老生活用品市场，加快发展老年功能代偿产品市场，创新开发智慧健康产品。实施康复辅助器具应用推广工程，研究出台居家社区和养老服务机构康复辅助器具配置及使用指南，开展康复辅助器具社区租赁和回收再利用服务试点。二是推动养老服务业融合发展。促进养老服务业与教育培训、健康、体育、文化、旅游、家政等幸福产业融合发展，不断提供满足老年人需求的健康养老、养生旅游、文娱活动等服务，推动与养老服务上下游产业相配套的教育培训和平台建设，不断提升服务品质，改善服务体验，扩大有效供给。

2021年，《中共中央 国务院关于加强新时代老龄工作的意见》正式发布(以下简称"《意见》")，《意见》明确提出：加强规划引导，编制相关专项规划，完善支持政策体系，统筹推进老龄产业发展。鼓励各地利用资源禀赋优势，发展具有比较优势的特色老龄产业，统筹利用现有资金渠道支持老龄产业发展，加快建设适应新时代老龄工作需要的专业技术、社会服务、经营管理、科学研究人才和志愿者队伍。《意见》特别提出：强化科学研究和国际合作，加大国家科技计划(专项、基金等)、社会科学基金等对老龄领域科技创新、基础理论和政策研究的支持力度。支持研究机构和高校设立老龄问题研究智库。推进跨领域、跨部门、跨层级的涉老数据共享，健全老年人生活状况统计调查和发布制度。积极参与全球及地区老龄问题治理，推动实施积极应对人口老龄化国家战略与落实2030年可持续发展议程相关目标有效对接。

2022年2月，为贯彻落实积极应对人口老龄化国家战略，国务院印发《"十四五"国家老龄事业发展和养老服务体系规划》。这份规划文件围绕推动老龄事业和产业协同发展、推动养老服务体系高质量发展，明确了"十四五"时期的总体要求、主要目标和工作任务。我国老年人口规模大，老龄化速度快，老年人需求结构正在从生存型向发展型转变，建设老龄事业和养老服务体系的重要性和紧迫性日益凸显，任务更加艰巨繁重。实施积极应对人口老龄化国家战略，要把积极老龄观、健康老龄化理念融入经济社会发展全过程，在老有所养、老有所医、老有所为、老有所学、老有所乐上不断取得新进展，让老年人共享改革发展成果、安享幸福晚年。

在我国积极开展养老科技创新活动方面，养老科技日益受到重视。为积极应对老年化社会及人口老年化带来的一系列问题，努力提高老年人口生活质量和幸福指数，我国重视科技领域的行动。国家科技创新规划、国家科技创新行动计划、国家重大科技专项、国家科技创新平台建设等重要科技事项中都已关照到针对我国老年化社会及人口老年化问题的科技创新。尽管我国没有直接以"养老科技"专门领域明确提出，但在生命科学、生物技术、大健康产业等领域，都有针对老年化社会及人口老年化问题的科技方针、研发任务和产业政策。以中国科学技术协会正式发布的"2022重大科学问题、工程技术难题和产业技术问题"为例，包括10个对科学发展具有导向作用的前沿科学问题、10个对工程技术创新具有关键作用的工程技术难题和10个对产业发展具有引领作用的产业技术问题。中国科学技术协会明确提出这30个重大问题难题，旨在引导我国广大科技工作者围绕这些问题难题开展原创性、引领性科技攻关，为加快建设科技强国作出贡献。从这30个重大问题难题看，重大科学问题、工程技术难题和产业技术问题都涉及应对老年化社会及人口老年化研究。10个前沿科学问题的第一个问题就是"如何早期诊断无症状阿尔兹海默病"？10个工程技术难题之一是"如何创建心源性休克的综合治体系"？10个产业技术问题之一是"如何建立细胞和基因疗法的临床转化治疗体系"？显而易见，这些涉及应对老年化社会及人口老年化的问题难题，都可以纳入养老科技范畴和养老科技创新领域。以日新月异的人工智能、机器人技术发展为例，养老机器人针对老年人需求不断创新，向人性化、轻便化、舒适化、情感交互等方向发展。养老机器人与活力老人、年长老人、半失能老人、失能老人进行匹配，不仅有护理机器人、陪伴机器人、康复机器人，而且还有针对阿尔兹海默症预防及缓解的治疗机器人。

从我国养老科技发展阶段看，有学者认为从1987年到2013年为养老科技发展的萌芽期，2013年到2023年为养老科技成长期，从2023年起养老科技进入成熟期。① 目前，我国养老科技正处于技术成长期，即将进入成熟期。养老科技将根据当代老年人的需求，以市场需求、用户需求、社会需求为导向，加快研发养老科技产品及养老科技服务，尤其是注重产品的便利性、安全性、操作简单等特性。根据《中国老龄产业发展报告》，从老年产品的市场供给看，全球有6万多种老年用品，日本有4万多种老年用品，而中国只有2000多种老年用品。② 从我国老年服务的市场供给看，养老科技服务应用领域比较单一，运用于老年服务的创意设计、市场开发、综合服务等全产业链嵌入式体系尚未形成，老年护理服务需求与老年精神服务需求的科技支持，尤其是面向老年综合服务需求的交互式智能化公共平台，不能充分满足老年人的社会服务需求。

在我国科技界关于养老科技创新的自我意识方面，养老科技协同创新已经引起科技学会及科技工作者的重视。上海市2019年正式成立"上海市养老科技学会联盟"，由上海市通信学会、上海市标准化协会、上海市电机工程学会、上海市建筑学会、上海市城市科学研究会、上海市人类居住科学研究会、上海市楼宇科技研究会、上海市医学会、上海市中西医结合学会、上海市康复医学会、上海市护理学会、上海市科普作家协会、上海市老科技工作者协会等13个学会共同发起，旨在以养老科技问题为导向，通过跨学科、跨专业研究方式，积极推进养老科技创新，促进老年化社会建设，共同为上海养老科技和产业发展做出贡献。上海市养老科技学会联盟的成立，填补了我国养老科技研究联盟组织方面的空白。

在我国激发老科技工作者的科技创新潜能方面，中国老科技工作者

---

① 黄鲁成，郝亚丽，苗红. 中国养老科技的发展[J]. 科技导报，2021，39(8)：10.
② 吴玉韶，党俊武，刘芳，等. 中国老龄产业发展报告(2014)[M]. 北京：社会科学文献出版社，2014.

协会发挥了积极组织及引导作用。从第七次全国人口普查统计结果看，在我国60岁及以上人口中，60~69岁的低龄老年人口占55.83%，这些低龄老年人大多具有知识、经验、技能的优势，身体状况尚可，发挥科技创新作用的潜力很大。2019年10月5日，习近平同志在对中国老科技工作者协会工作的重要批示中指出："中国老科技工作者协会成立30年来，团结广大科技工作者老有所为、积极作为，为促进我国科技创新、推动经济和社会发展做出了积极贡献。老科技工作者人数众多、经验丰富，是国家发展的宝贵财富和重要资源。各级党委和政府要关心和关怀他们，支持和鼓励他们发挥优势特长，在决策咨询、科技创新、科学普及、推动科技为民服务等方面更好发光发热，继续为实现'两个一百年'奋斗目标、实现中华民族伟大复兴的中国梦贡献智慧和力量。"中国老科技工作者协会成立以来，作为党和政府联系老科技工作者的纽带，积极组织老科技工作者在社会主义现代化强国建设中发光发热，在决策咨询、科技创新、科学普及、推动科技为民服务等方面都做出了显著成绩。

三、湖北省养老科技发展的客观需要

湖北省养老科技发展既是应对老年化社会及人口老龄化的客观需要，也是经济社会高质量发展的客观需要。

湖北省快速进入老年化社会需要养老科技。根据第七次全国人口普查统计结果，2020年11月1日零时，湖北省常住人口为57752557人。全省60岁及以上人口为1179.50万人，占20.42%（其中65岁及以上人口为842.43万人，占14.59%）。与2010年相比，60岁及以上人口的比重上升6.49个百分点，其中65岁及以上人口的比重上升5.50个百分点。武汉市常住人口中，60岁及以上人口为2124397人，占17.23%（其中65岁及以上人口为1456172人，占11.81%）。尽管湖北省劳动力资源依然丰富，但人口老龄化程度持续加深。湖北省是我国11个老年人口超过1000万的省份之一，60岁及以上人口占比超过了20%。目前,湖北省60岁以上老年人口位居全国前列、中部地区第一。湖北省已进入中度老龄化社会,老年人口基数大且增长速度明显高于人口增长速度,人口老龄化正在加速发展,家庭规模结构也随之发生深刻变化。从总体上看,湖北省正处于人口老龄化发展的窗口期,还有10~15年左右时间到达深度老龄化状态,未来10年70岁以上中高龄老年人占比仍在50%的警戒线以下。但计划生育一代家庭老年人养老服务需求的大规模爆发,只是一个时间的早晚问题。

湖北省构建养老服务体系需要养老科技。《湖北省养老服务体系建设"十四五"规划》明确提出:加快湖北省居家社区机构相协调、医养康养相结合的养老服务体系建设。为深入贯彻实施积极应对人口老龄化国家战略,湖北省"十四五"期间养老服务体系建设重点实施"八大任务"和"四大工程":"八大任务"即构建基本养老服务制度体系、提升居家社区养老服务供给能力、促进机构养老服务提质增效、加快农村养老服务体系建设、深入推进医养康养服务发展、建立健全养老服务综合监管、加强养老服务人才队伍建设和推进"养老+"产业融合发展;"四大工程"即社区养老服务设施补齐工程、特困人员供养服务机构改造工程、老年人居家适老化改造工程和养老护理员职业技能提升行动。湖北省重点实施"八大任务"和"四大工程",需要科技创新赋能和科技支撑,对养老科技创新提出新的要求。

湖北省大健康产业发展需要养老科技。按照湖北省"51020"现代产业集群发展规划,湖北省要打造5个万亿级支柱产业、10个5000亿级优势产业、20个千亿级特色产业,明确将大健康产业作为5个万亿级支柱产业之一。湖北省大健康产业大有作为的服务对象,就是巨大的老年化社会及人口老龄化市场需求,尤其是科技含量高的老年产品及服务需求,是大健康产业快速、健康发展的重要动力。湖北省大健康产业发展客观需要养老科技支撑。

湖北省养老服务产业发展需要养老科技。养老服务具有基础公共服务的属性,是民生保障的重要组成部分,不仅关系群众福祉,而且具有鲜明的政治属性,同时也是具有巨大发展空间和潜能的朝阳产业。养老服务的多重属性带来内生发展动力，养老服务需求催生了养老服务产业。湖北省人口老龄化发展有利于促进老年产品和服务消费，有利于发展养老服务产业，有利于壮大银发经济，有利于形成经济发展新动能。湖北省养老服务产业发展客观需要养老科技支撑。

湖北省养老服务产业发展客观需要养老科技支撑。2021年10月，工信部、民政部、国家卫健委共同印发《智慧健康养老产业发展行动计划（2021—2025年）》（以下简称《行动计划》）。到2025年，智慧健康养老产业科技支撑能力显著增强，产品及服务供给能力明显提升，试点示范建设成效日益凸显，产业生态不断优化完善，老年"数字鸿沟"逐步缩小，人民群众在健康及养老方面的幸福感、获得感、安全感稳步提升。《行动计划》提出：重点发展健康管理类、养老监护类、康复辅助器具类、中医数字化智能产品及家庭服务机器人五大类产品；围绕不少于10个重点应用场景，再培育100个以上示范企业，打造50个以上示范园区。《行动计划》要求：增强智能产品适老化设计，支持企业在产品研发过程中充分考虑老年人的使用需求，推出具备大屏幕、大字体、大音量、大电池容量等适老化特征的手机、电视、音箱等智能产品；鼓励企业持续优化操作界面，简化操作流程，提升智能产品人机交互体验；支持企业研发被动式、集成化的健康管理类智能产品及养老监护类智能产品，实现老年人无感知应用；推动企业加强国际合作，积极借鉴国外适老化设计先进理念；鼓励企业推出适老化产品说明书，方便老年人学习使用；遴选优秀适老化产品及服务，编制智能产品适老化设计典型案例。《行动计划》要求，开展互联网应用适老化及无障碍改造。围绕老年人获取信息的需求，重点推动新闻资讯、社交通信、生活购物、金融服务、旅游出行、医疗健康、市政服务等与老年人日常生活密切相关的互联网网站、移动互联网应用适老化改造，切实改善老年人在使用互联网服务时的体验。鼓励企业提供相关应用的"关怀模式""长辈模式"，将无障碍改造纳入日常更新维护，提高信息无障碍水平。《行动计划》强调，提升老年人智能技术运用能力。深入实施"智慧助老"行动，依托社区、养老服务机构、老年大学等，研究编制老年人智能产品应用教程，开展视频教学、体验学习、尝试应用、经验交流、互助帮扶等智能技术应用培训活动，切实解决老年人运用智能技术困难，便利老年人使用智能产品及服务。提升老年人信息应用、网络支付等方面的安全风险甄别能力，增强老年人反诈防骗意识。促进新一代信息技术在健康及养老领域的集成创新和融合应用，提升健康养老产品及服务的智慧化水平。加强顶层设计，统筹产业发展各要素，促进要素优化配置，打造典型应用场景，引导各地差异化发展。《行动计划》提出，要通过实施智慧健康养老产品供给工程，重点发展健康管理类、养老监护类、康复辅助器具类、中医数字化智能产品及家庭服务机器人五大类产品，带动传感器、微处理器、操作系统等底层技术突破，实现多模态行为监测、跌倒防护、高精度定位等实用技术攻关。在智慧产品和服务中，体现适老化、实惠性、人文性。《行动计划》指出，要做强智慧健康养老软件系统平台，实现数据的有效归集与管理。要完善数据要素体系，鼓励各地建设区域性健康养老大数据中心，建立健全基础数据库，搭建数据中台。鼓励企业研究健康养老数据挖掘理论与方法，运用数据安全技术，保障个人信息安全。毫无疑问，湖北省养老产业发展需要养老科技支撑，智慧健康养老产业发展更需要养老科技支撑。

湖北省老年友好社会建设需要养老科技。近年来，湖北省加大改善和优化营商环境力度，努力创造法制化市场化的营商环境。从长远发展看，老年友好社会、儿童友好社会、宜居宜业社会建设既是改善和优化营商环境的深化，也是改善和优化营商环境的重要内容。湖北省加快老年友好社会建设客观需要养老科技支撑。

湖北省加快适老化改造需要养老科技。湖北省正在加快推进老旧社区改造民生工程，适老化改造是其中一项重要内容。适老化改造是应对老年化社会及人口老龄化的积极行动。尤其是特殊困难老年人居家适老化改造，是2021年湖北省党史学习教育"我为群众办实事"的"十大惠民、四项关爱"实事项目之一，也是"十四五"期间全省养老服务体系建设重点工作任务。2021年4月，湖北省民政厅、发改委等8部门联合印发《关于加快推进老年人居家适老化改造工程实施方案》（简称《方案》），旨在加快推进实施老年人居家适老化改造工程，提升老年人居家养老服务品质。"十四五"期间，采取政府补贴等方式，对纳入分散供养特困人员和脱贫人口范围的高龄、失能、残疾老年人（统称为特殊困难老年人）家庭实施居家适老化改造，全省每年改造1万户，有条件的地方可将改造对象范围扩大到城乡低保对象中的高龄、失能、残疾老年人家庭等。鼓励有条件和有需求的老年人家庭，自主付费改造。居家适老化改造主要围绕施工改造、设施配备、老年用品配置等方面，进行住宅及家具设施适老化改造。2022年湖北省将继续采取政府补贴方式，对特殊困难的高龄、失能、残疾老年人等家庭实施居家适老化改造，计划改造1.5万户，比2021年增加5000户。2021年计划完成1万户，实际完成10800户。2023年至2025年，湖北省每年计划完成特殊困难老年人居家适老化改造2.5万户。在"十四五"期间，共实施改造10万户。以推进居家适老化改造为抓手，坚持以满足老年人居家生活照料、起居行走、康复护理等需求为核心，增强老年人居家生活设施设备安全性、便利性和舒适性，进一步提升居家养老服务品质，努力扩大居家适老化改造服务和产品供给，积极培育银发经济增长新动能，让更多老年人享受改革发展成果。养老科技创新发展，应尽可能适应适老化改造实践需求，密切关注适老化改造过程中的养老科技需求。湖北省加快适老化改造客观需要养老科技支撑。

湖北省在我国战略格局中具有重要地位，经济发展在全国处于中上水平，已由经济高速增长转向高质量发展新阶段。在内需不断释放、发展韧性增强的背景下，湖北省养老消费支出能力持续提升，为养老服务体系建设及养老科技发展奠定了坚实的物质基础。

四、湖北省养老科技发展存在的问题

湖北省是我国科技大省，也是我国中部地区科技重镇。从全球养老科技发展态势及人口老龄化社会需求看，湖北省养老科技发展存在一些问题。这些问题主要表现在以下几个方面：

(1) 湖北省对养老科技重视不够。在世界养老科技发展背景下，近年来我国学者开始关注和研究养老科技发展及其社会影响，国家日益重视面向老年化社会及人口老龄化问题的科技创新。相比较而言，湖北省对世界养老科技趋势关注不够、对我国养老科技发展认识不够、对养老科技创新重视不够。

(2) 湖北省对养老科技研究不够。不论是关于养老科技的原研究，还是关于养老科技创新对社会影响的研究，尤其是关于养老科技不同学科领域的专题专项研究和养老科技成果产业化研究；不论是有关养老科技的"软科学"研究，还是有关养老科技的"硬科技"研究，或者是有关养老科技的跨学科研究，湖北省对养老科技研究不够。

(3) 湖北省对养老科技投入不够。不论是政府自然科学基金项目和科技创新支撑计划项目，还是科技领军企业研发及养老科技成果产业化项目，甚至包括政府智力成果采购研究项目、社会科学研究基金研究项目和新型智库建设研究项目，湖北省对养老科技创新的全社会投入明显不够。

(4) 湖北省对养老科技支持不够。首先是政府对养老科技创新的关注和支持不够；其次是社会对养老科技发展的关注和支持不够；最后是企业对养老科技创新的关注和支持不够。促进养老科技发展是一项复杂的系统工程，需要全社会对养老科技的重视和支持，全社会要形成支持养老科技发展的合力。

五、促进湖北省养老科技发展的策略

为进一步重视和促进养老科技健康发展，充分激励养老科技创新，湖北省应积极采取行之有效的策略。

(1) 强化养老科技的社会认识。首先是政府对养老科技的重视，政府重视养老科技这种社会公共品责无旁贷；其次是社会对养老科技的重视，社会各方面对养老科技的重视才是真正的重视；再次是科技创新者对养老科技的重视，他们是养老科技的创新者和推进者（包括在职科技工作者和离退休老科技工作者）；从次是企业对养老科技的重视，企业是养老科技产品及服务的提供者；最后是老年人口群体对养老科技的重视，他们既是养老科技的应用者、体验者和受益者，也无疑是养老科技发展的实践者、推动者和创新者。

（2）增加养老科技的政府投入。首先是政府对养老科技研发的投入，应实现养老科技创新链从源头到末端的全覆盖。其次是政府对养老科技成果产业化、社会化的投入，应充分体现政府有为、市场有效；再次是政府对养老科技科学普及的投入，应使养老科技产品及服务更广泛惠及老年人口群体；最后是政府对养老科技应用于民生工程的投入，应在适老化改造工程中取得"立竿见影"的效果。通过政府对养老科技投入的积极引导，激励养老科技创新的社会投入，形成养老科技投入的可持续和良性循环。

（3）加强养老科技的综合研究。从目前发展状况看，我国对养老科技的研究不仅明显滞后，而且远不能适应老年友好社会建设需求，与世界上发达国家和地区相比存在差距。养老科技发展必须面向未来，坚持以问题导向、需求导向、用户导向、市场导向、目标导向。建议湖北省软科学研究、硬科技研究并举，强化人文科学、社会科学、自然科学、技术科学、工程科学的系统集成，大力开展针对养老科技问题的跨学科研究和综合性研究。湖北省人民政府智力成果采购、湖北省科技创新支撑计划、湖北省社会科学基金等，应加强对养老科技研究项目的支持。

（4）推进养老科技的协同创新。养老科技涉及自然科学、技术科学、工程技术、人文科学、社会科学等众多学科领域，需要针对老年化社会及人口老年化问题进行跨学科、跨专业研究。要始终坚持问题导向、用户导向、市场导向，强化自然科学、技术科学、工程技术、人文科学、社会科学等众多学科领域的集成创新和协同创新。尤其要基于利益共识、利益共创、利益共享预期，努力形成促进湖北省养老科技发展的利益共同体。建议湖北省在全国率先实施跨学科"养老科技研究专项"。

（5）加强养老科技的科学普及。科技创新和科学普及相辅相成，科学普及是充分发挥科技创新社会功能的重要途径，也是科技创新成果普惠社会大众的重要途径。建议湖北省切实加强养老科技的综合性科学普及，不仅要重视养老科技赋能产品的推广应用，而且也要重视普及养老科技的社会功能和科学方法；不仅要重视针对老年人口群体的养老科技科学普及，而且也要重视对全社会不同年龄人口群体的养老科技科学普及。要积极创办各级老年科技大学和老年大学，在发挥社会终身教育的同时，进一步发挥学校终身教育的重要作用。只有不断提高有关养老科技的社会意识，才能充分发挥其社会功能。

(6) 加强养老科技的国际交流与合作。积极响应联合国教科文组织向其成员提交的《开放科学建议书》，积极参与养老科技国际交流与合作，深度融入全球养老科技创新网络，积极参与国际养老科技学会及国际养老科技大会等活动，积极谋划和组织国际养老科技活动。密切跟踪国际养老科技发展动态，尽可能把握世界养老科技创新脉搏，积极引进、消化、吸收、再创新养老科技理论与方法，加强我国养老科技创新发展的实践经验总结，讲好养老科技发展的"中国故事""湖北故事"。

(7) 制订养老科技中长期发展规划。养老科技发展是一个复杂的系统工程，需要进行面向未来的养老科技发展顶层设计。建议湖北省审时度势，在《湖北省科技创新"十四五"规划》框架下，尽快研究、制定、实施《湖北省养老科技发展中长期规划》《湖北省养老科技发展五年规划》及三年行动方案。根据湖北省科技创新资源禀赋及科技创新比较优势，充分发挥养老科技发展规划及行动计划的引导性和指导性，切实组织和推进养老科技创新，不断提高养老科技创新整体效能。

(8) 发掘老科技工作者的科技创新潜能。湖北省作为科技大省，具有丰富的老科技工作者资源。以武汉大学为例，截至2021年12月，具有副高以上职称的离退休人员超过2800人，其中包括一部分中国科学院院士、中国工程院院士以及知名老科技工作者。这些老科技工作者中，许多人还在进行科学研究、技术开发、人才培养和社会服务工作。毫无疑问，老科技工作者对养老科技发展具有不可或缺的特殊作用，他们对养老科技需求有切身体会和亲自感受，他们完全能够在决策咨询、科技创新、科学普及、推动科技为民服务等方面继续发光发热。要充分发挥湖北省老科技工作者协会以及相关科技协会（学会、研究会）的重要作用。

（本报告为武汉大学老科技工作者协会公益性研究课题"湖北省养老科技研究"成果之一）

课题负责人：李　光　武汉大学"珞珈杰出学者"、武汉大学老科技工作者协会会长、武汉大学发展研究院二级教授、博士生导师
课题组成员：杨　炎　武汉大学博士研究生
　　　　　　王才玮　武汉大学博士研究生
　　　　　　周　茜　武汉大学博士研究生

湖北省科技创新资源配置效率研究

邹 蔚　王兴宇　万凤娇

一、引言

科技创新是加快建设科技强国的重要保障，也是提升区域竞争力的重要手段，在科技创新不断加快的全球背景下，区域经济的高质量发展更加需要创新来驱动。协同创新是一种复杂的创新组织模式，能在更高的层次上拓展创新的广度与深度①，最常见的协同创新的模式是产学研协同创新。产学研协同创新是一种共担共享的创新模式，是提高创新效率、实现经济增长由要素驱动到创新驱动转变的重要方式，在不断的实践中，产学研协同创新已经被证明是提高国家创新能力的有效途径②，产学研协同创新的主体通常包括企业、高校以及研发机构，然而随着协同环境复杂程度的增加，协同创新的主体也更加多元化，除企业、高校及研发机构外，政府等主体也参与到其中，共同形成"政产学研"的协同创新主体群③。

就系统观而言，"政产学研"协同创新系统是一个由多个子系统以及体制、政策、文化等外部环境要素共同构成的动态、开放的系统，该

---

① 刘钒，李光．湖北省协同创新平台的发展现状与对策研究[J]．湖北社会科学，2014(1)：61-67．
② 黄菁菁．产学研协同创新效率及其影响因素研究[J]．软科学，2017，31(5)：38-42．
③ 江岩，曹阳．我国医药制造业产学研协同创新效率评价——基于三阶段DEA模型[J]．科技管理研究，2021，41(2)：54-60．

系统的协同创新活动能促进不同子系统优势资源的流动与集成，从而推动协同创新过程在不同阶段的转化与对接①。构建政产学研协同创新体系是推进科技成果转化，增强区域发展动力的有效手段，也是推动科技与经济融合，促进经济高质量发展的重要战略措施。在政产学研协同创新活动的过程中，科技创新资源的高效协同利用不仅是区域创新成效的有力体现，更是政产学研协同创新体系高效运转的重要保障，不同协同创新阶段其科技创新资源的投入与成果产出比率的高低往往直接反映区域创新驱动发展的成效。因此，要提高区域"政产学研"协同创新水平，使科技创新成果进一步促进区域经济的高质量发展，就必须准确分析区域科技创新资源在协同创新活动各阶段中的利用配置状况，避免科技创新资源投入冗余与配置不合理等问题的出现。

湖北省是创新型试点省份，同时也是国家重要的科研创新基地，政产学研协同创新在湖北省的国民经济发展中具有举足轻重的地位。2021年4月，湖北省人民政府发布的《湖北省第十四个五年规划和二〇三五年远景目标纲要》明确指出要优化湖北省区域创新布局和创新要素配置，加快构建融通协作的区域创新共同体，释放协同创新聚变效应，打造具有全国重要影响力的全域创新体系，同时，加快建立产学研深度融合的技术创新体系，支持大中小企业和各类主体融通创新，表明湖北省协同创新活动过程中创新资源及要素的配置状况已得到极大的重视。近年来，湖北省不断加大科技创新资源投入的力度并持续推动产学研协同创新向纵深推进，全社会研发经费支出由"十二五"末的561.7亿元上升到2020年的1005.3亿元，增长78.97%，占GDP的比重达2.31%，位居全国第8位、中部第1位。综合科技创新水平指数在全国的排名由第10位上升为第8位，位列中部第1位，进入全国科技创新水平"第一方阵"。"十三五"期间，湖北省R&D活动人员由"十二五"末的22.1万人增至2019年的28.55万人，万人发明专利拥有量由"十二五"末的

---

① 郭正权，朱安丰，赵晓男．政产学研体系科技成果转化的模拟分析[J]．经济问题，2021(2)：45-52．

4.3件增至2020年的12.41件。技术合同成交额由"十二五"末的830亿元增至2020年的1686.97亿元,增长103.25%,以较大优势保持中部第1位,高新技术产业增加值由"十二五"末的5028.94亿元增至8684.1亿元,增长72.68%①。然而,在取得骄人成绩的同时,湖北的科技创新活动依然面临着科技创新资源配置整合和有效利用程度不够,开放共享的协同创新的综合优势发挥不充分,以及科技成果转化和产出不足等诸多关键性问题②。因此,湖北省要在百年未有之大变局中抢占科技创新制高点,必须不断在政产学研协同创新活动过程中,优化科技创新资源配置,不断提高科技创新资源的协同利用效率,提升政产学研的协同创新水平,基于此背景评价湖北省政产学研协同创新活动过程中科技创新资源的配置效率对湖北建设科技强省、实现区域高质量发展等方面具有重要的战略意义。

二、文献综述

科技创新资源是开展科技创新活动所必需的人力、物力、财力等资源的总和,在很大程度决定了国家和地区的创新能力,科技创新资源是稀缺的,其分布是不均衡的,因此科技创新资源的高效配置是十分必要的。习近平总书记指出,要加强体系建设和能力建设,完善国家创新体系,解决资源配置重复、科研力量分散、创新主体功能定位不清晰等突出问题,提高创新体系整体效能。③ 科技创新资源配置是在各种创新活动和各创新主体之间对科技创新资源进行的选择、分配和组合的过程,其最终目标是实现科技创新效益的最大化,科技创新资源的配置直接关

---

① 数据来源于湖北省科技创新"十四五"规划. http://www.hubei.gov.cn/zfwj/ezf/202110/t20211020_3818129.shtml.

② 湖北省人民政府. 湖北省科技创新"十四五"规划[EB/OL].(2021-10-20)[2022-04-14]. http://www.hubei.gov.cn/zfwj/ezf/202110/t20211020_3818129.shtml.

③ https://www.ccps.gov.cn/xxsxk/xldxgz/201911/t20191119_136266.shtml.

系到国家和地区创新能力的提高，是国家经济发展的核心问题[1]，提升科技创新资源配置的效率则是实现上述核心问题的关键，其实质反映了科技创新体系的投入产出效率。当前针对科技创新资源配置效率的研究，学者们主要从科技创新资源配置效率的测度、科技创新资源配置效率的影响因素以及科技创新资源配置效率的提升路径三个方面来展开。

在科技创新资源配置效率测度的研究方面，罗珊等（2021）[2]采用超效率SBM模型，对珠三角地区的科技创新资源配置效率进行测度，发现深圳、广州等经济发展较好的城市其科技创新资源配置效率也较高；张海波等（2021）[3]基于DEA模型对中国高校的科技创新资源配置效率展开评价，结果表明大多数省市高校科技创新资源配置结构不理想；付丽娜等（2020）[4]运用DEA模型和共同前沿模型测算中国各省市区域创新资源配置效率，发现不同省市创新资源配置效率存在差异和较强的异质性。

在科技创新资源配置效率影响因素的研究方面，李斯嘉等（2021）[5]实证分析了市场分割对区域科技创新资源配置效率的影响，结果表明市场分割短期内可以促进区域科技创新资源配置效率的提升；李勇辉等（2019）[6]对云南省的农业科技创新资源配置及影响因素展开研究，结果显示云南省农业科技创新资源的配置效率整体水平较高，总播种面积、技术、人力资源和农业资金投入对科技创新资源配置效率有较大影响；

---

[1] 孙凤鹏. 长三角地区创新资源配置效率差异研究[J]. 统计与决策，2016（24）：112-115.

[2] 罗珊，孙熹寰. 区域科技创新资源配置效率测度——以珠三角为例[J]. 华南师范大学学报（自然科学版），2021，53（4）：76-83.

[3] 张海波，郭大成，张海英. "双一流"背景下高校科技创新资源配置效率研究[J]. 北京理工大学学报（社会科学版），2021，23（1）：171-179.

[4] 付丽娜，彭甲超，易明. 基于共同前沿生产函数的区域创新资源配置效率研究[J]. 宏观经济研究，2020（4）：85-102.

[5] 李斯嘉，吴利华. 市场分割对区域创新资源配置效率的影响[J]. 现代经济探讨，2021（1）：75-87.

[6] 李勇辉，白利鹏. 云南省农业科技创新资源配置效率及影响因素研究[J]. 中国农业资源与区划，2019，40（6）：63-69.

范德成等（2018）①基于两阶段 StoNED 和 Tobit 模型对中国高端装备制造业技术创新资源配置效率及其影响因素进行测度和比较，发现科技创新资源配置效率在子行业间存在波动和差异，企业规模、市场垄断和政府支持对创新资源配置效率存在较大影响。

在科技创新资源配置效率提升路径的研究方面，李翚等（2020）②运用非导向 ERM 模型测度了中国工业企业创新资源配置效率，发现中国工业企业创新资源配置效率整体不佳且区域内部效率分布差异显著，并针对存在的问题提出完善工业创新资源管理体制、推进"互联网+"、人工智能等应用建设、加快跨区域协同创新平台建设等提升科技创新资源配置效率的路径；赵连明（2018）③实证分析了重庆市农业科技创新资源的配置效率及其影响因素，并在此基础上有针对性地提出合理配置农业科技人员和经费、优化资源配置环境以及完善农业科技市场机制等提升农业科技创新资源配置效率的优化路径。

综上所述，针对科技创新资源配置的研究已取得较为丰富的成果，通过探索科技创新资源配置的效率能够及时发现并解决科技创新过程以及科技创新体系中资源要素配置的问题，优化科技创新体制机制。因此，本研究以湖北省为主要研究区域，在构建两阶段政产学研协同创新模型的基础上，利用 DEA-Malmquist 指数法重点评价湖北省政产学研协同创新过程中科技创新资源的配置效率，并与其他省区市进行对比分析，进一步提出有针对性的对策建议，为推动湖北省科技创新高质量发展提供有价值的参考。

---

① 范德成，杜明月．高端装备制造业技术创新资源配置效率及影响因素研究——基于两阶段 StoNED 和 Tobit 模型的实证分析[J]．中国管理科学，2018，26(1)：13-24．
② 李翚，吴和成．中国工业企业创新资源配置效率：演进，差异及提升路径[J]．技术经济，2020，39(7)：54-62．
③ 赵连明．重庆市农业科技创新资源配置效率及影响因素研究[J]．中国农业资源与区划，2018，39(7)：92-98．

三、湖北省政产学研协同创新两阶段模型的构建

政产学研协同创新过程是一个复杂的非线性过程,在该过程中,各合作创新主体的目的、功能、作用及主要参与的阶段均存在差异①。Kao 等(2008)的研究表明,运用 DEA 模型进行测算时,可以将整个测算流程的效率分解为两个子流程的效率分别进行考虑,以此达到兼顾全过程中两个或多个字过程之间串联关系的目的。因此,本文在借鉴相关研究的基础上,将政产学研协同创新的过程分为两个阶段进行分析:第一个阶段为知识协同开发阶段,该阶段主要参与的创新主体以政府、创新型企业、高校及研发机构为主,主要目的是通过各主体之间的协同创新活动将科技创新经费投入、科研人员投入等科技创新资源转化为科技创新成果产出,如科研专利、科研论文等;第二个阶段是科技成果转化阶段,主要参与的创新主体以创新型企业为主,其目的是对知识协同开发阶段所产生的科技创新成果进行有针对性的开发以适应社会及市场所需,并通过市场途径销售以获得经济效益(如图1所示)。

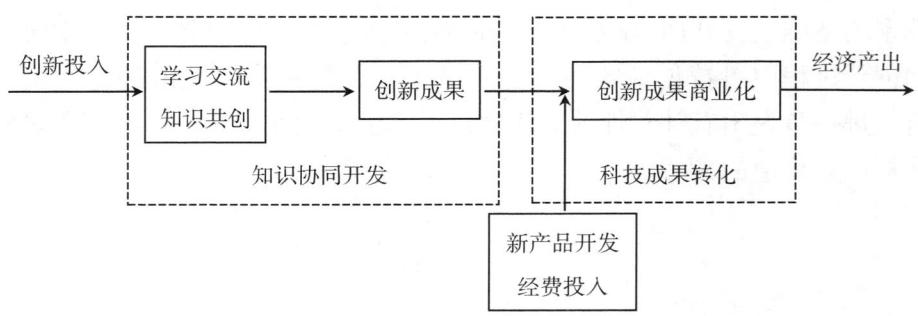

图 1 政产学研协同创新两阶段模型

---

① 邹蔚,王兴宇,万凤娇.长江经济带高技术产业产学研合作创新效率评价[J].科技管理研究,2022,42(4):81-88.

四、湖北省科技创新资源配置效率评价方法及指标体系的建立

（一）DEA-Malmquist 指数法

目前对科技创新资源配置效率进行评价的方法主要包括数据包络分析模型①、动态 StoNED 模型②等。其中数据包络分析模型中的 DEA-Malmquist 指数模型能够更有效地分析湖北省政产学研协同创新活动中科技创新资源配置效率的动态变化情况，因此本研究选用 DEA-Malmquist 指数模型对相关数据进行测算。Malmquist 指数方法首先由 Caves 等③引入，Fare 等④在此基础上将其与数据包络分析模型相结合，并逐步建立起考察两个相邻时期全要素生产率变化的 DEA-Malmquist 模型。该模型的 Malmquist 指数度量公式如下：

$$M_o(x_t, y_t, x_{t+1}, y_{t+1}) = \left[\frac{D_{ou}^t(x_{t+1}, y_{t+1}) \times D_{ou}^{t+1}(x_{t+1}, y_{t+1})}{D_{ou}^t(x_t, y_t) \times D_{ou}^{t+1}(x_t, y_t)} \right]^{1/2}$$

式中：(x_t, y_t) 为 t 时期相关的科技创新资源投入；(x_{t+1}, y_{t+1}) 为 $t+1$ 时期对应的科技成果产出；$D_{ou}(x, y)$ 为规模报酬不变条件下的距离函数；D^t 和 D^{t+1} 分别为 t 时期与 $t+1$ 时期的距离函数。当 $M_o>1$ 时，表示科技创新资源配置效率上升；$M_o=1$ 时，表示科技创新资源配置效率不变；$M_o<1$ 时，表示科技创新资源配置效率下降。

---

① 谢贤君，王晓芳，雷明. 金融结构-创新水平匹配、资源配置效率与绿色全要素生产率[J]. 财经论丛，2020(7)：43-52.

② 杜明月，范德成. 知识密集型制造业技术创新资源配置效率研究——基于动态 StoNED 模型的半参数分析[J]. 经济问题探索，2019(11)：142-150.

③ Caves D W, Christensen L R, Diewert W. The economic theory of index numbers and the measurement of input, output, and productivity[J]. Econometrica, 1982, 50(6)：1393-1414.

④ Fare R, Grosskopf S, Zhang N Z. Productivity growth, technical progress, and efficiency change in industrialized countries[J]. American Economic Review, 1994, 84(1)：66-83.

(二) 湖北省科技创新资源配置效率评价指标体系的构建

相关研究指出，传统的 DEA 方法因将测度的对象视为一个整体而忽略中间产品的转化过程，无法准确体现决策单元的实际技术水平，也不能完整提供有效的效率测度①。基于此，在充分考虑中间产品转化过程的基础上，根据指标体系构建的科学性、系统性，以及指标数据的可获得性、可比较性等原则，借鉴现有的研究成果，构建能准确反映湖北省政产学研协同创新过程中科技创新资源配置效率的评价指标体系（如表1所示）。

表1　　　　湖北省科技创新资源配置效率评价指标体系

政产学研协同创新阶段	投入指标	产出指标
知识协同开发阶段	R&D 经费内部支出(X_1) 公共财政科技支出(X_2) R&D 人员全时当量(X_3)	专利授权数(Y_1) 技术合同成交额(Y_2)
科技成果转化阶段	专利授权数(X_4) 技术合同成交额(X_5) 新产品开发经费支出(X_6)	新产品销售收入(Y_3)

1. 知识协同开发阶段投入产出指标

在知识协同开发阶段，选取的科技创新投入指标为 R&D 经费内部支出、公共财政科技支出以及 R&D 人员全时当量。其中，R&D 经费内部支出能较好地反映科技创新资源投入中科研经费投入的强度，而政产学研协同创新活动离不开政府的支持，因此用公共财政科技支出来反映政府部门资金投入的力度。R&D 人员全时当量则能准确反映科技创新

---

① 陈凯华，官建成. 共享投入型关联两阶段生产系统的网络 DEA 效率测度与分解[J]. 系统工程理论与实践，2011，31(7)：1211-1221.

活动中科研人员投入的强度；选取的产出指标为则为专利授权数及技术合同成交额，其中专利授权数能有效反映政产学研协同创新过程中最主要的科研成果，技术合同成交额则反映科技创新知识转化为经济来源的程度与强度。

2. 科技成果转化阶段投入产出指标

根据上文提出的政产学研协同创新两阶段模型，将知识协同开发阶段的产出作为科技成果转化阶段的投入，因此选取知识协同开发阶段的专利授权数和技术合同成交额作为本阶段的投入指标，同时增加新产品开发经费支出指标，来反映用于科技创新成果转化过程所追加的创新资金的投入力度。最终产出选用新产品销售收入指标来直接反映科技创新成果转化并投入市场所带来的经济收益。

3. 数据来源及处理

"十二五""十三五"期间，湖北省科技创新建设取得了重要进展，为社会经济发展提供了有力的支撑，但科技创新依然存在诸多关键问题。因此，考虑到数据的可利用性及可获得性，以及后期数据可操作性，选取湖北省"十二五""十三五"时期，即2011—2020年政产学研协同创新过程中科技创新资源配置的相关数据进行实证分析，以发现科技创新资源配置中存在的问题，为湖北省"十四五"科技创新发展以及推动湖北省高质量发展提供有价值的参考。

在知识协同开发阶段的数据处理中，R&D经费内部支出投入指标数据是将高技术产业、高校及研发机构相对应的数据求和得到；此外，由于政产学研协同创新活动过程中其投入产出之间存在效益的滞后性，因此在知识协同开发阶段的各项产出指标上选取1年的滞后期，如投入指标X_1、X_2、X_3采用2018年的数据，产出相关的指标Y_1、Y_2则采用2019年的数据。本研究所使用的大部分统计数据来源于《中国科技统计年鉴》与《中国高技术统计年鉴》，此外还有部分统计数据来源于《中国统计年鉴》。

五、湖北省政产学研协同创新资源配置效率分析

（一）Malmquist 指数结果分析

基于上文所构建的政产学研协同创新两阶段模型及 DEA-Malmquist 指数法，根据所获得的相关面板数据进行评价与分析，得到 2011—2020 年湖北省及中国大陆其余各省区市（由于数据缺失删去西藏的相关数据，未含中国港澳台地区）政产学研协同创新两阶段资源配置全要素生产率及其分解项：技术效率指数、技术进步指数、纯技术效率和规模效率的分析结果（如表 2 所示）。

1. 知识协同开发阶段

根据表 2 中的数据可知，2011—2020 年间湖北省政产学研合作创新知识协同开发阶段资源配置效率呈上升态势，有利于高新技术产品的开发及科技成果的产生，为科技成果转化阶段提供了丰富的科技创新资源。

表2　2011—2020 年中国政产学研协同创新过程资源配置全要素生产率及分解

省区市	第一阶段：知识协同开发阶段					第二阶段：科技成果转化阶段				
	技术效率指数	技术进步指数	纯技术效率	规模效率	综合效率	技术效率指数	技术进步指数	纯技术效率	规模效率	综合效率
北京	1.134	0.933	1.000	1.134	1.058	0.828	1.092	0.952	0.870	0.904
天津	1.113	0.978	1.035	1.075	1.088	0.796	1.085	0.921	0.865	0.864
河北	1.130	1.021	1.130	1.000	1.154	0.901	1.144	1.017	0.886	1.031
山西	1.118	0.940	1.089	1.026	1.051	0.982	1.146	1.117	0.879	1.125
内蒙古	1.154	0.946	1.067	1.082	1.091	0.869	1.087	0.796	1.091	0.944
辽宁	1.099	0.983	1.044	1.052	1.080	0.855	1.079	0.964	0.888	0.923
吉林	1.186	0.919	1.179	1.006	1.090	0.852	1.104	0.945	0.902	0.941

续表

省区市	第一阶段：知识协同开发阶段					第二阶段：科技成果转化阶段				
	技术效率指数	技术进步指数	纯技术效率	规模效率	综合效率	技术效率指数	技术进步指数	纯技术效率	规模效率	综合效率
黑龙江	1.087	1.001	1.061	1.025	1.088	0.983	1.111	1.091	0.901	1.093
上海	1.047	0.979	1.010	1.037	1.025	0.830	1.127	0.986	0.841	0.935
江苏	0.991	0.985	1.000	0.991	0.976	0.835	1.206	1.000	0.835	1.007
浙江	1.000	0.981	1.000	1.000	0.981	0.848	1.132	1.020	0.832	0.960
安徽	0.986	0.986	0.988	0.997	0.972	0.903	1.233	1.077	0.838	1.113
福建	1.065	1.015	1.065	1.000	1.081	0.840	1.066	1.000	0.840	0.896
江西	1.139	0.963	1.105	1.031	1.097	0.917	1.129	1.087	0.843	1.035
山东	1.060	1.016	1.043	1.016	1.077	0.823	1.128	0.928	0.886	0.928
河南	1.078	0.968	1.068	1.009	1.043	0.997	1.143	1.130	0.882	1.139
湖北	**1.042**	**0.962**	**1.006**	**1.036**	**1.003**	**0.886**	**1.131**	**1.068**	**0.830**	**1.002**
湖南	1.047	1.012	1.043	1.003	1.059	0.827	1.205	0.990	0.835	0.997
广东	1.062	0.992	1.059	1.003	1.054	0.788	1.159	1.000	0.788	0.913
广西	1.160	0.971	1.160	1.000	1.126	0.874	1.116	0.967	0.904	0.975
海南	1.000	0.919	1.000	1.000	0.919	0.610	1.126	0.748	0.816	0.687
重庆	0.978	0.994	0.956	1.023	0.971	0.848	1.180	1.000	0.848	1.000
四川	1.014	0.975	1.013	1.001	0.989	0.836	1.184	1.008	0.830	0.990
贵州	1.102	0.989	1.101	1.001	1.090	0.877	1.075	0.975	0.900	0.943
云南	1.065	0.986	1.065	1.000	1.051	0.964	1.106	1.103	0.874	1.066
陕西	1.110	1.008	1.000	1.110	1.119	0.834	1.106	0.985	0.846	0.922
甘肃	1.193	0.987	1.060	1.125	1.178	0.876	1.097	0.935	0.937	0.961
青海	1.000	0.817	1.000	1.000	0.817	1.074	1.376	1.000	1.074	1.478
宁夏	0.924	0.967	0.924	1.000	0.893	0.859	1.080	0.979	0.877	0.927
新疆	1.116	0.975	1.115	1.000	1.088	0.901	1.122	1.059	0.851	1.011
均值	1.071	0.971	1.045	1.025	1.041	0.867	1.134	0.991	0.874	0.983

从技术效率指数来看，湖北省的技术效率值大于1，说明湖北省各科技创新主体在知识协同开发过程中配置资源的协调性及组织管理水平较高，有利于各创新主体共同发展；同时，湖北省的规模效率值与纯技术效率值也均大于1，表明湖北省10年来始终注重科技创新资源的投入，在知识协同开发阶段中投入了较充足的科技创新资源，保证科技创新活动的纵深推进，同时取得了较好的规模收益，各创新主体的技术水平发挥较充分，有利于科技创新水平的进一步提高。然而，从全国范围来看，湖北省的科技创新资源配置全要素生产率值仅位列第22，与全国平均值及其他先进省区市尚有较大差距，造成此现象的主要原因是湖北省的技术进步指数小于1，科学技术发展缓慢。此外，湖北的纯技术效率值虽然高于标准值但超出标准值并不多，说明湖北省的科技创新技术水平还有进一步提升空间。

2. 科技成果转化阶段

该阶段湖北省的科技创新资源配置全要素生产率高于1，表明该阶段资源配置效率也呈上升态势，技术进步指数值远高于技术效率指数值，这说明在科技成果转化阶段，科技创新水平的发展以及科技创新资源要素质量的提高是促进科技创新资源配置效率不断提升的主要原因。进一步分析该阶段的纯技术效率指数与规模效率指数可知，在该阶段湖北省各创新主体的纯技术效率水平呈上升态势，但科技成果转化的规模效率却呈逐年降低的不良趋势，表明该阶段科技创新要素的投入产出配比不尽理想，阻碍了高新技术产品规模经济的发展。从全国范围来看，湖北省该阶段的科技创新资源配置全要素生产率位列第11，略高于全国平均值，但较先进省区市尚有较大差距，因此，湖北省应进一步优化科技创新资源及要素的配置，不断利用先进科学技术促进科技成果的转化，提升科技成果转化的规模效率。

综合对知识协同开发阶段和科技成果转化阶段的分析，湖北省知识协同开发阶段科技创新资源配置全要素生产率略高于科技成果转化阶段，表明知识协同开发阶段的资源配置情况的发展略优于科技成果转化阶段。在科技成果转化阶段，政产学研协同创新主体之间科技创新资源配置不合理不均匀的现象更加突出。此外，科技创新规模效益的不足也是影响湖北省科技创新资源配置效率的主要因素，表明政产学研协同创新的科技成果在产业化、商业化的过程中尚未形成带动经济发展的规模效益，如何迅速提高科技成果转化阶段的资源配置效率以促进科技成果商业化过程规模效益的提升，将是未来湖北省有待解决的问题。

（二）湖北省各年份科技创新资源配置效率分析

为进一步详细分析湖北省各年份政产学研协同创新过程中科技创新资源配置状况，在所得相关数据的基础上利用DEA模型对湖北省各年份科技创新资源配置效率进行准确测算。

1. 知识协同开发阶段

由图2可知，2011—2020年间湖北省科技创新资源综合配置效率呈波动上升的趋势，总体呈"U"形分布。其中，2016—2020年科技创新资源综合配置效率上升趋势显著。这主要得益于在"十三五"期间，湖北省在强化创新体系和创新能力建设的基础上，不断深化科技体制改革，持续推动科技创新和经济社会发展深度融合，同时不断加大对知识产权的保护力度，全方位搭建高水平科技创新平台，推进政产学研协同创新，促进科技创新成果的产出，最终使得知识协同开发阶段资源配置

图2　湖北省2011—2020年知识协同开发阶段科技创新资源配置效率变动

效率稳步提高。但湖北省科技创新资源综合配置效率值较全国科技创新资源综合配置效率均值尚有较大的差距，因此湖北省科技创新资源配置水平还有待进一步提升。

进一步将湖北省知识协同开发阶段资源配置效率分解为纯技术效率和规模效率来看（如表3所示），2011—2020年湖北省知识协同开发阶段的规模效率均未达到最优，且规模报酬均呈递减状态，表明在该阶段湖北省相关的科技创新资源投入存在冗余的问题，造成了部分创新资源的浪费，这也是综合效率不高的主要原因，因此在知识协同开发阶段，湖北省应适当减少科技创新资源的投入，以保证取得更多的规模收益。此外，该阶段的纯技术效率绝大部分年份高于规模效率，因此纯技术效率发挥了较大的支撑作用。

表3 湖北省2011—2020年知识协同开发阶段科技创新资源配置效率及分解

年份	综合效率	纯技术效率	规模效率	规模报酬情况
2011	0.524	0.752	0.696	drs
2012	0.442	0.654	0.676	drs
2013	0.473	0.815	0.580	drs
2014	0.397	0.908	0.437	drs
2015	0.395	1.000	0.395	drs
2016	0.430	1.000	0.430	drs
2017	0.519	1.000	0.519	drs
2018	0.527	1.000	0.527	drs
2019	0.668	0.921	0.725	drs
2020	0.759	0.794	0.956	drs

注：drs表示规模报酬递减。

2. 科技成果转化阶段

与知识协同开发阶段相比，湖北省科技成果转化阶段科技创新资源配置效率则波动较大（如图3所示），其中2011—2019年间效率呈波动上升态势，反映出湖北省的科技成果转化过程依然存在着不稳定、不确定的因素，知识协同开发阶段产出的科技成果通过市场转化为收益的过程不稳定，科技创新成果难以巩固。2020年湖北省科技创新综合配置效率值降至最低点，主要是由于新冠肺炎疫情的影响，科技成果难以转化为经济收益。与全国科技创新资源综合配置效率平均值相比，湖北省科技创新资源综合配置效率同样存在较大差距，仅2018年高于全国平均值，因此湖北省应继续策应创新驱动发展战略，持续加强科技创新体系和创新能力建设，解决科技成果转化过程中面临的难题，促进科技成果转化阶段资源配置效率持续提升。

图3　湖北省2011—2020年科技成果转化阶段科技创新资源配置效率变动

由表4中的数据可知，2011—2020年间湖北科技创新资源配置的规模效率绝大部分年份高于纯技术效率，表明规模效率对综合效率的变动起到了关键作用，同时也显示出该阶段湖北省各合作创新主体的纯技术水平发挥不够，主体之间的协作水平及管理水平还有待进一步提升。从规模报酬情况来看，2012年规模报酬递增，2013年、2014年、2015年、2017年规模报酬不变，此外仍有5年规模报酬呈递减态势，表明在科技成果转化阶段湖北的创新资源投入产出配比并未完全达到最优，创新资源配置的状态不够稳定，近几年依然存在一定程度的资源投入过剩的问题，创新资源配置亟待优化，已取得的良好成果亟待巩固。

表4 湖北省2011—2020年科技成果转化阶段科技创新资源配置效率及分解

年份	综合效率	纯技术效率	规模效率	规模报酬情况
2011	0.262	0.301	0.871	drs
2012	0.344	0.348	0.989	irs
2013	0.263	0.263	0.999	—
2014	0.331	0.331	1.000	—
2015	0.348	0.348	1.000	—
2016	0.314	0.334	0.940	drs
2017	0.336	0.336	1.000	—
2018	0.546	0.557	0.981	drs
2019	0.420	0.721	0.583	drs
2020	0.088	0.543	0.163	drs

注：drs表示规模报酬递减；irs表示规模报酬递增；—表示规模报酬不变。

六、结论及建议

(一)研究结论

本研究通过DEA-Malmquist指数模型分别测度了湖北省政产学研科技创新活动中知识协同开发阶段与科技成果转化阶段科技创新资源配置效率，并与全国其他省区市进行对比分析，得到以下主要研究结论：

(1)在知识协同开发阶段，湖北省的资源配置效率呈逐年上升态势，各科技创新主体的协调性及组织管理水平较理想，但科技创新资源配置综合效率与全国平均值及其他先进省区市相比尚有较大差距。此外，在该阶段湖北省的科学技术发展缓慢，阻碍了创新资源配置效率的进一步提升。

(2)在科技成果转化阶段，湖北省的资源配置效率也呈逐年上升趋势，科技创新水平的发展以及科技创新资源要素质量的提高是促进配置效率不断提升的主要原因，但科技成果转化的规模效率不高，科技创新要素配置不理想，在科技成果产业化、商业化的过程中尚未形成带动经济发展的规模效益。

（3）2011—2020年间，湖北省知识协同开发阶段的综合配置效率处于波动上升中，总体呈"U"形分布，与全国科技创新资源综合配置效率均值尚有较大的差距；科技成果转化阶段科技创新资源配置效率波动较大，科技成果通过市场转化为收益的过程仍然存在不稳定性，科技成果转化率较低且难以巩固，而且两大阶段均存在创新资源投入过剩和冗余的问题。

(二) 建议

科技创新资源的高效配置影响着政产学研协同创新活动的质量，因此需不断提高科技创新资源配置的效率，促进区域政产学研协同创新活动的高质量发展，结合以上研究结论提出以下几点建议：

（1）深化创新体制改革，提高科技创新水平。建立完善符合科技创新规律的创新体制机制，强化科技创新和制度创新双轮驱动，加快政府科技管理与创新服务职能转变，不断提升科技创新治理能力，同时系统营造有利于科技创新的政务、科技、金融、市场和社会环境，全方位构建"政产学研金服用"科技创新系统，高质量搭建科技创新载体平台，全面提高湖北省科技创新水平。

（2）完善成果转化政策，促进创新成果转化。湖北省应及时建立和完善科技创新成果转化专项政策，并通过专项政策进一步破除各合作创新主体之间的壁垒，激发创新人员参与科技创新的积极性。同时尽快促进以市场及社会需求为导向的研究开发模式的发展，全面培养创新型企业并使之成为科技创新活动的主体，同时加强创新型企业与高校、科研机构的协作，促进基础研究、应用研究和科技成果转化融通发展，促进科技资源和创新要素高效配置。

（3）完善创新法律法规，优化创新资源配置。湖北省政府应进一步完善创新政策法规，在全面分析湖北现有创新资源及条件的基础上，有针对性地出台创新资源配置相关政策，精准投放创新资源，避免盲目扩大创新资源投入规模，造成创新资源浪费。在此基础上合理加大对创新型企业的资金扶持力度，为创新型企业的发展提供有力的资金支持，促进创新成果产出。对于已取得的创新成果，湖北省政府应继续出台有关鼓励政策，使创新成果得以巩固。

  项目负责人：邹 蔚 武汉城市圈制造业发展研究中心主任，江汉大学商学院教授、博士
  项目组成员：王兴宇 江汉大学商学院硕士生
       万凤娇 武汉城市圈制造业发展研究中心成员，江汉大学商学院副教授、博士

湖北省科研机构绩效评价管理和改革重组研究

盛建新　胡　然　牛婧红

一、研究背景和意义

科研机构是国家科技创新体系的重要组成，是创新驱动发展的重要支撑，科研机构管理改革是我国创新驱动发展的重要内容。科研管理改革的核心是充分调动科研人员的积极性、主动性、创造性，调动人、财、物各种资源服务科技创新。2018年，习近平总书记在两院院士大会上强调"把人的创造性活动从不合理的经费管理、人才评价等体制中解放出来"。[①] 2017年10月，科技部、财政部、人社部联合印发的《中央级科研事业单位绩效评价暂行办法》（国科发创〔2017〕330号）提出，进一步深化中央级科研事业单位管理改革，建立科学合理的评价机制，创新政府配置资源方式，激发科研事业单位创新活力，引导科研事业单位面向世界科技前沿、面向国民经济主战场、面向国家重大需求，立足职责定位，增强科技创新能力，发挥骨干引领作用。该办法结合科研事业单位职责定位，把科研事业单位分成三类：基础前沿研究、公益性研究、应用技术研发，明确对三类科研事业单位进行绩效评价，在绩效目标设定、评价指标选择、评价方法运用等方面体现其特点，评价过程不以论文作为唯一标准。

2018年，中共中央办公厅、国务院办公厅印发的《关于深化项目评审、人才评价、机构评估改革的意见》指出，机构评估改革是推进科技评价制度改革的重要举措，深化科技体制改革，以激发科研人员的积极

---

① http://www.gov.cn/xinwen/2018-05/28/content_5294268.htm.

性创造性为核心,以构建科学、规范、高效、诚信的科技评价体系为目标,以改革科研项目评审、人才评价、机构评估为关键,统筹自然科学和哲学社会科学等不同学科门类,推进分类评价制度建设,发挥好评价指挥棒和风向标作用,营造潜心研究、追求卓越、风清气正的科研环境,形成中国特色科技评价体系,为提升我国科技创新能力、加快建设创新型国家和世界科技强国提供有力的制度保障。

绩效管理作为科研管理的一项重要组成部分,在国外得到了较好的运用,无论是评价标准设计还是具体的实施都对科研水平的提高产生了良好效应。而对于国内而言,科研机构的绩效管理与评价考核尽管受到了相对重视,但由于科研机构管理实际、考核观念、考核能力水平等客观因素影响,这项工作往往力不从心,效果并不明显。同时,通过查阅资料,课题组发现,国内科研机构的管理改革涉及绩效评价管理的较少,这既有外部环境因素也有内部环境的制约。课题组希望能通过对科研机构管理现状的一些探讨,为湖北省科研机构绩效评价和改革重组方面提供一些思路。科研机构是创新源头,构建科研机构绩效评价管理体系,对科研机构进行改革重组,必须从湖北省创新体系和科研机构的实际出发,充分利用已有科技基础和特色优势,遵循科技创新活动规律,准确把握科研机构管理改革的核心内涵,做好顶层设计和系统谋划。因此,课题组拟在系统梳理国家关于科研机构管理改革、绩效评价管理和改革重组的部署要求基础上,深入分析湖北省科研机构管理现状,结合不同类型科研机构发展情况,分析存在的问题和不足,学习借鉴其他省份科研机构管理改革与绩效评价管理经验做法,研究提出推进湖北省科研机构改革重组的对策建议,构建湖北省科研机构绩效评价体系,进一步提升湖北省科研机构自主创新能力,为全面深化科技体制改革提供有力支撑。

二、绩效评价管理相关理论内涵

美国国家绩效评估组织曾给绩效管理下了一个经典性的定义,所谓绩效管理,是利用绩效信息协助设定统一的绩效目标,进行资源配置与优先顺序的安排，以告知管理者维持或改变既定目标计划，并报告成功符合目标的管理过程①。

根据管理学家们对绩效管理提出的不同看法，课题组主要归纳了三种相关理论观点：一是绩效产出观点，伯纳丁是绩效产出学说的主要代表人物，他认为绩效是员工最终行为的结果，是员工行为过程的产出，绩效是对在特定时间内由特定的工作职能或活动所创造的产出记录。二是绩效行为观点，组织行为学专家坎贝尔认为，绩效是员工的行为特征，这些特征在完成工作的过程中予以展露和表现，绩效是人们所做的同组织目标相关、可测、具有可评价要素的行为。三是绩效综合观点，在上述两种观点基础上，专家们认为将绩效理解为结果和行为的结合更容易被大家所接受，也就是说绩效不仅仅是你做了什么，也要看到你所得到的预期收益，两者相加才能得出更高的绩效。

而绩效评价作为绩效管理系统中的一部分，是向员工和管理者提供有关工作绩效情况的信息，为相关决策提供依据。绩效评价是一个阶段性的总结，具有回顾性，它更加侧重绩效信息，注重结果。从评估标准上看，绩效评价分为两种，一是对管理活动或者说科研活动及其结果的评估，二是对管理能力的评估。从性质上来看，绩效评价大多属于一种内部评价，是组织为提高自身的效率和责任而进行的自律性的评估。对于科研机构而言，科研绩效评价是在一定科研目标基础上，采用科学的方法对科研活动及其投入产出情况进行价值判断，以对科研活动进行管理、监督、监测和调控，并在评价结果基础上为科研决策提供依据。

三、国内外科研机构管理现状研究

(一) 国外研究现状

科研机构是科技创新体系中的重要力量，是知识、技术创新的重要

---

① 朱熊. 科研院所绩效管理与评价研究[D]. 上海：华东政法大学，2014：18.

源头。创新绩效评价管理是推动科研机构发展的重要手段，不同国家的科研机构由于政治体制、文化背景和基本国情不同形成了不同的科研机构管理体系，但均通过加强对科研机构的绩效评价管理，更好地实现了科研机构管理的制度化、规范化，促进科研机构的改革重组。

——德国。德国高度重视学术研究，其科研体系结构严密、分工明确、协调一致，在诸多研究领域都处于或曾处于世界领先地位。德国未设立类似于中国科学院大而全的综合科研机构，其科研机构主要包括三大部分，一是高校，包括大学、应用技术大学和科学院；二是高校以外的公立研究机构，如马克斯·普朗克学会、亥姆霍茨联合会、莱布尼茨科学联合会等；三是企业。不同的科研机构具有特定的研究领域和研究方向，高校研究机构主要充当基础研究的主体，而公立研究机构主要充当基础应用研究的主体，联邦直属研究机构则根据所属部门的需要开展科学研究工作。科研机构普遍具有相对独立的自我管理地位，采取理事会、监事会这一双方制衡的管理方式，且多采用任用期限制度，在研究单位从事研究、在大学从事教学和研究的人员分为长期聘用人员和限期聘用人员，限期聘用人员在一定时间内未获得长期职位，则必须离开教学和科研岗位转入企业工作；在教学和科研工作中业绩突出、成为课题负责人的限期聘用人员，可聘为长期聘用人员。对于科研机构德国采用多层次科研机构绩效评价体系，自上而下构建了联邦与州科学联席会、科学委员会评价委员会、马普学会等大科研组织评议会、研究所科学咨询委员会评价体系四级评价机制。在多级评价体系中，为确保科研机构目标制定和绩效督导责任的一致性以及绩效评价的客观性，德国实行逐级落实制，由牵头部门统筹指导、主管部门或资助机构负责具体实施。德国的科研绩效评价标准较为细致，采用分类评价，主要分为基础研究、应用型研究以及科研成果对经济发展和创造就业机会的影响等多种类型，对于不同类型的科研项目，其评价标准和评价侧重点都有所不同[1]。

---

① 潘彩霞，陶爱荣，丁永健. 德国科研机构管理体制研究及启发[J]. 机电信息，2016(33)：152-153.

——英国。英国是科技体系相对分散的国家,其科研力量广泛分布在大学、企业和政府机构中,以承担基础科研工作或政府导向性研究为主要工作职责的公立科研机构,是英国重要的知识进步与创新的发源地。在机构改革中,英国政府仅保留部分持有核心技术的公立科研机构成为政府下属执行机构,其余公立科研机构逐步转制,实现公立科研机构规模的精简。其中,基础性科研机构经过合并重组成为隶属于不同研究理事会的非营利机构或公司,而应用型科研机构被私有化后则成为私营公司。部属机构指英联邦政府各部所属的研究所、研究中心和实验室等。非部属机构与政府部门无隶属关系,作为根据皇家宪章建立的独立法人实体,享有独立的政策制定、经费使用和管理权(例如英国研究理事会),政府部门一般不对其进行直接管理,而大多数是通过支持其科研活动安排来实现对其的间接管理。英国政府没有统一的政府科技经费预算拨款制度,而是由政府各部门结合自身目标和任务,各自制定科技经费预算。在科研机构绩效管理方面,英国采取由中介组织、民间非营利性组织或学术团体承担科研评价任务的模式,在政府与科研机构之间建立"中间地带",减少政府对评价工作的干涉。英国科研评价体系的一大特色就是以学科为评价单元,根据不同的学科领域,将所有领域内的研究机构按照统一标准评价。评价内容上,除对科研产出、成果影响等绩效指标进行评价外,还对科研投入、过程管理等提升研究机构可持续发展能力的指标给予了越来越多的关注。评价方法上,不再简单使用传统的同行评议这一种方法,基于数据挖掘、文献计量等评价方法,采取同行评议和科学计量评价相结合的多元评价手段,对研究产出、科研影响、科研环境三个一级指标进行考察,逐渐转向以科研质量为主、科研影响为辅的科研机构绩效评价体系[①]。

——韩国。韩国采用集中型的科技管理体制模式,科技事业的规划制订、科技执行的评价都集中在政府部门之中。作为国家创新体系建设

---

① 张昭,伍莺莺. 英国科研评价体系探析及其启示[J]. 科技进步与对策,2016(12):138-142.

的重要一环,韩国政府参照德国的研究会模式,把原分散在政府各有关部门的国家科研机构从所属机构中分离出来,按照不同的领域分别组成"基础研究会""产业技术研究会""人文社会技术研究会""经济社会技术研究会"和"公共技术研究会",后来经过多次重组,所有研究会都合并成为韩国科学技术研究会,统一划归科技部新组建的"科技创新本部"管理,实行财团法人制度,旨在通过对研发体制、管理模式的改革和创新,整合科研力量,合理配置资源,提高研发效率并加速成果转化。目前韩国已经形成了以国家科学技术咨询会议为最高决策中心,以科学技术信息通信部、产业部等部委为计划制订主体,由各专业机构负责科技计划具体立项和过程管理工作,由韩国科学技术企划评价院负责决策支撑工作的国家科技管理体制。其中,科学技术企划评价院主要承担对与科学技术有关的所有研究开发计划的调查、分析和评价;对科学技术发展趋势的预测、技术影响评价和技术水平评价等,其经费来自政府资助和自身创收。韩国每隔五年进行一次科学技术预测,主要由韩国科学技术企划评价院完成,通过调查、分析主要科学技术的统计指标,预测科学技术的发展趋势,并在科学技术政策和计划中反映其结果。此外,为了调查科学基本计划和各部门中长期计划的关联性,统筹协调政府科研经费的分配,避免重复立项,韩国每年都对中长期科技计划进行统计和分析,对国家科技创新能力进行评价。在公立科研机构外,韩国政府对民间企业的科研活动,在财政、税收等方面给予大力扶植和支持,使民间企业研究所不断发展壮大,成为韩国科技创新体制的骨干力量。三星集团下属的三星综合技术院是韩国企业研究院的典型代表,也是三星集团的核心研究机构,以攻克当前信息技术瓶颈为重任,同时对未来发展技术进行基础性探索研究,目前在计算与智能、通信与网络、嵌入式系统解决方案等9个领域进行了大量前沿研究和开发工作。①

---

① 李丹. 韩国科技创新体制机制的发展与启示[J]. 世界科技研究与发展,2018,40(4):399-413.

(二)国内研究现状

党的十八大提出实施创新驱动发展战略,将科技创新作为未来提高社会生产力和综合国力的战略支撑。科研机构是国家科技创新体系的重要组成部分,为创新驱动发展战略提供有力的支持。在当前的改革攻坚阶段,对科研绩效进行评价研究,以更准确地评价所在机构的绩效,达到高效管理的目的,对保证科研经费的有效使用,促进科研机构的改革重组,不断创新并完善现代科研机构制度建设、提高我国在科技领域地位等具有重要意义。

1. 国家层面

2012年9月,《中共中央 国务院关于深化科技体制改革加快国家创新体系建设的意见》印发实施。该意见提出"加快科研院所和高等学校科研体制改革和机制创新。按照科研机构分类改革的要求,明确定位,优化布局,稳定规模,提升能力,走内涵式发展道路"。并明确指出:要充分发挥国家科研机构的骨干和引领作用,建立健全现代科研所制度,制定科研院所章程,完善治理结构,进一步落实法人自主权,探索实行由主要利益相关方代表构成的理事会制度。对科研机构实行周期性评估,根据评估结果调整和确定支持方向和投入力度。

在上述背景下,2015年9月,中共中央办公厅、国务院办公厅印发《深化科技体制改革实施方案》,明确要加快科研院所分类改革,建立健全科研院所制度。并要求研究制定科研机构创新绩效评价办法,对基础和前沿技术研究实行同行评价,突出中长期目标导向,评价重点从研究成果数量转向研究质量、原创价值和实际贡献;对公益性研究强化国家目标和社会责任评价,定期对公益性研究机构组织第三方评价,将评价结果作为财政支持的重要依据,引导建立公益性研究机构依托国家资源服务行业创新机制。2018年7月,中共中央办公厅、国务院办公厅印发《关于深化项目评审、人才评价、机构评估改革的意见》,进一步明确科研机构改革的方向,在完善科研机构评估制度方面提出四点意见:一是实行章程管理,确立章程在单位管理运行中的基础性制度地位，依章程管理；二是落实法人自主权，加快推进政事分开、管办分离，赋予科研事业单位充分自主权；三是建立中长期绩效评价制度，根据科研机构从事的科研活动类型，分类建立相应的评价指标和评价方式，建立综合评价与年度抽查评价相结合的科研事业单位绩效评价长效机制；四是完善国家科技创新基地评价考核体系，根据优化整合后的各类国家科技创新基地功能定位、任务目标、运行机制等不同特点，确定合理的评价方式和标准。

国家出台深化科研机构评估改革的意见后，各省区市按照国家关于科研机构管理改革的要求和统一部署，积极行动，在科研机构管理、绩效评价等方面进行改革探索，出台了一系列文件，取得了初步成效。

2. 省级层面

自2000年开始，从国家到地方对科研机构分类改革全面实施。特别是2018年《关于深化项目评审、人才评价、机构评估改革的意见》出台后至今，各省区市对科研机构管理及科研机构绩效管理的改革一直处于探索之中，在此进程中，我国科研机构管理体系的整体框架逐步搭建。

——江苏省。江苏省在科研机构管理过程中，始终坚持分类改革的原则，如在拨款制度中，首先根据主要从事科学技术活动的特点，将政府所属独立科研单位分成技术开发、社会公益事业、技术基础、农业科学研究、基础研究等类型，根据不同类型科研单位实行不同的科研事业费减拨措施。2018年9月，江苏省出台《关于深化科技体制机制改革推动高质量发展若干政策》的通知，提出建立以研发质量为导向的科研投入综合评价制度，聚焦中长期创新绩效，主要从创新能力提升、标志性成果产出、人才培养、产业升级产生的长远影响出发，采用以同行评议为主的评价方法，适当降低论文、专利数量以及经济效益等短期量化指标的权重。2019年7月，江苏省出台《关于深化项目评审、人才评价、机构评估改革的实施方案》，进一步指出要强化省属公益科研事业单位综合评价，重点评价在推动经济社会发展和履行社会责任等方面的绩效，把科研创新能力提升、成果转化、产学研协同创新作为重要评价指标，同时加强第三方评估机构的规范和监督，在科技创新政策规划制定、财政拨款、国家和省级科技计划项目推荐和承担、科研事业单位领导人员考核评价和人事管理等工作中，将绩效评价结果作为重要依据，探索建立以绩效为导向的财政稳定支持机制。2021年5月，江苏省出台《关于改进科技评价破除"唯论文"不良导向的若干措施(试行)》，在分类评价的基础上进一步提出：技术研发类机构应重点评价其在应用技术研发、成果转化示范等方面的绩效，论文不作为主要的评价依据和考核指标；社会公益性研究类机构，重点评价其公益性研究与服务绩效、促进经济社会发展和履行社会责任的效果，论文不作为主要的评价依据和考核指标。

——浙江省。浙江省率先在全国颁布《浙江省鼓励技术要素参与收益分配的若干规定》(2015年9月废止)，允许院所科技人员创办企业，转化职务科技成果，鼓励技术要素参与收益分配，其中技术股由院所根据自身的实际，量化给科技成果完成者和成果转化的主要实施者。2017年3月，浙江省通过《浙江省促进科技成果转化条例》(2021年9月修正)，对企业研发机构以及政府设立的科研机构分别作出了规定：鼓励、支持有条件的企业建立或者联合设立新型研发机构，承接科技成果并实施转化；政府设立的研究开发机构可以将科技成果作价投资或者作为注册资本，享有相应的资产权利，承担相应责任，并指定所属专业部门统一管理科技成果作价形成的资产。此外，还进一步深化技术要素在收益分配中的比重，对重要贡献人员的奖励比例下限从上位法的50%提高到70%，并且首次明确职务科技成果权属奖励制度。

——四川省。2016年5月，四川省出台《四川省科研院所改革总体方案》，提出进行科研机构改革，要紧紧围绕促进中央在川科研机构成果就地转化、推进省属公益类科研机构深化改革、推动省属转制类科研机构改革发展、推进新型研发机构建设等方面开展工作。四川省坚持分类改革的原则，省属公益类科研院所逐步取消行政级别，并在有条件的单位试行院(所)长聘任制，强化内部管理和学术科研自主性；转置类科研院所整体或局部实行股份制改造，探索发展混合所有制，更好地服务行业技术进步和产业转型升级；新型研发机构按照市场化原则，围绕七大战略性新兴产业、五大高端成长型产业和五大新兴先导型服务业等重点产业需求，探索产学研协同创新的长效机制。2020年8月，四川省印发《关于深化赋予科研人员职务科技成果所有权或长期使用权改革的实施意见》，进一步推动职务科技成果权属混合所有制改革，深化赋予科研人员职务科技成果所有权或长期使用权，提出要全面建立"先确权、后转化"的职务科技成果转化模式、完善职务科技成果评估评价机制、落实以增加知识价值为导向的分配政策、建立成果转化绩效导向的人才评价和项目评审机制。科研院所以成果质量和转化绩效为导向，每年度对上一年度本单位的科技成果转化改革进行自评，每年1月30日前将自评情况或总结（含转化产生的经济、社会效益等情况）向上级主管部门报告，同时向科技厅报备。科技厅定期对科研院所展开转化绩效评估。

四、湖北省科研机构管理改革现状

根据《湖北科技统计年鉴》，湖北省现有各类科研机构2679家。其中科研院所106家，高等院校建科研机构772家，企业建研发机构1726家，其他科研事业单位75家。基本形成了覆盖基础研究、技术创新、成果转化等领域的科研机构创新体系。

从科研院所来看，中央部门所属科研机构所20家，平均从业人员419人，平均R&D经费内部支出达1亿元。省级部门所属和副省级城市所属单位37家，从事应用和试验发展研究的占总数的94.6%，平均从业人员、平均R&D经费内部支出分别为中央院所的30%、18%。地市级部门所属单位49家，从事科技推广与技术服务业的占总数的62.9%，平均从业人员、平均R&D经费内部支出分别为省属院所的25%、6.2%。

从高等院校建科研机构来看，529家理工农医类科研机构中，拥有各类国家级机构52家、省部级机构390家；其全部科技活动人员中，具备高级职称的达到64%;拥有60%以上的国家重点实验室、75%以上的省级重点实验室,主要分布在工程、医学、生物、地学等领域。

从企业建科研机构来看,湖北省规上工业企业办研发机构1550家,位居全国第10位,占规上工业企业总数的9.94%,位居全国第15位。主要集中在汽车制造业(199家)、专用(通用)设备制造业(187家)、化学原料和化学制品制造业(141家)、医药制造业(112家)、非金属矿物制品业(101家)等10大行业。

从新型研发机构来看,在科研院所改制的同时,湖北省探索建设了一批投资主体多元化、运行机制市场化、管理制度现代化,具有可持续发展能力的新型研发机构,主要包括产业技术研究院、产业技术创新联合体、专业型研究所(公司)、企校联合创新中心等四类。截至2021年,湖北省省级新型研发机构总数已达396家,其中产业技术研究院36家、产业技术创新联合体10家、专业型研究所(公司)9家、企校联合创新中心341家。

除省属科研机构外,根据国家部署要求,湖北省制定出台了《湖北省深化科研机构体制改革的实施意见》,按照企业化转制的改革方向、转制与改制相结合的思路,推进技术开发类科研院所改革,2013年湖北省省属技术开发类科研院所改革任务已基本完成,10家转制为企业,2家进入高校。

在全面实施创新驱动发展战略、加快建设创新型省份的新常态下,湖北省积极探索科研机构深化体制机制改革的道路,出台了系列科技创新改革政策,充分调动科研机构服务湖北经济社会发展的积极性。特别是2013年以来,湖北省全面深化科研机构体制改革,重点围绕科研项目管理、科研经费使用、科研仪器开放共享、科研人员激励、科研自主权下放、科技创新评价等方面,推动国家科技体制改革任务在湖北的细化落实。

在优化科研管理服务方面,为提升科研人员的科研收入水平,进一步深化湖北省财政科研项目经费"放管服"改革,赋予科研机构和科研人员更大自主权,先后出台了《省人民政府关于改进加强省级财政科技项目和资金管理的实施意见》《关于进一步完善省级财政科研项目资金管理等政策的实施意见》《湖北省财政厅 湖北省科技厅关于进一步完善省级财政科研项目资金管理有关事项的通知》等政策。明确规定简化财政科研项目预算编制，在项目总预算不变的情况下，将直接费用中多数科目预算调剂权下放给项目承担单位；简化科研仪器设备采购流程，科研仪器采购事项由项目承担单位自主决定，由项目主管部门报项目管理部门备案；优化科研经费支出管理，调整标准简化手续等。政策的完善出台不断为湖北省财政科研项目资金"松绑"，有效推动了湖北省科研项目经费管理改革，受到了广大科研人员的欢迎。

在创新完善人才激励机制方面，为加大对科研人员的绩效激励，紧扣为科研人员"放权""松绑""减负"，湖北省连续出台《关于实行以增加知识价值为导向分配政策的实施意见》《湖北省抓好赋予科研机构和人员更大自主权有关文件贯彻落实工作实施方案》等政策。特别是《关于实行以增加知识价值为导向分配政策的实施意见》中明确高校、科研机构自主决定绩效考核和绩效分配办法，在总量内灵活分配绩效工资，并进一步放宽绩效工资管理，明确科研人员的科技成果转化收益、科研劳务收入、财政科技资金用于科研人员的绩效支出以及高层次人才薪酬，不纳入绩效工资总量，大幅提高财政科研项目中用于科研人员的绩效支出比例，最高可达60%。

在加大科技成果转化机制方面，按照国家科技体制改革总体部署，结合湖北实际，强化"问题导向"，将"促进湖北科技资源优势转化"作为科技体制改革的重点、难点和突破点，省级层面先后出台了《湖北省自主创新促进条例》《湖北省促进科技成果转移转化行动方案》等30余项重要法规政策文件，将科技成果的使用权、处置权、收益权下放到科技人员和创新团队，并将其收益比例提高到70%~99%，着力破除制约湖北科技资源优势向经济社会发展优势转化中的体制机制障碍，打通政策落实"最后一公里"。承担省内企业委托研发项目的高校院所研发团队和科技人员，可在项目经费中获得科研劳务收入等。系列创新政策的提出，赋予科研团队和人员更多的自主权，最大限度地调动了科技人员的积极性。

在完善科技评价制度方面，为提升科研人员的科研能力和水平，树立正确的科研评价导向，湖北省先后出台《关于进一步加强科研诚信建设的实施意见》《湖北省深化项目评审、人才评价、机构评估改革实施方案》等政策，全面推进湖北省科研诚信建设。明确规定，进一步推进省属科研机构改革，对省级科研事业单位实行章程管理；试点开展省属科研院所中长期绩效评价；绩效评价结果作为科研事业单位领导人员考核评价、科研事业单位人事管理、绩效工资总量核定等工作的重要依据。从科学设立人才评价指标、树立正确的人才评价使用导向、强化用人单位人才评价主体地位、加大对优秀人才和团队的稳定支持力度等方面，进一步优化科研生态环境，提升科研机构和人员的主体地位。

五、湖北省科研机构管理存在的问题

总体来看，湖北省科研机构管理改革取得了重大进展，在绩效评价管理方面也进行了一些探索。同时应该看到，在整体科研机构管理服务水平、科研投入、科研经费管理、科研体制机制以及绩效管理方面仍有欠缺，尚存在较多需要解决的问题。一是科研管理服务水平有待提高。日益增长的科学自主性要求与行政化的科技管理体制之间产生冲突，科研机构和科技管理部门缺乏系统高效的创新管理能力。二是科研力量投入较为薄弱。根据《湖北科技统计年鉴》，与中央部门所属20家科研院所，平均从业人员419人和平均R&D经费内部支出1亿元相比，省属三类科研机构平均从业人员总数、平均R&D经费内部支出总数分别占其58.23%、26.72%，科研力量投入还有较大差距。三是科研体制机制尚待完善。在科研机构改革后，湖北省公益类科研单位分为公益一类和二类，但目前两类单位同质化管理，作为公益二类事业单位的科研机构实行差额拨款制，承担着"公益"和"市场"服务两个职能，而在资金使用、监管、薪酬体系上实行与公益一类同等对待，一定程度上限制了科研机构的创新活力。四是科研机构绩效考核体系尚不完善。实施"三评"改革以来，湖北省加快推进建立绩效考核机制，目标和方向确定了，但谁来评、如何评，评价对象、内容、方式等都未形成明确、统一、持续的体系。仍存在绩效考核指标设置不合理等问题，如考核的指标设置对科技转化、科技服务等其他相关因素涉及较少、考核者与被考核者之间缺乏有效的反馈机制等。

六、湖北省科研机构改革重组的建议

科研机构涉及多种类型，为便于研究更有针对性，本文所涉改革重组的科研机构多指省属科研机构，包含省农科院、省林科院等行业所属研究机构，各职能部门所属科研机构以及新型研发机构等。

（一）推进省属科研机构分类管理

积极推进省属科研机构分类改革，根据不同科研机构的特点、功能定位，通过实行区别化的组织管理、资源配置、科技评价、用人制度等推进分类管理改革。一是对公益类科研机构，重在创新机制、激励放活、提升能力。面向应用基础研究、前沿探索等自然科学领域的公益类科研机构，应以学术水平和重大原创成果为主要目标；面向应用开发、成果转化等工程技术领域的公益类科研机构，应以解决重大科技问题和满足市场需求为主要目标。二是对转制科研机构，重在完善结构、服务产业、做大做强。要加快推动转制类科研机构整体或局部实行股份制改造，加快建立产权清晰、权责明确、政企分开、管理科学的现代企业制度，已转制科研机构可依托已有的、具有较强公益性和战略性的共性技术研究基础和服务能力，建设相关研发基地和服务平台。三是对新型研发机构，重在市场化管理、拓展功能、完善机制。可在体制机制创新上下功夫，通过体制机制创新，坚持市场导向，实行企业化运作，促进新型研发机构加快发展、高水平发展。优化整合高校、科研院所创新力量深度参与新型研发机构建设，增强产业核心技术攻关能力、成果转化和产业化能力，提升机构的创新服务能力。

(二)加大省属科研机构科技投入

一是加大对省属科研机构的科研经费支持,建立财政科技投入的稳定增长机制,保证公益类科研机构的稳定投入,扶持省属转制类院所,培养建立应用基础研究"湖北地方队"。二是强化科研项目导向作用,建议采取联合申报方式,让不同科研机构共同承担对湖北经济发展有重大影响的重大科技项目。三是加快科研创新平台建设。围绕基础研究,聚焦国家战略目标,争创国家实验室,加快布局重大科技基础设施建设,开展战略性、前沿性、基础性的科技创新活动。优化提升省级实验室功能,整合省级实验室资源,争创国家或省部共建实验室。推进构建产业技术创新平台体系,开展核心关键技术研发、应用示范推广,积极创建国家、省级技术创新中心等紧密协作、网络化的产业技术创新平台,提升产业和企业的技术创新能力。

(三)给予省属科研机构更大自主权

持续深化科研领域"放管服"改革,给予科研机构更大自主权,营造支持科技创新的政策和制度环境。一是进一步下放科技成果转化自主权。给予科技成果处置更多自主决定权,改革国有技术类无形资产管理体制,赋予研发团队、科技人员成果转化收益更多分配权,建立科技成果转化风险保障机制。二是给予更大的用人自主权。鼓励省属科研机构采用更加开放的用人制度,允许省属科研机构在核定机构编制限额内自主设置内设机构和下属单位,调剂使用编制;建立岗位结构比例动态调整机制;探索高层次人才、高技能人才协议工资制和项目工资制等多种分配形式。三是给予更多科研经费使用自主权。将预算调整权限下放到科技管理部门或项目承担单位,确保科研机构年度经费预算编制在执行年度内能够及时有效调整;体现"人"的价值,增加科研项目间接费用比重,大幅提高人员费比例。

(四)完善省属科研机构绩效评价机制

建议加强管理机制创新,对各类科研机构分别建立健全与之适应的绩效评价机制;强化目标考核和动态调整,实现能进能出。完善省属科研机构考核评价机制。一是建立科学合理的科研评价体系。界定清楚省属科研机构的范围,明确科研机构绩效考核的内容和目标,形成更加关注质量、贡献的评价导向。建议根据专业类别分类划分成不同层次,细化分类评价标准,针对岗位需求合理设定科研评价指标,建立基础研究、应用研究、技术开发以及成果转化等科研业绩等效评价机制。二是建议从科研教育评价源头出发,建立科研机构科技人员职称评定、绩效考核指标体系,健全完善有利于科技成果转化的考核评价机制,推动科技成果转化、技术转移纳入科研机构科技人员职称评定、绩效考核的参考范围。

七、湖北省科研机构绩效评价管理的对策

结合科研机构改革重组建议,在分类管理原则基础上,解决绩效考核与单位目标关联度低、考核方法单一、考核指标设置不够科学、周期不够合理、考核结果运用不足等问题,重点围绕绩效考核的内容、绩效考核指标的设置、绩效考核结果反馈与运用等方面,搭建湖北省科研机构绩效评价体系。

(一)加强绩效考核评价管理机制与能力建设

绩效管理是一项长期复杂的管理过程,科学的管理机制是保证工作完成的重要前提。加强绩效管理机制建设需按绩效管理系统思维理论进行顶层设计,建立公开、公平、公正的绩效管理实施体系。在具体实施过程中:一是应针对不同的岗位类型、职位和职称,编制岗位职责说明

书，在岗位聘用双向选择时，对岗位性质类型、职责、权限和工作内容要求等方面进行描述，为绩效考核提供基本依据；二是向全体员工公开考核标准、程序、时间、方法和考核结果使用等信息；三是科学合理设定绩效考核周期，并结合本单位实际创新适合本单位的绩效管理办法。

（二）构建科学的绩效考核评价指标体系

绩效评价指标的设计是有效组织绩效考核、实施绩效管理的前提和保证。构建科学的绩效评价指标体系首先要体现科研机构的发展战略，与单位发展战略目标紧密结合，并层层分解，其次要体现考核指标的全面性、客观性和有效性。绩效评价以结果为导向，考核指标的设定应该关注部门或员工的工作实绩和成果，以客观指标为主、主观指标为辅，采用定量指标和定性指标相结合的办法。针对不同部门和岗位员工，应分别设计不同的考核指标；针对不同职称、职务层次的员工，考核指标应赋予不同的权重，客观真实反映绩效差异。在考核周期上，应避免事业单位传统的以年终总结、年度考核取代绩效考核的做法，可采用月度、季度、半年度考核和年度考核指标相结合的方式，针对科研业务一线岗位的专业人才，应尊重科研产出规律，可以科研项目周期或人才培养周期等为考核周期。

（三）强化绩效评价结果的运用

绩效管理是事业单位实现科学规范管理的重要手段，科研机构在推行绩效管理过程中之所以存在诸多问题，根本原因是科研人员对绩效管理的错误认识所形成的障碍。因此，在实施绩效管理时，要与员工进行全面充分的沟通，得到全体科研人员的认同和参与，通过沟通充分体现科研人员的意愿，提高大家的参与度；通过沟通及时发现问题和寻找解决问题的办法，营造良好的工作环境和氛围。在绩效考核结果应用上，科研人员个人和部门的绩效考核指标应与科研机构整体绩效紧密关联，同时科研机构对科研人员的绩效考核应与其绩效工资、绩效奖励、职务职称晋升、岗位聘用、学习成长、职业生涯发展等一并挂钩，真正体现全面系统、有效的评价绩效水平。

（本报告为湖北省2021年度软科学项目"湖北省科研机构绩效评价管理和改革重组研究"阶段性成果）

报告撰稿人：盛建新　湖北省科技信息研究院副院长、研究员
　　　　　　胡　然　湖北省科技信息研究院战略所总监
　　　　　　牛婧红　湖北省科技信息研究院战略所副所长

湖北省公民科学素质现状分析和对策研究

刘春江 李 健

公民科学素质是国民素质的重要组成部分,不仅反映一个地区的人口质量,而且与该地区的经济社会发展正相关。党中央、国务院对提高公民科学素质非常重视。习近平总书记多次强调:"没有全民科学素质普遍提高,就难以建立起宏大的高素质创新大军。"①国务院2021年6月发布了《全民科学素质行动规划纲要(2021—2035年)》(以下简称《科学素质纲要》),要求到2025年,我国公民具备科学素质的比例要超过15%,并明确提出,地方各级政府负责领导当地《科学素质纲要》实施工作,把科学素质建设作为地方经济社会发展的一项重要任务,纳入本地区总体规划,列入年度工作计划,纳入目标管理考核。

一、湖北省公民科学素质现状及存在的问题

1. 湖北公民科学素质"十三五"期间有较大幅度提升,具备科学素质的公民的比例,现在居中部第一、全国第九

由于湖北省委、省政府近年来高度重视创新驱动,大力发展科学和教育,积极推进科普事业,湖北省具备科学素质的公民的比例,在"十三五"期间有较大幅度提升。根据中国科协公布的最新调查结果,2020年湖北省具备科学素质的公民,占公民总数的比例升至10.95%,比2015年的5.47%,提高了约一倍。湖北省具备科学素质的公民占公民

---

① http://cpc.people.com.cn/n1/2016/0531/c64094-28399667.html.

总数的比例，现在在中部地区6个省中，排第一位；在全国31个省、自治区、直辖市（未含中国港澳台地区）中，居第九位。

2. 城乡居民科学素质的差距有所收窄，但区域发展不平衡的问题依然存在

2020年湖北省城乡居民具备科学素质的公民的比例，分别是12.94%和7.36%，与2015年相比，均有较大提升。与5年前相比，虽然农村居民的科学素质仍低于城市居民，但二者的差距有所收窄。由于近年来在全省范围大规模实施了脱贫攻坚战役和乡村振兴战略，加大了科学知识在农村的传播速度，因此，农村居民科学素质在"十三五"期间提升的速度快于城市居民。区域发展不平衡的问题依然存在，并且基本上表现为与区域经济社会发展的水平正相关。例如，湖北省经济社会发展水平最高的省会城市武汉市，2020年具备科学素质的公民的比例为16.1%，而地处鄂西南武陵山区的恩施土家族苗族自治州，由于经济发展速度较慢，人口受教育程度较低，同期具备科学素质公民的比例只有7.5%，尚不到武汉市的一半。

3. 与湖北省科教实力在全国的地位相比，公民科学素质的排序相对靠后

虽然湖北省具备科学素质的公民的比例，在"十三五"期间有较大提升，达到了10.95%，但是，对照全国平均水平和国家"十三五"规划提出的"公民具备科学素质的比例超过10%"的要求，只能说是刚刚过"及格线"。这与湖北"科教大省"的地位显然是不够相称的。众所周知，湖北省科教实力综合指标一直居全国前五位，但是，2020年湖北省具备科学素质的公民的比例，在全国只排在第九位，不仅远低于上海（24.30%）、北京（24.07%），低于江苏（13.84%），而且低于科教实力远不如我们的福建（11.51%）。这说明湖北省公民科学素质还有较大的提升空间，也意味着我们在推进科学普及和科学传播方面，特别是在贯彻落实习近平总书记关于"把科学普及放在与科技创新同等重要位置"的指示方面，还存在一些薄弱环节和短板。

二、提高湖北省公民科学素养的对策建议

1. 将提高公民科学素质纳入湖北省"十四五"规划实施方案，研究制订湖北省第二个全民科学素质行动计划

公民科学素质，是一个国家或地区经济繁荣、社会进步的基石。提高公民科学素质，是建设创新型国家的一项基础性工程。湖北省正在努力谱写新时代高质量发展新篇章。要实现"建设科技强省"的目标，要"进入创新性省份前列"，湖北省委、省政府必须进一步重视和加强提升公民科学素质。为了贯彻落实党中央提出的新发展理念和国务院发布的《科学素质纲要》，建议将提高公民科学素质纳入湖北省"十四五"国民经济和社会发展规划的实施方案，并且在对湖北省第一个全民科学素质行动计划实施情况进行评估的基础上，研究制订和出台湖北省第二个全民科学素质行动计划。

2. 进一步落实习近平总书记重要指示，把科学普及放到与科技创新同等重要的位置

提高公民科学素质，关键是加强科学普及，弘扬科学精神，增强全体人民掌握科学知识和科学思维的能力。党中央对科学普及工作非常重视，党的十九大以来，习近平总书记多次强调"科技创新、科学普及是实现创新发展的两翼，要把科学普及放在与科技创新同等重要的位置"。① 建议湖北省进一步贯彻落实习近平总书记的这一重要指示，采取措施，切实把科学普及放到与科技创新"同等重要"的位置上，与科技创新同步规划，同步推进。

3. 进一步破除制约科普高质量发展的体制机制障碍，营造更加有利于发展科普的生态

要进一步加强湖北省各级党和政府对科普工作的领导，按照国发〔2021〕9号文的要求，明确由地方各级政府负责领导当地《科学素质纲

---

① http://cpc.people.com.cn/n1/2016/0531/c64094-28399667.html.

要》的实施工作。进一步落实科普法,加大对科普事业的财政投入,加强科普队伍特别是基层科普队伍的建设。重视科普创作,加强线上科普。要结合实施"新基建",进一步加快科学场馆等科普基础设施的建设,改变湖北省科技场馆在数量上远少于人文场馆的状况。

4. 进一步发展教育特别是欠发达地区的农村教育,夯实提高公民科学素质的基础

提高公民科学素质,基础在教育。抽样调查结果表明,制约湖北省公民科学素质水平的短板,主要是在农村和农村居民。未来5年要大幅度提升湖北省公民科学素质的水平,实现《科学素质纲要》提出的新目标,必须加快发展农村教育,特别是欠发达地区的农村教育,切实解决湖北省城乡教育发展不平衡的问题。为加快提高农村人口的科学文化素质,建议在"十四五"期间,湖北省有关部门结合实施乡村振兴战略,通过大力发展面向农村的互联网教育、加强乡村教师培训、组织大学生志愿者支教等,进一步做好对农村教育的"供给侧"服务,推动农村义务教育优质均衡发展。进一步发展面向农民的职业教育,建立和完善乡村终身学习体系。鼓励和支持有条件的农村中学建科技馆。

撰稿人:刘春江　武汉理工大学副校长、副研究员
　　　　　李　健　中共武汉大学委员会原书记、二级教授

创新湖北：东湖科学城打造高水平创新集群研究

李 光

2021年2月，中共湖北省委省政府在科技创新大会上作出"科技强省"重要部署，明确提出大力推进武汉创建国家科技创新中心、东湖综合性国家科学中心，加快建设以东湖科学城为核心的光谷科技创新大走廊。东湖科学城所在"武汉·中国光谷"地区，是我国著名的三大智力密集区之一，拥有武汉大学、华中科技大学等著名高等院校及科研院所，拥有脉冲强磁场、精密重力测量等国家重大科技基础设施，拥有武汉光电国家研究中心、国家先进存储产业创新中心等39家国家级企业主体研发平台，拥有华为武汉研究所、迈瑞医疗等一批行业领军企业的重要研发中心，拥有国家级高新技术企业3100多家。目前，东湖科学城所在的"武汉·中国光谷"地区，已经初步形成基础研究、应用研究、开发研究和科技创新成果产业化的良好创新创业生态。

2021年6月，东湖科学城建设在武汉东湖新技术开发区全面启动，规划范围100平方公里，将集中布局建设代表国家实力、瞄准世界一流水平的大科学装置群。2021年9月《东湖科学城建设规划》正式发布。东湖科学城位于武汉东湖新技术开发区东部，横向依托光谷科技创新大走廊所在的高新大道，纵向依托"光芯屏端网"万亿产业集群聚集的未来大道，整体统筹范围达160平方公里、拓展范围260平方公里。东湖科学城的战略定位是：创建湖北东湖综合性国家科学中心主体区和武汉国家科技创新中心核心承载区，国家高水平科技自立自强的战略支点，武汉城市圈高质量发展的强力引擎，引领中部地区和长江中游城市群创新发展。东湖科学城总体发展目标是：瞄准打造全球光电信息科技创新中心、全球生命健康产业创新中心、全球碳中和工程科技创新中心、全球智能制造产业创新中心，建成科学特征凸显、创新要素集聚、策源能力突出、科创活力迸发的具有核心竞争力的世界一流科学城。在战略布局上，东湖科学城将承载五大湖北实验室、九大科学装置、九大创新中心、七大功能板块；筹划建设一批应用基础研究、特色优势明显的前沿交叉研究平台；加快建设一批产业发展关联、技术创新实用的产业技术创新平台；推进建设一批科技服务高端、成果转化高效的产业技术转化平台；构建从基础研究到应用基础研究、从前沿交叉研究和技术创新到产业化的全过程创新生态链，以提升湖北科技创新的集中度和显示度。2021年10月发布的《湖北省科技创新"十四五"规划》明确将"高标准建设以东湖科学城为核心的光谷科技创新大走廊"作为重要任务，进一步要求"推进东湖科学城提升综合性战略科技力量的集中度、显示度，强化原始创新策源地功能，打造科技创新高地、产业创新高地、创新人才高地，统筹产业链、创新链、人才链，重点建设大设施集聚区、实验室集聚区、科教融合园区、光电信息产业集聚区、生命健康产业集聚区、创新创业示范区、数字化生态宜居示范区等功能区，强化科学、技术、经济、社会价值创造的增值循环"。

尽管《东湖科学城规划》明确提出建设"一流重大科技基础设施集群"、培育"战略性新兴产业集群""引领性产业创新集群"以及提升"产业集群创新能力"等发展目标，但对于建设面向未来的创新集群（innovation claster）缺乏系统研究、战略规划和纵深部署。以全球视野谋划东湖科学城长远发展，仅仅重视产业集群、科技基础设施集群是不够的，必须坚持系统思维，积极探索与东湖科学城发展愿景相适应的科技创新组织体系，充分发挥科技治理创新对东湖科学城高质量发展的增效作用。习近平总书记指出："当今全球科技革命发展的主要特征是从'科学'到'技术'转化，基本要求是重大基础研究成果产业化。"[①]创新

---

① 中共中央文献研究室. 习近平关于科技创新论述摘编[M]. 北京：中央文献出版社，2016.

集群是现代科技、经济、社会紧密结合的社会创新网络，是加快科学向技术转化、实现重大基础研究成果产业化的有效组织形式。创新集群由高等院校、科研院所、新型研发机构、企业等按照价值链、创新链、产业链聚集而成，具有区域性、集聚性、融合性、互补性、网络性、异质性、交互性、高效性等特性。创新集群的融通创新、开放创新、迭代创新等功能突出，系统效能优势明显，尤其是能够有效减少科技创新交互过程中的信息不对称性。创新集群是对产业集群、研发机构集群、科技设施集群的超越和升级，不仅代表了全球创新网络的未来发展方向，而且符合我国科技创新发展的实际需求。

东湖科学城肩负支撑"科技强省"建设、打造国家战略科技力量、实现高水平科技自立自强的重要使命，必须着力建设覆盖基础研究、应用研究、开发研究和科技创新成果产业化全过程的高水平创新集群，努力实现基础研究、应用研究、开发研究和科技创新成果产业化的全链条"无隙链接"，形成从科技创新链源头到末端的"闭环系统"，不断提升融通创新的系统效能。打造湖北东湖科学城高水平创新集群，加快构建科技创新利益共同体，加强产业集群、研发机构集群、科技设施集群统筹，实现从产业集群、研发机构集群、科技设施集群向高水平创新集群的跃升，必须始终坚持改革和创新"双轮驱动"，通过深化改革创新释放东湖科学城科技创新的巨大潜能，充分发挥其对加快建设武汉国家科技创新中心和湖北东湖综合性国家科学中心的重要作用。以鼎新带动革故，形成科技创新与改革开放创新互促并进，这是创新驱动发展战略的逻辑、深化改革开放创新的逻辑，也是科技创新引领和支撑东湖科学城发展的逻辑。湖北省肩负国家科技自立自强的重要战略使命，应该以创新自信、创新自觉和创新担当打造东湖科学城高水平创新集群。

2022年4月，经国务院审核同意，科技部、国家发展和改革委员会联合批复《武汉具有全国影响力的科技创新中心建设总体规划》，并协调中共中央组织部、教育部、财政部、工业和信息化部、中国科学院、中国工程院等25个部门和最高人民法院，提出51项重大支持举措。中央将重点支持湖北省开展5个方面的工作：一是支持强化原始创新策源地功能；二是支持建设制造业创新高地；三是支持打造创新型城市群第一方阵；四是支持打造绿色发展中国样板；五是支持湖北深化改革。尤其是中央明确提出支持湖北省推进东湖国家自主创新示范区改革先行先试，探索构建多元主体共同参与的科技治理体系。党中央、国务院高度重视区域科技创新中心建设工作，支持武汉建设具有全国影响力的科技创新中心，是继北京、上海、粤港澳国际科技创新中心和成渝科技创新中心之后，国家在区域创新上的又一个重大战略布局。为加快推进具有全国影响力的科技创新中心建设，打造东湖科学城高水平创新集群，不断强化创新集群在科技治理方面的先行先试功能，不断提升创新集群的整体效能，发挥东湖科学城对湖北科技强省、创新强省建设的重要支撑作用，特提出以下几点建议：

（1）建议进一步提高对创新集群重要战略意义的科学认识，增强东湖科学城高水平创新集群建设的自觉性。尽快完成建设东湖科学城高水平创新集群的顶层设计，通过打造具有区域特色的高水平创新集群，有效整合科技创新资源，提高科技创新效率，释放科技创新潜能，强化科技创新系统能力，提升科技创新竞争势能，形成科技创新更有力支撑。

（2）建议尽快将"东湖科学城高水平创新集群研究"作为重点项目纳入湖北省人民政府智力成果采购或科技创新支撑计划，以"揭榜挂帅"方式组织高水平团队进行系统研究和顶层设计，通过政治可行性、科技可行性、经济可行性、生态可行性和社会可行性研究，明确东湖科学城高水平创新集群发展战略、建设规划、实施方案和运作方式，制定加快高水平创新集群建设行动的时间表、路线图。

（3）建议根据科技创新实践和形势发展需要不断完善《东湖科学城建设规划》，及时进行加快东湖科学城高水平创新集群建设的追踪决策和科学决策，在全国率先提出打造贯通基础研究、应用研究、开发研究和科技创新成果产业化全过程的创新集群，积极探索重大基础研究成果产业化的组织创新，努力形成具有科技治理鲜明特色和科技创新典型示范意义的"湖北方案"。

(4)建议积极探索东湖科学城高水平创新集群的系统结构，加快产业集群、研发机构集群、科技设施集群有效整合，推进价值链、创新链与产业链的深度融合，形成原始创新、集成创新、引进消化吸收再创新的科学配置，实现以系统整体效能为目标的科学治理。通过不断优化系统结构，不断提升系统功能，实现从产业集群、研发机构集群、科技设施集群向高水平创新集群的跃升。

(5)建议湖北省人民政府领导亲自担任东湖科学城高水平创新集群的"群主"，以进一步体现"以科技创新为核心的全面创新"和"科技创新的极端重要性"，强化"政府有为"和"市场有效"，更好地发挥政府和市场对基础研究、应用研究、开发研究和科技创新成果产业化的重要作用，努力实现创新集群纵向和横向的组织协同，不断提高创新集群效率和融通创新的系统能力。

(6)建议进一步强化湖北省高品质的创新生态建设，为东湖科学城高水平创新集群发展创造更好的社会环境。改善营商环境是服务市场主体，优化创新生态是服务创新主体。创新主体涉及各级政府、高等院校、科研院所、各类企业、社会组织以及社会大众，其内涵与外延远比市场主体丰富。在我国加快建设全国统一大市场背景下，湖北省应该如同重视营商环境一样重视创新生态建设。事实上，优化创新生态的任务更艰巨、难度更大，也需要付出更多的努力。

(7)建议东湖科学城高水平创新集群建设坚持"以增量带动存量"原则，坚持以科技创新资源增量带动科技创新存量。通过构建科技资源增量与科技资源存量兼容互补的创新体系，不断聚集科技创新增量、激活科技创新存量，在全球聚集更多科技创新资源的同时，必须尽可能利用湖北省长期积淀的科技创新资源，充分释放科技资源增量和科技资源存量互洽协同的科技创新潜能。

（8）建议确定东湖科学城高水平创新集群重点发展优先序，紧紧围绕《东湖科学城建设规划》明确的发展目标，努力打造光电信息科技创新集群、生命健康产业创新集群、碳中和工程科技创新集群、智能制造产业创新集群，并在多学科领域加快建设具有比较优势的创新集群，逐步形成多功能、多层级的创新集群体系，为湖北省构建现代产业体系提供坚实的战略支撑。

撰稿人：李　光　湖北省人民政府咨询委员、武汉大学"珞珈杰出学者"、武汉大学发展研究院二级教授、博士生导师

加快推进武汉建设国家新一代人工智能创新发展试验区的对策研究

华中科技大学课题组

一、武汉国家新一代人工智能创新发展试验区建设现状

武汉国家新一代人工智能创新发展试验区成立以来，为推动试验区建设与发展，武汉积极采取相关建设举措，取得了应有成效。

(一) 建设举措

自 2020 年 9 月科技部批复建设武汉国家新一代新人工智能创新发展试验区以来，为落实国家创新驱动战略部署、贯彻国家层面《新一代人工智能战略规划》，在湖北省委、省政府指示下，武汉市政府及相关部门积极采取措施推进试验区建设和人工智能产业发展：

一是完善人工智能专项政策支持，加强试验区建设的组织保障。一方面，制定人工智能针对性政策。2020 年以来，武汉市制定了《武汉国家新一代人工智能创新发展试验区建设方案（2019—2023）》（武政办〔2020〕59 号），并发布了《武汉国家新一代人工智能创新发展试验区建设若干政策》（武政规〔2021〕1 号），从招引培育人工智能头部企业、重大项目投资发展、设立投资基金、孵化培育中小企业、建设关键技术攻关和创新平台、促进产品应用落地、建设应用场景、培养高端人才等多方面立足武汉优势，以提升关键技术、拓展应用场景为重点，提出打造

"一芯引领、两网支撑、四大重点应用场景"的发展格局。另一方面,成立专门的组织机构统筹全市人工智能发展工作。2021年6月由5位中国工程院、中国科学院院士领衔,成立了武汉人工智能发展工作领导小组和战略咨询专家委员会,以期强化武汉人工智能发展的统筹协调和智力支持。

二是加快新型基础设施建设,为全市人工智能发展提供支撑。2020年,武汉市发布了《武汉市加快推进新型基础设施建设实施方案》《武汉市新型基础设施建设三年行动方案(2020—2022年)》等政策文件,强调围绕技术攻关、5G网络布局、搭建国家超算中心、打造国家智慧教育示范区等方面,合理布局信息基础设施、融合基础设施、创新基础设施,助力人工智能等技术发展与应用。建立人工智能计算中心,武汉市于2021年率先在科技部批复的15个国家新一代人工智能创新发展试验区中依托华为昇腾算力建设全国第一个人工智能计算中心,以实现全市人工智能算力规模和创新能级提升。

三是编制了全市产业地图,明确人工智能产业发展规划。围绕人工智能、大数据、云计算、区块链、5G等新型业态发展,通过制定不同发展定位的产业板块,引导资本、人才等资源有针对性地流动和配置,促进专项项目与产业规划的精准匹配与快速落地,推动全市"光芯屏端网云智"形成集群化、规模化。编制人工智能产业规划图,以东湖新技术开发区为核心区域,以5大产业基地为支撑推动全市人工智能高质量发展。

四是加大对人工智能企业的资金扶持。近年来,武汉通过设立专项资金、吸引社会资本等多种资金支持方式积极扶持人工智能创新企业和优质项目发展与技术推广应用,并提出对将总部设在或迁入武汉的人工智能头部企业给予每年不超过500万元的奖励,对在汉实施的人工智能制造业重大项目,给予不超过5亿元支持。

五是加强人工智能学科建设和人才培养。鼓励各高校面向产业发展需求开设人工智能专业、联合企业建设人工智能研究院,推动人工智能核心技术攻坚,储备人工智能专业人才。

六是加快四大应用场景落地。在智慧交通领域,市交管局部署地图、大数据、智能和运维护四大核心组件,打造智能交通平台;市交通运输局全力打造一流的综合交通指挥中心。在智能制造方面,推动全市工业智能化改造。在智能数字设计与建造方面,市城建局大力支持建筑信息模型BIM技术深度应用,并着力构建全市统一的标准体系。在智慧医疗方面,推进武汉健康医疗大数据中心建设和国家大健康产业基地建设。

(二)发展成效

在各级政府部门的大力支持与多项举措并举下,武汉市国家新一代人工智能创新发展试验区建设工作取得积极成效:

一是人工智能细分领域技术优势和科研实力增强。在新一代机器视觉技术、智能驾驶辅助系统、行为式身份验证、智能工业机器人操作系统、智能红外检测等行业细分领域处于国际领先水平。例如,武汉大学在机器视觉、北斗导航等领域的科研实力全球领先;武汉大学与小米公司联合成立的人工智能实验室在智能音频编码与处理领域科研实力国际领先;华中科技大学人工智能与自动化学院以及人工智能研究院在多谱图像识别、机器视觉、群体智能等领域科研实力国际领先。

二是吸引了一批人工智能企业集聚武汉,产业发展粗具规模。培育了深之度、长江存储、华中数控、烽火众智等一批掌握自主核心技术的人工智能企业,吸引了联想武汉产业基地、海康威视武汉科技园、新思科技武汉全球研发中心、小米武汉总部、百度云智学院、华为武汉研究院、腾讯武汉研究中心等一批企业和研发中心。2020年武汉市集聚了超260家人工智能相关企业,人工智能核心产业规模超150亿元,带动相关产业规模超2000亿元,申请相关专利1160件,在智能制造、智能终端等多个领域掌握具有自主知识产权的核心技术。

三是人工智能科教工作持续开展,专业人才队伍有序建设。华中科技大学、武汉大学、武汉科技大学、武汉工程大学、湖北工业大学、江汉大学先后成立了人工智能学院,中国地质大学、华中师范大学等高校开设人工智能专业。在国家网络安全人才与创新基地成立网络安全学院，率先建设国内首个"网络安全学院+创新产业谷"基地，目前，华中科技大学、武汉大学千余名学子和教职工已入驻基地。

四是新型基础设施先行先试。2021年5月建成并投运全国首个具有公共服务性质的人工智能计算中心，可提供高达100P算力，计算速度可达到每秒10亿亿次，现已为智慧城市、智慧医疗、智慧交通等多个领域40多家企业和科研机构提供服务。加快建设5G基站，现已累计建成站点超过3.4万个，接入国家工业互联网标识解析武汉顶级节点的二级节点17个，为武汉试验区、湖北省人工智能产业发展提供基础设施支撑。

五是"一芯两网四大应用场景"建设稳步推进。3D NAND闪存芯片、射频前端芯片、红外探测器芯片方面取得重要突破，国家新能源与智能网联汽车基地、国家网络安全人才与创新基地项目建设加快推进。2020年湖北省首批12个新一代人工智能典型应用场景全部在武汉，智能家居人工智能开放创新平台、智能驾驶辅助系统及智能网联平台、新冠肺炎多模异构医学人工智能系统等各类智慧场景层出不穷。2021年武汉市发布的首批271个数字经济应用场景项目中，人工智能领域的多达103个。

二、武汉建设国家新一代人工智能创新发展试验区的问题分析

在深入了解武汉国家新一代人工智能创新发展试验区建设现状的基础上，通过与先进地区进行比较，找出当前武汉试验区建设存在的问题和不足之处，并挖掘形成这些问题背后可能的原因。

（一）武汉试验区建设面临的问题与不足

《2021—2022中国人工智能计算力发展评估报告》显示，2018—2021年我国31个省级地区(未含我国港澳台地区)人工智能发展综合评

估和排名中，武汉市仅在2018年进入前十强，在近3年排名中表现并不突出。也就是说，在看到各级政府部门积极推进武汉国家新一代人工智能创新发展试验区建设、推动人工智能产业发展的同时，还应正视武汉试验区发展存在的短板和不足：

一是试验区建设的综合实力有待加强。有关我国人工智能发展现状的行业报告显示，武汉市的综合排名在全国表现得并不突出。例如，在《中国城市人工智能发展指数报告（2020—2021）》中，虽然武汉的总指数在中部地区处于领先地位，但是在全国20个主要城市中排名第7位，其中包括政策、经济、研发、组织环境在内的人工智能环境支撑力排名第8，包括资金、算力、载体在内的人工智能资源支持力排名第13，包括知识储备、科研成果在内的人工智能知识创造力排名第10，包括企业规划、创新发展、产业覆盖度在内的人工智能发展成效排名第6，特别是在人工智能资源支持和人工智能知识创造方面的发展空间较大。在36氪研究院发布的《2020年中国城市人工智能发展指数报告》中，2020年武汉市人工智能综合指数名列全国第16位，其中基础支持力度、城市发展环境、人工智能发展成效指数分别位列全国第13、20和20位，与北京、上海、深圳、杭州等第一梯队城市相比差距明显，表明武汉试验区发展仍有较大提升空间。

二是人工智能基础层和技术层发展不成熟。就武汉试验区来看，目前攻克人工智能领域的"卡脖子"关键核心技术不多，特别是在人工智能的基本算法、智能芯片、智能传感器等基础层和技术层缺乏突破性、标志性研究成果，底层技术和基础理论方面较为薄弱，适用于深度学习的高端智能芯片还严重依赖进口。

三是科教优势未能有效转化为人工智能研发优势。《中国城市人工智能发展指数报告（2020—2021）》显示，在20个样本城市中，北京市人工智能知识储备和科研成果排名首位，深圳市人工智能知识储备排名第16，科研成果位居第2，相比之下，武汉人工智能知识储备和科研成果都排名第7，表明武汉市人工智能科教优势尚未得到充分挖掘。

四是行业顶尖人才和复合型人才缺乏。就分布地区来看，中国人工智能高层次人才多分布在北京、上海、深圳等地区,其中北京集聚了全国超过40%的人工智能高层次人才,武汉市虽然有数量庞大、支撑力强的科教资源,但是面向人工智能的专业化高端人才仍然缺乏。就人工智能分布结构来看,多数人才集中在应用开发岗位,顶级的基础研究人才储备薄弱。

五是人工智能发展的投融资体系还不健全。政府财政基金、产业投资基金、风险投资等多元投融资方式与先进地区相比仍然不够发达,使得人工智能发展的资金链和产业链、创新链融合度还不紧密。在投融资规模上还有待提升,2020年上海、深圳人工智能领域的PE/VC机构投资额分别超300亿、200亿元,武汉为35亿元。

(二)武汉试验区建设现存问题背后的原因分析

在识别武汉国家新一代人工智能创新发展试验区建设面临的问题与不足的基础上,通过深入分析,我们认为上述建设问题存在的原因主要包括如下两个方面:

一方面,核心技术瓶颈问题是制约武汉市甚至是全国人工智能发展的重要梗阻。人工智能产业链包括基础层、技术层、应用层。其中,基础层的芯片、传感器、计算平台,技术层的算法理论、开发平台等涉及的众多核心技术都长期掌握在美国、欧洲等国家或地区,使得我国遭遇技术垄断困境。特别是,作为人工智能时代算力基石的智能芯片,其核心技术长期掌握在国际科技巨头手中,其中通用型GPU、半定制化FPGA芯片几乎被英伟达、AMD、赛灵思等公司垄断,我国部分企业虽然围绕GPU、FPGA芯片展开了布局,但目前很难撼动国外巨头的地位。

与此同时,我国人工智能领域基础层的建设相对较晚、前期技术积累仍然不够深入、人工智能与相关技术的协同规模化和产业化应用还处于发展早期、产业布局相对单一、基础设施建设的支撑力还有待提升,加上高端智能技术、关键设备、重要元器件、操作系统等面临的关键共性技术"卡脖子"难题,导致目前人工智能关键核心技术领域存在明显短板。

另一方面，武汉市人工智能发展尚未形成共生融合、健康可持续的产业生态。在多元要素集聚方面，相比北京、深圳等地人工智能发展吸引了大量优质人才、企业、项目、风投资本汇集，武汉市人工智能企业、高校及科研院所、金融中介服务机构等多主体规模化集聚度不高，主体间协同融合度不深、配套的激励措施不够。特别是人才的职业发展方面，武汉市的人工智能人才多留在高校和科研机构，对产业发展的贡献度有待提升；在人才流失方面，高校毕业生"东南飞"的问题仍然有待解决。在产业发展结构方面，高度重视投资回报见效快、周期短的终端应用，而对于资金投入高、研发周期长、风险性高、不确定性强的基础层投资力度不够，"头重脚轻"的产业链布局不利于武汉市人工智能创新生态系统的构建。

三、国内外人工智能发展实践及其经验借鉴

当前人工智能发展居于全球领先的美国和我国人工智能发展良好的北京、上海、深圳等地区，在人工智能产业及应用方面取得了良好成效，可为武汉国家新一代人工智能创新发展试验区建设提供值得借鉴的经验。

（一）美国人工智能发展的做法与经验

早在20世纪50年代，美国达特茅斯学院就召开了"如何用机器模拟人的智能"的学术研讨会，首次提出了人工智能这一概念，并由此掀起了发展人工智能的第一波浪潮。随着现代科技快速发展，算力、算法、海量数据的不断积累使得人工智能发展呈现出井喷态势，欧盟、中国、日本等国家或地区相继发布了国家层面人工智能战略规划，而美国虽然在人工智能技术和人才方面基础雄厚，但并没有率先出台战略性发展规划。作为在全球新一代信息技术领域保持领导地位的美国，部署系统全面的国家人工智能发展战略对于迎接人工智能存在的风险与挑战，

保持美国在人工智能领域领先优势具有重要意义。因此，出于人工智能潜在的巨大经济社会价值和保障国家安全的考虑，从政策、资金、人才、安全等多维支持人工智能发展也逐渐得到美国联邦政府的高度重视。

1. 国家层面的政策设计

20世纪60年代以来，美国就已高度重视人工智能的发展，并前瞻性地资助了人工智能的早期研究，90年代推进了人工智能机器学习技术。2014年11月，美国国防部提出"国防创新计划"，将人工智能和自主技术列为优先发展事项。近年来，更是推出了表1所示一系列发展战略和规划。

表1　　　　　　　　美国国家层面的人工智能政策文件

时间	名　　称	主要内容
2016	美国国家科学技术委员会发布《为人工智能的未来做好准备》（Preparing for the Future of Artificial Intelligence）	对人工智能发展现状、应用场景以及潜在的问题进行分析
2016	美国国家科学技术委员会和美国网络和信息技术小组委员会发布《国家人工智能研究和发展战略计划》（National Artificial Intelligence Research and Development Strategic Plan）	从"长期投资""开发人类与人工智能有效协作""理解人工智能伦理、法律、社会含义""保障安全""提供公共数据集和环境""制定标准""培养人才"等方面部署了人工智能七大战略方向，强调人工智能研发框架制定和人才队伍建设的重要性
2016	美国白宫发布《人工智能、自动化与经济报告》（Artificial Intelligence, Automation, and the Economy）	对人工智能驱动自动化发展的影响进行系统分析
2017	美国国会提出《人工智能未来法案》（Future of Artificial Intelligence Act of 2017）	要求美国商务部成立联邦人工智能发展与应用咨询委员会，对人工智能发展进行前瞻性研究

续表

时间	名　　称	主要内容
2019	美国国家科技政策办公室发布了《美国人工智能倡议》(Ameraican AI Initiative)	初步形成了美国人工智能国家战略雏形
2019	美国国家科技政策办公室发布《国家人工智能研究和发展战略计划：2019年更新版》	在2016年版本的基础上，增加了"公私合作伙伴关系"这一内容，变为八大战略部署
2020	白宫科技政策办公室发布《美国人工智能倡议第一年度报告》(Artificialintelligence Initiative: Year One Annual Report)	围绕人工智能研发投资、资源利用、技术标准制定和强化监管、培育人工智能劳动力、改善创新环境、政府采用技术等方面，对美国实现国家人工智能战略发展目标的重大进展进行回顾和总结

资料来源：根据张东等①、贺斌等②研究整理。

这些政策从顶层设计上为全国人工智能发展提供纲领性指引，以维护美国在人工智能时代的全球领导地位。一系列政策文件的出台，为美国人工智能进行前瞻性布局、实现安全性发展提供了制度保障。在2021年1月，美国白宫科学技术政策办公室宣布成立国家人工智能计划办公室，作为美国人工智能研究与决策的中心枢纽来贯彻落实国家层面的各项具体政策。

2. 主要支持举措和经验启示

通过对美国在人工智能领域的政策文件和实践举措进行深入分析，不难发现美国高度重视人工智能基础研究、人才培养、标准制定、深化应用等方面的建设，以期在全球人工智能赛场上保持领先地位。

一是全面部署人工智能基础研究。当前正值5G时代，加上美国拥

---

① 张东，徐峰. 美国人工智能人才政策走向及其对中美人才竞争的影响[J]. 全球科技经济瞭望，2021，36(7)：5-8.

② 贺斌，李红美，王周秀，田雪林. 美国人工智能国家战略行动最新动向：洞察与借鉴[J]. 情报杂志，2021，40(1)：25-32.

有硅谷这样的创新雨林以及众多高精尖技术领域的高素质人才,创新实力雄厚。在人工智能领域,美国超前且全面部署重点领域的基础研究,特别是在算法和芯片、脑科学领域进行了前瞻性的排兵布局,高度重视数据、网络、系统安全建设。经过60余年的深耕,美国的人工智能在算法、算力、数据等方面取得了重要突破,已经掌握了通用型(GPU)、半定制化(FPGA)、全定制化(ASIC)等人工智能主流芯片的技术,占据了全球很大部分市场份额,并且在计算机视觉、自然语言处理、人工智能系统等关键技术领域也一马当先。

二是为人工智能发展提供持续资金投入。美国人工智能发展战略之一就是对其进行优先投资,在政府资金支持方面,2020年财政预算中,联邦政府在国防和非国防人工智能研发上的投入分别为约40亿美元、10亿美元。在企业融资方面,2010至2019年间,美国人工智能企业累计融资额达到了773亿美元,占全球总额度的一半以上。需要说明的是,也有研究指出随着全球经济下行风险显现和美国政府债务的加重,政府对人工智能研发资金投入的规模和力度仍然无法满足该领域的巨大需求。①② 在产出方面,2019年美国人工智能市场规模占全球的57%;科研产出成果也颇为丰厚。

三是加大数据共享,制定技术标准。一方面,发挥大数据对人工智能发展的支撑作用。海量数据的潜在价值长期受到美国政府的高度重视,并且长期以来,美国政府致力于推动政府数据开放和共享,提高数据质量和使用效率,防范安全问题。另一方面,重视可量化、具有代表性的人工智能技术标准制定,规范人工智能发展。③

四是将人才视作人工智能取得突破性发展的关键因素。一方面,强

---

① 张东冬. 转向"数字霸权":美国国家人工智能战略及其国际影响[J]. 当代世界与社会主义,2020(5):158-168.

② 蔡翠红,戴丽婷. 美国人工智能战略:目标、手段与评估[J]. 当代世界与社会主义,2021(1):107-117.

③ 周琪,付随鑫. 美国人工智能的发展及政府发展战略[J]. 世界经济与政治,2020(6):28-54,156-157.

化政府部门人员的数字素养。通过成立专家团队、组建国家数字服务学院等形式来对政府工作人员进行技能培训,以提升政府能力。另一方面,改革教育体系。通过增加科学、技术、工程与数学(STEM)领域的教育投资、改革课程设置等来培养更多顶尖的人工智能人才。此外,还广泛吸引全球人工智能人才。主要是通过修改移民法、增加工作绿卡数量、创设创业企业家签证、扩大"非凡"人才临时工作签证等方式吸引人工智能领域高素质人才。发展至今。全球约3成的人工智能研究人员和从业人员在美国,其汇集了众多人工智能领域的杰出人才。[①]

五是建设多主体协同的人工智能创新生态系统。美国国家层面高度重视融合政府、军方、企业、高校、科研机构、投资机构等不同主体的资源,强调在政府政策引领的基础上,发挥多元主体合力;同时,还突出政府与商业界、学术界、私营企业、公众以及各类联盟之间建立公私合作伙伴关系,形成强大的协同体系,推动跨部门、跨机构的资源流动和优化配置。

(二)北京人工智能发展的做法与经验

作为科技部最先批复成立的国家新一代人工智能创新发展试验区,北京依托其在人工智能领域积累的科教创新资源优势,在当前呈现出了头部企业汇集、专业人才集聚、创新创业活跃、应用场景多元的发展势头,在全国属于领跑地位。近年来,北京也采取多项举措推进新一代人工智能发展:

1. 完善政策支撑,重视平台建设

近年来北京不断强化人工智能发展的政策保障,前后发布《中关村国家自主创新示范区人工智能产业培育行动计划(2017—2020年)》《北京市加快科技创新培育人工智能产业的指导意见》《关于通过公共数据开放促进人工智能产业发展的工作方案》等为人工智能发展提供政策指

---

① 张东,徐峰. 美国人工智能人才政策走向及其对中美人才竞争的影响[J]. 全球科技经济瞭望,2021,36(7):5-8.

引。与此同时，北京市还重视发挥新型研发机构体制机制灵活、产学研深度融合等方面的优势，分别于2018年、2020年成立了北京智源人工智能研究院、北京通用人工智能研究院，推动人工智能基础理论、核心技术、道德伦理等建设。

2. 强化人工智能多元要素供给

在资金支持上，2019年北京成立10亿元的人工智能产业引导基金，2020年北京市人工智能企业融资超1000亿元；在知识支持方面，北京市拥有全国数量最多的人工智能领域的国家重点实验室、省部级实验室等众多科研平台，推进人工智能技术发展。在企业集聚方面，北京已有32家人工智能独角兽企业，相关企业数约1500家。作为人工智能发展重要载体的中关村人工智能科技园就集聚了超200家人工智能企业。在人才供给方面，北京拥有全国4成以上的人工智能杰出人才，现已拥有的人工智能领域的发明专利占全国的20%以上。

3. 推动人工智能基础设施建设

2020年6月，北京发布了《加快新型基础设施建设行动方案（2020—2022）》，强调要着力建设人工智能基础层的算力、算法和算量。在算力建设方面，北京市建设了超级云计算中心，提供的算力服务能覆盖超3万家用户，成为我国通用CPU算力第一的超算中心；在算量支持方面，北京也在不断推动公共数据开放，并率先建设公共数据开放创新基地，为人工智能发展提供海量数据支撑。

4. 深化人工智能应用场景

北京市十分重视人工智能集聚区、专业化众创空间的发展，并且取得了显著的发展成效，例如中关村人工智能科技园积极承接人工智能领域的创新成果应用，推动智能制造、智能网联汽车、智慧城市建设，逐步形成了人工智能先行示范区，并已在2021年2月获批成为全国唯一一个全市域国家人工智能创新应用先导区。

（三）上海人工智能发展的做法与经验

上海市作为我国科技创新的排头兵、长江经济带发展战略的龙头城市，长期以来高度重视新一代信息技术的发展，并将人工智能作为上海重点发展的三大先导产业之一。

1. **完善政策安排，提供制度保障**

近年来，上海市先后发布了《关于本市推动新一代人工智能发展的实施意见》（沪府办发〔2017〕66号）、《上海市人工智能创新发展专项支持实施细则》（沪经信法〔2017〕35号）、《关于加快推进上海人工智能高质量发展的实施办法》《关于建设人工智能上海高地构建一流创新生态的行动方案（2019—2021）》等一系列政策规划支持人工智能发展。

2. **集聚专业人才，强化队伍建设**

以上海交大、同济大学、复旦大学为代表的众多高校开设人工智能专业，培育人工智能专业人才。举办行业交流会，提高上海对人才的吸引力。特别是自2019年以来，上海市连续举办了三届"世界人工智能大会"，通过探讨当前人工智能发展的热点议题和焦点难题以及未来人工智能发展方向，强化产学研交流合作，来提高上海人工智能发展的知名度，吸引更多高层次人才集聚上海。

3. **加强资源供给，支持人工智能发展**

在资金投入方面，2020年上海人工智能领域累计获得300多亿元的私募股权和风险投资。在算力支撑方面，2020年启动建设商汤上海新一代人工智能计算与赋能平台，为城市人工智能提供算力、算法服务。在载体建设方面，上海市积极支持国家级、省级园区和各类研究机构建设。其中，上海人工智能实验室、人工智能算法研究院等积极推动人工智能技术研发。

4. **培育各具特色的人工智能发展板块**

浦东张江推动人工智能产业与科研深度融合发展、徐汇西岸打造国际人工智能中心，闵行马桥开发以特色产业主导的人工智能创新试验区、临港新片区主要探索前沿技术研发和政策制度创新等，通过各自已有基础进行差异化发展布局，推动上海试验区高质量发展。

发展至今，上海国家人工智能创新发展试验区形成了较为完整的人工智能产业链，截至2020年，集聚了1149家人工智能企业，全年规上产业规模突破 2200 亿元，并成为国家首批成立的国家人工智能创新应用先导区之一。

（四）深圳人工智能发展的做法与经验

作为改革开放的排头兵和社会主义市场经济的先行地，深圳市凭借其政策支持力度高、市场活跃度高、包容性强等优势已经成为我国创新创业发展迅猛、创新能力和创新实力强的代表性区域。近年来，深圳市积极推动人工智能发展。

1. 落实政策计划内容

2019 年，深圳市人民政府发布《深圳市新一代人工智能发展行动计划（2019—2023）》（深府〔2019〕29 号），从技术突破、产业发展、场景应用、创新环境、人才培养、法规标准等方面对人工智能产业发展进行了细致部署；同年，发布《深圳市建设人工智能创新应用先导区实施方案》，致力于打造人工智能高地。2019 年深圳获批建设国家新一代人工智能创新发展试验区和国家人工智能创新应用先导区。

2. 发挥信息基础设施的支撑作用

深圳市拥有全国资源利用率最高的国家级超级计算中心，在布局大数据、云计算、人工智能方面属于全球最早布局行列。经过十余年的发展，国家超算深圳中心服务了超 30000 个用户团队，计算量达到 15 亿核小时。2020 年启动的鹏城实验室云脑 II，E 级人工智能算力达 1000P，为智能语义搜索、智能客服、线上教育等人工智能应用场景提供算力服务。

3. 优化人工智能产业布局

在区际布局上，打造深圳湾科技生态园、金地威新软件科技园、南山智园、宝能科技园、龙岗天安云谷产业园等多个各具特色的人工智能园区，推动人工智能产业集聚化发展和区际协同化发展；在产业布局上，发挥行业领军企业、大中型企业的辐射带动作用，促进产业链上中下游全链条发展和大中小企业梯次化升级。

4. 推动人工智能研发平台建设

深圳市高度重视人工智能制造业创新中心、重点实验室、工程研究中心、技术创新中心等创新载体建设，并通过设立各类研究机构聚焦发展智能芯片、智能无人机、机器人等优势产业。目前深圳围绕人工智能、脑科学等前后设立了10余家基础研究机构，政府主导成立的鹏城实验室、深圳龙岗智能视听研究院、人工智能与数字经济广东实验室等机构以及华为、腾讯、大疆等企业层面设立的人工智能实验室或产业创新平台都积极推动人工智能技术研发与产业化应用。

发展至今，深圳从政策设计和市场环境层面为人工智能企业、人才提供了成长的沃土，2020年，在人工智能领域吸引了149笔私募股权和风险投资，累计额度超过200亿元，到2020年年底，深圳集聚了1300多家人工智能相关企业，约占全国20%。

(五) 经验总结

通过对美国以及我国北京、上海、深圳等新一代国家人工智能创新发展试验区发展势头良好地区的发展实践进行回顾和分析，不难发现，这些地区都至少在如下几方面着力促进人工智能发展：

一是完善人工智能配套政策，强化顶层设计和制度保障。上述典型地区都强调针对人工智能发展出台专门的指导意见或行动计划，面向人工智能国际前沿，围绕人工智能基础层、技术层、应用层，特别是在核心算法、系统架构等方面对新一代人工智能产业发展进行战略布局，以提升地区人工智能领域的国际影响力。

二是加快人才队伍建设，发挥人力资源对人工智能产业发展的驱动作用。一方面，通过完善人才激励和保障措施吸引专业人才。主要是通过在人才落户、薪酬设置、股权分红、住房补贴、子女教育等方面给予政策倾斜来吸引和留住人才；另一方面，重视人工智能人才培养。具体体现在鼓励高校开设人工智能学科，实行校企联合培养学生，重视中小学人工智能普及教育和全民人工智能素质教育。

三是着力构建创新生态系统，打造人工智能创新生态。特别是重视通过政府财政和投资机构融资方面的资金投入、产业集聚区发展以及高层次人才及团队入驻等方式强化要素投入；通过打造科技创新中心、建设新型研发机构等创新平台促进产学研深度合作；还着重从人工智能算力基础设施建设、提供法律监管、制定相关标准等方面优化人工智能发展的生态环境。

四、加快建设武汉国家新一代人工智能创新发展试验区的对策

基于国内外典型地区人工智能发展实践的回顾和经验总结，我们在全面把握武汉国家新一代人工智能创新发展试验区建设现状的基础上，识别试验区建设存在的问题及原因，相应地提出加快武汉试验区建设的发展路径和对策建议。

（一）加强人工智能前沿基础研究和核心技术攻关

未来人工智能竞争的核心领域在于基础支持层和技术中间层，攻克核心技术难题不仅需要"坐冷板凳"精神和"慢心态"，而且需要长期的技术积累，因此要超前开展人工智能重点领域的前沿基础研究和核心共性技术攻关，在基础层（包括硬件和软件）和技术层（以应用算法为主）抢占人工智能的战略制高点。

一是加强前沿领域基础研究。发挥华中科技大学、武汉大学等高校和科研机构的研发优势，把握科大讯飞、海康威视等企业第二总部落户武汉的重要机遇，超前布局智能芯片、类脑智能计算、量子智能计算、自主无人智能等重点领域的基础理论研究。

二是突破核心共性技术瓶颈。紧密跟踪国际人工智能算法发展趋势，研发数据深度搜索、知识深度学习等核心算法。加快具有自主知识产权的人工智能芯片、智能传感器等核心基础硬件的研发，鼓励骨干企业研发面向人工智能应用场景的定制芯片。开发面向人工智能的关键基础软件和专用操作系统，攻克计算机视觉、语音识别、自然语言处理等

核心共性技术。

三是聚焦智能芯片展开技术攻关。全面布局人工智能芯片,提高国产智能芯片自主创新能力。围绕"一芯"引领,基于国家存储器基地构建的人工智能硬件支撑,强化下一代存储芯片、深度学习通用芯片、高精度定位控制芯片等人工智能通用芯片和专用芯片领域的系统布局,打造全国人工智能芯片研发应用新高地。重点突破人工智能专用芯片ASIC性能提升和应用,强化人工智能通用芯片GPU、FPGA等的技术研究。

(二)加快部署人工智能"新基建"

通过新型信息基础设施建设促进人工智能应用推广,树立人工智能创新示范应用新标杆,争创国家人工智能创新应用先导区。

一是做大做强武汉人工智能计算中心和超算中心,提升算力基础设施服务能力。硬件研究和软件开发并举推动形成自主研发生产体系,全面提升人工智能算力生产供给能力;探索人工智能计算中心建设和运营模式,实现高效发展;吸引多元主体集聚,推动人工智能计算中心应用场景形成示范;构建标准体系,推动算力基础设施规范化发展;推动人工智能计算中心、超算中心等算力基础设施与其他新型基础设施融合建设。

二是加快推进城市信息基础设施建设。以新型智慧城市建设为契机,加快智能传感器、5G网络、千兆宽带等信息基础设施建设,支撑人工智能应用场景建设。抓住下一代互联网(IPV6)规模化部署机会,积极争取将IPV6辅根服务器部署在武汉。

三是打造"数据+算力"网络系统的国家枢纽节点。武汉市地处全国地理位置中心,同时具备科教资源丰富和互联网企业实力雄厚等优势,在建设全国一体化大数据中心和算力网络系统的枢纽节点上具有独一无二的优势。一方面,加快建设工业互联网国家顶级节点,提高标识解析服务能力,推动区域数字经济高质量发展。另一方面,主动参与国家"东数西算"工程,申请建立全国算力网络系统的国家枢纽节点。此外,加快建设智慧城市数据分析服务平台和智慧城市综合服务平台，加大数据资源开放和社会化开发力度，通过壮大大数据产业带动人工智能产业发展。

（三）推动人工智能产业集聚发展

优化人工智能产业空间布局，打造具有异质性、个性化、错位发展的人工智能发展板块，提升武汉市人工智能产业竞争力。

一是打造"核心先导区"发展标杆。打造光谷人工智能龙头基地，在技术应用示范、政策试验、社会实验等方面，先行先试开展综合性、多样化的探索和实践，形成试验区发展标杆。以光谷人工智能产业聚集区为主要载体，依托武汉人工智能计算中心、省人工智能技术创新中心等人工智能科技创新平台，着力将光谷建设成为具有国际竞争力的人工智能产业发展高地。

二是建设人工智能产业集群。建立市人工智能企业目录，打造以行业领军企业为核心、行业标杆企业为支撑、专精特中小企业为特色的人工智能企业集群。引进行业领军企业在武汉建立第二总部或研发总部，支持有实力的本地企业发展成为具有国际影响力的行业领军企业，对重点企业实行"一企一策"。支持本土企业成长为行业标杆企业，加快打造一批人工智能优势企业和特色品牌。培育创新型企业，建设人工智能领域的众创空间、孵化器、特色小镇，孵化培育人工智能瞪羚企业，打造人工智能细分领域的"隐形冠军"。

三是构建人工智能协同发展格局。借鉴欧洲国家"智慧专业化"战略，根据不同园区的产业定位目标，形成专业化与多样化并存的人工智能产业发展格局。强化区际联动，建立区际人工智能协同建设小组或联席会议制度等机制，加强不同城区之间人工智能产业合作，推动产城融合。

（四）构建人工智能产业生态

前述国内外典型地区人工智能发展实践都指出，美国以及我国北京、上海、深圳等案例揭示了产业生态在产业竞争与可持续发展中的关键作用,为此,武汉市要高度重视产业生态在人工智能创新发展中的引领作用,打造共赢共生、可持续发展的人工智能产业生态。

一是推动优势创新资源集聚。抓住国家长江经济带发展战略、中部崛起发展战略、国家新一代人工智能创新发展试验区、工业互联网国家顶级节点建设的契机,吸引一批人工智能领域的国内外知名企业、科研机构、研发团队入驻。发挥武汉战略性新兴产业投资基金、人工智能产业投资基金等的引导和杠杆作用,吸引社会资金集聚形成资本供给效应。加强人工智能企业、高校和科研机构与全球顶尖人工智能研究机构及企业的合作交流,鼓励采取项目合作、技术咨询等方式柔性引进人工智能优秀人才。

二是打造协同创新共同体。依托人工智能核心企业、高校及科研院所、投融资企业,成立面向人工智能研发与应用的新型研发机构,开展协同创新和关键共性技术联合攻坚。积极打造国家新一代人工智能开放创新平台,支持有条件的领军企业在欧洲、日本、新加坡等国家或地区以及我国其他城市建立创新中心、研发机构、孵化器等。搭建公共技术服务平台,开展人工智能产业标准制定、工业软件集成验证、产品展示体验等服务。

三是完善人工智能发展支撑条件。建立人工智能产业知识产权运营体系,引导企业加强知识产权战略储备。支持人工智能企业首台套研发应用、软件产品和服务开发应用,对符合规定条件的人工智能产品实行政府"首购首用"制度。由政府支持率先在公共服务领域试点人工智能示范应用,进而带动其他领域的智能化应用。加强人工智能技术和产品行业交流,定期举办全球人工智能技术及产品博览会、高峰论坛和全国人工智能产业创新创业大赛。

(五)建设人工智能人才队伍

落实武汉市《关于建立完善人才工作体系推动武汉高质量发展的实施意见》(武办发〔2019〕2号),推动实施"城市合伙人""黄鹤英才计划"等人才项目，释放武汉市在招商引资和招才引智方面的政策利好信号，引进、留住和培养人工智能领域高端人才。

一方面，完善高端人才引进的配套保障。把创新人才队伍建设作为武汉市人工智能发展的重中之重，集成叠加各级政府部门有关人才激励保障政策，为"高精尖"人才提供生活补贴、住房、医疗、子女就学等保障，提高武汉试验区对人才的吸引力，通过引进全球人工智能产业领域的顶尖人才，打造人工智能创新活跃地。

另一方面，加强人工智能文化教育，培养本土人工智能人力资源。发挥武汉市高等教育和职业技术教育资源优势，以新工科建设为契机，参考"人工智能+X"复合专业培养模式，面向武汉人工智能产业发展需要开展校企联合培养，鼓励高校、职业技术学院和企业共建人工智能创新创业实践基地，强化人工智能相关职业技能培训。在中小学开展人工智能知识教育，争创国家"智慧教育示范区"。

（本报告系武汉市科学技术协会科技创新智库建设调研课题"加快推进武汉市建设国家新一代人工智能创新发展试验区的路径与对策研究"（WHKX202126）研究成果）

课题负责人：	张　毅	华中科技大学公共管理学院院长、教授、博士生导师
课题组成员：	宁晓静	华中科技大学公共管理学院博士生
	昌　诚	华中科技大学公共管理学院博士生
	杨　奕	华中科技大学公共管理学院博士生
报告执笔人：	程　晨	武汉科技大学文法与经济学院教师、博士

湖北省实验室科技人才队伍建设现状与对策

何科方　刘　欣

省实验室是由省级政府主导、多主体参与、规范化运作的高水平新型研发机构，是国家科技战略力量的补充和延伸。自2017年以来，全国已有广东、浙江、江苏、安徽、湖北、四川、河南、湖南、山西等17个省（自治区、市）设立103家省实验室，其中近30家提出冲刺国家实验室或打造国家实验室"预备队"。湖北省于2021年挂牌成立光谷实验室、珞珈实验室、洪山实验室、江夏实验室、江城实验室、东湖实验室、九峰山实验室、三峡实验室、隆中实验室等9家省实验室，有望成为科技强省的新载体、实验室改革的新模式、科技成果转化孵化的新平台。当前，省实验室作为一种在实践中诞生的"新物种"，正在成为学术界研究的热点问题。

科技人才是省实验室发展的第一资源。必须集聚世界一流科技创新人才，强化全球创新合作网络功能，以创新发展机会吸引人才，以高水平重大创新实践培养人才，以创新友好型政策法律环境成就人才，形成创新创造创业人才涌现新局面。在省实验室建设与运营过程中，如何发挥重大创新载体的引才聚才作用，吸引国内外一流学者和顶尖团队集聚，打造具有全球影响力的创新高地，值得深入研究。基于此，本文采取"互联网+田野调查"方法，围绕湖北省实验室建设与科技人才聚集，查阅大量一手资料，从9家省实验室网站和相关资料中获取有价值的报道、文件、文章等，去伪存真、去粗存精，在此基础上进行文本分析与数据统计，并结合实地调研与访谈，梳理省实验室科技人才发展现状及问题。

一、湖北省实验室建设概况

湖北省委、省政府将省实验室作为建设科技强省的"四梁八柱"。2020年12月2日,中共湖北省委十一届八次全会明确提出"积极争创国家实验室,建设高水平实验室"。随后,省政府研究制定了《湖北实验室组建方案(试行)》,印发了《湖北实验室建设与运行管理办法》,进一步明确了湖北实验室的战略定位、组建原则、管理体制和运行机制。2021年春节过后的第一个工作日,揭牌成立首批省验室。目前,省实验室建设尚处于起步阶段。在此阶段,省实验室采取边建设、边运营的方式运作。

(一)挂牌运作进度

在湖北,省实验室分两批揭牌成立。第一批光谷实验室、珞珈实验室等7家省实验室于2021年2月18日集中揭牌。第二批三峡实验室、隆中实验室于12月21日和12月24日先后揭牌,此前《省人民政府关于组建湖北隆中实验室、湖北三峡实验室的通知》于2021年12月3日发布。目前,9家省实验室均已形成建设方案,内部管理制度不断完善,并对外挂牌运作。例如,东湖实验室在建设的同时,编制了《东湖实验室建设规划》《湖北省东湖实验室引领产业发展规划(2020—2035年)》,研究提出了首批8个重大科研项目,正在组织研究论证100多个"十四五"重大科技攻关项目。

(二)场地建设进展

在湖北,省实验室场地建设有新建、扩建、改造三种模式。至2022年5月30日,3家省实验室已完成场地改造扩建,5家省实验室仍处于建设阶段,1家省实验室尚处于选址阶段(见表1)。省实验室积极寻求扩大规模,例如光谷实验室目前在华中科技大学光电信息大楼办公(12万 m^2),但未来将搬至校外,目前正在选址阶段。

表1　　　　　　　　省实验室场地建设情况统计

省实验室名称	成立时间	建设模式	场地规模	建设进度	场地地点
光谷实验室	2021.3.26	扩建	待定	选址	拟落户东湖新技术开发区九峰山科技园
珞珈实验室	2021.4.2	改造	2万 m²	完成	武汉大学信息学部星湖综合大楼
洪山实验室	2021.3.31	扩建	13万 m²	在建	武汉洪山区华中农业大学校内
江夏实验室	2021.4.22	扩建	7万 m²	完成	武汉江夏区光谷南大健康产业园
江城实验室	2021.4.14	改造	100亩	在建	东湖新技术开发区高新四路18号
东湖实验室	2019.8.27	新建	首期10万 m²	在建	东湖新技术开发区滨湖街方咀村
九峰山实验室	2021.4.8	新建	一期10万 m²	在建	东湖新技术开发区关东科技工业园
隆中实验室	2022.2.28	新建	7万 m²	在建	武汉理工大学襄阳校区
三峡实验室	2021.12.21	扩建	5.2万 m²	完成	宜昌市猇亭区兴发集团研发中心

资料来源：根据省实验室有关内部资料整理。

（三）设备仪器添置

在湖北，光谷实验室、珞珈实验室、东湖实验室、洪山实验室、江城实验室等以光谷科学城重大科技基础设施群建设为契机，积极参与脉冲强磁场、精密重力测量、武汉光源、高端生物医学成像等设施建设。此外，在当地政府及有关企业支持下，隆中实验室、江夏实验室正在采购仪器设备，襄阳市政府还为隆中实验室安排1亿元资金。珞珈实验室与赤壁市政府共建智能无人系统测试基地，总投资3.3亿元，聚焦智能无人系统核心关键技术突破，开展智能机器人、自动驾驶汽车、无人机等各种智能无人系统的示范验证，承担国家智能无人系统标准建设。

(四) 资金筹集方式

省实验室采取"政府主导、省市区联动、社会参与"的方式，采取四种方式筹集资金：(1) 向国家争取项目资金。例如，2021 年光谷实验室与共建单位深度合作，申报获批国家、省市重大科研项目 6 项，总经费 2 亿多元。(2) 省级政府专项支持。2021 年，湖北省省级财政出资 3.5 亿元，支持 7 家省实验室运营。(3) 地方政府支持。如襄阳市政府向隆中实验室提供实验大楼及装修、仪器设备等经费。三峡实验室由政府定补和企业投入相结合，宜昌市每年投入 4000 万元、兴发集团每年投入不低于 2000 万元。洪山实验室获得武汉市洪山区政府支持 2 亿元。(4) 向社会、企业筹集。例如，江城实验室通过各渠道自筹研发经费超过 5000 万元，带动科研项目总投入 11.7 亿元。光谷实验室与有关机构签订"湖北数字智能科创基金壹号""湖北长证星火投资基金"共建合作协议，争取社会资本投入实验室科技成果转化。大北农集团计划向洪山实验室出资 6 亿元，加强生物种业领域科研攻关、成果转化、高层次人才招募、乡村振兴战略实施等合作。

二、湖北省实验室科技人才引育现状

在湖北，省实验室科技人才聚集规模不断扩大，省实验室体系化能力不断彰显。据初步统计，9 家湖北实验室成立短短 1 年多时间，已集聚 51 位院士、1195 名科研人员，并取得一系列标志性成果。

(一) 引才主体

从省实验室牵头单位看，主要包括 4 种类型：(1) 高校为主型。目前有 3 家，光谷实验室依托武汉光电国家研究中心，由华中科技大学牵头组建；珞珈实验室依托测绘遥感信息工程国家重点实验室、国家卫星定位系统工程研究中心、中国南极测绘研究中心等单位，由武汉大学牵头组建；洪山实验室依托作物遗传国家重点实验室，由华中农业大学牵头组建。(2)科研院所为主型。目前有1家,即江夏实验室,由中科院武汉病毒研究所牵头组建;(3)企业为主型。目前有3家,江城实验室由长江存储科技有限责任公司牵头组建,三峡实验室由兴发集团牵头组建,九峰山实验室由华为公司与武汉高科集团共建;(4)校地共建型。目前有2家,东湖实验室由国防院所与武汉市共建,隆中实验室由武汉理工大学与襄阳市共建。

(二) 目标定位

在目标定位上,省实验室是湖北组织开展跨学科跨领域协同创新的综合性科研平台。具体而言,珞珈实验室提出"以空天战略性前沿技术体系构建与自主核心软硬件研制为目标,着力突破空天科技领域前沿科学难题和共性关键技术,开展科技创新和产业化实践,建成空天科技发展高地和代表我国空天科技水平的战略科技力量"。洪山实验室提出"服务国家战略,整合省内外优势科研力量,打造生物种业战略科技力量,致力种业振兴"。此外,省实验室的进阶目标也不尽相同。例如光谷实验室、洪山实验室、东湖实验室明确提出创建国家实验室,江城实验室建议举全省之力建设存储器技术国家重点实验室,三峡实验室正在探求与工信部共建国家重点实验室(见表2)。某种意义上,省实验室的战略定位影响科技人才需求规划,也影响应聘者的职业选择。

表2　　　　　　　　　省实验室战略定位

实验室名称	战略定位	进阶目标
光谷实验室	提升光电领域原始创新能力、突破光电信息产业发展关键技术瓶颈	国家实验室
珞珈实验室	建成空天科技发展高地和代表我国空天科技水平的战略科技力量	—
洪山实验室	打造生物种业战略科技力量,致力种业振兴	国家实验室
江夏实验室	打造全国最优、世界一流的生物安全条件平台,成为国家生物安全与健康领域的高端人才集聚地、原始创新策源地和重大成果输出地	—

续表

实验室名称	战略定位	进阶目标
江城实验室	为下一代存储器产业化提供坚实理论基础和务实解决方案	国家重点实验室
东湖实验室	建设突破型、引领型、平台型一体的综合性应用基础研究基地	国家实验室
九峰山实验室	打造成全球最具影响力的化合物半导体科研创新高地,建设世界领先的化合物半导体研发和创新中心	—
隆中实验室	开展材料领域原始创新,形成全链条关键技术,推动产业集群发展	
三峡实验室	打造成为绿色化工领域的战略科技力量	国家重点实验室

资料来源:根据省实验室有关网站资料整理。

(三) 研究领域

在领域方向上,省实验室面向国家重大战略需求和湖北省产业经济发展需要,结合湖北省优势学科和重点产业,综合考虑科研实力、竞争优势、基础条件,在光电科学、空天科技、生物育种、集成电路、化合物半导体等领域进行布局(见表3)。因此,每一家实验室的研究方向各异,据此引进相关学科领域的科技人才。

表3　　　　　　　　省实验室科技人才的研究领域

实验室名称	主要研究领域
光谷实验室	光电器件与集成、激光技术与装备、生物医学影像装备、柔性电子器件与材料
珞珈实验室	高精度时空基准与智能导航定位、空天科技关键芯片与核心装备、空天信息人工智能方法与安全技术、空天信息探测与实时智能服务
洪山实验室	农业生物种质资源保护与创新、重要性状的生物学基础、绿色优质品种培育、农业绿色生产体系、农产品质量安全与营养健康等
江夏实验室	广谱抗病毒小分子药物研发、新型载体疫苗研发与应急疫苗储备、抗病毒生物大分子药物研发、新一代病原侦检消技术与装备

续表

实验室名称	主要研究领域
江城实验室	新型存储材料器件及机理、三维集成核心关键工艺、新型存储器芯片架构与设计、存储器芯片制造用关键设备及基础材料等
东湖实验室	电磁能领域科学技术研究等
九峰山实验室	化合物半导体工艺领域、化合物相关MEMS、特种先进封装、多材料集成
隆中实验室	先进车用材料基础研究、新能源汽车动力技术新材料、汽车及运载装备轻量化与节能新材料、前瞻性车用新材料
三峡实验室	微电子关键化学品、磷基高端化学品、硅系基础化学品、绿色化工过程强化、化工高效装备与智能控制

资料来源：根据省实验室有关网站资料整理。

(四) 人才结构

从岗位类型看，省实验室主要分为科研人员、实验技术人员、管理人员三种。如光谷验室现有493人，其中科研人员449人，占91.1%；工程技术人员15人，占3.0%；管理人员29人，占5.9%。在科研人员中，45岁以上170人，占37.9%；35~45岁207人，占46.1%；35岁以下72人，占16.0%(见图1)。从职称结构看，正高职称227人，占46.0%；副高职称183人，占37.1%，中级职称83人，占16.8%。

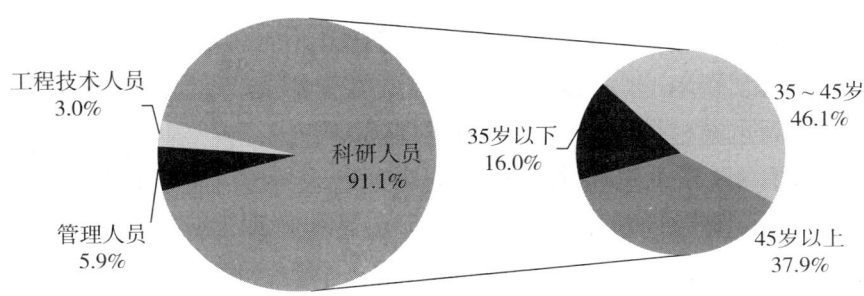

图1 光谷实验室科技人才岗位类型与年龄结构

从人才流动性看,省实验室主要有固定人员岗和流动人员岗(如双聘、客座、访问学者、博士后、临聘等)。以江城实验室为例,共有员工203人,其中固定人员岗195人,流动人员岗8人。该实验室通过直聘+双聘等形式引进、聘任科学家共83名,其中战略(管理)科学家26名、学术科学家44名、产业科学家13名。并面向博士、博士后量身打造"梁子湖计划",录用优秀博士毕业生22名。

从人才层次看,省实验室聚集了一批院士、国家级人才(如长江学者、杰青)、省市级人才。如洪山实验室现有238名科研人员,其中院士7名,杰青、长江学者等国家高层次人才88名,院士、杰青、长江学者等领军人才约占全国生物种业领域同层次人才的12.5%。

(五) 引才模式

省实验室面向全球引进科技人才,引育并举,主要包括公开聘才、平台引才、合作揽才、基金育才等4种模式。

公开聘才。如洪山实验室2021年上半年向全球发布了人才招聘公告,目前全职引进20多名海内外优秀人才至实验室。并组织完成了两批固定研究人员招聘工作,共计招聘218名固定研究人员,是科技人才引进力度最大的省实验室之一。光谷实验室与武汉光电国家研究中心联合宣布面向全球招聘科学家,聚焦信息、能量、生命三大光电子领域的前沿创新,最高年薪120万元,并通过组织"全球人才云聘会",收到近百位海外优秀青年人才的求职简历。珞珈实验室向海内外招聘学术带头人、研究员、副研究员,年薪分别为70万元、40万元、25万~35万元,科研启动费10万~200万元。此外,三峡实验室、江夏实验室、江城实验室等也通过公开招聘方式发出"求贤榜"。

平台引才。例如,光谷实验室创建了运动与健康智能化技术、海洋装备精密制造等七个技术创新中心,作为青年科技人才研发平台。江城实验室积极建设12英寸集成电路中试服务平台,通过平台广纳集成电路领域人才。江夏实验室以自有经费3000万元吸引浙江华海药业、湖北天勤生物科技等优势企业投入4.1亿元,先后布局小分子药物研发平台、大分子药物研发平台、动物实验与安全评价平台和药物分析与代谢技术平台，在较短时间内形成50余人规模、以中青年为主的专门从事抗病毒疫苗、药物研发、检测的高水平人才队伍。

合作揽才。洪山实验室采取"委托协商制"的方式围绕重大基础科学问题和行业产业需求组织重大研究项目，采取"揭榜挂帅"方式设置开放课题，在全球范围内公开招募团队进行攻关。珞珈实验室设立开放研究基金，投入1200万元，面向实验室参建单位及其他人员开展合作研究。三峡实验室设立各类项目145项，总预算投资8.7亿元，其中谋划的29个重点研发项目中13个项目已有意向技术合作单位或较明确的研究方向，另外16个项目以揭榜挂帅方式面向国内外招募优秀团队。

基金育才。如光谷实验室投入2000万元专项项目经费，启动首批17项技术创新专项项目，并设立"主任基金"支持陶光明、马修泉等有发展潜力的青年科学家。襄阳市启动"湖北隆中实验室科技专项"，安排1000万元支持隆中实验室科技人才进行研发。江城实验室发起设立湖北江城私募基金管理有限公司，募集基金规模5亿元，筛选以实验室为创新源头的集成电路创新链、产业链项目50多个。

（六）取得的成果

一年多来，省实验室科技人才取得累累硕果。如珞珈实验室发布全球首个遥感影像智能解译"大脑"，成功研制我国首颗"启明星"低成本微纳卫星。光谷实验室研发的无源制冷光学超材料织物登上国际知名期刊 *Science*，并于北京冬奥会成功应用。洪山实验室育成多个水稻新品种，实现湖北省生猪国审品种"从0到1"的突破。江城实验室成功开发出世界首款高速、纳米级工业检测传感器，首席学术科学家缪向水教授团队在忆阻器与相变存储器研究上取得重大突破。江夏实验室承担新型冠状病毒疫苗研发项目，开展常态化防控科研攻关，为战胜疫情提供强大科技支撑。

三、湖北省实验室科技人才队伍建设存在的问题

成立以来,省实验室以提升重大领域原始创新能力、突破重点产业发展关键技术瓶颈为使命,开展重大原创性研究和协同科研攻关,取得了一些成果。同时,省实验室对区域创新体系构建起到重要作用,并助推湖北产业发展。但省实验室在科技人才引育方面还存在一些问题,主要包括以下方面:

(一)发展思路不够清晰,科技人才需求缺乏规划

由于省实验室发展时间不长,目前对省实验室的认识还不统一,省实验室与省重点实验室、省实验室与国家实验室、省实验室与省级新型研发机构之间的区别有待厘清,省实验室在国家科技战略力量体系、省级区域创新体系的作用与地位还不明确。就湖北而言,尽管省级政府层面已制定湖北省实验室建设与运行管理办法,牵头组建单位也形成了省实验室建设方案,但由于各部门认识上的差异,这些文件的有效落实还不到位。体现在科技人才方面,目前各个实验室对未来5年引进科技人才的需求量还缺少科学预测与合理规划,一部分省实验室在引进人才方面进展缓慢,重存量缺增量、重数量缺"领军",双聘人才多但全职人员少,尚未形成人才规模、人才梯队,势必影响省实验室的有效运行。

(二)经费投入不足,人才研发平台有待夯实

由于建设省实验室是面向科技前沿、补创新能力短板的战略举措,它们侧重基础研究,需要长期、稳定的投入。尽管湖北省实验室2021年度运行经费3.5亿元已全部到位,但对省实验室实体化、持续化运营只是杯水车薪。以江夏实验室为例,牵头单位、地方财政、合作企业联合投入4.9亿元,规划建设的抗病毒疫苗药物研发四大平台已完成两个,但该实验室的核心大分子疫苗药物研发平台尚无钱启动,迫切需要大额资金投入。再如光谷实验室,所依托的办公场所及研发场地均存在

较大制约，部分青年科技人才的实验室、孵化区场地不足，严重影响其创新创业积极性。反观广东、浙江等地举全省之力建设省实验室，如位于佛山的季华实验室投入资金达100亿元，浙江省每家实验室投入标准更高。平台兴则人才兴，省实验室只有打造一流研发平台才能吸引一流人才，当前急需基于湖北省实验室创新平台的基础条件，盘活存量，做大增量。

(三) 引才方式不灵活，常态化多渠道引才机制尚未形成

从省实验室招聘方式看，公开招聘、全职引进仍是主要模式，常态化、多渠道引才机制尚未形成。例如珞珈实验室2021—2022年虽分两次发布招聘信息，但每次招聘人数较少，在待遇方面对人才的吸引力与发达地区相形见绌。例如，鹏城实验室、之江实验室等外地省实验室发挥"以才引才"效应，多以"省实验室+团队"名义对外招聘，且多频次、大规模、高待遇吸引人才加盟，引才氛围浓郁。四川天府实验室创新探索关键岗位"揭'岗'挂帅"，对176个攻关"卡脖子"关键核心技术的研发岗位，量身定制可享受的政策清单并同步发布，确保人才"揭岗"即可匹配政策、到岗即可兑现政策，形成强大的引才攻势。

(四) 服务人才不够周全，拴心留人的政策体系有待建立

一方面，在建设科技强省背景下急需引进一批增量科技资源，特别是处于国际前沿学科领域的高端科技人才资源，以补齐学科短板，增强区域战略性科技竞争力。而现有科技人才政策还存在较多盲区，不能有效解决人才子女入学等方面的困难，导致海外高层次人才落户发展普遍存在顾虑。另一方面，省实验室研究性质的基础性、公益性，与其不定行政级别、不定编制、不受岗位设置和工资总额限制、实行综合预算管理的"三不一综合"新型事业法人属性相冲突，较之传统机构反而丧失引才优势。因为对于人才个体而言，虽然在省实验室可获得有竞争力的薪酬待遇，但享受不到研究型大学提供的就医、就学等福利，且这些福利本身具备稀缺性、竞争性，使服务于省实验室

的科技人才所获总薪酬反而较低,影响高层次科技人才的引育和青年科技人才的成长。

四、加强湖北省实验室科技人才队伍建设的对策建议

当前,急需明确省实验室战略目标,强化地方政府、组建单位的主体责任,创新引才育才的体制机制,提升区域战略科技力量的体系化效能,推行暖心的人才服务模式,加强省实验室科技人才队伍建设。

其一,明确功能定位,分类制定省实验室人才需求规划与发展战略。一是强化对省实验室建设的认识。目前湖北已有全国重点实验室30家,排名全国第4位。但湖北科技实力与上海等地还有较大差距,主要体现为一流科研机构数量少、一流创新人才数量少、一流科研基础设施数量少,面向国际前沿技术的创新力量弱①。因此,必须在巩固现有科研平台基础上大力发展新型科研平台,以省实验室为重要抓手推进科技强省建设。二是明确省实验室功能定位。将省实验室与现有的全国重点实验室加以区分,促进优势互补。同时吸收新型研发机构机制灵活的经验,将其注入省实验室实体化、市场化运作当中,使省实验室真正发展成为引领湖北省创新驱动发展的战略科技力量,建设武汉东湖综合性国家科学中心、争创具有全国影响力的科技创新中心的重要支撑,推进全省科技创新体系整体效能提升的引领高地。三是根据各个省验室的预期目标、运行效果,分类制订人才规划。例如,对于实体化运作的省实验室,引导其加强科技人才引进,并将人才的规模、层次、类型等纳入省实验室年度考核指标体系,重点统计省实验室每年新增的全职固定科技领军人才及其人才团队。对于企业牵头组建的省实验室,引导其优化引才结构,并加大双聘人才引进力度。

其二,明确投资主体责任,加强对研发平台建设经费投入。当前,

---

① 石峰. 对标上海:武汉全国科创中心的创建[J]. 长江论坛,2021(4):19-27.

省实验室建设已经起步。开弓没有回头箭。要严格按照省、市、区三级联动机制落实经费投入，保障省实验室建设方案规划的研发平台资金足额到位。在此基础上，吸引社会主体参与实验室平台建设，形成共建、共享的省实验室建设新局面。同时，要注重将省实验室人才引进与大科学装置等重大科技基础设施建设结合起来，以高水平研发平台引人留人。加强对省实验室研发平台的宣传，诚邀天下英才加盟湖北省实验室。

其三，创新体制机制，多措并举延揽科技人才。一是基于省实验室特点专项引才。实施"湖北省实验室专项引才行动"，统一推广湖北省实验室品牌，提升影响力与知名度。同时，建立省实验室科技人才引进服务联盟，兼顾企业为主型、高校为主型、科研院所为主型、校地共建型省实验室对科研人员的需求特点，在人才信息方面资源共享。二是面向海外人才开展"靶向引才"。一方面，面向全球"高被引学者"等榜单加大战略科学家、学术带头人的引进力度，选帅树旗；另一方面，结合省实验室的优势学科领域，诚邀青年人才依托省实验室申报国家自然科学基金优秀青年科学基金项目(海外)，以"海外优青"等国家级人才项目引进青年科技人才。三是实施揭榜挂帅注重柔性引才。由省实验室"发榜"，邀请全球英才"揭榜"，通过项目合作的形式引进科技人才。四是克服疫情影响常态化线上引才。利用云端路演、洽谈，以省实验室平台打造永不落幕的"楚才兴鄂"人才荟。

其四，完善省域科技人才政策体系，加强省实验室人才引育的政策供给。一是设立湖北实验室科技人才专项资金，为高层次人才落户湖北提供安家费、生活津贴等。二是建立省验室"高层次人才专户"，向落户湖北的人才颁发"楚才卡"，解决省实验室科技人才的身份待遇问题，使他们更加安心在湖北发展。三是发挥研究型高校等牵头组建单位的资源优势，为省实验室科技人才提供优质福利，解除其后顾之忧。可以推广洪山实验室模式，由省实验室、引进人员、牵头高校签订三方协议，实验室提供工资薪酬、科研启动费等，高校提供住房、子女上学、就医等保障，保证引进人员与校内教职员工享受同等待遇。

（本报告为湖北省科技创新人才及专项服务软科学研究重点课题"湖北省实验室若干重大问题研究"（2021EDA003）研究成果）

撰稿人：何科方　武汉轻工大学管理学院副教授、博士
　　　　　刘　欣　武汉轻工大学管理学院讲师、博士

武汉建设科技创新中心的路径研究
——基于"五大核心能力"分析框架

黄 涛 彭 宇 王 慧

湖北将举全省之力创建武汉具有全国影响力的科技创新中心。武汉市建设国家科技创新中心有何基础和优势？存在哪些不足与问题？建设路径是什么？本文围绕科技创新中心应具备的集聚能力、原创能力、主导能力、驱动能力、辐射能力等"五大核心能力"，将武汉与上海、杭州的科技创新中心建设情况进行对比，对如何加快武汉建设国家科技创新中心进程展开分析，提出构建科技创新中心的对策，以期对武汉乃至其他城市建设区域乃至全国科技创新中心起到借鉴作用。

一、科技创新中心"五大核心能力"分析框架的构建

根据科技创新中心的典型特征，本文将集聚能力、原创能力、主导能力、驱动能力、辐射能力提炼为"五大核心能力"，构建科技创新中心评价指标体系(见表1)。

(一)集聚能力

科技创新中心的集聚能力，即科技创新中心能够聚集前沿科技、高端人才、强大资本以及研发机构等创新资源，使其整合聚变，实现协同创新。一个成熟的科技创新中心是一个城市、国家创新活动的创新网络枢纽，是各种创新活动的集聚节点，能够将众多科技创新资源有效聚集、整合，最终实现质的飞跃。人才集聚、机构集聚、资本集聚以及集

表 1　科技创新中心五大核心能力具体指标体系

五大核心能力	一级指标	具体指标
集聚能力	人才集聚	院士总量
		人才总量
		高校大学生总量
	资本集聚	地方财政科技拨款
		企业技术研发投入资金
		全社会R&D经费内部支出(亿元)
	机构集聚	国家重点(工程)实验室
		国家工程(技术)研究中心
		国家企业技术中心
		工业技术研究院
		国家级孵化器
		国家级众创空间
		高新技术企业数量
原创能力	知识原创	国内科技论文数
		国际科技论文数
		高被引论文数
	技术原创	每万人口发明专利拥有量
		发明专利申请量
		发明专利授权量
驱动能力	成果转化	技术交易增加值占地区生产总值比重
	产业优化	高新技术产业增加值占地区生产总值比重
辐射能力	技术辐射	转让/许可使用专利数
	知识辐射力	国际科技被引频次
主导能力	技术主导	PCT申请量
		科技成果获国家奖励数
	产业主导	高新技术产品出口额

聚环境是衡量一个地区、国家集聚能力的重要指标①。集聚能力是科技创新中心的基础功能，是其他能力发挥作用的前提和条件。

（二）原创能力

科技创新中心的原创能力，即一系列新知识、新理论、新技术、新产品和新成果的原始创新能力。原始创新能力是一个地区科学技术创新发展的核心和源头，通常以一个地区或国家的原创投入、知识创新、技术创新为主要衡量指标，只有抓住科技创新的源头，不断涌现新产品、新技术、新发明，才能改变我国科技受制于人的局面，在科技创新领域掌握话语权，提升综合能力。

（三）主导能力

科技创新中心的主导能力，即一个地区凭借先进的科学技术、领先的现实生产能力和强大的创新能力占据地区、国家价值链和创新链的顶端，从而对其他地区形成的主导和引领能力。科技创新中心的主导能力一般用技术主导、产业主导以及创新地位三大指标来测量②。主导能力的高低直接反映了科技创新中心对核心技术、关键资源的掌握程度，是把握主动权的最直接体现。主导能力是集聚能力以及原创能力的目标和必然结果。

（四）驱动能力

科技创新中心的驱动能力，即一个地区将一系列科技成果转化为现实生产力的能力。驱动能力决定了科技创新中心能否适应当今世界"快鱼吃慢鱼，大鱼吃小鱼"的局势，它不仅包含能否将一系列新的知识、技术、理论、设计等转化为现实生产力，也包括能否将前沿科学研究与

---

① 屠启宇，张剑涛. 全球视野下的科技创新中心城市建设[M]. 上海：上海社会科学院出版社，2015：5-9.
② 段云龙，等. 科技创新中心演进趋势、建设路径及绩效评价研究综述[J]. 科技管理研究，2018(13)：11-14.

技术开发转化为商业化应用，推动社会经济发展以及产业化发展。驱动能力是适应科技产品更迭周期缩短、创新成果涌现的必然结果。

（五）辐射能力

科技创新中心的辐射能力也称溢出效应，即一个地区能否将科技成果和技术通过一系列途径向外辐射、扩散，最大化发挥联动效应的能力。在具备原始创新能力和集聚能力的基础上，能否将优势资源、成熟技术突破地区、文化的限制向外扩散，发挥效用，是衡量科技创新中心影响力和能力的关键指标，直接决定了科技创新中心能否可持续发展。

科技创新中心"五大核心能力"的各组成要素是具有内在联系的集合体。集聚能力是建设科技创新中心的基础功能，是其他四个功能能否有效发挥作用的前提和条件；原创能力是建设科技创新中心的第一动力，是科技发展的动力源泉；主导能力是建设科技创新的必然结果，是一个地区科技发展掌握主导权的直接体现；驱动能力是建设科技创新中心的内在要求，是推动经济发展和产业化发展的必然功能；辐射能力是建设科技创新中心的本质要求，是最大化发挥科技联动力的必由之路。要建设好科技创新中心，就要不断推进"五大核心能力"的提高。

二、"五大核心能力"框架下武汉建设科技创新中心的优势

（一）创新资源丰富，集聚能力明显提高

武汉凭借新型科技创新体系，借助实验室、技术中心、创新平台等，集聚前沿科技和尖端人才，不断产出一批基础性的原创成果。在人才集聚方面，武汉拥有92所高校（7所"双一流"高校）、655名国家级重点人才、690名省级专家、81位院士、130多万在校大学生，人才总量超过285万。武汉实施"英才聚汉"工程、"千企万人"计划，加强与海外校友、华人社团等的战略合作，不断做大做强科技创新人才的"蓄

水池",为城市创新能力发展储备"干粮";在机构集聚方面,武汉拥有31个国家重点实验室、101家科研院所、6259家高新技术企业;在资本集聚方面,2020年,武汉组织实施了企业技术创新项目、应用基础前沿、科技成果转化项目等,科技研发资金投入79271.5万元,支持企业技术研发投入资金41547.51万元,科技成果转化专项投入资金7124.8万。人才、资本、平台的集聚为科技创新中心原创能力的提高奠定了深厚的基础。

(二)创新环境不断优化,原创能力不断加强

武汉市政府为推动科技创新发展,不断建设各类创新平台,发布各项政策解决企业创新发展的难点、痛点、堵点,为提高自主创新能力提供优越的外部环境。"十三五"期间,武汉搭建了"众创空间+孵化器+加速器"的新型企业培育方式,为城市创新创造提供动力源泉,涌现了一批新发明、新设计、新技术。2019年,武汉涌现了大批自主创新成果,如128层三维闪存芯片、新冠肺炎灭活疫苗都是全球首项发明,在原始创新上实现了飞跃,另外,5G智能制造生产线、高精度量子重力仪等的出现也弥补了国内空白。2020年,武汉专利申请总量93950件,同比增长21.86%,其中发明专利申请34635件,同比增长4.32%;专利授权总量58923件,同比增长50.09%,其中发明专利授权14667件,同比增长24.78%,每万人口有效发明专利拥有量51.87件(见表2),原创能力实现了质的突破。

表2 2020年武汉市原创能力产出指标

产出指标	产出值	较上一年增长率
每万人有效发明专利拥有量(件)	51.87	—
发明专利申请量(件)	34635	4.32%
发明专利授权量(件)	14667	24.78%

（三）创新产出能力跃升，主导能力稳步提升

为提高在科技创新领域的话语权，武汉不断改进创新科技管理方式，提高科技创新服务水平。武汉在创新指数上不断上升，位列世界城市集群的第25位，中国城市的第6位。截至2020年12月31日，全年PCT国际专利申请1389件，在全球申请份额中占0.24%，较上年增长0.07%。全市商标申请量98544件，商标注册量67206件，均呈增长趋势。有效商标注册量33.56万件，同比增长21.41%。武汉逐渐以创新能力占据创新价值链高端，掌握关键技术资源，创新主导能力不断提升（见表3）。

表3　　　　　　　　　**2020年武汉市主导能力产出指标**

产出指标	产出值	较上一年增长率
商标申请量（件）	98544	—
商标注册量（件）	67206	—
PCT国际专利申请量（件）	1389	0.07%
有效商标注册量（万件）	33.56	21.41%

（四）创新平台不断增加，驱动能力逐渐增加

推动科技成果转化是科技成果落实落地的最终目标。"十三五"期间，武汉开创了"四位一体"的科技成果转换新格局，加快打造中部技术转移枢纽，建立市级科技成果转化线上平台并实行市场化运作，逐步实现高质量科技成果供给自主的目标，不断满足企业的技术需求，突破了传统科技创新创造的模式，为驱动能力的提升奠定了基础。2020年武汉拥有高新技术企业6259家，国家级创新平台138个，国家级创新创业孵化载体108个，全年高新技术和新兴产业吸纳就业大学生6.8万人，高新技术产业增加值占GDP比重为25.82%（见表4）。在"十四五"开局之年，武汉提出要推动城市圈协同发展，促进城市圈延长产业链、

优化产业集群,实现城市产业转型升级。此外,武汉提出构建"51020"现代产业体系,从人工智能、信息科技等高新技术产业到汽车、新能源、现代纺织等现代制造业,武汉产业集群现代化程度越来越高,在巩固武汉科技创新能力的同时,为城市产业后期发展蓄力,从而提升创新驱动能力。

表4　　　　　　　　2020年武汉市各类创新单元数量

各类创新单元	2020年实际值
高新技术企业(家)	6259
国家重点(工程)实验室(家)	31
国家工程(技术)研究中心(家)	24
国家企业技术中心(家)	38
工业技术研究院(家)	19
国家级孵化器(家)	41
国家级众创空间(家)	67

(五)创新载体逐渐成熟,辐射能力不断增强

为加强自身科技创新辐射能力,武汉不断完善各类科技创新载体建设。"十三五"期间,武汉以东湖新技术开发区发展为抓手,充分发挥地区溢出效应。借助光谷科技创新大走廊大力发展光电子信息产业、智能产业等,与周边城市共同开展产业信息化建设,引领带动武汉城市圈同城化发展。2020年,武汉地方财政科技拨款152.67亿元,全社会R&D经费支出比重上升至3.2%。2020年,武汉新增产业创新中心1个、制造业创新中心2个、国家研究中心1个、国家重点(工程)实验室1家、国家企业技术中心12家、国家级创新平台累计达到138家。科技创新载体的不断成熟,大大提升了武汉科技创新的承载能力,为提升创新驱动能力和主导能力奠定了物质基础。

三、"五大核心能力"框架下武汉建设科技创新中心的不足之处

将武汉科技创新中心的"五大核心能力"与上海、杭州进行对比,进一步分析武汉建设科技创新中心存在的问题。

(一)集聚能力优势发挥不足

首先,人才集聚力不足。2019年中高端人才净流入率数据显示,2019年武汉中高端人才净流入远低于杭州。根据调查数据,2020年,武汉人才总量为285万人,不足上海人才总量的1/2,这与武汉强大的科教优势并未成正比。此外,武汉在发挥人才效应上与上海、杭州还有很大距离。

其次,资本集聚动力不足。根据调查结果,武汉全社会R&D经费支出一直偏低。2019年,武汉全社会R&D经费支出189.64亿元,只占杭州的35.75%、上海的12.44%。虽然近5年,武汉不断提高财政科技拨款,但是增幅明显落后于上海、杭州。全社会R&D经费支出动力不足严重影响了区域产业发展和核心技术能力的提高。

最后,机构集聚平台空间发展力不足。从机构集聚来看,武汉市高新技术企业数量不断增加,由2018年的709家上涨到2020年的6259家,与上海相比差距依旧很大,稍低于杭州的7707家。2020年上海高新技术企业达到17012家,是武汉高新技术企业数量的近3倍。武汉高新技术企业主要集中在精测电子、激光通信、北斗导航等领域,机构集聚力稍弱,空间发展潜力有待发掘①。

---

① 李群.打造具有核心竞争力的"十四五"科技创新高地[J].人民论坛,2020(31):34-37.

（二）原创能力发展后劲不够

第一，高等院校资源扩容发展受限。在高校合并浪潮中，武汉盲目追求大而全，一些部属特色重点高等院校在合并过程削足适履，降格发展，导致武汉优质高等科研资源发展受到编制、经费、体制的限制，在建设科技创新中心过程中，原始创新能力发展后劲不够，而上海则尽力巩固和稳定教学阵地，为建设特色学科奠定了体制基础。从2020年中国高被引学者数量来看，上海交通大学高被引学者人数112人，而武汉的华中科技大学为77人，武汉大学为68人，单个指标与上海有差距。

第二，技术原创能力发展动力不足。从技术原创能力来看，2020年武汉每万人口有效发明专利拥有量51.87件，而上海每万人发明专利拥有量60.21件，杭州每万人有效发明专利拥有量70.8件，相比较而言，武汉在技术创新上潜力发掘不足，还有很大发展空间。

（三）主导能力居于较低水平

第一，缺乏完善的知识产权保障体系。武汉建设科技创新中心仍然处于摸索阶段，与上海、杭州相比，武汉知识产权保障体系相对不完善，不能覆盖科技创新的全过程。在科技创新成果转化的过程中出现的侵权、盗版现象，经常会无法可依，严重危及中小企业科技创新成果转化率。

第二，科技成果转化融资渠道单一。武汉作为全国首批科技金融试点城市，不断优化融资方式、拓宽融资渠道，在科技成果转化融资上有了突破进展，但是科技成果融资产品单一、受众小、目标客户范围狭窄等问题广泛存在[1]。很多承接科技成果转化的中小型企业资本分化严重，无形资产占比较高，可抵押的实物资产较少，导致融资难度很大。相对而言，上海作为全国有影响力的科技创新中心具有完善的融资机制，为企业提供多种融资渠道，手段先进，大大减少了企业的融资

---

[1] 杜德斌. 上海建设全球科技创新中心的战略路径[J]. 科学发展，2015（1）：5-8.

压力。

(四)驱动能力发展欠缺

第一,在成果转化上,武汉科技创新自主意识不强,企业尚未成为科技创新主体。武汉由于历史文化因素,大型、国有、重资产型企业较多,这类企业自身技术比较成熟,对于科技创新成果需求较低[①]。上海作为全国具有影响力的科技创新中心,主要以生物医药、人工智能、软件信息等作为产业开发重点,对成果转化有迫切需求,科技创新驱动力首屈一指。

第二,缺乏成熟的科技创新成果转移机构。目前武汉市科技成果转移机构还处于雏形阶段,大部分市场由供需双方自发形成,没有成熟的对接机制。这种供需模式完全不能解决武汉庞大的科技成果转化需求,容易导致技术交易市场混乱和资源浪费[②]。此外,武汉科技成果转移服务机构还存在规模小,数量不足,人员职业素质不强等问题,服务缺乏专业化、系统化的技术指导,难以解决科技创新成果转化中出现的问题。

(五)辐射能力仍需提升

从技术辐射能力来看,武汉在2020年城市科技创新发展指数中排名第八位,虽然创新资源、创新环境、创新服务、创新绩效四个一级指标均高于全国平均水平,但是远不及上海的创新发展水平。除了北京、上海、广州等一线城市外,其余城市科技创新发展指数仍然有很大的提升空间。

从知识辐射能力来看,武汉虽然拥有武汉大学、华中科技大学等优质科教资源,但是单个指标如国际科技论文被引频次表现不是很突出。

---

① 钱智,史晓琛.2019年上海深化科创中心建设思路与举措[J].科学发展,2019(2):16-21.
② 王博,等.沿海城市建设区域科技创新中心实施路径研究——以青岛市为例[J].科技管理研究,2020,40(16):10-13.

究其原因，武汉研究团队缺乏独立性，自身创新能力稍弱，导致科教资源优势与知识产出未成正比。

四、"五大核心能力"框架下武汉建设科技创新中心的对策

在科技创新中心发展的关键时期，武汉要正视我国在科技创新领域仍处于并长期处于跟跑、并跑、领跑三者并存的态势，要坚持把提高科技创新能力放在城市发展的核心地位，确保科技创新中心"五大核心能力"的发挥。通过发挥现有产业优势、政策优势不断提高科技创新集聚能力，通过人才与资本等集聚加快推动原始创新能力的提高，促进科技创新主导能力的提升，最终达到科技创新中心的驱动能力和辐射能力的飞跃，实现创新激活经济增长动能的"乘数"效应，推动武汉高质量发展。

(一) 优化人才机制体制改革，提高科技创新集聚能力

建设科技创新中心要坚持人才是第一资源的理念，不断优化人才体制机制改革，形成完善的引才、育才、用才、留才的人才体制，发掘人才优势和潜力，释放人才红利。

第一，优化人才服务。继续实施武汉英才"拔节行动""百万大学生留汉"等计划，集聚培养一批有影响力的青年科技人才、产业领军人才[1]。通过打造具有本土特色的科技创新高地，营造出近悦远来的强磁场，不断巩固科教实力，全面提升武汉原始创新策源和创新驱动发展功能；坚持以环境留住人才，完善服务链，对来汉发展的人才，放宽永久居留权条件、减免个人所得税、对其居住条件、子女入学、配偶就业给

---

[1] 张智新，王刚. 世界城市建设科技创新中心的经验启示[J]. 产业创新研究，2018(1)：5-9.

与最大的便利，营造人才宜居宜业宜发展的大环境①。

第二，坚持"破四唯"与"立新标"并举。将工资薪酬与创新能力、实效、贡献直接挂钩，实行与基础研究、技术研发、成果转化等不同类型科研活动相适应的人才评价激励体系，对"卡脖子"关键核心技术实行"揭榜挂帅"制度，鼓励和支持技术创新②。建立专门立项机制服务于科技创新中心建设中的重大科技任务以解决资金问题，帮助科研人员心无旁骛地进行科技创新。引入第三方机构对科技创新中心建设过程中人才实绩、绩效等进行专业考核，激发创新潜力。

（二）优化区域科技创新空间布局，提升科技原创能力

先进的科技基础设施是科技创新中心原始创新能力的前提和条件，武汉建设科技创新中心要依托重大科技基础设施群、世界级科研机构，为科技创新发展打造高端、先进、人才密集的外部大环境，全面提高科技创新中心的创新策源能力，解决大批前沿科技瓶颈和难题。

首先，建立"基础研究+技术攻关+成果转化+产业发展"的创新生态链。整合和优化科技创新平台集群建设，提高科技创新资源利用效率，继续集中力量建设光谷科技创新大走廊、东湖科学中心，力争将武汉科技创新中心建设成为服务全国的科技创新策源地；支持光谷实验室围绕脑和肿瘤及相关免疫学、重大疾病早期诊断等方面需求，开展集成光子学、光子辐射等基础研究；支持江夏实验室聚焦传染病防控及生物安全防御创新链条，解决生物风险因子关键技术攻关等，提升武汉硬核技术原创力③。

其次，提高"双一流"大学建设水平，推动科研院所创新能力提升。

---

① 吴传清."十四五"时期武汉国家创新型城市建设的推进路径和举措建议[J].决策与信息，2020(9)：2-8.

② 林木西，等.基于创新过程视角的科技创新驱动力比较研究[J].山东社会科学，2020(1)：91-97.

③ 王振，卢晓菲.长三角城市群科技创新驱动力的空间分布与分层特征[J].上海经济研究，2018(10)：71-81.

高校是区域创新体系的重要组成部分，在知识生产、技术革新、知识传播和成果转化等方面发挥着独特作用。武汉作为科教大市，集聚了一批"双一流"大学，要鼓励高校承担国家重大基础研发任务，支持武汉大学、华中科技大学加快顶尖学科建设，在超级计算、未来网络、量子科技等方面不断加强前沿科技预见性研究，实现一批重大成果和科学技术"从0到1"的重大突破；提升高校学科建设、科研开发能力，建立起与一流高校教育相匹配的管理体制，发挥高校院所培养人才的源头和引导作用。

（三）优化科技创新生态环境，提高创新主导能力

优质的科技创新生态环境是建设科技创新中心的基础条件，科技创新不单单是一个人或一个群体劳动的成果，而是社会、市场、企业协同协作，共同努力的结果。武汉建设科技创新中心，要营造一个吸引人才，有利于人才自主创新的环境。

首先，深化科技创新领域"放管服"改革，打造热带雨林式科技创新生态圈。构建起以高校、企业、科研院所等为核心创新主体和以政府、科技成果转化中介等协同作用的科技创新体制，促进人才、资本、技术等各类创新要素的流动，形成开放、协调、自由的科技创新氛围，促进技术、产业的创新发展①。

其次，建立高效的知识产权管理体系。通过完善知识产权登记、申请注册等一系列的制度提高知识产权服务质量和效率，同时通过建立知识产权司法保护、行政保护与社会化纠纷解决机制，对科技假冒侵权等行为绝不容忍，加大打击力度，保护科技人员知识产权，维护科技成果，激发高端人才科技创新的动力；构建多元知识产权保护体系，以司法审判、行政执法、多元调解、社会监督等多种方式，解决企业在科技成果转化过程中出现的一系列问题，降低企业维权成本，保护合法正当

---

① 李柏洲，李新. 我国大型企业原始创新的动力中介路径搜寻[J]. 科技进步与对策，2015，32(6)：8-9.

的知识产权①。

最后,拓宽科技成果转化融资渠道,解决科技创新资金问题。推动武汉科技市场与资本市场结合,引入市场机制缓解科技成果转化的资金融资压力,鼓励风险投资机构参与科技成果转化,允许资金担保,帮助减轻中小企业科技成果转化承载的压力;完善知识产权质押贷款机制、科技信贷机制和信用评估机制,建立起完善的科技企业信誉保障体系,拓宽科技成果转化渠道。

(四)建立科技成果转化高地,提高科技创新驱动能力

在人才优势、产业优势等方面,武汉具有优越的地位,然而众多科研成果却难以转化落实落地。科技成果转化实质上是产业升级和经济提质增效的"催化剂"。武汉建设科技创新中心,需要建立科技成果转化高地,打通科技成果转化的"最后一公里"。

第一,明确和发挥企业在科技成果转化中的主体地位。按照企业牵头、多元协同的模式,优化科技创新、机制创新、管理创新等,健全以企业为首的产学研一体化创新融合机制;建立企业与高校合作机制,鼓励高校联合企业内部建立科技成果转化中心,搭建起科研成果从高校直接通向企业的桥梁,提高科技成果转化的效率。

第二,以高校、企业、政府等为服务人群和受众,建设一支专业化成果转化服务机构。满足科技成果供需双方需求,深化与国际知名科技中介服务机构的交流和合作,构建起多元主体、服务专业的一体化科技成果转化平台,提升科技成果转化率。鼓励中央在鄂高校院所科技成果在汉转化,以经济发展和产业需求为中心,积极谋求与外部科技成果转移机构的深层次合作,主动引进外部先进成果,鼓励企业与外部科研院所建立战略合作关系,实现科技创新成果优先转化②。

---

① 余泳泽,刘大勇. 创新要素集聚与科技创新的空间外溢效应[J]. 科研管理,2013,34(1):46-54.

② 王振旭. 武汉建设国家科技创新中心的思考与对策[J]. 长江论坛,2018(1):27-33.

（五）整合区域创新资源，提升科技创新辐射能力

武汉在历史上形成了中央在汉科研机构以及省、市科研机构三驾马车各自为政的局面，客观上导致武汉科技创新资源分布不平衡，严重制约了武汉区域科技与经济的"一体化"发展道路。因此应整合武汉创新资源，提升科技创新辐射能力。

第一，理清政府建设科技创新中心过程中的职责和地位。重点抓区域重大科技基础设施建设，"双一流"高校、中央在汉科研机构前沿学科建设以及跨区域的重大科技合作应该享受政府政策的倾斜，特别是转移支付政策的优惠等；对于公共、科研基础设施平台等建设，政府应给与充分支持，实现城市科技创新资源的整合，提高武汉科技创新的辐射能力。

第二，建立面向科技前沿的市属独立科学研究机构。武汉科技创新指数的提高必须通过自身独立的科研能力水平提高来实现，从科技供给侧而言，要主动面向科技创新建立属于自己的科技研发机构，提高武汉科技创新的经济承载力、产业匹配度、消化吸收力。

（本文系湖北省科技创新人才及服务专项软科学研究重点项目"湖北省科技创新治理现代化研究"（2021EDA06）；武汉市科协科技创新智库建设调研课题"武汉科教资源优势转化为发展优势对策研究"（WHKX202217）研究成果）

撰稿人： 黄　涛　武汉科技大学文法与经济学院教授、博士研究生导师
　　　　　彭　宇　武汉科技大学文法与经济学院硕士研究生
　　　　　王　慧　武汉科技大学文法与经济学院硕士研究生

关于推动湖北科教优势转化为创新优势、发展胜势的决策建议

肖 松 等

围绕省委、省政府加快推动科教大省向科技强省转变的总要求,课题组在全面调研湖北科教资源现状的基础上,系统梳理湖北的科教优势转化成效以及存在的问题,研究提出当前高质量发展新形势下促进湖北科教优势转化为创新优势、发展胜势的对策建议。

一、湖北科教优势现状分析

(一)科技创新人才云集

1. 院士人才数量居中部首位

2020 年,湖北省拥有 73 位两院院士,院士数量长期以来居中部首位,在地学(13 人)、土木(11 人)、水利与建筑工程(11 人)、机械与运载工程(11 人)等领域具有显著优势。从横向来看,2019 年湖北省院士数量约为安徽的 2 倍、河南的 3 倍、山西的 10 倍、江西的 18 倍,高端科研人才优势显著。

2. 高校优质人才长期稳定增长

近年湖北省高校 R&D 人员呈现较快的增长趋势,2019 年高校 R&D 人员达到 5.55 万人,在全国排名第 8 位,中部地区排名第 1 位,比第 2 位的湖南多出 7.3%,明显高于安徽、河南,是山西和江西的 2 倍以上。高校 R&D 人员中具有博士学历人员数达到 2.35 万人,排名全国第 6

位、中部第1位，占比42.31%。高校R&D人员全时当量为2.64万人年，其中基础研究人员占比17.68%。

（二）高校院所集聚效应逐步显现

1. 高水平高校与学科建设协调发展

截至目前，湖北共有普通高等学校129所，其中本科院校68所，排名全国第三位，仅次于江苏和山东；拥有在校大学生161.69万人，比上年增加7.72%；在校研究生17.88万人，较上年增长11.75%。在教育部发布的"双一流"高校名单中，湖北省共有29个学科进入教育部"双一流"A类建设名单，占全国总量的6.24%，位列全国第四；武汉大学和华中科技大学入选A类"双一流"高校，A类学科数分别为10个、8个，分别排名全国第12、14位。截至2020年年底，基本科学指标数据库（ESI）发布的数据显示，湖北共有11所高校进入内地高校前200位，包括6所"双一流"高校。

2. 科研院所创新综合实力不断增强

根据《中国科技统计年鉴2020》，2019年湖北拥有研究与开发机构101个，R&D人员合计1.36万人，其中硕士以上学历9252人，占68%，比上年提高5.9个百分比；R&D经费内部支出108.1亿元，排名全国第七位，"十三五"以来年平均增长率为13.8%；R&D课题数3964项，比上年增长了4%，排名全国第六；发表科技论文6827篇，专利申请2514项，其中发明专利1868项，分别排名全国第7、第9、第9位。央属在鄂研究与开发机构共有28家，全国排名第6。

（三）创新创业载体聚集

1. 科技创新平台量质齐升

2020年湖北省已建有国家重点实验室29个，数量居中部地区首位，覆盖了材料、环境、农业、生物学、地球科学等11个重点领域；其中，8家实验室在科技部组织的评估中获得优秀。国家工程技术研究中心19个，居中部地区首位，在航空航天、智能制造、新材料、生物医药等方面具有较大的科研优势。省级以上临床医学研究中心 65 个，在中部地区排第 1 位，其中华中科技大学在妇产疾病领域建有国家级临床医学研究中心。

2. 高新区全国排名靠前

2020 年，湖北省共建有 32 家省级以上高新区，其中国家级高新区 12 家，数量在全国排名第 4 位、中部排名第 1 位，总体上形成了以东湖高新区为龙头，襄阳、宜昌高新区为两翼，孝感、荆门、随州、仙桃、咸宁、黄冈、荆州、黄石大冶湖、潜江高新区等多点布局的整体架构。根据科技部火炬中心公布的 2020 年度国家高新区评价结果，东湖高新区排名全国第五位，宜昌、襄阳、孝感、荆门等高新区排名实现大幅提升，成为湖北省创新驱动高质量发展的核心载体。

3. 创业孵化载体数量中部第一

2020 年，全省各类双创载体数量超过 800 家，总体数量位居中部第一，其中省级以上科技企业孵化器 219 家，国家级科技企业孵化器 63 家，全国排名第 6 位；省级以上众创空间 346 家，国家级众创空间 83 家，全国排名第 9 位；省级以上星创天地 255 家，以上各类指标均排名中部第 1 位。同时，湖北省建有 7 家国家级专业化众创空间，其中两家由龙头企业创办。

（四）科技成果加速涌现

1. 重大科技奖励取得较大突破

2010—2019 年，湖北省在生命科学、脑科学与生物医学，纳米研究与新型材料，光学、光子学与光电子，人工智能与先进制造等领域获得国家科技奖励成果 226 项，其中国家科学技术进步奖 163 项（特等奖 3 项，一等奖 20 项，二等奖 140 项），国家技术发明奖 41 项，国家自然科学奖 22 项，获国家科技奖励数稳定排名全国 4~5 位。在通信、激光、材料、遥感、生物、农业、桥梁，以及航空航天、船舰、海工装备等军民融合领域科技创新实力突出，产出了"嫦娥五号"月面国旗、"珞珈一号"全球首颗专业夜光遥感卫星、高精度消费类北斗导航定位芯片、超大容量超长距离超高速率光通信系统、全球存储密度最高的128层三维闪存芯片等一流水平的重大科技成果。

2. 科研论文发表成绩优异

2016年以来湖北省共发表科技论文38.9万篇，全国排名第4位，学科领域主要集中在材料科学、工程学、化学、环境科学、物理学、能源和燃料、纳米科学和纳米技术、计算机科学、生物化学与分子生物学等，2019年SCI发文量均超过1000篇。其中，华中科技大学（含同济医院、协和医院、同济医学院）在临床医学和内科学的科技论文数量全国领先，武汉大学在测绘科学与技术、大地测量学与测量工程、地图制图学与地理信息工程、摄影测量与遥感学科四个学科的科技论文数量排名均为第1位。

3. 专利产出成绩斐然

2020年，湖北专利申请16.9万件，比上年增长了19.6%，其中发明专利4.89万件，占比28.9%；发明专利授权1.76万件，比上年增长了23.8%；有效发明专利拥有量为73548件，从技术领域来看，有效发明专利主要集中在高端装备制造产业、新一代信息技术产业、新材料产业三大领域，智能制造、加工技术、电子电器、化工材料等技术领域在全国具有一定领先优势。

（五）科教优势转化成效明显

1. 高新技术产业发展势头良好

2020年湖北省高企数量10404家，居全国第7位、中部第1位，高新技术产业增加值由"十二五"末的5028.94亿元增长到8684.1亿元，年均增长超过11%，高新技术产业增加值占GDP的比重由"十二五"末的17.02%增长到"十三五"末的19.99%，提升了2.97个百分点。高新制造业产业增加值达到6163.17亿元，占规上高新技术产业增加值比重达到71.83%，在生物产业、光电子信息产业、新材料产业、智能制造等领域实力较强，部分细分领域优势明显。

2. 产业集群核心竞争力渐次形成

截至目前,湖北省围绕电子信息、生物医药、节能环保、新材料、汽车零部件等领域,共建有17个国家火炬特色产业基地,已形成集成电路、新型显示器件、下一代信息网络、生物医药等四大国家战略性新兴产业集群,武汉东湖高新区国家地球空间信息及应用服务创新型产业集群、襄阳新能源汽车关键部件创新型产业集群、天门生物医药产业集群(培育)等六大国家创新型产业集群,国家存储器、国家航天产业、国家网络安全人才与创新、国家新能源和智能网联汽车等四大国家产业基地。目前,湖北省正集中力量打造"光芯屏端网"、大健康等具有国际竞争力的万亿产业集群,着力推动人工智能、大数据、物联网、区块链等四大技术集成创新与产业深度融合,促进平台经济、共享经济健康发展。

二、湖北科教优势转化面临的主要问题

(一)科教资源分布失衡

1. 科技资源行业分布失衡

工业企业中科技资源主要分布在汽车制造业和计算机、通信和其他电子设备制造业。汽车制造业R&D人员占工业企业的16.4%,R&D经费支出占比为19.27%,有效发明专利占比为12.61%;计算机、通信和其他电子设备制造业R&D人员占工业企业的11.29%,R&D经费占比为16.57%,有效发明专利占比为19.72%。非工业企业中科技资源投入主要集中在土木工程建筑业,R&D人员占非工业企业的48.28%,R&D经费支出占比为57.32%,有效发明专利占比为18.58%;科技产出主要集中在商务服务业,有效发明专利占比为34.07%。

2. 科技创新人才"有高原无高峰"

湖北省人才总量虽然位于全国前列,但缺少具有国际一流水平的高层次人才和团队。2019年湖北省R&D人员数28.55万人,全国排名第

8位，R&D人员中博士学历人数占比为10.1%，全国排名第11位。总的来说：研究开发人员多，高层次人才少；研究型人才多，创业型人才少；高校院所人才多，企业人才少。有"人才高原"但无"人才高峰"的问题较为突出。

3. 科教资源区域分布存在明显鸿沟

湖北省科技资源主要集中在大中城市，尤其是武汉市，对科技资源具有较强的聚集效应，而广大县域科技资源匮乏，科技资源"区域鸿沟"明显。武汉市R&D经费支出占全省的54%，地方财政科技支出占全省的55%，国家重点实验室全部集中在武汉。创新资源总量不足与"闲置""重复建设"并存，支撑县域发展的科技资源薄弱，科技资源面向经济建设主战场的空间纵深不足以支撑快速发展。

（二）科技创新引领不足

1. 科技促进经济社会发展不足

《中国区域科技创新评价报告2020》显示，湖北省科技促进经济社会发展指数为69.57，低于全国平均水平(74.39)，居全国第11位，这与湖北省综合科技创新水平指数在全国的位置(第8位)相差很大，表明湖北省强大的科教资源优势没有转化为经济优势，科技对湖北省经济社会发展没有发挥应有的作用。

2. 创新源头对经济社会发展的支撑不足

（1）高校研究导向与经济社会发展需求对接不畅

2019年湖北省R&D经费支出中基础研究支出为43.23亿元，其中高校支出28.04亿元，占比为64.86%，湖北省基础研究主要集中在高校，但高校R&D经费仅有1/3来源于企业。同时由于缺乏科学规划和系统引导，以湖北省科技、经济、社会发展技术需求为目标导向的基础研究开展较少，高校基础研究对湖北省经济发展推动作用不明显。

（2）高校学科设置和产业需求链接不紧密

湖北省高校理工科专业设置与湖北省主导产业发展还不够协调。根据上海软科教育信息咨询有限公司高校学科发展水平动态监控系统

2019年监测结果，湖北省全国排名前10的优势学科有42个，但只有28个学科能有效链接湖北省十大重点产业，高校学科对集成电路、数字、航空航天等产业的支撑能力有待加强。

（3）高校科技成果与产业技术需求对接不够

从高校科技论文数量上看，论文数量全国排名前20的二级学科共有32个，从一级学科分布来看，其中有7个属于医药卫生，6个属于天文地球，科技论文对集成电路产业、数字产业、航空航天的支撑能力相对不足。从有效发明专利看，湖北省高校有效专利中数量排名在前10的IPC小类有55个（包含一个分类有多个单位的情况），其中16个小类属于新材料技术，10个小类属于新一代信息技术，高校有效专利对集成电路、汽车、数字、航空航天等产业支撑能力相对不足。

（三）产业承接转化创新成果不足

1. 产业创新效益不足

据《中国区域科技创新评价报告2020》，湖北省高新技术产业化效益指数（二级指标）为70.9，全国排名第8位。其三级指标中的高技术产业劳动生产率指数为85.64，全国排名16位，高技术产业利润率指数为46.67，全国排名第18位，以上指标的不足说明湖北省高新技术产业化效益急需提升。

2. 技术成果流出现象依然凸出

2020年湖北省技术合同成交额1686.97亿元，全国排名第7位。输出技术合同39420项，输出技术合同成交额1665.81亿元，全国排名第6位；吸纳技术合同成交额25232项，吸纳技术合同成交额1403.46亿元，全国排名第6位，技术合同成交额净流出262亿元（2019年净流出485亿元）。

3. 产学研协同创新不足

2019年，湖北省有科技活动的高企中，仅18%委托外单位开展科技活动，全省高新技术企业科技活动经费支出977亿元，委托外部单位开展科技活动的经费支出仅为52亿元，占比为5%。企业技术来源主要是自主研发和技术改造,技术创新的过程基本上依靠企业自身力量,创新主体在增强协同创新意识、促进产学研合作方面还有所欠缺。

(四)创新主体培育不足

1. 高企培育需进一步加强

2020年,湖北省高新技术企业已经突破10400家(较上年增加2512家),但从总量和增量来看,与广东、江苏、北京、上海等发达省市相比还有不小差距。广东高新技术企业数达到5.4万家,江苏超过3.2万家(较上年增加8414家,增量居全国第一),北京高新技术企业已达2.9万家(较上年增加1512家),上海市高新技术企业数量超过1.7万家(较上年增加4148家),山东省高新技术企业总量突破1.46万家(较上年增加3206家)。

2. 科技型中小企业培育不足

2020年,湖北省科技型中小企业达到7439家,而江苏有40277家科技型中小企业(位居全国第一,占全国的18.1%),河南省为11826家(中部第一)。与发达地区和中部部分地区相比,湖北省科技型中小企业数量存在一定的差距。

(五)科技创新投入不足

1. 企业研发投入不足

2019年,湖北省规上工业企业R&D经费支出586.51亿元,全国排名第9位,中部排名第3位,与先进省份差距较大,约为广东(2314.86亿元)和江苏(2206.16亿元)的1/4,浙江(1274.23亿元)的1/2,落后于河南(608.72亿元)和湖南(593.15亿元)。规上工业企业R&D经费支出增长率为11.61%,全国排名仅17位,中部第5位。规上工业企业R&D经费支出占营业收入的比重为1.29%,低于全国平均水平0.02个百分点,在全国排名第9位,中部排名第3位,低于湖南(1.56%)和安徽(1.54%)。

2. 财政引导性投入不足

近年来,湖北省的财政科技投入虽然保持了稳定的增长,但与东部地区及部分中部省份相比,仍存在差距。2019年,全省地方财政科技支出占地方财政支出的比重为4.01%,与广东(6.76%)、北京(5.85%)、浙江(5.13%)等地差距较大。省本级财政科技支出26.29亿元,排名全国第12位、中部第3位;省本级财政科技支出占财政支出比重为3.68%,低于国家财政科技投入强度(4.49%),排名全国第9位、中部第2位。政府财政科技投入较少,强度较低,影响了政府部门对科技创新发展的引导作用发挥。

(六)高端平台建设不足

1. 国家级高端平台建设步伐偏慢

相比于北京、上海、安徽、广东等先进省市至少拥有8项以上已建或在建的重大科技基础设施,湖北省建成和启动建设的仅有脉冲强磁场装置和精密重力测量研究设施2个,重大科技基础设施总体规模偏小、数量偏少,学科领域分布不完整,且大多数科学设施呈散点式分布,难以支撑多学科、多领域的高水平研究。

2. 国家级重大创新平台建设步伐偏慢

截至2020年,湖北省共有国家重点实验室29家,每年新增的国家重点实验室数量较少,2012年以来平均每年仅新增1家,2021年才启动湖北实验室建设。目前上海已挂牌1家国家实验室,江苏布局建设了紫金山、姑苏、太湖3个江苏省实验室,浙江组织实施创新平台提能造峰工程,挂牌成立之江、良渚、西湖、湖畔4家省实验室。另外,山东、北京等省市先后获批8个国家技术创新中心,湖北省仍未实现国家技术创新中心"零突破"。

3. 新型研发机构建设不足

截至目前湖北省已建有产业创新联合体4家,专业性研究所(公司)10家,产业技术研究院33家,除产业技术研究院建设较早外,产业创新联合体和专业性研究所(公司)均为2020年开始建设。广东新兴研发机构从2006年开始建设、江苏从2016年开始建设，目前广东和江苏新型研发机构为251家、438家，湖北省新型研发机构建设较晚，力度略显不足。

三、加快推动湖北科教优势转化为创新优势、发展胜势的对策建议

(一)促进湖北科教优势转化为创新优势的路径及举措

1. 开展重大核心技术攻关，构建高效研发布局

一是强化基础研究和前沿技术创新。遵循科学规律，面向基础研究和基础前沿研究领域，加强数学、物理学、化学、力学、地球科学等基础研究相关学科建设。立足湖北产业基础和科技优势，在未来网络、生命健康、生物育种、前沿材料、量子信息、空天科技、海洋科技等领域加强前瞻布局，培植先发优势。二是加快重点优势领域创新突破。推动"光芯屏端网"、先进制造、新材料、新能源、数字技术等高新技术产业科技创新，强化军民融合科技创新。强化种源"卡脖子"技术、农业生产与农产品质量安全关键技术等农业农村发展领域科技创新，推动农村一二三产业融合发展。加强生物技术、人口健康与疾病防治技术、生态环保技术资源高效开发与循环利用技术、公共安全与社会治理技术等社会发展领域科技创新。三是组织实施重点产业创新链科技重大专项。围绕"光芯屏端网"、生物医药、现代农业等重点产业，聚焦光通信、先进存储器、智能制造、现代中药、品种选育及生物制品研发等高端领域，组织实施重点产业创新链科技重大专项，全链条、一体化组织基础研究、技术攻关和应用示范，突破一批制约产业转型升级的关键核心技术，攻克一批卡脖子技术。四是探索新型科研项目组织模式。完善省级科技计划体系和项目管理办法，强化项目、基地、人才、资金、数据等创新要素一体化配置，探索建立委托制、"赛马制""包干制"等新型科研项目组织模式。定向委托龙头企业和首席科学家组建创新联合体实施

项目，赋予其技术路线制定权、攻关任务分解权、合作单位决定权。深入推进科技项目"揭榜挂帅"制。

2. 建设高端创新平台，提高科技创新能力

一是打造东湖科学城创新极核。构建"一岛三板块"发展布局，加快推进研发转化、产业发展、科技商务"三大板块"建设。二是加快建设高水平实验室。在光电科学、空天科技、生物安全、生物育种等重大创新领域，组建一批湖北实验室，积极争创国家实验室。采取"一室一策""一事一议"方式，推进高起点定位、高标准建设、高效能运转，力争成为全国领先、具有国际影响力的突破性、引领型、平台型综合科学研究基地。三是推进建设重大科技基础设施。聚焦具有比较优势的领域，抢抓"新基建"发展机遇，支持脉冲强磁场、精密重力测量等重大科技基础设施和生物安全P4实验室提升功能，加快建设武汉光源、高端生物医学成像等重大科技基础设施，争取脉冲强磁场优化提升、作物表型组学、深部岩土工程扰动模拟纳入国家规划布局，推进农业微生物、磁约束氘氚聚变中子源、碳捕集利用与封存研究装置、国家超级计算武汉中心、泊山长基线原子观测等重大科技基础设施建设。四是建设重大技术研发转化平台。面向湖北省重点产业创新需求，聚焦"搭建共性技术服务平台"和"联动大中小型企业融通创新"两大核心功能，组建若干产业共性技术创新综合体，支撑解决跨行业、跨领域关键共性技术问题。建设国家级和省级技术创新中心、产业创新中心、制造业创新中心、临床医学研究中心，支撑细分领域、新兴领域的技术创新。五是加快建设高水平新型研发机构。按照"引进共建一批、培育新建一批、优化提升一批、整合组建一批"的思路，省市县三级联动，高质量、高起点推进新型研发机构建设。突出体制机制创新，发挥企业主体作用，调动社会各方参与，强化产学研深度合作，推进组建平台型、网络型、高水平产业创新联合体。

3. 吸引凝聚创新人才，筑牢科技创新基础

一是加大优秀人才引进力度。鼓励和支持省内各类创新主体采取全职全时引才、柔性引才等多种方式，引进国内外高层次科技人才。推进

在东湖高新区建设"国际引智创新中心",建立与国际接轨的人才引进制度,打造"类海外"人才发展环境。继续推进全面下放"外国人来华工作许可"审批事项,凡是具备承接能力的市(州)、直管市全部下放,在有条件的经开区、高新区复制推广自贸区外国人服务"单一窗口"改革试点经验。二是加强青年科技人才队伍建设。实施"青年科学家培养计划",坚持基础研究项目、平台与领军人才(团队)培育相结合,加大对杰出青年、创新群体支持力度,加强对青年科技人才培育引导。大力实施博士后人才倍增计划,加强博士后创新人才培养。三是重点引进高层次创新人才。结合重点产业需求绘制科技人才精准对接图谱,编制湖北"高精尖缺"引才目录,统筹实施国家和省各类人才工程,引进一批能够承接重大任务、取得尖端成果、作出卓越贡献的顶尖人才团队,集中力量攻克"卡脖子"技术难题。四是用活用好科技人才资源。引导科技人才服务发展一线,面向科研院所、科研平台选派一批企业"科技专员"、中小微企业"科技副总"深服务企业创新发展;发展壮大科技特派员队伍,组织高校院所具有专业技术特长科技特派员深入乡村基层开展科技服务。

(二)促进创新优势转化为发展胜势的路径及举措

1. 加强产业技术协同创新,加速技术供给与技术需求的高效对接

一是构建丰富多元的产业技术协同创新组织。将现有的产业创新联合体、产业技术研究院等统筹纳入产业技术协同创新平台体系进行统筹管理,探索采用人才团队牵头类、龙头企业牵头类、高校牵头类、转制院所类等四种模式,采取稳定支持+竞争分配的资助模式,持续推进协同创新组织的发展壮大。二是加强面向产业的重大技术协作攻关。进一步深入推进科技项目揭榜制组织方式,聚焦省、市州支柱产业、重点产业链、龙头企业的技术创新需求,聚焦省重大战略实施和市州产业发展需求,在突出目标导向和需求导向的基础上,探索多元化的遴选机制,分类运用公开竞争、定向委托、揭榜挂帅、赛马争先等多种遴选方式,实现一体化推动重大技术攻关与落地转化。

2. 培育壮大创新主体，提升企业承接转化创新优势的基础能力

一是加强企业自主研发机构建设。加强对企业研发机构建设的指导，优先在高新技术企业和入库培育企业中建设企业重点实验室、技术创新中心、企业技术中心等研发机构，对高新技术企业数量增长较快的地区，加大企业创新平台布局，实现规模以上高新技术企业研发机构建设全覆盖。提升高新技术企业研发机构服务能力，完善企业研发机构绩效考评指标体系，把研发机构经费投入、人员投入、知识产权创造、关键技术突破作为对省级企业研发机构绩效考评的主要内容。二是壮大科技型企业规模。全面挖掘优质企业资源，分类分级建立企业培育台账，开展跟踪辅导和服务，推动传统企业转型升级，培育发展一批前景好、成长性强的优质中小微企业。进一步扩大科技型中小企业、高新技术企业培育库规模，围绕重点发展领域，支持创新基础好、有发展潜力的科技型中小企业，以及"千人计划"等高层次人才所创办的企业入库培育，强化科技型中小企业评价工作，挖掘推动更多符合条件的科技型中小企业"应评尽评"。

3. 加强科技成果转化，畅通科技成果向产品、商品转化的通道

一是深入推进科技成果转化中试基地落地建设。建立政府、企业、高校联合中试合作规则，根据科技成果转化规律，建立市场化的中试利益分配机制，约定分配中试成果产权，大力支持企业、科研机构、高等院校与中试基地加强技术创新成果中试、应用示范与系统化、工程化的配套开发，推动有条件的中试基地向实体化运营模式转变，形成独立法人资格，成立专门机构负责运营管理，按照市场化运作的原则，开展中试服务。二是常态化开展形式多样的科技成果对接活动。持续推进"一周一场、一场一校"和"厅长搭台、校长带货"等科技成果推介模式，持续开展"联百校转千果"高校成果云推介活动，进一步探索开展企业走进实验室(重点实验室)模式，企业走进产业技术研究院模式，每年固定2~3天为全省所有科技创新机构(平台)的开放日，将走进创新机构成为年度固定节日，实现高校院所和企业"面对面""点对点"双向畅通交流合作。三是完善支撑科技成果转化的价值评估等配套服务体系。积

极扶持培育生产力促进中心、评估咨询机构、科技信息中心、知识产权法律中介机构等服务机构，支持服务机构研究建立科技成果价值评估标准、确定科学合理的科技成果价值评价依据，逐步培育形成一批开展科技成果价值评估的独立机构。

4. 建设产业创新集聚区，构建创新优势高速转化的生态湿地

一是深入推进"校区、社区、园区"协同的集聚区建设。将大学科技园建设发展纳入高校整体规划，与省"双一流"建设统筹考虑，做大大学科技园规模，探索"多校一园""区校合建"等大学科技园建设模式，推动大学科技园与社会化的科技企业孵化器、众创空间等创新创业载体错位发展，推动大学科技园内孵化成熟的企业向高新园区、特色产业园区等转移，实现大学科技园与高新区的联动发展。二是鼓励高新区建设科教城，集聚科教资源。引导支持高新区高标准建设科教城，或通过分园等形式将区外科教城整体纳入，构建贯穿基础与应用基础研究、新兴产业技术研究的全链条研发体系，支持国家和省重大创新平台优先在高新区布局建设，对科教城内重大科技基础设施等重大平台的用地指标给予优先保障。

（本报告为湖北省2020年度软科学研究项目"湖北科教优势转化为创新优势、发展胜势研究"成果）

报告撰稿人： 肖　松　湖北省科技信息研究院党委书记
　　　　　　　盛建新　湖北省科技信息研究院副院长、研究员
　　　　　　　林　洪　湖北省科技信息研究院总监、副研究员
　　　　　　　夏　谦　湖北省科技信息研究院副所长
　　　　　　　李喜英　湖北省科技信息研究院助理研究员
　　　　　　　朱昌明　湖北省科技信息研究院副研究员

湖北省两院院士群体特征及启示研究

武汉科技大学课题组

党的十九大报告中指出，要"培养造就一大批具有国际水平的战略科技人才、科技领军人才、青年科技人才和高水平创新团队"，明确了国家战略人才力量的组成。两院院士是国家战略人才力量的重要组成部分。截至2022年，中国科学院拥有805名院士，中国工程院拥有898名院士（不含已故院士及外籍院士）。院士数量在一定程度上代表着地区科技创新的发展水平。首都及经济发达的沿海城市成为院士工作地的主要选择，工作地在北京的院士高达911人，其次是上海和江苏。位于中部地区的湖北省拥有81位院士，其中中国科学院院士36位，中国工程院院士45位，总数居全国第四位。学界以省域院士群体作为研究对象的研究尚不多见，本报告拟运用CV分析法研究湖北省两院院士的年龄结构、空间结构、学位结构、学科结构、家庭结构及师承关系，并得出培育科技领军人才的启示。

CV（curriculum vitae）分析法又称履历分析法，该方法将个人的履历作为数据来源，对其中包含的个人信息进行编码汇总，并辅以描述统计方法来分析人才的职业发展轨迹、职业特征、流动模式及科技人才个人和组织的评价等问题。本文数据主要来自中国科学院、中国工程院官网提供的院士资料以及《院士思维》《中国现代科学家传记》《中国科学院院士自述》《中国工程院院士指南》《中国科学技术专家传略》等大量与院士事迹描述相关的资料文献，并以专业机构网站、百度搜索等提供的非官方数据作为补充。

一、年龄结构特征

(一) 出生年份

对湖北省81位院士的年龄结构进行分析(见图1),可以发现,截至2022年,湖北省60岁以上的院士共59人,占比72.8%,院士的出生年代主要分布在1920—1949年这个时间段,数量达37人,占总数的45.7%,1950—1959年出生的有17人,1960—1969年出生的有26人,1970年后出生的仅有1人。按照科学创造峰值年龄变化规律,科学研究的最佳年龄是在25~50岁,峰值是37岁左右①,从数据来看,湖北省两院院士中处于科学创造高峰的院士仅有1位,高水平科技人才老龄化成为困扰湖北省科技活力的一个重要因素。

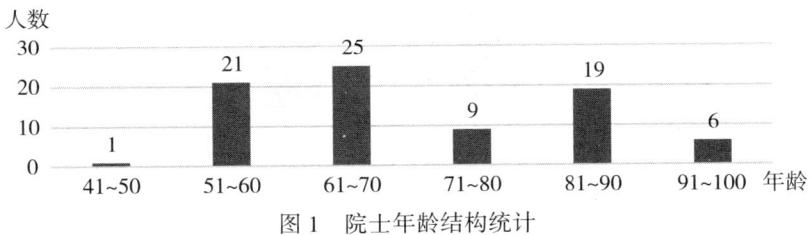

图1 院士年龄结构统计

(二) 当选年龄

通过分析院士当选年龄,可以侧面了解中国科技工作者成为精英所需要的时间,对实施科技人才战略具有重要指导意义。从81位院士当选年龄结构来看(见图2),湖北省两院院士当选年龄主要集中于"50~60岁"(44人)、"61~70岁"(21人)这两个阶段,已有研究表明,中国科学院院士当选年龄集中在50~60岁,基本上呈

---

① 王英. 科学社会学视域下的院士年龄结构——以中国工程院为例[J]. 山东科技大学学报(社会科学版),2008(6):16-21.

正态分布：中间多两边少①，反映出两院院士在科学技术领域研究中，更多地是强调厚积薄发，院士的科研成果从产生到公开再到被广泛认可存在较长的时间差。从院士当选年份的平均年龄来看，两院院士当选的平均年龄在71岁左右，其中科学院院士当选的平均年龄约为70岁，中国工程院院士当选的平均年龄约为72岁，略高于中国科学院院士当选的平均年龄。从不同时间段来看，1991—1999年、2001—2009年、2011—2019年当选院士的平均年龄分别在86岁、73岁、63岁，2021年新增选院士的平均年龄在57岁，由图3可以看出，2000年以后随着国家科技事业的不断发展，年轻一代的科技人才逐渐成长起来，院士当选的平均年龄逐渐呈现下降趋势，这一年轻化的趋势是乐观的，但仍有改进的空间。

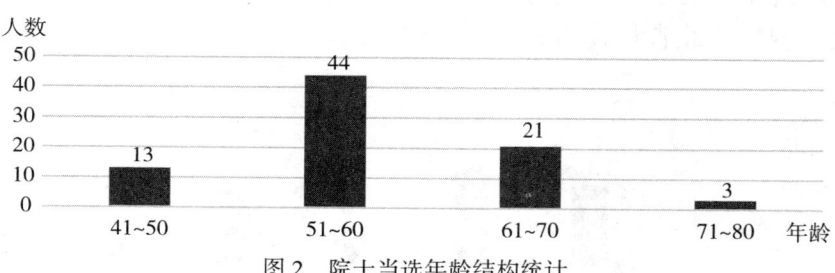

图2　院士当选年龄结构统计

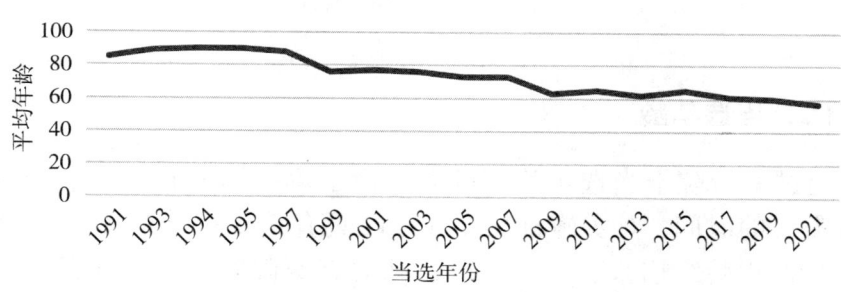

图3　不同时期当选院士的平均年龄

---

①　徐飞，陈仕伟．中国杰出科学家年龄管理策略的新思考——从近十年（2001—2010）中国科学院新增院士与诺贝尔奖获得者年龄比较的反差谈起［J］．科学学研究，2012（7）：976-982．

二、空间结构特征

(一) 出生地域

院士的"空间结构"主要体现在院士出生地域和工作单位等方面①，研究表明，院士出生地域多是集中在人口密集、经济较为发达的省份。随着社会人口流动的变化，个别院士出现出生地与籍贯分离的情况，考虑到院士青少年时期受出生地的影响较大，本文主要以院士的出生地作为考察对象。从湖北省两院院士的出生地域来看(见图4)，院士出生地域差异明显，出生地较多的分布在中部六省及长三角地区。唐家龙等对533位工程院院士候选人的分析表明，中部地区候选人当选工程院院士的几率较大，中部多省经济发展态势良好，对人才的扶持培育力度加强，院士不断涌现。② 湖北省两院院士中出生于中部六省的院士约占总数的50%，出生于江浙沪三省市的院士约占总数的28%，湖北本地出生的院士数量最多，出生于湖北的院士更倾向于留在本地从事科学研究，而出生于西北的陕西、内蒙古等地区的院士较少，只有1~2人。由此可知，湖北省院士出生地域的整体分布情况为中东部多而西北地区少，两院院士的出生地分布表现出明显的地域特征，较发达地区的基础教育水平与经济文化发展对人才成长产生积极影响。

(二) 工作单位

从湖北省两院院士的工作单位来看(见图5)，湖北省人才分布不均衡，院士工作地的空间集聚效应明显，其集中性远高于地方人口的聚集度。湖北省两院院士的工作单位所在地几乎均在武汉，95%以上的院士

---

① 刘欣, 高策. 中国物理学院士群体结构特征的计量分析[J]. 科学, 2019 (6): 36-39.
② 唐家龙, 缪鹏. 区域发展与晋阶院士——来自2017年工程院院士遴选的证据[J]. 创新科技, 2020(9): 10-20.

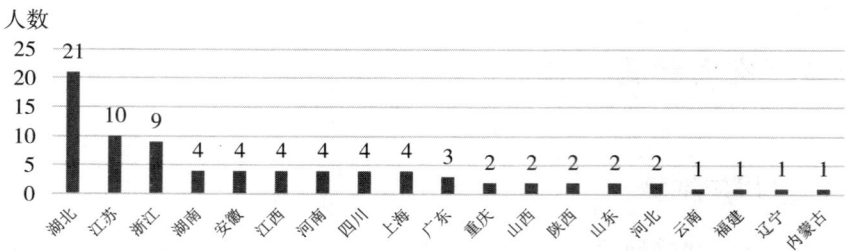

图4 出生地分布情况

分布在武汉市重点高校和科研院所，其中武汉大学(16人)和华中科技大学(20人)的院士约占湖北省总院士数量的44%。吴殿廷等人对两院院士的空间集聚分析也发现：在东部发达省份工作的院士占全国的82%，这一比例远高于人口和经济总量所占的比例①。这说明科技人才成长、工作需要特定条件，高水平科技人才往往集中在科教资源丰富的城市，重点院校和科研院所是培养人才的主要力量，也是两院院士的主要聚集地。同时，随着院士资源优势的不断积累，这些院校和科研院所的发展前景将会更加具有优势，但这种效应并不完全有利于教育体制的发展，一些非重点院校和研究开发性企业将会受到一定限制。

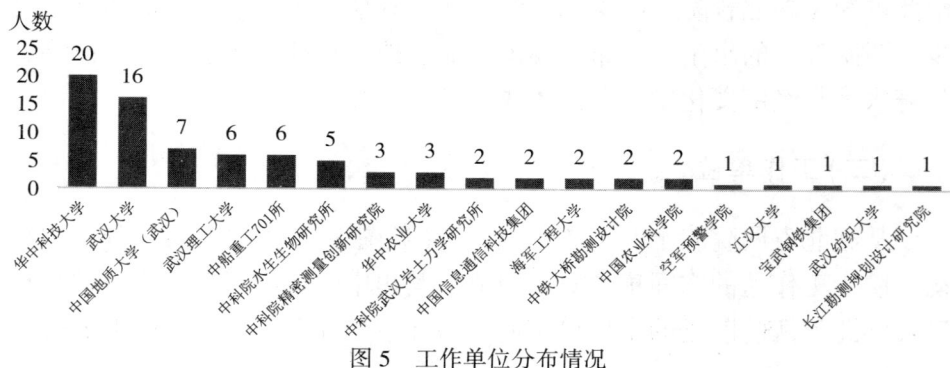

图5 工作单位分布情况

① 吴殿廷，等.我国高级科技人才空间集聚的初步研究[J].中国科技论坛，2006(6)：108-112.

三、学位结构特征

(一)最高学历

从湖北省两院院士最高学历分布来看(见图6),获博士学位的院士为48人,占院士总数的59.2%,学士毕业的院士为18人,约占院士总数的22.2%,硕士毕业的院士有15人。在2011—2021年评选出的41位院士中,获得博士学位的院士共35人,其中科学院院士全部获得博士学位,16位工程院院士获得博士学位,湖北省院士群体的整体学历水平越来越高。高科技人才学历越高,成就越高,这与国内外高层次科技人才的成长轨迹具有一致性。同时,在院士培养方面,国内院校相较于国外,整体占据明显优势,与21世纪初相比,近年来湖北省当选院士大多选择在国内完成博士教育。这表明,我国高等教育整体实力得到大幅提高,国内一流高校和科研院所是培养高水平科技人才的中坚力量,在我国人才培养中发挥着重要作用。

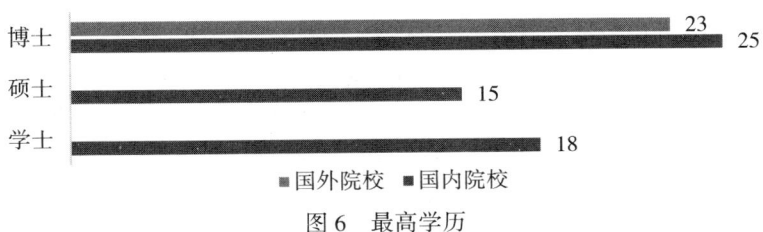

图6 最高学历

(二)毕业院校

吴殿廷等对我国800多位两院院士的调查表明,两院院士大多数毕业于著名高校[①]。从湖北省两院院士毕业院校来看(见表1),在本科阶

---

① 吴殿廷,李东方,等. 高级科技人才成长的环境因素分析——以中国两院院士为例[J]. 自然辩证法研究,2003(9):54-63.

段，毕业于双一流院校的院士有 67 人，约占总数的 82.7%，其中毕业于武汉大学、华中科技大学及北京大学等高校的院士居多；在硕士阶段，除 4 位院士获得国外硕士学历以及 5 位院士毕业于研究院所之外，有 46 名院士毕业于双一流院校，约占 67.7%，且硕士毕业于武汉大学和华中科技大学等高校的居多；在博士阶段，院士趋于选择国内外相应学科背景更强的高校，博士学历毕业的院士共 48 人，其中有 23 位院士毕业于国外知名高校，23 位院士毕业于双一流高校，另外 2 位院士毕业于中科院研究所及香港中文大学。可以看出，两院院士各阶段的毕业院校，基本上以我国重点院校(所)为主。张亚征等对 78 名杰出青年科学基金获奖者的研究同样表明，无论是本科、硕士还是博士期间，就读于国内双一流院校的人数都在 60% 以上，说明我国双一流院校仍是培养高层次人才的摇篮[①]。同时，本硕阶段毕业于湖北省内院校的比例最高，分别有 43.2% 和 61.3% 的院士毕业于湖北省内高校及研究院所，其中华中科技大学、武汉大学、中国科学院及其下属研究所、中国地质大学等院校居于前列。我国双一流院校不仅拥有雄厚的学科背景和学术实力，更是聚集了优秀的师资力量和科研优势，为我国的科研队伍持续输送人才。

表 1　　　　　　　　　院士毕业院校排名

本科毕业院校	人数	硕士毕业院校	人数	博士毕业院校	人数
武汉大学	9	华中科技大学	13	华中科技大学	7
华中科技大学	7	武汉大学	7	武汉大学	3
北京大学	6	华中农业大学	5	中国地质大学	3
中国地质大学	5	中国地质大学	3	华中农业大学	2
华中农业大学	4	武汉理工大学	3	武汉理工大学	2
上海交通大学	3	海军工程大学	2		

① 张亚征，赵伟，彭洁. 教育经历对中国高层次科技人才成长的影响分析——以能源领域为例[J]. 中国科技论坛，2012(3)：118-123.

续表

本科毕业院校	人数	硕士毕业院校	人数	博士毕业院校	人数
清华大学	3	中国科学技术大学	2		
武汉理工大学	3	北京大学	2		
西安交通大学	3	西安电子科技大学	2		

注：因博士毕业院校分布零散，只统计前五名院校。

（三）海外经历

在海外经历方面，院士在国外取得博士学位，或曾做过博士后研究，或做过访问学者等，本文均将其看作具有海外经历。根据相关资料分析发现（见图7），50位院士具有海外留学经历，约占总数的62%，其中留学较多的国家为美国和英国等欧美发达国家。从院士的留学经历可以发现：院士大多拥有在国外知名高校学习的机会，能够前往高水平大学深造，增加国际学习交流经历，为其科研事业的发展打下坚实的基础。

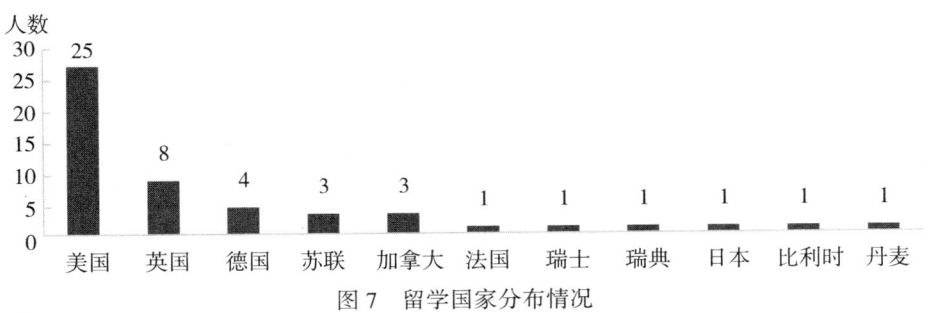

图7 留学国家分布情况

四、学科结构特征

（一）所属学部

由图8可知，湖北省两院院士学部分布状况也不均衡，湖北省科学院院士主要集中在地学部、生命科学与医学部以及技术科学部,分别占到约16%、14.8%、7.4%,工程院院士主要分布在机械与运载工程学部、土木、水利与建筑工程学部以及化工、冶金与材料工程学部,分别约占到14.8%、12.3%、8.6%。这表明,一方面,地质学、机械工程及化工冶金与材料工程等专业是湖北省的优势学科,具有相对优越的传统学科科研条件、科研文化,吸引院士向这些优势学科汇聚,如湖北省重大科技基础设施、国家重点实验室等主要集中在光电科学、材料工程、生物技术与医药产业等重大领域,且重点实验室多由院士牵头,如光谷实验室由余少华院士、邵新宇院士、叶朝辉院士、骆清铭院士分别担任4个科研方向的首席科学家;另一方面,与人民生活密切相关的领域受到了科学界与社会的广泛关注,如生命科学与医学部。

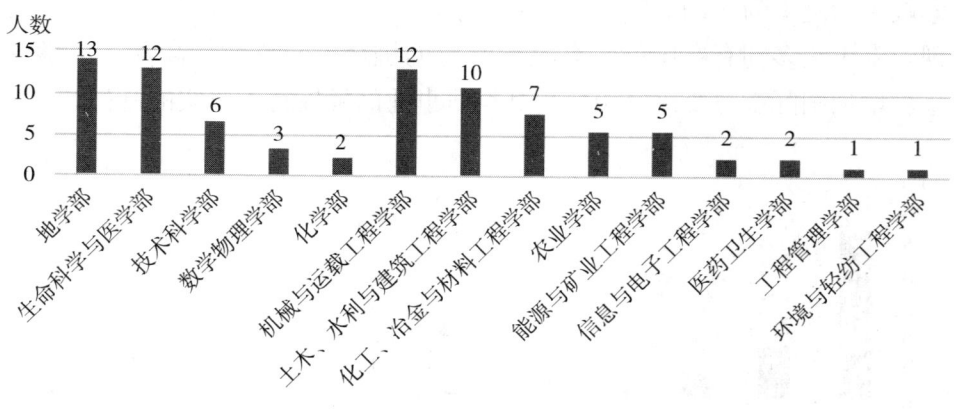

图8 所属学部分布情况

(二)研究领域

院士的学科领域分布广泛,主要分布在理学、工学、农学、医学4大学科门类之下的17个一级学科之中(见表2)。其中,从事传统基础学科(理学)研究的有20人,占总人数的24.7%,两院院士分别来自生物学(7人)、物理学(6人)、地质学(5人)、大气科学(2人)。其余61

人(占75.3%)来自与国计民生息息相关的、以解决实际问题为研究对象的应用学科领域,包括工学(51人)、农学(6人)、医学(4人)。湖北省两院院士主要从事机械工程、材料学、生物技术、作物学等研究领域,比例超过60%,院士的研究领域与湖北省所处的经济文化和优势产业密切相关,比如湖北省为充分发挥院士专家的技术优势,推进产业升级,发布了《院士专家引领十大高端产业发展行动计划(2020—2025)》,明确47名院士参与产业引领,到2025年在光电子产业、人工智能、数字产业、电磁能产业、新材料产业、大健康产业等十大领域,建成具有核心技术优势、完整创新链条、国内领先水平的高端产业集群。这表明,区域科技创新成果与顶尖人才的科研能力呈显著的正相关,地方应充分发挥产业优势,为从事这些领域的人才提供良好发展空间。

表2 院士学科领域分布情况

学科门类	一级学科	人数	合计	占比
理学	物理学	6	20	24.7%
	地质学	5		
	大气科学	2		
	生物学	7		
工学	机械工程	10	51	63%
	信息与通信工程	5		
	材料科学与工程	9		
	船舶与海洋工程	6		
	测绘科学与技术	5		
	石油与天然气工程	1		
	食品科学与工程	1		
	冶金工程	2		
	水利工程	5		
	土木工程	7		

续表

学科门类	一级学科	人数	合计	占比
农学	作物学	6	6	7.4%
医学	公共卫生与预防医学	1	4	4.9%
	临床医学	3		

五、家庭结构特征

稳定的家庭经济条件和重视教育的家庭风气是院士早期生活的共同印记①。因部分新入选的院士还未有人物传记，院士资料信息不足，这里仅对73位院士的家庭资料进行了分析。通过对湖北省两院院士的家庭特征分析（见图9），发现有48位院士来自城镇家庭，25位院士来自农村家庭。绝大部分院士的父母拥有稳定的工作和收入，为他们的成长成才提供了必不可少的物质保障。其中，城镇家庭中的28位院士的父母从事工人、商人和职员等职业，占比最大，约占38%；有12位院士的父母是教师，占比约16%，院士出身于书香门第，家庭教育氛围良好，如茆智院士的祖父创办了全县第一所新式教育的门馆，父亲终身在中学和大学任教，受家庭影响，茆智院士自幼认为自己应该奋发上进，成为学问和道德高尚的人；有4位院士父母的职业是官员，占比5%；此外，有25位院士出身于农民家庭，占比34%，出生农村的院士家境贫寒，生活条件艰苦，院士的父母虽然没有受过正式的教育，但同样重视教育问题，尽量给予支持，并且家庭氛围良好，如邓秀新院士4岁时父亲去世，其母凭一己之力将子女培养成才。这充分说明了良好的家庭教育对院士的成长有着潜移默化的影响，但院士的成才与家庭经济条件没有必然的联系，父母的受教育程度不是院士成长的决定性因素，更重

---

① 马倩. 高层次创新人才教育成长特征研究——基于我国25位院士学术传记的内容分析[J]. 高等理科教育，2020(6)：40-45.

要的是父母对其教育的重视程度和家庭氛围的影响。

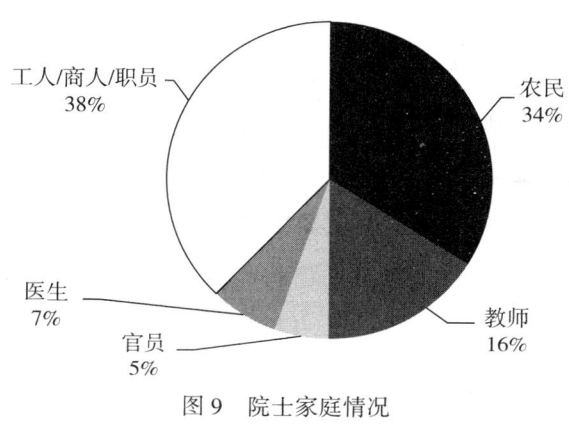

图9　院士家庭情况

六、师承效应分析

导师对科学家的成长具有重要促进作用，师承效应是培养精英科学家的重要途径[①]。名师的指导能够促进院士专业能力的塑造与提升，刘超等在对497位中国科学院院士进行分析的基础上得出，77.5%的院士认为对自己一生影响最大的人是导师[②]。在对81位院士的资料分析中发现，有23位院士在受教育阶段接受过名师的指导，名师主要包括国内外院士、学科带头人等，指导院士的名师中有16位同样也是我国两院院士，如2011年当选的李建成院士与龚健雅院士同出自宁津生院士门下，这表明院士之间存在紧密的师承关系，高水平的学术链对促进人才的成长与培养具有积极作用。

---

① 蔡翔，谢梅英，等．中国院士群体师承效应的量化研究[J]．科技管理研究，2021(23)：133-140．
② 刘超，吴殿廷，等．高级人才成材因素的初步研究——中国科学院院士成材背景的统计分析[J]．人文地理，2004(5)：64-68．

表3　　　　　　　　　　院士师承关系

姓名	当选年龄	专业	师承	培养机构
李德仁	52	摄影测量与遥感	王之卓院士	武汉大学
殷鸿福	58	地质学	杨遵义院士	中国地质大学（武汉）
朱作言	56	鱼类遗传发育生物学	童第周院士	中国科学院
赵进东	51	植物生理学及藻类学	黎尚豪院士	中科院水生生物研究所
罗俊	53	物理学	许厚泽院士	中科院测量与地球物理研究所
龚健雅	54	测绘与地理	宁津生院士	武汉大学
丁汉	50	机械电子工程	杨叔子院士	华中科技大学
王永良	50	雷达信号处理	保铮院士	西安电子科技大学
陈孝平	62	肝脏外科	裘法祖院士	华中科技大学同济医学院
谢树成	54	地球生物学	殷鸿福院士	中国地质大学（武汉）
张寿荣	67	钢铁冶金	魏寿昆院士	天津大学
刘经南	56	大地测量	王之卓院士	武汉大学
张祖勋	66	摄影测量与遥感	王之卓院士	武汉大学
李建成	47	大地测量	宁津生院士	武汉大学
徐卫林	52	纺织与高分子材料学	姚穆院士	西安工程大学
严新平	60	机械工程	谢友柏院士	西安交通大学
马丁	60	妇科肿瘤	蔡桂茹教授	华中科技大学同济医学院
王汉中	54	作物遗传育种	刘后利教授	华中农业大学
邓秀新	46	作物遗传学	章文才教授	华中农业大学
傅廷栋	57	作物遗传学	刘后利教授	华中农业大学
赵鹏大	62	地质勘探学	雅克仁教授	莫斯科地质勘探学院
马伟明	41	动力与电气工程	张盖凡教授	海军工程大学
秦顺全	46	桥梁工程	段立华教授	西南交通大学

七、结论与建议

(一)年龄结构上呈现年轻化特征,应创造条件助推青年科技人才成长

两院院士虽然整体呈现老龄的现状,但是,近些年新增选的院士逐渐向年轻化发展,如2021年新增选的宋保亮院士当选年龄仅47岁,院士群体的当选年龄结构正在不断得到优化,因此,需要继续培养和鼓励中青年人才投入科研事业,同时需要院士所在机构创造良好的科研环境和保障体制,继续发挥院士群体培养青年人才和参与重点战略研究的优势与能力。

(二)空间结构上具备不均衡性特征,应为科技人才成长集聚营造良好生态环境

两院院士的出生地域分布,受经济实力、社会环境、地域文化等多重因素的影响,出生地域主要集中于湖北及中部周边省市、江浙沪等东部沿海地区,我国要全面实现科学技术的现代化,需要注意地域性人才失衡问题。从院士工作单位来看,院士群体空间结构的"集聚性"较强,马太效应显著,湖北省两院院士多数在武汉重点院校和研究院所任职,在湖北省重点高校就读的院士往往会选择在就读院校工作,如获得硕士学位的62位院士中,61.3%的院士毕业于湖北省内重点院校,其中又有52.6%的院士选择留在就读过的院校工作,高校和研究机构是培育高水平科技人才的温床,同时又是留住高级科技人才的堡垒。湖北省其他地级市要建立鼓励及吸引人才流动的机制,增强院士工作单位的流动性,促进湖北省经济实力的整体均衡发展。

(三)学历结构上具有高学历和丰富的海外经历特征,应利用双一流高校优势提升自主人才培育能力

院士群体的整体学历水平越来越高,绝大多数院士毕业于重点高

校，国内一流高校和科研院所是培养高水平科技人才的中坚力量，院士毕业院校的分布存在区域集中的趋势，院士的毕业院校分布在华中、江浙、环渤海地区的较多，湖北省两院院士毕业于湖北省内重点高校的比例最高，省内重点院校聚集了我国优秀的师资力量，为院士的成长提供了有力保障。多数院士拥有丰富的海外访学经历，有助于其科研实力的积累。但近年来当选的院士在国内完成博士教育的比例加大，我国院士留学比例呈现波动下降的趋势。湖北利用高校科教优势多措并举培育科技人才，鼓励院士等高科技人才在鄂创新发展，因此，各个地区在实施高层次人才引进政策的同时，还需利用自身优势不断提升自主人才培育水平，营造良好的科研环境，减少高科技人才的流失。

（四）学科结构上与区域产业结构具有协同匹配特征，应发挥战略科技人才对新兴产业的引领和支撑作用

两院院士学部分布不均衡，院士多向所在地的传统优势学科集中，同时与人民生活密切相关的领域受到社会的广泛关注，湖北两院院士的研究领域与湖北省的经济文化及优势产业紧密相关，院士的科研水平与湖北的科技创新成果呈显著的正相关。作为农业科教大省，湖北启动院士专家团队服务农业产业发展行动，由5位院士领衔，在高校、企业牵头组建15个科研团队，对接联系15个重点县区，围绕水稻、玉米、油菜、渔业、畜牧等优势特色产业，开展科技服务和成果转化。地方政府应充分发挥产业优势，让更多的院士参与到企业的科技创新战略中来，围绕重点产业的发展需求，培养定向专业化人才，依托高校建设国家、省级重点实验室，提高研发水平；要加强院士与企业的交流合作，提高科技成果转化速度，进而提升整体自主创新能力和产业竞争能力。

（五）家庭结构上具备家风家教的潜能激发特征，应营造良好家庭教育氛围

院士的成才与家庭经济条件没有必然的联系，父母的受教育程度不是院士成长的决定性因素。在湖北省两院院士中，65%以上的院士来自城镇家庭，殷实的家庭条件是院士成长成才的重要物质保障，也有 25 位院士出生于农村家庭，院士虽家境贫苦，但父母对其教育的重视程度和良好的家庭氛围对院士的成才起到积极作用。相比于稳定的家庭经济条件，良好的家庭教育氛围显得更为重要。

（六）师承关系上具备"良师出高徒"特征，应形成高水平人才链的良性循环

院士之间师承效应显著，导师团队所具备的宽松科研氛围、优越的科研条件等为院士的成长成才提供了重要保障。但是，高校院士师承效应在学科专业和所属高校的不均衡也会直接导致高校学术资源的分配不均。因此，应进一步加大教师队伍建设，充分利用优质科教资源，促使高校更多地将精力投入师资队伍建设和科研条件的营造上，持续提升教师教学质量，充分发挥高校院士师承关系的积极作用，形成高水平人才链的良性循环。此外，政府需进一步加大对科技人才资本的投入力度，加强政府职能引导，制定相应制度予以政策支持。

（本文系中国科协 2022 年度学风传承行动精品项目"知荆楚院士之路　铸钢铁品格之魂"；武汉市科协科技创新智库建设调研课题"武汉科教资源优势转化为发展优势对策研究"；湖北省教育厅人文社科项目"基于 CV 分析法的科技领军人才特质及培育路径研究"研究成果）

课题负责人： 黄　涛　武汉科技大学文法与经济学院教授、博士研究生导师
　　　　　　　樊艳萍　武汉科技大学外国语学院副教授
课题组成员： 王　慧　刘　芳　彭　宇　刘淑靓
报告执笔人： 王　慧

湖北省科创"新物种"企业发展现状及培育建议

武汉光谷创新发展研究院课题组

随着新一轮科技革命和产业变革不断深入,以独角兽、潜在独角兽、瞪羚、哪吒企业为主的科创"新物种"企业已经成为各地培育壮大新动能的关键主体,北京、上海、山东、湖北、陕西等地纷纷开展瞪羚独角兽企业培育工作。湖北省于2021年启动科创"新物种"企业培育工作,首批挖掘了543家科创"新物种"企业,为湖北省高质量发展蓄势新动能。

一、科创"新物种"企业概念、特点及意义

(一)科创"新物种"企业的概念

"独角兽"的概念,最初由种子轮基金Cowboy Ventures的创始人Aileen Lee于2013年提出,指代那些具有发展速度快、数量稀少、备受投资者青睐等属性的创业企业,它们具有爆发式成长、颠覆式创新等特征。独角兽企业标准是成立时间不超过十年、获得过私募投资且尚未上市,企业估值超过(含)10亿美元。据长城战略咨询统计,2020年中国有独角兽企业251家,总估值超过万亿美元。这些独角兽企业分布于27个赛道、88个细分赛道。

瞪羚企业是指跨越创业死亡谷后,商业模式得到市场认可,进入爆发式增长的创新型企业。瞪羚企业具有成长速度快、创新能力强、专业领域新、发展潜力大的特征,通过应用新技术、推出新产品、提供新服务、拓展新市场、创建新模式或构建新业态等方式,实现高速成长。瞪

羚企业的概念诞生于20世纪90年代,最初由美国麻省理工学院教授David Birch提出,之后几十年,瞪羚企业的快速崛起和发展在发达国家引起了广泛关注。《硅谷指数》将"瞪羚企业数量"作为反映硅谷经济景气程度的重要指标之一,经济合作与发展组织(OECD)每年都会持续跟踪报告瞪羚企业等高成长企业的发展。

哪吒企业的概念由长城战略咨询于2019年首次提出,是指那些在创业初期就获得1亿元以上投资且具有成立时间短、成长起点高、赛道领域新、场景创新强等特征的新经济企业。据统计,2019年中国共有163家哪吒企业,分布于创新药研发、自动驾驶、AI解决方案、AI芯片等71个赛道。

(二)科创"新物种"企业的特点

企业爆发成长的四大支柱,一是价值支柱,即跨界;二是组织支柱,即平台;三是市场支柱,即引爆点;四是管理支柱,即自成长。

跨界是科创"新物种"企业爆发式成长的根本途径,反映了交叉领域的边缘式创新和新业态诞生的原因。跨界想要成功,必须基于企业自身的核心价值,创新性地选择方向,而非简单地跨行业并购和嫁接。跨界是整合多领域优势,通过要素重组、相互渗透、边界消融、加乘借力等方式,促进新业态诞生。

平台是科创"新物种"企业爆发式成长的发展选择,反映了资源组织的新模式和赢者通吃的竞争规则。平台不是简单地链接个人消费者和商品生产经销商,而是在不同的场景下,将个人消费目的与企业及与之适配的生产服务能力相链接,每一次链接都是为了解决隐藏在背后的生产与需求的问题。由于平台所服务的用户规模非常大,平台公司最终能获得巨大的收益。

引爆点发挥媒介的作用,科创"新物种"企业通过引爆点来释放积蓄的能量。引爆点是激活潜在市场、实现价值爆发的奇点,是由线性成长向爆发成长迈进的重要关卡。引爆点的出现需要两个核心要素,一是构建创新生态积累能量,二是企业通过商业模式创新和技术创新释放能量。二者达到吻合即可实现爆发。

自成长是科创"新物种"企业爆发式成长的发展方式,反映了新经济时代企业管理的自组织特征,遵循生态化发展的规则,自主进行扩张生长。相对于资本注入、政策倾斜、场景开放等外部因素,企业自成长能力是企业生产经营活动发展的核心原因,在企业生产经营活动中,只有从提高自成长能力入手,增强自己在受到外部不稳定因素冲击时的应变能力,才能够实现企业生产经营的稳定发展,所以,企业的自成长能力是企业取得竞争优势的根源。

(三)科创"新物种"企业的意义

2019年7月,李克强总理主持召开经济形势专家和企业家座谈会时指出,"创造有利条件,催生更多独角兽企业、瞪羚企业、新领军者企业,加快新动能培育和新旧动能转换"。

科创"新物种"企业是高成长企业的典型代表。根据科技部火炬中心发布的《2020年国家高新区瞪羚企业发展报告》,国家高新区瞪羚企业表现出较高的成长性,营业收入三年复合增长率达46.1%,4.7%的瞪羚企业成立5年内营业收入突破5亿元或者成立10年内营业收入突破10亿元。

科创"新物种"企业开辟新赛道,代表未来产业发展方向。科创"新物种"企业积极促进产业融合,推动硬核科技成果转化。全国独角兽企业主要集聚的领域为新能源与智能汽车、数字医疗、人工智能、集成电路等,且在商业航天、量子科技、区块链等前沿科技领域也不断涌现出独角兽企业。

科创"新物种"企业是区域新经济活力的风向标。近年来,新经济发展已成为中国经济发展的生力军。科创"新物种"企业是新经济发展的重要代表,彰显新经济发展速度。国家发改委公布的数据显示,2017年新动能对国家经济的增长贡献已超过30%。[1] 能够很可观地预见,未

---

[1] 数据来源于2018年2月国家发改委发布会新闻发言人孟玮的发言。

来新经济发展的影响力将越来越大,科创"新物种"企业对于中国经济增长的作用也将越来越大。

二、湖北省科创"新物种"企业发展现状

2021年9月,湖北省科技厅印发《湖北省科创"新物种"企业培育计划实施方案》,在国内率先启动科创"新物种"企业培育计划,提出"搭建能级跃升、量质并举的企业成长培育阶梯,培育一批瞪羚、独角兽、驼鹿等科创'新物种'企业,推动一批科技领军企业上市",其中,独角兽企业是指通过科技创新进入高成长期,综合收益突出,核心竞争力强,行业影响力大,资本市场估值高的企业;瞪羚企业是指创业后迈过死亡谷,以科技创新为支撑进入高成长期,增长速度快,在市场竞争中有较强竞争力的企业。首批共遴选科创"新物种"企业543家,其中驼鹿2家、独角兽3家、潜在独角兽11家和瞪羚企业527家,湖北省科创"新物种"企业梯队基本形成。

(一)科创"新物种"企业表现出较好的成长性

科创"新物种"企业是经济发展新势力。湖北省科创"新物种"企业成长速度快,营收规模不断增大,543家科创"新物种"企业合计实现销售收入超过660亿元,其中近四成企业销售收入超亿元。2018—2020年,近70家企业销售收入复合增长率超100%。科创"新物种"企业盈利能力不断增强,近百家企业三年平均利润率超15%。

科创"新物种"企业"越年轻越有活力"。湖北省科创"新物种"企业普遍较年轻,超四成企业成立时间在2015—2018年,表明科创"新物种"企业在成立3~6年的阶段更容易爆发。近五年成立的企业销售收入呈爆发式增长。在两年复合增长率超100%的企业中,46.4%的企业成立于近五年。

(二)科创"新物种"企业科技创新水平较高

科创"新物种"企业平均研发投入强度是湖北省水平的近四倍。湖北省科创"新物种"企业高度重视研发投入，积极开展科研攻关，2020年，科创"新物种"企业平均研发投入超千万元，其中31家企业研发投入在2000万元以上。2020年，科创"新物种"企业平均研发投入强度为8.9%，百余家企业研发投入强度超20%。从区域分布看，武汉是科创"新物种"企业研发活动的主要活跃地，企业平均研发投入强度达12.0%。

科创"新物种"企业研发人员占比近三成。湖北省科创"新物种"企业高度重视研发人员引进和培育，研发队伍不断壮大，企业研发人员从2018年的1.3万人增加至2020年的2.4万人，两年增长超八成。六成科创"新物种"企业2020年研发人员占比超20%，其中，驼鹿、独角兽及潜在独角兽企业平均研发人员占比超35%。

科创"新物种"企业科技创新成效显著。湖北省科创"新物种"企业坚持自主创新，积极构建核心技术和技术壁垒，截至2020年年底，科创"新物种"企业专利授权量累计达1.4万件，发明专利授权量超4200件，企业平均专利授权量达26.9项。科创"新物种"企业专利授权量高速增长，2020年，企业当年专利授权量近4000件，近五年年均增长率达40.8%，其中，当年发明专利授权量突破1000件，同比增长147.0%。

(三)科创"新物种"企业布局一批产业新赛道

超九成企业分布于"3+2"产业领域。湖北省"3+2"产业领域共集聚519家科创"新物种"企业，其中，新一代信息技术领域企业有178家，生物医药(医疗器械)领域企业有112家，先进制造领域企业有139家，新材料领域企业有55家，新能源领域企业有35家。

六大新赛道涌现出一批科创"新物种"企业。近年来，湖北省大力培育新经济新业态，涌现出光芯片与集成电路、人工智能与数字融合、创新药与高端器械、智能网联汽车、空天信息、先进电池等一批新赛道。光芯片与集成电路新赛道，湖北已培育出近60家科创"新物种"企业，在激光器和探测器芯片与集成电路设计、封装等领域逐步积累发展优势；人工智能与数字融合新赛道涵盖人工智能、大数据、云计算、基础软件等数字基础领域，以及数字创意、智能交通、智慧安防、智慧金融等数字融合领域，已涌现超40家企业。创新药与高端器械新赛道，湖北已培育超过50家企业，主要产品涵盖肿瘤类新药、心脑血管类新药、植源性重组蛋白药物、病毒载体等方面新药及制剂，以及光电医美设备、专科手术器械等高端医疗器械；智能网联汽车新赛道，湖北省依托汽车制造产业基础优势，已培育出超过10家智能网联汽车新物种企业，主要集中在上游芯片设计、中游自动驾驶解决方案以及车载终端等领域。空天信息新赛道，涌现近20家相关领域企业，主要涉及"北斗+"手机、穿戴、车载、船载、机载等的产业融合应用领域，以及面向交通、物流、检测领域的三维激光、航测遥感等智能化产品和服务；先进电池新赛道，已培育近10家相关领域企业，主要集中在高性能锂电池的上游电极材料及隔膜、中游电池系统制造、下游电池回收利用等领域。

（四）国家高新区是科创"新物种"企业栖息地

超七成科创"新物种"企业集聚在"汉襄宜"。湖北省543家科创"新物种"企业分布在湖北省16个市州，其中武汉市有320家科创"新物种"企业，占比58.9%，主要集中在新一代信息技术、生物医药（医疗器械）、先进制造等领域，驼鹿企业、独角兽企业、潜在独角兽企业均在武汉；襄阳市有33家科创"新物种"企业，主要集中在先进制造、新材料等领域；宜昌市有29家科创"新物种"企业，主要集中在先进制造、生物医药（医疗器械）等领域。

超六成科创"新物种"企业来自国家高新区。国家高新区共有科创"新物种"企业336家，占比61.9%，其中，驼鹿、独角兽、潜在独角兽企业共计11家。当前，东湖高新区、襄阳高新区已开展科创"新物种"企业培育工作。东湖高新区已经连续11年开展瞪羚企业培育，是湖北省最早开展瞪羚企业培育的地区，2021年认定光谷瞪羚企业502家，较2011年增长近16倍，累计涌现出16家国内外上市企业、6家独角兽企业及一批潜在独角兽企业。襄阳高新区连续两年开展瞪羚企业培育工作，构建了"潜在瞪羚企业、瞪羚企业"两级培育体系，是省内第二家启动瞪羚培育工作的国家高新区。

（五）科创"新物种"企业是资本市场追逐对象

科创"新物种"企业得到资本市场认可。通过光谷瞪羚塬等平台，湖北省组织科创"新物种"企业赴北京、上海、深圳等地融资路演，增强科创"新物种"企业在国内投资圈的影响力。据不完全统计，83家科创"新物种"企业共获得超92亿元融资额，其中潜在独角兽、独角兽企业累计融资额超51亿元，占科创"新物种"企业融资总额的近60%。科创"新物种"企业融资多处于Pre-A轮到B轮的融资阶段。

获得融资的科创"新物种"企业集中于特色新赛道。湖北省科创"新物种"企业融资赛道多元化，超五成企业分布于人工智能与数字融合、光芯片与集成电路、创新药与高端器械、数字医疗、智能网联汽车赛道。从融资时间上看，企业从成立到获得首轮融资平均时间仅3.2年，人工智能与数字融合、光芯片与集成电路、智能网联汽车等赛道的科创"新物种"企业从成立到获得首轮融资的平均时间分别需要1.5年、2.0年、2.1年。

科创"新物种"企业受到全国知名投资机构青睐。湖北省科创"新物种"企业技术过硬、发展潜力大，容易吸引头部投资机构的关注。近三年获得融资的科创"新物种"企业中，超三成企业曾获得过红杉资本、高瓴资本、软银中国、腾讯投资、松禾资本、源码资本、达晨创投、海尔资本等知名投资机构的投资。科创"新物种"企业超七成融资额来自省外投资机构（含大企业）。

三、湖北省科创"新物种"企业培育存在的问题

(一)存在问题

科创"新物种"企业数量不足。湖北省国家高新区2020年有210家企业入围瞪羚企业榜单,入围总量及近三年增量与广东、江苏等地相比仍有较大差距(见表1)。湖北省已累计涌现7家独角兽企业,现存3家独角兽企业,企业数量在全国各省区市中并列排名第十;拥有12家潜在独角兽企业,企业数量在全国各省区市中排名第七。整体数量上看,湖北省科创"新物种"企业数量与广东、江苏等地差距显著,湖北潜在独角兽、独角兽等企业的数量仅占浙江省的21.5%、江苏省的17.5%(见表2)。

表1　部分省市国家高新区瞪羚企业培育情况①

省市	2018年	2019年	2020年
北京	661	709	608
广东	377	421	528
江苏	353	379	500
上海	307	298	314
湖北	162	165	210

表2　国内主要省市科创"新物种"企业数量对比②

排名	潜在独角兽企业		独角兽企业	
1	北京	131	北京	82

---

① 表中数据来源于科技部火炬中心发布的《国家高新区瞪羚企业发展报告(2020)》。
② 表中数据来源于长城战略咨询发布的中国独角兽企业榜单、中国潜在独角兽企业榜单。

续表

排名	潜在独角兽企业		独角兽企业	
2	上海	98	上海	44
3	江苏	76	广东	34
4	广东	67	浙江	27
5	浙江	49	江苏	19
6	四川	15	山东	11
7	湖北	12	天津	9
8	安徽	11	陕西	5
9	山东	9	四川	5
10	天津	4	重庆	3
11	湖南	4	湖北	3

科创"新物种"企业规模不大。湖北省科创"新物种"企业普遍体量不大，有一定规模的企业较少，根据科技部火炬中心发布的《国家高新区瞪羚企业发展报告(2020)》，湖北省高新区瞪羚企业2019年平均营业收入与全国平均水平相当，以东湖高新区为例，瞪羚企业平均营业收入(4.6亿元)略低于瞪羚企业整体水平(4.7亿元)。另外，湖北省独角兽企业估值相对较低，从2020年全国独角兽企业平均估值来看，湖北省独角兽企业平均估值为11.8亿美元，仅是广东的约1/3、浙江的约1/7。

科创"新物种"企业创新投入不突出。根据相关报告，湖北省高新区瞪羚企业科技活动投入强度与浙江、江苏等地仍有差距，以世界一流高科技园区为例，东湖高新区的企业科技活动投入强度(8.6%)低于杭州高新区(35.1%)、西安高新区(23.7%)、苏州工业园区(11.9%)，由此说明湖北省科创"新物种"企业创新能力仍有提升空间。

前沿赛道发展不足。与浙江数字经济、上海生物医药独角兽群相比，湖北省现有的几家独角兽企业对于产业的带动作用没有发挥出来，且湖北省几大优势产业的汽车、医药等领域没有涌现出较多的独角兽企业,产业转型升级发展相较上述地区也有较大的压力。此外,近年来科技部提出抢抓未来产业发展机遇,从全国科创"新物种"企业来看,当前未来产业已处于爆发增长前期,发展潜力巨大。湖北省在未来产业虽有谋划,但量子科技、航空航天、脑科学等未来赛道的企业数量较少。

股权融资活跃度不高。据不完全统计,从融资案例数量上看,湖北省2021年发生的股权融资案例仅为浙江、江苏的约1/5,广东的约1/8。湖北省本地资本市场活跃度不高,超六成融资案例为外地投资机构和企业投资,且随着企业融资轮次的推进,来自省外的投资资金增加。这些都显示出科创"新物种"企业股权融资活跃度亟待提高。

(二)深层次原因

省市区协同培育不足。湖北省科创"新物种"企业梯度培育体系初步形成,但湖北省科创"新物种"企业挖掘及培育仍缺乏全面系统性谋划,省级顶层设计不足,省市区三级尚未形成合力。现阶段,仅东湖高新区、襄阳高新区等部分高新区开展了科创"新物种"企业培育工作,大部分高新区尚未开展成体系的科创"新物种"企业培育计划,未出台科创"新物种"企业培育政策。

市场化培育力量不足。相较于发达省市,湖北省本地培育力量相对不足,对外部创新资源利用程度不高,没有充分调动本土大企业、外部专业培育机构等市场化力量参与科创"新物种"培育,本地大企业科创"新物种"孵化裂变的效应也还没有显现出来。

企业认知亟待提升。湖北省科创"新物种"企业中,"一二把手"为高校院所技术人员比例较高,从学校、实验室直接走向市场的情况很普遍,他们不擅长企业经营管理及资本运作。科创"新物种"企业以B端、G端业务居多,单打独斗摸索合适的场景很不容易,不少企业虽然发现适用场景,但是从零开始耕耘陌生市场,周期长、风险大。整体来看,湖北省企业家在改变世界的场景创新和技术创新上突破不足,迫切需要推动认知升维,提升想象力、洞见力、创造力。

四、关于加快湖北省科创"新物种"企业培育的建议

在新动能培育的关键时期,湖北省应高举创新发展的旗帜,以科创"新物种"企业挖掘及培育为关键抓手,形成新技术、新产品、新业态、新模式创新增长点,助推湖北省打造科创"新物种"企业发展新高地。

出台科创"新物种"企业培育专项政策。围绕科创"新物种"企业全生命周期,构建"高端创业企业—高成长企业(瞪羚企业)—新领军企业(独角兽、"双五"企业)"梯度培育体系,研究制定梯度培育企业遴选标准。参考全国各地相关的培育政策、实施方案等,总结典型支持模式及做法,结合湖北省企业发展实际,围绕股权融资、场景创新、关键核心技术攻关等方面,出台科创"新物种"企业培育专项政策,进行分层分类分级培育,将培育"新物种"企业提升为省级战略。

建设科创"新物种"研究与培育中心。推动省市区联动,聚焦种子挖掘、精准孵化,支持第三方机构与有条件的地市或高新区率先共建科创"新物种"研究与培育中心,提供"主体挖掘+报告发布+精准培育+会员服务+数据平台"全链条服务,打造湖北省服务科创"新物种"第一品牌。建立科创"新物种"企业培育库,通过政策"组合拳"对科创"新物种"企业予以重点扶持。依托培育中心,组织新经济五日谈培训、商业模式头脑风暴会等主题活动,为企业提供高端化、集成化的智力及资源对接服务,帮助企业家提升洞见力,实现认知升维。

强化与北京、上海等地的资源对接与合作。一是深入推进与中关村成长型科技企业互助促进会、首都科技条件平台等机构合作,深化湖北省同北京、上海等发达地区的交流,实现各地科技创新优势资源与湖北省需求的有效对接,创新运用资本链接等新模式,争取更多优势企业和优势项目落户湖北。二是持续开展湖北省科创"新物种"企业赴一线城市融资路演等活动,为省内科创"新物种"企业提供展示推介和对接高端资本市场的机会和平台,促进企业爆发式成长。

围绕科创"新物种"企业集聚培育新赛道。从省级层面开展赛道研

究及规划，基于湖北省发展基础，梳理湖北省优势赛道及未来赛道发展现状，做好赛道选择，超前谋划赛道的建设性布局，支持科创"新物种"企业集聚。市区层面可出台专项方案，鼓励优势赛道科创"新物种"企业开拓场景、创新产品、开辟市场。省市区政府要选择有条件的领域开放政府场景资源、定期发布应用场景项目清单，鼓励科创"新物种"企业积极参与应用场景建设。

课题负责人：赵荣凯　武汉光谷创新发展研究院院长、高级经济师
报告执笔人：高程程　董家瑞　尚斌斌　谭熙钰

湖北省金融创新支撑科技创新发展的思考与建议

高建平　邹小伟　姚栋夫

自工业革命开始，科技与金融紧密交织，成为近代世界经济系统最核心的要素。在世界经济大系统中，科技创新是经济发展的根本驱动力，也是金融发展最具潜力的标的和服务目标。高新技术产业具有高投入、高风险、高产出的特点，缺乏资金的支持，研发无法保障，科技成果难以转化为现实生产力，金融是科技创新发展向现实生产力转化的催化剂。科技创新与金融作为内在相互作用的完整系统，在特定时期内融合互动，最大化发挥对世界经济社会发展的支撑作用。

一、科技与金融相融相生，历次科技革命都催生契合创新需求的金融创新供给

随着全球经济发展整体进步和阶段变化，科技与金融紧随时代发展需求，呈周期性迭代升级。如表1所示，从三次科技革命来看，科学技术不仅促进了人类在交通、能源、信息、生命等领域的重大发展与进步，而且基于技术的扩散需要，还催生了一批影响整个世界经济系统的金融巨头。科技与金融相互成就，良性互动，支撑起世界经济整体进步，影响整个人类的发展。

表1　　　　　　　　　　　三次科技革命相关情况

科技革命	产业变革	核心技术	实体经济变革领域	科技领先国家	科技创新融资机制
第一次科技革命	第一次产业变革	纺织机技术	棉纺织业	英国	股份制模式和现代银行制度
第一次科技革命	第二次产业变革	蒸汽机技术	蒸汽机发明和铁路系统	美国、英国	资本市场
第二次科技革命	第三次产业变革	电力、内燃机	钢铁、电力、汽车、石油等领域	德国、美国	信托、保险等金融创新、资本市场的国际化和规模化
第三次科技革命	第四次产业变革	信息和远程通信技术创新	电子计算机	美国、日本	始于硅谷的天使投资、创业投资、产业基金

（一）第一次科技革命与金融供给创新：股份制、银行和资本市场加速技术产业化

第一次科技革命主要聚焦在纺织业与蒸汽机两大领域，在第一次产业变革来临之前相关领域的科学进展已经取得了巨大突破。但由于缺少金融供给的催化，产业变革推迟了近百年才爆发。17世纪末，随着欧洲资本主义萌芽及经济的发展，英国国内率先催生了股份制、银行和资本市场等现代金融体系，它们支撑英国率先实现技术革命向产业革命的转变，引领了全球第一次科技革命和产业变革的发展。

第一次科技革命中的技术创新主要来源于产业工人对原有技术的改造，在产业化方面面临的难点是"有技术的没钱，有钱的没技术"。17世纪初期英国出现的以股份为特点的股份经济，使资本与技术实现融合，有效促进了第一次科技革命创新成果的产业化。如纺织领域的珍妮纺织机及瓦特的蒸汽机都是通过股份制模式成立合资公司，实现技术到产业的快速应用。

同时，技术在全国范围内产业化的需要，催生了银行和资本市场的出现，助推英国率先在全球范围内完成本国产业化。在银行方面，1694年英格兰银行成立，标志着现代银行的产生，但是一直未受到政府认可，发展较为缓慢，对科技支撑作用并不突显。直到1826年，英国政府颁布条例为银行提供法律保护，英国银行快速发展，到1841年增加到115家，为英国产业变革提供了充足的资金供给。在资本市场方面，1773年伦敦交易所成立，与银行面临同样的情况，直到1802年才得到政府正式批准。随后英国交易所快速发展到30余家，为蒸汽机在矿产、铁路、钢铁等领域的产业化应用提供了充足的资金。

（二）第二次科技革命与金融供给创新：国际化投行、保险与信托满足科技创新大规模融资需求

第二次科技革命主要聚焦在电力、内燃机、通信等领域。与第一次科技革命相比，第二次科技革命中相关技术的产业化，需要强大的基础设施建设，对大规模融资需求强烈。原有股份制模式、银行和资本市场难于承担起国家大基建事业、需要国家意志介入，并在全球范围内开展融资。基于本次科技革命的特点和融资需求，催生了以国际化投行为主的承载国家意志的跨国性融资机构。同时，信托和保险业的发展，也为第二次科技革命产业化提供了强大金融支持和保障。

19世纪中期以皮尔庞特·摩根、罗斯栗尔德、巴林兄弟等为代表的财团家族顺应时代需求，相继成立了国际化投行，为第二次科技革命产业化大基建在全球范围内开展融资。以摩根公司为例，20世纪初，摩根公司拥有780亿美元的总资本，相当于全美所有资本的1/4，几乎主导美国铁路、电气、钢铁等产业发展。如在铁路领域，1900年摩根公司直接或间接控制的铁路长达108万公里，占当时全美铁路的近2/3。在电气产业，摩根公司扶持了通用电气公司、国际电话电报公司、通用汽车公司、美国电话电报公司和南方公司等一批电气领域巨头。在钢铁产业，摩根公司全资收购卡内基企业，投资洛克菲洛，组建美国钢铁公司，巅峰时摩根公司间接或直接控制着美国钢铁产量的65%。

此外，随着第二次产业化推进，铁路运输、汽车等新业态的产生催生责任保险，为产业化提供保障。同时，跨国融资及国内大规模融资需求催生信用保险，为大规模融资提供风险保障。19世纪30年代金融信托业务在纽约产生，纽约州率先允许保险公司兼营信托业务。到1853年，美国第一家专门的信托公司美国联邦信托公司在纽约成立。到1924年，全美信托公司达到2562个。到1932年，美国信托资产总额占金融总资本的23%。信托公司的产生，使分散的社会资本得以集中，使社会资本参与大规模融资成为可能，为科技产业化提供了充足的资金供给并支撑美国率先完成第二次科技产业化。

（三）第三次科技革命与金融供给创新：现代风险公司伴随着第三次科技革命和产业变革产生

第三次科技革命以信息产业为主导，在原子能、电子计算机、生命科学等领域同步开展。本轮科技革命最大的特点是由科学革命向技术革命转化，产业变革全部来源于科研成果的转化，产生三个方面的新特点，使原有金融供给难以满足现实需求。一是科技成果转化项目风险高、周期长，银行不敢参与，不愿意参与。二是技术壁垒高，原有金融供给体系缺乏看懂技术的人。三是科技成果转化对于资金需求量较小，多为几万美元量级，大投行不屑于参与。在此背景下，科技创新对于能看懂技术、接受高风险、提供小体量资金的新的金融工具创新提出了需求。

在此背景下，现代风险投资孕育而生，现代风险投资最早起源于MIT校长康普顿，其为推动产研结合，于1946年发起世界第一家风险投资公司——美国研究与发展公司（ARD）。早期基金的350万美元，来自MIT、金融机构以及个人。1947年，ARD投下了现代风险投资历史上第一家公司——高瓦特电子公司。1957年，ARD投下了风险投资史上最著名的项目——数字设备公司DEC，投资7万美元，14年后它为他们赚了3.5亿美元。此后，社会资本看到风险投资模式行得通，开始大胆跟进。1972年红杉资本成立，仙童公司的尤金·克莱纳创立了

KPCB 风险投资，此后投资了英特尔、苹果、微软等未来产业巨头，从而推动信息革命的爆发，也支撑美国引领第三次科技革命发展，进而夯实其全球超级大国地位。

二、第四次科技革命新特点，呼吁新的金融供给创新

第四次科技革命正在来临，从当前科研与技术演进来看，本轮科技革命将围绕能源革命、交通革命和信息革命等领域进行变革。人工智能、5G 物联网、卫星互联网、云计算、激光雷达、AR/VR 等，将推动信息技术全面升级；自动驾驶、商业航天、超高速飞机、超高速铁路，将推动人类交通速度和广度进一步提升；分布式储能、特高压、新型电池、氢能、可控核聚变，将推动人类逐渐迈进清洁能源、高效能源阶段。

本轮科技革命不仅融合前三次科技革命所有特点和融资需求，且情况更为复杂。一是能源、信息和交通领域的重大变革，都需要强大的新型基础设施建设做支撑，但随着国际竞争形势日益激烈以及国家对产业安全的考虑，原有跨国间的大规模融资在新时期已经难于实现。二是本轮科技革命技术多学科交叉，技术壁垒更高，且原始创新在本轮科技革命中的作用进一步凸显。同时，本轮科技革命中科技成果转化初期资金需求量也在加大，这种变化对风险投资基金供给规模、专业化团队及科技服务生态等各方面，都提出了更高要求。

此外，本轮科技革命还涌现了一个新的特点，即科学革命、技术革命和产业变革三期叠加、同步进行，且多国竞争抢夺主导权。一方面，倒逼科研向生产力转化周期大幅缩减，需要资本提前介入科研阶段，加速转化进程。另一方面，本轮科技革命不仅是围绕创新链布局产业链，围绕产业链部署创新链趋势也日益凸显，问题导向、需求导向、应用导向牵引作用提升，也需要资本介入科研阶段，引导科研攻关方向。新融资需求和特点，推动资本向创新链更前端延伸，催生科研资本新需求。

对于湖北来讲，本轮科技革命不仅是产业与经济发展的问题，单靠

社会资本力量难于胜任，需要政府意志和力量参与，发挥新型举国体制优势，整合省内外各类创新主体与金融力量协同。

三、湖北科技金融发展成效及存在的问题

(一) 湖北科技金融发展成效

作为国家创新型省份建设试点的湖北省，是中部崛起的战略支点，发展科技金融有利于湖北将科教优势转化为区域经济优势。根据2021年度《中国城市科技金融发展指数》报告，武汉位居第八，是唯一一个进入前十的中部地区城市。金融资源与科技资源有效对接使湖北科技金融迸发出强大的生机与活力。

一是科技金融政策环境不断完善。湖北省政府一直在积极创新财政科技投入模式，积极探索对不同类型创新活动的最优支持方式。2015年，武汉城市圈获批全国首个"科技金融改革创新试验区"，同时，单一的财政科技投入方式被调整为前资助、后补助、创投引导等不同形式。2015年年底，湖北省政府出台了《关于武汉城市圈科技金融改革创新的实施意见》，从促进科技与金融融合发展、完善科技金融组织体系、深化科技金融产品和服务创新、拓宽科技创新融资渠道等方面提出明确举措。2016年4月，原中国银监会与科技部、中国人民银行联合印发了《关于支持银行业金融机构加大创新力度 开展科创企业投贷联动试点的指导意见》，武汉东湖国家自主创新示范区被列入第一批投贷联动试点区域，汉口银行被列入第一批试点银行。

2020年，湖北省科技厅正式启动湖北省科技金融服务"滴灌行动"，协同多家金融机构，对高新技术企业和科技型评价入库企业进行投融资服务，助力科技型中小企业"小升高""高升规"，营造良好的科技创新蓬勃发展的湿地生态环境。2021年，湖北省科技厅举办科技金融服务"滴灌行动"助力科技强省建设重大项目签约活动、"鄂来投"技术投融资专场等投融资对接活动18场，集中签约项目50余项，签约金额近

300 亿元。截至 2021 年年底，全省科技型评价入库企业 14124 家，较 2020 年增长 89.86%，全国排名由第 12 位跃居第 8 位。

二是科技金融新产品"工具箱"助力企业发展。目前市场上的金融创新产品"工具箱"主要体现在三个方面：一是融资产品创新，主要包括知识产权质押贷款、股权质押贷款、零担保信用贷款、研发贷款、应收账款质押贷款等方式；二是集合融资产品创新，主要包括集合债券、中小企业集合贷款、集合票据等方式；三是对科技金融模式的创新，主要包括"银投联贷+集合贷款"模式、"专利+股权"双质押模式、投贷债租证综合模式等模式。2021 年，省科技厅联动银行探索符合科创企业发展特点的科技金融产品，推出"鄂科贷"金融产品，为科技型中小企业提供更大额度、更长期限、更方便快捷的信贷支持。2021 年，银行新增科技金融产品 13 项，总数达到 52 项，6679 家入库企业获得银行信贷支持，信贷余额超 160 亿元。556 家高新技术企业和科技型中小入库企业获得省创投引导基金等政府引导基金参股子基金投资支持，投资金额达 65.05 亿元。截至 2021 年 3 月末，全省累计发放知识产权质押贷款 69 亿元、应收账款质押贷款 1.26 万亿元。

三是创新创业科技金融资源不断汇聚。湖北在创新创业服务资源方面的优势较为明显，仅次于北上杭地区。目前，全省设立科技银行专营机构 24 家，主营科技贷款的小额贷款公司 15 家，科技保险专营机构及服务机构 51 家，科技担保机构 13 家，各类科技金融中介服务机构 200 多家。一套金融服务科技企业的组织体系基本建立起来。2021 年，湖北完成国投成果转化基金和资环基金首期出资 2.1 亿元，推动设立围绕光谷科创大走廊和湖北实验室建设子基金 6 支，规模合计 10.8 亿元；全年新增投资华引芯、华鑫光电等科技型企业 19 家，投资额 2.1 亿元，累计投资科技型企业 661 家，投资总额 36.62 亿元，推进共同药业、祥源新材、中一科技等科技企业成功上市融资；联合国投集团发起设立的新一期 150 亿元科技重大专项成果转化基金已获批科技部科技成果转化引导基金参股 30 亿元。引导国投创业投资湖北省绿色网络、中仪物联等企业 1.6 亿元，跟踪项目 15 个，意向投资金额 11.2 亿元。

(二) 湖北科技金融发展存在的问题

湖北科技金融虽起步较早,但相较于科技金融发展模式较为成熟的北美、国内"北上广"地区甚至邻省的安徽还有很大的不足,对科技创新的供给支持还很欠缺。湖北是科教大省,拥有120多所高校、2300多家科研院所,科技成果供给丰富,2021年全省专利授权量15.52万件,发明专利授权2.24万件,列国内第8名,万人发明专利拥有量16.09件,PCT申请量1691件。然而,湖北科技成果转化率还不够高,2021年技术合同成交额2111.63亿元,与北上广等先进地区还有差大差距,依然存在科技成果与产业发展结合不够紧密、科技成果在鄂转化效率不高、科技成果与产业结合不紧、技术应用类科技成果交易不足、企业承接科技成果转化能力不足等问题,这些问题追根溯源都指向科技创新投入不足、金融资本参与度不高的问题。2021年度《中国城市科技金融发展指数》报告显示,武汉科技金融综合发展指数排名(第8)与其科创资源及成果指数排名(第5)不匹配。

湖北金融供给科技创新,不仅需要解决上述新的融资需求,还需要破解金融供给创新特有的难题。主要体现为"一大问题"和"三大矛盾":

"一大问题"是指,当前湖北同时存在化解金融系统性风险和解决科技创新金融供给不足的双重需求与挑战,一方面"大水漫灌"式的金融供给方式,部分领域高杠杆加持以及间接融资占比过大导致的金融供给失衡,使金融风险高度集中在银行体系,湖北金融系统性风险倍增,潜在影响湖北经济安全与稳定。另一方面,在湖北将科技创新摆在现代化建设全局中的核心地位,把科技自立自强作为国家发展战略支撑背景下,科技创新发展形势紧迫,但从宏观层面来看,湖北金融流向科技领域总量较小,科技创新存在"供血"不足现象,制约湖北科技创新进程。

"三大矛盾",一是金融追求的确定性与科技创新的不确定性之间的矛盾。金融的本质是通过资源合理配置,实现国家经济大系统高效、稳定与安全运转,作为整个经济大系统的血液供给系统,一旦出现局部

"阻塞""出血"或"失明",对于整个湖北经济安全将带来巨大冲击。因此,"确定性"是金融选择的第一准则,而"不确定性"是科技创新的"天然属性",科技创新往往是从多元尝试中经历多次失败才最终取得成功,具有无法认定的不确定性。这一矛盾的解决,在于以专业性来降低科技创新的不确定性。在科技创新方面的专业性,鼓励金融"国家队"与科技创新"国家队"融合发展,将金融和科技优势融合,支持科技创新发展。

二是中国资本的短钱属性与科技创新的长周期之间的矛盾。资本具有逐利性,倾向于选择周期短、回报高的领域,实现资本的快速增值。在这个过程中,会出现资本主导科技创新方向的现象。过去我们大量资本倾向于涌入互联网、房地产等周期相对较短的行业,或科技创新领域偏中后期的项目。但是,早期项目以及大部分能够保障国家安全和科技自立自强的领域,如芯片、新材料等,都具有投入大、周期长、风险高等特点,需要十年磨一剑,才能见到回报。很难获得资本的青睐。这一矛盾的解决,一方面,需要扭转资本主导科技创新的局面,由科技来主导资本的配置,鼓励组建更多科技金融国家队或扶持一批混合所有制的硬科技专项基金并按照国家的意志和需求去支持事关湖北重大需求方向和早期的项目,另一方面,需要建立一套精准"灌溉"体系,实现银行、保险等长钱和慢钱,精准匹配到科技创新的"长钱"需求中,目前银行,保险、国家大基金等长钱、慢钱,更倾向于支持中后期资本,很难流向早期科技创新项目。

三是湖北金融"大钱"与早期科技创新需要的"小钱"之间的矛盾。政府层面金融如银行、保险等都属于千亿、万亿级的"大钱",而科技创新企业百万级、千万级的需求"属于"小钱。目前湖北在"大钱"供给和"小钱"需求之间还未搭建起精准的金融灌溉体系。银行、保险等"大钱"很难直接、高效、精准支持到科技创新领域,造成湖北充足的金融资本与科技创新供血不足二元对立矛盾现象,需要在湖北金融"大钱"与早期科技创新需要的"小钱"之间搭建金融输入的中间环节。

四、新时期湖北金融供给科技创新的建议

基于科技金融融合发展和演进规律、第四次科技革命带来的新的融资需求以及湖北金融供给科技创新特有的瓶颈,新一轮科技革命进程中,需要湖北从顶层设计上进行统筹部署和建构。构建契合新一轮科技革命需求的金融创新供给体系的具体建议如下:

一是建立面向科技创新的政府政策性银行,搭建将金融引流到科技创新领域的主动脉。从宏观上来看,湖北省金融流向科技领域总量较小,科技创新存在"供血"不足现象,制约湖北省科技创新进程。而将金融引流到科技创新领域,是解决当前湖北省金融难题和挑战最直接和高效的方式。金融支持科技创新,不仅能够解决金融洪水涌向房地产、虚拟经济等领域的问题,从源头上化解金融系统性风险。同时,还能有效解决湖北省科技创新金融供给不足的问题,充分发挥新时期金融在国家发展大局中的支撑作用。在具体实施方式上,建议借鉴和利用我国在政策性银行建设方面的经验,充分发挥科技与金融双方的专业优势,探索建立契合科技创新特点的投融资机制及考核机制,破解现有银行体系"不敢投、不愿投、不能投"的局面。目前湖北省科技厅正联合中国农业银行等金融机构探索金融供给科技创新的新模式、新机制,拟发挥政产学研资用服各类创新主体优势,为湖北科技创新提供系列金融供给形式。

二是组建一批千亿级的科技创新大基金,构建起"大钱"向"小钱"输送的"郑国渠"。发挥银行、保险、国家大基金等万亿级体量的运河体系优势,支持和扶持类似中科院科技成果转化母基金、科技类专项基金等百亿级、千亿级的"郑国渠",实现银行、保险等大钱和慢钱,精准匹配到科技创新的"小钱""长钱"。在具体实施方式上,建议鼓励金融"国家队"与科技创新"国家队"协同合作,将金融优势和科技优势结合,提升金融支持科技创新的能力。目前,国家开发银行正在探索千亿级的国家科技创新发展基金,其拟以母基金的形式投资支持专业类科技型创投基金,投资面向光电芯片、人工智能、航空航天、生物技术、新

能源和新材料等事关国家"卡脖子"和未来长远发展的领域。湖北联合国投集团发起设立的新一期 150 亿元科技重大专项成果转化基金已获批科技部科技成果转化引导基金参股 30 亿元。建议在此基础上继续积极争取，引导国家科技创新发展基金投资湖北省光电芯片、人工智能、生物技术等优势领域。

三是扶持一批代表政府意志的硬科技专项基金，搭建金融精准灌溉科技的毛细血管体系。借鉴美国小企业局实施 SBIC 计划撬动社会资本支持创新型、创业型企业融资的经验，扶持一批混合所有制的硬科技专项基金，按照国家的意志和需求去支持事关国家重大需求方向和早期的项目，实现金融精准支持科技创新。中科院西安光机所科技成果转化平台——西安中科光机投资控股有限公司在代表国家意志培育硬科技企业方面，提供了可借鉴、可复制的经验。西科控股打造了"科技金融+科技服务+科技平台+科技园区"业务体系，构建了"研究机构+天使基金+创业平台+孵化服务"雨林生态体系，在不到 10 年时间，其规模从最初的 750 万元增长到现在超过 10 亿元，管理基金规模 53 亿元孵化培育近 400 个项目，其中 80%是科学家参与的初创型企业，培育形成了光电子芯片、商业航天、精密制造等多个产业集群。

四是打造科研资本供给体系，加速科研成果向现实生产力转化进程。基于新一轮科技革命科学革命、技术革命和产业革命三期叠加，同步进行的新特点，以及资本向创新链更前端延伸的新需求，建议培育湖北科研资本供给体系，引导企业家、天使投资人、创业投资机构等各类市场主体提早介入研发活动。深入研究科研资本供给特点，探索引导产业龙头及社会力量，设立一支公益性的科研资本基金，专门面向科研攻关阶段，加速科研成果向现实生产力转化进程。

撰稿人： 高建平　湖北省科技信息研究院研究员
邹小伟　湖北省科技信息研究院副研究员
姚栋夫　湖北省科技信息研究院助理研究员

湖北省建设创新型县(市、区)的实施路径研究

范欲晓　云昭洁　童　欣

推进创新型县(市、区)建设是完善国家科技创新体系、全面推进创新型国家建设的重要举措,是湖北加快建设科技强省、实现湖北全域协同发展的重要支撑,也是营造良好县域创新发展生态,推动湖北县域高质量发展的迫切需求。2018年国家启动创新型县(市)建设工作后,湖北于2019年启动省级创新型县(市、区)建设,取得了显著成效,但与江浙等发达省份相比,仍存在一些亟待补足的短板。需要开展创新型县(市、区)建设实施路径研究,引导和示范更多县(市、区)加快创新驱动发展,为湖北科技强省建设提供强有力支撑。

一、创新型县(市、区)建设定位与建设模式

(一)建设定位

创新型县(市、区),是指党委和政府高度重视科技创新,把创新作为政策制定和制度安排的核心因素,积极探索科技创新的有效路径和模式,注重发挥市场配置各类创新要素的决定作用,科技支撑引领作用突出、创新创业氛围良好、生态环境优美、经济社会可持续发展水平高,能够对同类地区创新发展发挥示范带动作用的县(市、区),是县域创新驱动发展的典型示范①。创新型县(市、区)建设,是加强县域创

---

① 科技部关于印发《创新型县(市)建设工作指引》的通知[EB/OL]. http://kjt.jl.gov.cn/xwzx/tztg/201808/t20180828_4968249.html.

新体系、创新能力、创新生态建设，推动大众创业、万众创新，培育县域新动能、发展县域新经济的重要抓手。

(二)建设模式

根据现有学者研究，结合我国县域创新驱动发展实践，提炼出创新型县(市、区)建设的主要模式包括：现代农业推动型、高新技术工业牵引型、生态文明带动型、创新资源导入型。其主要路径、特点和典型代表如表1所示。

表1　　　　　　　　创新型县(市、区)建设模式一览表

类型名称	主要路径	主要特点	典型代表
现代农业推动型	通过系列创新活动发展现代农业	①农业劳动力素质和生产技术水平较高；②农业基础稳固，农业主要产业粗具规模	山东寿光
高新技术工业牵引型	通过系列创新活动发展高新技术工业	①拥有协调、配套的政策支持体系；②工业基础较好；③自主创新能力和吸收消化能力较强	江苏张家港
生态文明带动型	立足生态优势，依靠科技创新将生态优势转化为发展优势	①自然环境良好，生态环境管理科学；②一二三产业融合度较高	浙江安吉
创新资源导入型	积极对接外部创新资源，依靠科技发展特色产业，带动县域脱贫	①基础薄弱，主要依靠科技扶贫形成特色发展模式；②创新潜力较大，能够在外部资源牵引下形成内生增长动力	陕西柞水县

二、湖北省创新型县(市、区)建设成效

目前，湖北省现有在建国家创新型县(市)3家、省级创新型县(市、区)35家，初步构建了国家和省级同创、在建和在育共存的梯次

发展格局。通过创新型县(市、区)建设,形成了良好的县域创新驱动发展态势。

(一)支撑了全域协同发展

一是培养了一批县域创新驱动发展标兵。2020年,湖北省15个GDP超500亿元的县(市)中,创新型县(市、区)占11个,成为全域协同发展快速增长点。2022年,仙桃、潜江、宜都、枣阳、汉川、大冶、枝江、天门8个创新型县(市)冲入全国经济"百强县",进一步扩大了县域创新发展标兵队伍。二是抬高了全省高质量发展的底板。在湖北省"百强进位、百强冲刺、百强储备"24个梯队县名单中,创新型县(市、区)占了20席,成为"三百"建设的"主力军"。同时,20个创新型县(市、区)被纳入全省高质量发展重点县名单,促进了县域经济高质量发展。三是稳固了科技强省战略支点。在武汉"1+8"城市圈中布局创新型县(市、区)17个,其中光谷科创大走廊布局10个,在"襄十随神"一线布局10个,在"宜荆荆恩"一线布局11个,做到既重点布局,又连片发展,积极支撑了全域协同发展。

(二)促进了县域产业集群形成

创新型县(市、区)瞄准主导产业发展趋势,围绕产业链关键环节强化资金、技术等创新要素供给,推进传统产业转型升级,支持高新技术产业发展。大冶市饮料食品产业、高端装备制造产业,宜都市装备制造产业,仙桃市无纺布产业、汽车零部件产业、食品产业,枝江市酒业、奥美医用纺织产业,赤壁市纺织服装产业、砖茶产业、应急装备制造产业、电子信息产业,谷城县汽车零部件产业、纺织智能制造产业,鄂城区工程塑胶管材产业被纳入湖北省重点成长型产业集群。大冶市有色金属材料产业、谷城县节能与环保产业、应城市精细化工新材料产业获批国家火炬特色产业基地。天门市生物医药产业、仙桃市非织造布产业获批国家创新型产业集群。

(三)提升了县域科技创新能级

2020年,湖北县域已建成国家火炬特色产业基地6家、省级以上高新区18家、农业科技园区42家、可持续发展实验区24家,创新创业服务机构及研究开发机构1176家,培育高新技术企业3330家,有力加速了创新资源集聚,提升了区域科技创新实力。38家省级以上创新型县(市、区)创新密集区平均为3.8家,高于全省县域的平均值2.6家;创新创业服务机构及研究开发机构数平均值为18.9家,高于全省县域的平均值14.7家;高新技术企业数量平均值为50.4家,高于全省县域的平均值41.6家。

(四)形成了高位推进县域创新的大格局

湖北省委省政府高度重视创新型县(市、区)建设,湖北省推进科技创新领导小组会议多次提出,要以建设创新型县(市、区)为基础支撑,完善区域创新体系。湖北省相关领导强调要大力推进创新型县(市、区)扩面、提质、强基、赋能,形成多点支撑、全域协同的区域创新布局。县(市、区)通过创新型县(市、区)建设,形成了地方党委重视科技创新、狠抓创新驱动、奋力实现高质量发展的普遍认识。各创新型县(市、区)成立了书记、市长任双组长的科技创新领导小组,一部分县(市、区)每年召开县(市、区)科技创新大会,出台专项政策文件、创新体制机制等,强化对创新型县(市、区)建设的组织领导,推动科技创新工作迈上新台阶。

三、湖北省创新型县(市、区)建设存在的主要问题

(一)创新主体培育不足

企业特别是高新技术企业是创新的主体。与国家创新型县(市)相比,湖北省创新型县(市、区)企业创新主体规模及创新能力均有待提

升。2020年,湖北省38个创新型县(市、区)中,大冶市高新技术企业数量最多151家,而江苏张家港市一市的高新技术企业数量就达785家,昆山市更是突破了2000家。根据2019年湖北省县(市、区)创新能力监测数据,湖北省创新型县(市、区)高新技术企业数平均为42.90家,仅占国家创新型县(市)平均值(126.14家)的34.01%,规模以上工业企业研究与试验发展人员(R&D)占规模以上工业企业从业人员比重、规模以上工业企业中建立研发机构的企业数量占比、企业享受研发费用加计扣除优惠政策获得的税收减免额、高新技术企业所得税优惠额分别仅占国家创新型县(市)平均值的74.37%、66.39%、68.93%、29.95%(见图1)。

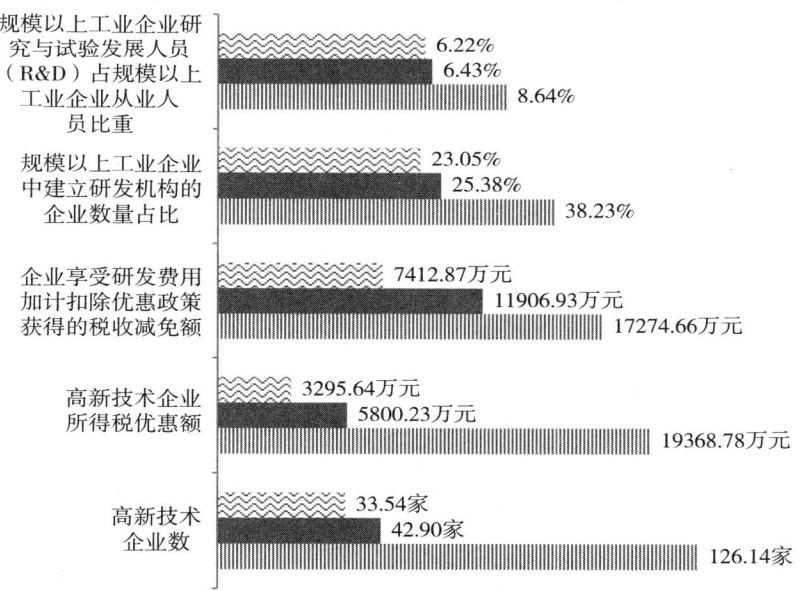

图1　2019年湖北省创新型县(市、区)企业创新指标情况

(二)科技治理能力不足

一是科技创新投入有待加强。目前,省科技厅对创新型县(市、

区)建设激励以项目、园区、平台等同等条件下的优先支持为主,缺乏明确专项支持和专门激励机制,导致省科技厅对创新型县(市、区)建设工作的抓手不实,部分地区对创新型县(市、区)建设的热情不高,推进力度不够强。与江浙等发达省份相比,湖北创新型县(市、区)科技创新投入力度不足。2020 年,湖北省国家创新型县(市)大冶市本级财政科技支出达 2.4 亿元,分别仅占江苏江阴市、浙江乐清市、浙江新昌县的 26.97%、53.33%、45.28%;大冶市本级财政科技支出占本级财政一般公共预算支出比重为 2.78%,而江苏江阴市、浙江乐清市、浙江新昌县该指标分别达到 3.74%、4.8%、8.24%,如图 2 所示。二是科技管理力量有待加强。新一轮"机构改革"后,江苏 100%、浙江 80% 的县(市、区)保留了县级科技局,而湖北有 78.75%(63 个)的县(市、区)科技局与经信、发改、商务等部门合并,县域科技治理能力还不能适应形势需求,对创新型县(市、区)创建工作也形成一定影响。

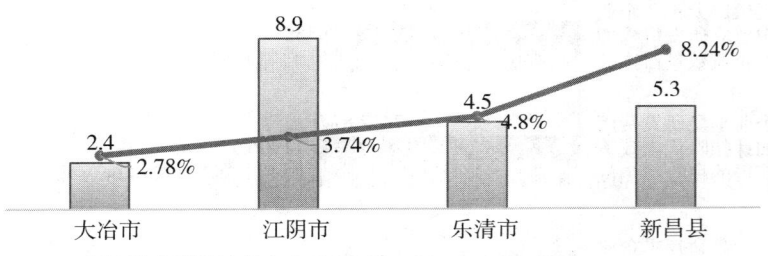

图 2 2020 年湖北省大冶市与部分国家创新型县(市)科技创新投入对比

(三)创新能力不均衡

湖北县域经济发展不均衡,各县(市、区)创新能力也存在较大差距。根据 2020 年《湖北省县(市、区)创新能力监测评价报告》,全省 11 个县(市、区)创新能力评价综合得分在 60 分以上,远高于平均分(43.42 分);而 39 个县(市、区)得分在平均分以下,其中,有 8 个县

(市、区)得分不足20分,差异明显。在创新型县(市、区)方面,2020年,在38个创新型县(市、区)中,有10个县(市、区)高新技术企业达60家以上,也有11个县(市、区)高新技术企业不足30家;有9个县(市、区)创新创业服务机构及研究开发机构数达30家以上,但仍有8个县(市、区)不足10家;13个县(市、区)万名就业人员中R&D人员数在100人/万人以上,而13个县(市、区)则不足50人/万人;有11个县(市、区)高新技术产业增加值占GDP比重达17%以上,但仍有9个县(市、区)不足8%。具体分布情况如图3所示。

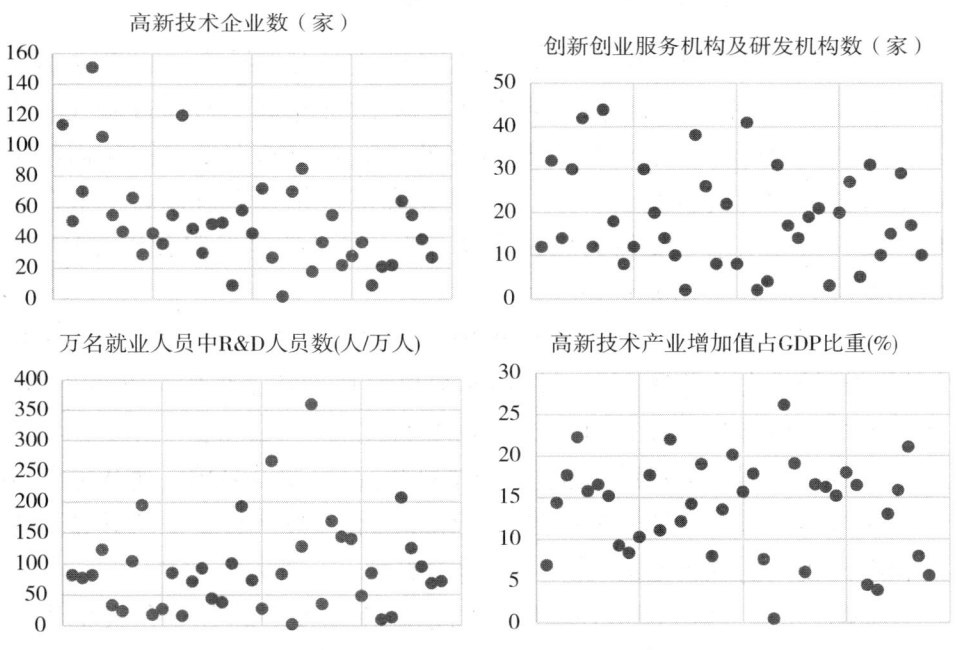

图3 2020年湖北省创新型县(市、区)部分指标数据分布

(四)创新驱动发展路径尚未形成

各创新型县(市、区)在推进建设过程中形成了一定经验,但仍未形成可复制的建设路径和模式。县域是科技创新治理的重要"试验区",

江苏、浙江在2010年就开始探索"企业科技创新积分管理""科技创新券"等一系列县域创新发展新模式。而湖北省各创新型县(市、区)对创新驱动发展体制机制的探索普遍不足,科技创新活跃度、显示度普遍不高,创新特色不明显,具体表现为创新园区建设、创新人才引进、创新平台搭建仍有待加强,创新主体类型偏少等。

五、进一步推进湖北省创新型县(市、区)建设的建议

(一)省级层面,切实加强统筹引导

加大对创新型县(市、区)的政策引导。加大引导激励,设立湖北省级创新型县(市、区)建设引导专项,从2022年起,对通过验收的创新型县(市、区)分类、分层次进行奖补,加大激励力度。推动创新资源下沉,加大对创新型县(市、区)科技成果转化、企业创新、平台载体建设、人才引培等支持力度,推动"湖北省科技金融服务滴灌行动"向创新型县(市、区)延伸拓展。

加强创新型县(市、区)建设管理。加强对创新型县(市、区)科创新工作的常态化监测,及时发现并解决科技创新工作中存在的问题。严密组织考核验收工作,对考核验收不通过的县(市、区)给予一年整改期,对整改期满仍然没有通过考核验收的退出建设名单。优化完善综合考评指标体系,持续开展市县科技创新综合年度考评,对考评排名靠前和进位较大的创新型县(市、区)给予奖励。

推动县(市、区)探索各具特色的创新驱动发展路径。积极推进创新型县(市、区)科学编制县域创新驱动发展方案,实现"一县一方案"。重点加强对科技支撑产业发展、科技支撑生态文明、科技支撑民生改善三种创建类型的分类指导。加快形成高新技术工业牵引、现代农业推动、生态文明带动、创新资源导入等各具特色的创新驱动发展路径。

发挥创新型县(市、区)的示范带动作用。加强对创新型县(市、区)建设中涌现出的新典型、新模式、新体制机制的总结,树立一批县

(市、区)创新驱动发展的新标杆。充分利用各类现代传媒载体大力宣传和推广创新型县(市、区)的成功做法和建设经验,调动广大县(市、区)谋划推动创新发展的积极性。

(二)县级层面,充分发挥主体作用

大力培育创新主体。培育一批科技领军企业、高新技术企业和高新技术后备企业,催生一批"瞪羚""独角兽""驼鹿"等科创"新物种"企业。加大科技型中小企业培育力度,建立完善科技型中小企业、高新技术企业库,动态管理、跟踪服务,形成"培育一批、认定一批、升规一批、上市一批"的梯级培育机制。还要对标国内行业标杆企业,推动企业向科技领军企业攀升。

加速提升产业创新水平。深入对接省委省政府"51020"现代产业集群,打造一批特色明显、定位明确的县域创新型产业集群,建设一批乡村振兴科技创新示范基地、火炬特色产业基地等。在"特"上做文章,按照"一县一特色产业",形成区域性标志。在"高"上下功夫,加大高端科技成果转化和产业化项目引进力度,培育战略性新兴产业集群。在"新"上求突破,加快新技术新成果的转化、应用和推广,推动三产融合发展。

努力壮大创新园区和平台。坚持"以升促建",加快建设高新技术产业开发区、农业科技园区、可持续发展实验区等创新密集区,推进现有创新园区高质量发展。按照"一业一平台"的配置思路,在重点产业领域打造和升级一批具有带动性、辐射性、示范性的新型研发机构。探索设立"科创飞地"、离岸创新基地、柔性引才基地,强化对县域创新支撑。

着力集聚高端创新资源。加强高层次人才招引,建立"高精尖缺"重点人才清单,建立与高校、科研机构结对合作机制,按照"一县一产业""一业一支队伍"的配置思路,精准引进科技特派员、科技专员等,加大本土人才培育力度。大力推进科技成果转化,积极对接湖北技术交易大市场、国家技术转移中部中心等平台,加强技术经纪人培养,引导龙头企业牵头建设科技成果转化中试基地,加快推广一批先进技术成果落地应用。

报告撰稿人: 范欲晓　湖北省科技信息研究院战略管理研究所总监、助理研究员
　　　　　　 云昭洁　湖北省科技信息研究院战略管理研究所助理研究员
　　　　　　 童　欣　湖北省科技信息研究院战略管理研究所助理研究员

湖北省大健康产业发展研究

黄冈师范学院课题组

大健康产业是市场潜力巨大的新兴产业，其产业链条长，辐射范围广，关系到人民群众健康福祉，具有重大经济和社会效益。本文以湖北省大健康产业为研究对象，从大健康的内涵及外延、国内外大健康产业发展背景、湖北省大健康产业现状等方面对大健康产业发展路径进行研究，并对加快湖北省大健康产业高质量发展提出对策建议。

一、大健康产业是关乎国计民生的朝阳产业

(一) 大健康产业的发展是全球趋势

现代健康产业观起源于20世纪60年代，由美国经济学家保罗·皮尔泽在其著作《财富第五波》中首次提出，随后各国政府和产业界陆续推动大健康产业发展。首先，在医疗卫生行业，其产业覆盖面广、规模大、产业链长，通过优化医疗服务结构、创造就业岗位、拉动经济发展，使其成为经济的重要增长点；其次，提高医疗卫生水平是持续推进民众生活质量，关注民众健康需求，增强社会稳定性的切入点；最后，大健康产业的发展顺应了当前形势的需要。鉴于全球人口老龄化和亚健康的危机，大健康产业成为市场上最具潜力的新兴行业之一。在发达国家，其总产值所占比重达15%以上[①]，且大健康产业开始向科学化、周

---

① 李欢，张城彬. 国际大健康产业发展路径研究[J]. 卫生经济研究，2021，38(3)：9-13.

期化、智能化和融合化方向发展①。近年来,全球在医疗支出方面占比呈持续上升态势,2012年到2016年全球医疗费用占GDP比例持续增长,2016年已达10.5%。2019年各国医疗支出占比排名中,美国以17.0%的占比位列第一,瑞士、德国、法国、日本等发达国家医疗卫生支出占GDP的比重均在10.0%以上,②③ 而同年中国该部分占GDP比重仅为6.6%。2018—2019年大健康产业的国际投资重点也在生物技术和制药、专科服务、寻医诊疗、医疗器械及硬件、健康保健、医疗信息化等方面。2020年第四季度全球医疗健康领域投资项目数共582起,投资总额约147亿美元。其中美洲投资项目数量和金额最高,分别为259起和85亿美元;亚洲紧随其后,投资项目数量共218起,融资金额共46亿美元。

(二)发展大健康产业是落实"健康中国"战略和新发展格局的必然选择

党的十八届五中全会深化"四个全面"战略布局,推行"健康中国"国家战略,积极发展大健康产业。《"健康中国2030"规划纲要》提出:"建立起体系完整、结构优化的健康产业体系,形成一批具有较强创新能力和国际竞争力的大型企业,成为国民经济支柱性产业。"大健康产业的大规模发展可以有效促进中国经济体制的转型,符合新时代中国经济体制转型的方向,通过大健康的自我发展促进经济创新的发展,促进绿色生产和更合理的消费模式的形成。2011年到2020年中国大健康产业规模从1.93万亿元增至8万亿元。可见,大健康产业以提高人民群众健康素养、促进健康产品消费、实现人民群众对健康美好生活的向往

---

① 胡莹莹. 大健康产业的可持续发展路径分析[J]. 中国市场,2021(26):46-47.

② Gaies Brahim. Reassessing the impact of health expenditure on income growth in the face of the global sanitary crisis: the case of developing countries[J]. The European Journal of Health Economics: HEPAC: Health Economics in Prevention and Care, 2022.

③ Onofrei Mihaela, Vatamanu AncaFlorentina, Vintilă Georgeta, Cigu Elena. Government health expenditure and public health outcomes: a comparative study among EU developing countries[J]. International Journal of Environmental Research and Public Health, 2021, 18(20).

为目标，有利于构建以国内大循环为主体、国内与国际双循环相互促进的新型发展格局，全方位、全周期为人民群众健康提供保障，从而实现"两个一百年"奋斗目标和中华民族的伟大梦想。

（三）发展大健康产业是湖北省构建现代产业体系的重要支撑

2021年6月湖北省委十一届九次全会明确提出构建"51020"现代产业体系、打造万亿级大健康产业集群的重大目标，并制定了湖北省大健康产业发展"十四五"规划。"十四五"规划指出，湖北省将以生物医药、医疗器械、现代中医药为重点，围绕药物、制剂的技术创新，医疗器械的优化，医疗服务体系的构建等方面形成全面的大健康产业链和大健康产业布局，促进大健康产业内涵式转型升级和发展，为湖北省的经济发展贡献新的增长动力。力争到"十四五"末期全省大健康产业总规模达到12000亿元，突破"卡脖子"技术20项以上，打造15个200亿元左右产值的标杆性省级大健康产业示范区和30个过50亿元的大健康产业特色园区，使武汉国家生物产业基地成为国内最为重要的高端医疗装备研发生产基地和国家生物经济集聚区，让湖北省成为全国性的健康消费中心。生物医药方面力求建成具有国际影响力的千亿级生物医药产业集群，全省生物医药产业营业收入突破2000亿元。医疗器械方面建成全国重要的高端影像装备研发生产基地和大型医疗装备产业创新中心，全省医疗器械产业营业收入力争达到1000亿元。中医药方面能够明显提高其现代化水平，打造形成国内知名的"中医药服务高地""中西医结合高地"和"中医药健康产业高地"，使全省中医中药产业营业收入达到1000亿元。

二、大健康产业的内涵与外延界定

中国人一直重视、关注、研究健康相关课题，从神农辨药尝百草，找寻治病解毒良药，到后来论述人体疾病治疗的《黄帝内经》《难经》《伤寒杂病论》等，从"治已病"到"治未病"的中医思想，以及药膳、养生等观念的逐步发展，对健康的探索从未止步。现代研究表明，大健康产业是与健康有关的产业合集，涵盖应用生物技术、医疗卫生和生命科学知识去维护、修复和改善健康的各个领域,是健康相关的生产经营、健康管理、服务提供和信息传播等产业的统称。

大健康产业内涵特征有三个方面:大健康产业是围绕人的身心健康展开的与健康相关的产业活动,通过市场活动获得的附加值和利润率是大健康产业进步的基础;大健康产业发展离不开持续性科学研究,是一系列技术和理念不断更新的过程;大健康产业的本质是带有经济性质且为人的健康服务的活动合集,它的发展必须是稳定和可持续的。

大健康产业的外延属性分为三个方面:

一是大健康产业兼具产业属性和公益属性。大健康产品的公益属性体现在不仅靠市场运营,也需要政府组织的公益性机构深度参与。大健康产品的产业属性则体现在人们对健康需求的改变,国民日益增长的新需求要求其重心从治病转移到预防,且范围不再仅仅局限于医疗,而是涵盖了康养、健康服务、旅游、心理咨询各个方面。大健康的产品趋向于个性化、私人化、高端化,也使得产品之间具有竞争性、排他性。大健康产业无法只依靠市场达到产业最优状态,需要一定的政策支持。政府可以通过政策、制度的推进和改革创新,协调产业性和公益性的关系,对于公共健康领域进行优化完善,引入市场化健康领域并帮助该领域获得更好的资源,通过发展健康产业促进区域经济发展。

二是大健康产业兼具经济效应和社会效应。一方面,大健康产业广泛涉及一、二、三类产业,涵盖众多行业和领域:如医药产品、医疗器械、健康咨询等多个生产或服务领域,能产生经济效益;另一方面,提供健康服务、医疗服务,显著改善国民健康,着眼社会发展。

三是大健康产业是全生命周期、全价值链条、全社会关联的"三全"产业。涉及医药工业、医药流通业、医疗服务、保健品以及健康管理服务五大领域和产品、硬件、软件、信息服务、健康保健服务以及医疗服务六大产业层面。《国民经济行业分类》(GB/T 4754—2017)中,国家统计局将健康产业范围确定为13大类,分别是:医疗卫生服务,健康事务、健康环境管理与科研技术服务,健康人才教育与健康知识普及,健康促进服务,健康保障与金融服务,智慧健康技术服务,药品及其他健康产品流通服务,其他与健康相关服务,医药制造,医疗仪器设备及器械制造，健康用品、器材与智能设备制造，医疗卫生机构设施建设，中药材种植、养殖和采集；58 中类：健康大数据与云计算服务，医疗卫生服务治疗服务，健康科学研究和技术服务，康复护理服务，公共卫生服务，养生保健服务等；92 小类：西药批发，中药批发，医疗用品与器材批发，体育运动培训，商业健康保险服务，社会组织健康服务，健康产业园区管理服务等。

三、国外大健康产业发展比较研究

（一）以美国为代表的北美地区大健康产业发展路径分析

1979 年美国正式提出健康战略这一概念，并在 1980 年到 2010 年每 10 年一周期分别发布了 4 次《健康公民》战略报告。通过规划和实施健康战略的四个阶段，制定了长期的健康促进政策和完善的服务提供机制来指导国家健康产业的发展，提升国民健康水平。美国医疗健康产业包括医药制造、医药销售、医疗服务、康养等领域，在全球处于领先地位，具体实施路径如下：

(1) 出台强有力的健康产业研发政策和完善的法律，形成良好的研发、投资环境。联邦财政的大力支持为美国国立卫生研究院的科创研究奠定了基础，是除国防外最大的公共资金投入。美国为促进产业发展，维护大健康产业市场秩序，深化优化大健康产业重点领域不断出台各项法案，如《健康维护法案》《研发税收抵免法案》《联邦食品、药品和化妆品法案》《生命科学产业发展规划》。[1]

在健康养老产业方面，也有诸多法律支撑，形成了多元化的养老健康产业体系。1935 年起，美国陆续颁布《社会保障法》《美国老年人法》《老年人社区服务就业法》等。1965 年美国国会设立联邦老年署，并在

---

[1] 余莉，董微微. 美国健康服务产业发展经验对我国的启示[J]. 中国商论，2017(23)：75-76.

8年后进一步规定各州设立地方老龄局,引导养老健康产业的发展。[①]

在医疗器械方面,医疗器械与放射健康中心(CDRH)于2018年发布了《突破性器械项目指南》,大幅缩减医疗器械的研发、上市时间,节省前期资金投入。CDRH于2019年9月发布《医疗器械更安全技术项目草案》,鼓励合理预期内的优化诊断及治疗方法,保障更安全的医疗器械上市。

在生物医药方面,简化专利权授予的手续,生物药品的专利获得更简便,健全的专利法保障使得美国生物医药始终处于全球领先地位。

(2)优化医疗资源市场化配置,促进资本通畅进入健康产业。美国的医疗体系以私营医疗为基础,公共医疗资源为辅,医疗资源几乎全部由市场配置,提高了医疗资源配置的效率。

(3)加强商业医疗保险与医疗机构深度合作,优化医疗资源的社会化配置。长期、增值的保障机制和更有效的法律保障由商业医疗保险提供,它满足了个人资本积累的需要。美国的医疗保险业是大健康产业钱袋子的"看门人"。美国健康保险业具有以下特点:激烈的竞争导致其发展趋势的专业化;高进入门槛导致美国保险市场的高度集中和垄断;医疗管理的商业模式能有效控制医疗支出;具有较强的发展优势和反周期特征。

(4)建立全科医生制度,对居民的身心健康进行全方位把控。美国全科医生制度规定所有参保人员患病后先由全科医生进行初步判断,再到医院就诊。全科医生的工作主要是保健服务、慢性病预防和治疗以及针对性跟踪治疗。除负责病人治疗,还需负责社区疫苗接种、疾病治疗和健康知识普及,他们在保护公共卫生方面发挥重要作用。

(二)以日本和韩国为代表的亚洲地区大健康产业发展路径分析

医疗保健行业是日本最重要的支撑产业之一,其医药、医疗保健、保健品和食品方面处于世界领先地位。2013年至2017年,日本政府制

[①] 程承坪,吴琛. 健康战略下发达国家发展养老健康产业借鉴研究——以美国、德国、日本为例[J]. 当代经济管理,2018,40(3):83-88.

定了《日本复兴战略(2013—2015)》和《外国投资战略(2016—2017)》,提出"通过生物技术产业建设国家"的战略布局,具体措施如下:

(1)由政府提供政策、法规和财政投资指导,对日本医疗行业的布局、安全和研发进行规划。(1)颁布《大学技术转让促进法》,满足新兴制药公司的需求并促进其发展。(2)成立TLO(top-level organization)协力组织以促进研究成果的转化。(3)颁布了《日本高新技术密集型产业区发展促进法》及其条例和行政命令,促进企业融资。(4)成立了日本中小企业海外发展促进协会和海外发展基金,推出了中小企业海外发展支持计划,为海外中小型生物技术企业提供金融、财政、技术和人力资源支持。(5)颁布《产业活力再生特别措施法》,帮助机构进行技术转移,将知识融入产业发展,提升医药开发创新力,促进专利实用化。(6)出台《日本高技术工业密集区开发促进法及其政令、施行令》,对生物开发方面提供贷款优惠政策,日本政府还专门筹集大量经费用于临床试验中心的建立,旨在让日本药企在全球立足。(7)新版《药事法》将生物医药从化学合成药中分离出来成单独一类,新法的出台激励了生物医药企业的发展和科研创新。

(2)不断完善药品市场安全性规定,提供用药保障。日本当下的法律制度可以综合治理和监管药品市场,严格把控药品的制造和销售过程,药品上市需要相应的药品制造许可证和药品销售许可证,保证药品市场安全有序。

(3)营造良好的健康社会文化环境,提升全民健康意识。民众健康意识较强,花钱买健康的理念被广泛认可。日本料理即体现了国民的健康意识:注意食物的营养摄入,减少人工添加剂的使用。日常饮食中减少脂类摄入,可有效降低血脂水平,延缓和预防动脉血管硬化,降低心血管疾病风险;同时可有效保护胃黏膜,减少胃肠道疾病发生,降低肾脏功能负担。

(4)利用优势资源和创新模式,扩展大健康产业的领域。日本政府制订"故乡融资计划"以确保项目的资金安全,通过政策驱动进行资源整合,形成了集保健、医疗、生物检测、护理、度假为一体的新型医疗基地。将临床试验、新药引进、研究开发、药品生产供应等环节整合发展,形成完整的医药产业链;不断把医疗研究教育、田园休养旅游等相关产业融入医疗产业中成功实现"产业延伸环"。此外,以部分非政府组织的贸易机构和医疗机构为媒介,鼓励日本医疗机构在国外成立分公司,并通过培训专业人员,推广专业器械,制定规范标准等多种渠道,积极扩大日本医疗设备和医疗技术服务出口。

韩国的大健康产业也在以年均5.4%的速度增长,并有望成为支柱产业。新冠肺炎疫情暴发后,韩国生物健康产业抓住机会迅速发展,2020年健康产业年度出口额首次突破100亿美元。其主要措施有四:

(1)政府高度重视,调配专项资金支持该产业。出台《制药、医疗器械等创新型生物企业培育方案》,在2022年之前建立一个1000亿韩元的基金,以支持创新型生物公司。

(2)政府出台健康相关法律规范,落实食品安全。2002年8月,韩国政府颁布《健康功能食品法》。根据该法案,韩国政府颁布了一系列补充法规条例:如《健康功能食品法实施条例》《健康功能食品法典》《健康功能食品法执行法令》。

(3)建立产业协会,由产业协会主导行业的产业发展。1997年金融危机后,韩国采取了"小政府,大社会"的模式,不同行业的大小协会接管了大部分行业并进行微观管理。为了促进经济发展,韩国政府在协会建立和发展期间提供了政府支持,然后随着协会与国际标准的接轨,逐渐减少政府支持。

(4)建立大量公共的仓储物流、趁鲜初级加工中心等基础设施。确保农产品和药材的储存或加工及时、新鲜,而不是作为原料出售,并确保进一步加工后的附加值得到显著提高。健康功能食品投放市场之前需要检测食品的安全性和是否具备相应的功能性,产品使用史、健康益处和纯度水平也是需要严格监测的指标。

(三)以瑞士和德国为代表的欧洲地区大健康产业发展路径分析

卫生研发及健康产业是德国科学研究与创新的重点领域之一,过去10年来,卫生研发和健康产业的投入始终占政府研发支出之首,2020年联邦政府投入的资金达28.77亿欧元。产业发展较好的因素如下:

(1)加强研发人员的实力并灵活使用人才,为发展德国大健康产业提供持续性竞争力和活力。研发人员、中高技术产业人员和知识服务人员的比例持续数年处于欧洲前列。德国的教育体系提供了大量高素质的健康产业人才,这对大健康产业的发展提供了强有力的支持。

(2)制定研发战略和提供研发资金,为大健康产业发展奠定坚实的基础。为了应对德国的公共卫生紧急情况,德国2020年花费10亿欧元用于医学研究和卫生系统设备的研发,并持续向卫生健康研究机构提供财政支持。在政府颁布的健康产业战略引领下,德国高效整合资源,攻克大健康产业发展的重难点;《2025年高科技战略》旨在到2025年将德国的研究和开发投资增加到GDP的3.5%,其战略重点有:(1)国家抗癌10年行动,在10年内把国家资源集中于癌症的预防、早期发现、诊断和治疗,以及整个保健过程。(2)数字医疗和智慧健康服务。

(3)民间社会大力投资和参与政府主导的卫生研究、开发和创新。德国创新系统中的重要部分之一是德国企业强大的科研创新能力,德国企业对研发投入远高于政府,2016年德国的研发投资总额中,企业份额占60%~69%。

瑞士大健康产业率先发展医疗健康服务业,对GDP的贡献率达到30%左右,成为瑞士经济增长的强大动力。瑞士的医疗机构主要有医院和私人诊所两种,养老机构也分为个人、企业和政府创办,健康养老服务形成了多元化的格局。

四、国内大健康产业发展比较研究

(一)国内大健康产业发展情况分析

调查国内大健康产业发展情况,根据总体评价、发展目标、发展规划(方案)、总体布局、保障措施、产值等进行研究,具体情况如表1、表2所示。

表1 大健康产业发展程度好的省市

地区	总体评价	发展目标	发展规划（方案）	大健康产业相关指标		
				总体布局	保障措施	产值
江苏省	有专业的健康发展纲要，使健康行业发展规范化、长期化	到2035年，卫生健康服务体系向系统化、优质化、制度化、智能化、现代化发展	2017年第十三次党代会提出"健康江苏2030"；省委、省政府印发《"健康江苏2030"规划纲要》	打造以南京、无锡、常州、苏州为核心的健康医疗大数据产业创新发展高地，培育一批创新能力强、集聚度高的产业园区	以"健康产业蓄动能、融合创新谋发展"	2020年全省大健康产业市值近万亿元，其中生物医药产业规模达4000亿元，医疗器械产值达290亿元
浙江省	高度重视健康产业发展	发展大健康产业链打造健康浙江新名片	《浙江省健康产业发展规划（2015—2020年）》《浙江省中医药发展"十四五"规划》	打造浙江的"生物硅谷"，形成本土产业集群	数智科技，养游结合，智慧养老；打造医药明星产品，成立浙江健康产业联合会	2019年全省健康产业总产出达9315亿元
山东省	高度重视医养健康产业	2030年大健康产业增加值占山东省生产总值14%～15%	《山东省医养健康产业发展规划（2018—2022年）》《医养健康产业2022年行动计划》《山东省中医药产业发展规划（2022—2025年）》	三核引领，三带集聚，多点支撑	暂未见权威资料发布	2020年山东省医养健康产业增加值达到8300亿元
河北省	领导重视，政府引领，发展规划清晰	医药制造业、中医药产业、健康养老服务业、健康旅游业、医疗卫生服务业等	编制完成《河北省"大健康、新医疗"产业发展规划》《河北健康产业发展报告（2020）》	以构建"三区、三基地、三体系"为重点，将安国打造成中国中药之都	构建"互联网+医疗"平台	到2020年，全省规模以上"大健康、新医疗"产业总规模超过8000亿元

续表

大健康产业相关指标

地区	总体评价	发展目标	发展规划（方案）	总体布局	保障措施	产值
安徽省	政府出台政策引领大健康产业发展	三大理念：一是坚持高质量发展；二是坚持高标准谋划；三是坚持高起点开局	《安徽省生物医药和大健康产业发展规划（2017—2021年）》《安徽省"十四五"卫生健康规划》	基本形成"一核两翼多园多极"的健康产业布局	建设合肥综合性国家科学中心大健康研究院	2020年安徽省健康产业总产值达8000亿元
上海市	高度重视和鼓励健康产业发展，并出台了大量方案	建成中医药制度建设高地、中医药健康服务高地和中医药创新策源地3个高地	2021年出台《上海市中医药发展"十四五"规划》；2018年出台《"健康上海2030"规划纲要》和《上海市中医药发展战略规划纲要（2018—2035年）》	"五位一体"总体布局，"四个全面"战略布局	建立完善的中医药法制保障体系、信息化体系，组织领导体系，资金投入保障制度、政策支持制度和监测与评估制度	2020年全市大健康产业产值近万亿元，其中生物医药产业规模达6000亿元，医疗器械产值达440亿元
湖北省	领导重视、政策引领，发展规划完善	"十四五"末大健康产业突破1.2万亿元	《湖北省大健康"十四五"规划》	"一核两带多板块"的大健康产业空间布局	引进培育头部企业，支持新药研发，推动医疗器械提档升级，支持产业创新能力提升等	2021年湖北省大健康产业规模超过5000亿元；力争到"十四五"期末，全省大健康产业总规模达到12000亿元
河南省	成立了专门的领导小组，产业发展明确，发展态势较好	发展以健康为主题的旅游产业，把河南建成全国重要的健康旅游目的地	2017年出台《"健康中原2030"规划纲要》	打造河南省个性化康养集聚区	举办第三届国际大健康产业博览会、河南国际大健康产业及个人健康产品博览会	2020年，健康服务业总规模达到5000亿元左右
湖南省	领导重视，起步较早，发展态势好	"十三五"期间，年均增长15%，打造万亿元产业，支柱级产业	编制《湖南省健康产业发展规划（2016—2020年）》《湖南省"十四五"中医药发展规划》	一核一圈三片	"12211"工程	2020年全省健康产业产值达5000亿元

表2 大健康产业发展程度较好的省市

地区	总体评价	发展目标	发展规划（方案）	总体布局	保障措施	产值
北京市	成立了专门的领导小组和机构，产业发展态势明确，发展势好	2023年，医药健康工业和服务业营收入突破3000亿元，基本实现国际化高水平集群式发展	2020年出台《北京市国际医疗服务发展改革创新工作方案》；2021年制定《北京市加快医药健康协同创新行动计划（2021—2023年）》；2022年印发《国际医疗专项工作组2022年重点任务实施安排》	提升原始创新策源能力；推动临床溢出效应显现；强化产业协同国际化高质量发展；完善产业发展生态；加强重点区域功能布局	强化统筹协调；细化责任分工；争取好政策支持；做好资金保障	2020年北京医药健康产业规模达到2200亿元
重庆市	有大量大健康产业发展的有关报道，并制订了规划	2025年，形成结构化高质量的大健康产业体系	《重庆市促进大健康产业高质量发展行动计划（2020—2025年）》《南川区康养产业发展规划（2019—2025年）》	紧跟进度，统筹规划"1+3+X"的公共卫生应急项目体系；推动"互联网+健康医疗"	加强组织领导；强化要素保障；扩大开放合作；优化发展环境；完善监测评估	已累计引进生物医药项目80余个，产值近1000亿元
广东省	起步较早，领导重视，但是重心过度集聚于广州市	致力于打造"高端医疗—中成药研发制造—健康服务"全链条大健康集群	出台"健康广东2030"规划；《广东省发展生物医药集群行动计划（2021—2025年）》《广东省促进中医药产业高质量发展若干措施》《广东省实施的方案》《广东省中医药服务能力提升工程实施方案（2021—2025年）》	构建粤港澳大湾区生命健康产业创新区	举办2022中国（广东）国际医养健康产业博览会	2019年底生物医药产业产值超1300亿元
四川省	药材资源优势独特，制造产业基础好，领导较为重视，但是产业发展态势好，处于大而不强的发展困境	到2020年中药材生产种植业实现产值200亿元，中药工业及健康衍生产品工业制造业营收入实现主营业务收入1800亿元	《四川省中医药大健康产业"十三五"发展规划》《四川省"十四五"中医药高质量发展规划》《四川省贯彻中医药发展战略规划纲要（2016—2030年）实施方案》《四川省中医药健康服务发展规划（2016—2020年）》《关于推进四川中医药高质量融入共建"一带一路"的实施意见》	一核、一带、两片	2018年9月举办第十七届中国中西部中医药博览会	2019年中药工业及健康衍生产品生产制造业营业收入达1010亿元

国内大健康发展好的省市有以下特点：领导高度重视、政策实施得当、产业发展规划清晰；突出发展大健康产业重点领域、发展特色鲜明；科技投入力度大、科研创新能力突出；高规格平台多，以平台为载体发展效果好；具有良好的大健康产业发展环境。发展不好的省市则普遍存在产业链分散、商业模式落后、配套服务设施落后、研发和技术创新不足、产业政策法规不完善、消费市场未形成、消费者积极性低等问题。

（二）国内大健康产业主要园区情况分析

我国健康产业园区处于经济发展和产业结构调整的重要领域，园区建设是大健康产业发展的关键之一，应在市场刺激下带动园区相关产业的发展。2021年6月10日，由海南博鳌乐城牵头，全国14家医疗产业园成立"全国大健康产业园共同体"。

产业园区根据其类型和功能可分为四类：（1）综合类健康产业园区。提供相关的医药研发、制造、物流、运营等内容，并在园区内建立与此内容相关的产业集群，形成完整的产业服务链。（2）特色类健康产业园区。这是目前大多数健康产业园区的发展趋势，在政府支持下突出了园区在内容功能基础上的优势。（3）科研合作类健康产业园区。以科研为主要发展链条，依托研发单位，联合高校、医疗医院和科研单位进行研发。（4）引进类健康产业园区。建立科研基地和研发中心，搭建好研发平台，将国内外先进的研发单位带入园区。国内大健康产业龙头企业情况见表3。

表3　　　　　　　　国内大健康产业龙头企业情况

类别	龙头企业名称	公司市值（亿元）
医药制造	江苏恒瑞医药股份有限公司	1894
	百济神州有限公司	1230
	上海复兴医药股份有限公司	1116

续表

类别	龙头企业名称	公司市值(亿元)
医疗器械	迈瑞医疗国际股份有限公司	3843
	上海微创医疗器械(集团)有限公司	247
	英科医疗科技股份有限公司	157
现代中医药	云南白药集团股份有限公司	984
	广州白云山医药集团股份有限公司	486
	山东步长制药有限公司	210
医药流通	上海医药集团股份有限公司	670
	国药控股有限公司	661
	华润医药集团有限公司	313

(三)湖北省大健康产业发展现状分析

1. 先发优势明显,产业基础厚实

2008年湖北省率先围绕生物医药、生物医学工程、个体化医疗、生物农业、生物服务、智慧医疗等大健康重点领域建设武汉光谷生物城,2016年武汉光谷生物城产业总收入突破千亿元,年均增长率保持在30%以上,基础竞争力和可持续发展竞争力在全国持续领先。已连续举办三届的武汉"世界大健康博览会"是聚合全球优质要素资源、促进湖北大健康产业持续发展的重要平台和助推器。近年来,先后引进了辉瑞、华大、迈瑞等大健康领域的世界一流企业;培育了康圣环球、安翰科技、新华扬等一批行业领军企业。九州通集团迈入"千亿俱乐部",人福医药、国药、宜昌东阳光等企业产值过百亿元,人福医药、远大医药进入中国医药工业百强榜。2020年全省大健康产业规模突破5000亿元,在全国名列前茅。

2. 政策优势叠加,产业体系完善

《湖北省人民政府办公厅关于促进医药产业健康发展的实施意见》

《湖北省推进中医药强省建设三年行动计划(2020—2022年)》等系列政策为大健康产业发展创造了良好政策环境。2020年湖北省委、省政府出台《关于加快全省大健康产业发展的意见》,提出推进"十大重点任务",打造"两区一基地",为全省大健康产业按下了"快进键"。《湖北省大健康产业"十四五"发展规划》提出构建"一核两带多片区"空间布局,重点发展"十大产业",着力实施"七大工程"。全省现基本形成以医药制造、医疗器械、现代中医药为核心、医疗服务为支撑、"健康+"融合业态为延伸的大健康产业体系,生物医药、医疗器械、医疗服务、健康养老等产业集群在全国具有举足轻重的地位。

3. 人才优势突出,科创平台齐全

湖北省是"科、教、文、卫"大省,拥有高校129所、101家科研院所、130万名在校大学生、18.27万名研究生、81名院士,聚集了同济、协和等85家三甲医院。武汉光谷生物城先后引进了5位获得诺贝尔奖的专家,拥有2000余家生物企业、537个海内外高层次创业团队,人才引进和技术研发态势良好。全省大健康产业领域共建有国家级创新平台37个,如国家重点实验室、国家临床医学研究中心,还有近200个各类省级创新平台,形成了多纬度、全方位、多梯次的科技创新体系,在全国颇具影响力。

4. 资源优势明显,产业种类齐全

全省共有医疗卫生服务机构3.6万家,床位数近40万张,从业人员51万人,其中执业(助理)医师14.75万人。湖北中医药文化底蕴深厚,是炎帝神农和"药圣"李时珍的故乡;全省有中药材资源4457种,列入国家地理标志保护产品达43个,2020年全省中药材种植面积495万亩,总产量70万吨,居全国前列;旅游康养资源丰富,全省有5A景区12家、4A景区101家。大健康产业涉及的13个大类、58个中类、92个小类产业领域在湖北省均有布局,产业种类齐全、产业链完备。

五、湖北省大健康产业空间布局与业态分布研究

(一)湖北大健康产业发展空间布局优化研究

从图1可以看出,经过多年的发展,目前湖北省大健康产业已经形成了推动"一主引领、两翼驱动、全域协同"区域发展布局落地见效,着力构建"一核两带多片区"大健康产业空间布局。

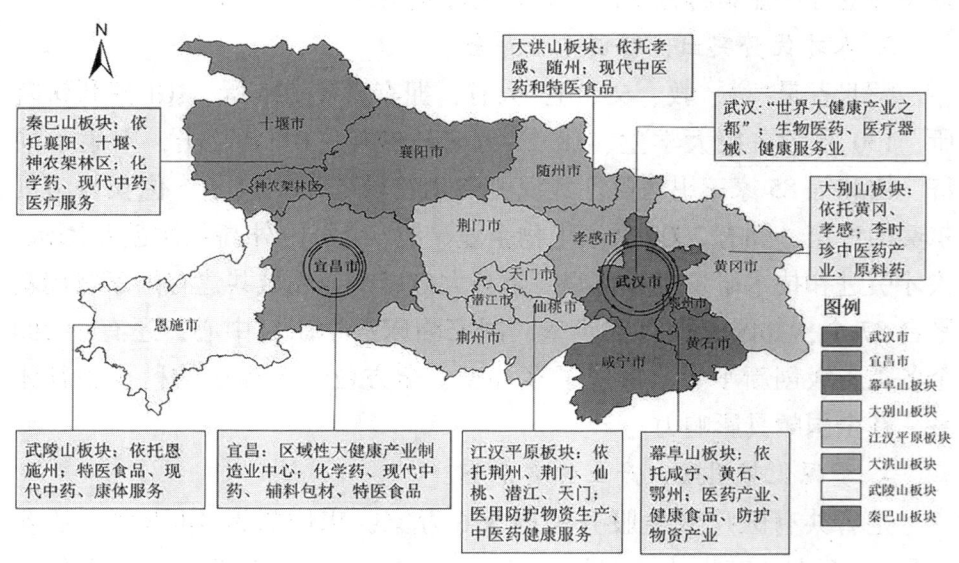

图1 湖北省大健康产业空间布局图

一核为加快武汉大健康产业发展,打造高端高性能的发展高地和创新技术策源地,发挥龙头作用,引领其他市大健康产业发展,武汉市内的空间布局则为"一城一园三区",加快光谷生物城创新发展,推进光谷南大健康产业园建设,推动汉阳大健康产业发展区、环同济—协和国家医疗服务区、武汉长江新城国际医学创新区建设。

两带为长江流域发展带和汉江流域发展带。前者是以生物医药、医

疗器械、医疗康养服务为主要发展战略的宜昌、荆州、鄂州、黄石等城市，依靠着武陵山、江汉平原、大别山等天然资源片区。后者是襄阳、荆门等城市，有着武当山、神农架、大洪山等自然资源片区，以现代中医药和特色康养服务、康体服务为主要发展方向。

多片区协同是指按照突出地方优势和集聚发展思路，打造多个具有地方特色的产业集群，加快医药医疗等产业资源的聚集，推动中药材产业园的升级转型，促进旅游、文化、产业的融合。湖北省17个市、州大健康产业发展情况见表4。

表4　　　　　　湖北省17个市、州大健康产业发展情况

地区	大健康产业相关指标				
	评价	发展目标	发展规划（方案）	总体布局	保障措施
武汉	领导重视，产业发展明确，发展态势好	2019年明确将大健康产业打造成万亿级产业，五大领域分别是生物医药、医药流通、医疗器械、健康服务和生物农业	2019年4月发布《武汉市大健康产业发展规划2019—2035》	一城一园三区。光谷生物城，光谷南大健康产业园、武汉长江新城国际医学创新区、环同济—协和国家医疗服务区、汉阳大健康产业发展区	2019年起，每年举办大健康博览会
襄阳	暂无大健康产业发展的专项研究报道	生物医药产业	2018年编制《襄阳大健康产业规划》	暂无权威资料发布	2017年举办襄阳首届大健康产业文化节；2020年成立襄阳医药健康产业创新联盟
荆州	政府主导，动员社会参与；统筹兼顾，体现荆州特色	十四五医药化工产业创新链作为全市五大产业创新链之一	暂无权威资料发布。2018年出台《"健康荆州2030"行动纲要》	提出了"两步走"的总体战略目标，将开展"十大行动"完成主要任务，完善"六项改革"健全支撑与保障，突出"三大抓手"强化组织实施	深化医药卫生体制改革；加强健康人力资源建设；推动健康科技创新；建设健康信息化服务体系；加强健康法治建设；完善健康筹资机制

续表

地区	大健康产业相关指标					
	评价	发展目标	发展规划(方案)	总体布局	保障措施
宜昌	暂无大健康产业发展的专项研究报道	2020年将大健康产业确定为重点发展的产业方向	2020年出台《全市大健康产业发展实施方案》	一核两带多点。一核即以主城区为核心;两带即长江沿线健康医药产业带和清江康养融合示范带;各县市区依托产业优势和山水资源,多点布局,建设一批医药小镇、康养小镇等特色小镇	暂无权威资料发布
孝感	全市没有大健康产业发展方面的报道。只有孝昌县有大力发展中医药大健康产业的报道	暂无权威资料发布	2022年发布《孝感市卫生健康事业发展"十四五"规划》	暂无权威资料发布	暂无权威资料发布
黄冈	领导重视,成立专门的领导小组,产业发展明确,发展态势好	2018年明确将大健康产业打造为千亿级产业。2025年产值达到2000亿元	发布《黄冈市大健康产业发展规划》(2018—2025年)《实施大健康产业三年行动方案》(2019—2021年)	两核三组团:市区高端健康医疗服务核心、蕲春中医药健康养生核心、黄团浠健康产业组团、大别山健康产业组团、黄梅武穴健康产业组团	举办大健康发展展览会;2019年出台《黄冈市支持大健康产业发展若干政策的通知》
十堰	领导教重视,成立专门机构,由统战部负责	大健康产业是重要决策部署	2021年出台《十堰市推进中医药强市建设三年行动计划(2021—2023年)》;大健康产业"十个库"建设	暂无权威资料发布	暂无权威资料发布

续表

地区	大健康产业相关指标				
	评价	发展目标	发展规划（方案）	总体布局	保障措施
荆门	领导重视，早在2015年就提出大力发展大健康产业，发展态势好	2015年将大健康产业作为七大支柱产业之一培育	2016年出台《荆门市大健康产业"十三五"发展规划（2016—2020年）》	形成了以生物医药、医疗器械、健康养老、保健品、体育用品制造等为主业的大健康产业格局	不断加强建设各特色专业产业园区力度，扎实推进健康产业集群发展；加快重点招商工作推进，增强大健康产业发展潜力
黄石	关于大健康产业发展的报道较少	暂无权威资料发布	2017年初，市政府出台了《关于加快生物医药产业发展的指导意见》；2021年发布《黄石市生命健康产业发展指导意见》	2020年11月有东方大健康产业园前期基础项目开工的报道。生命健康产业主要集中在四大细分领域：保健酒产业、健康食品产业、生物医药产业、医疗器械产业	暂无权威资料发布
咸宁	起步比较早，2017年就出台了发展的意见，但发展效果较为缓慢	2021年将大健康产业确定为全市主导产业	出台《关于推动大健康产业发展的若干意见》《"健康咸宁2030"行动纲要》，编制《咸宁市大健康、大旅游、大文化产业发展总体规划》《"九养咸宁"旅游休闲业态规划》《关于促进中医药健康旅游发展的指导意见》；制定《咸宁市大健康产业中长期发展规划（2021—2035）》和《三年行动方案》	布局"医、药、养、健、游、护"六大产业集群	谋划"十四五"大健康项目881个，总投资约6000亿元

续表

地区	大健康产业相关指标				
	评价	发展目标	发展规划(方案)	总体布局	保障措施
恩施	领导重视,设有服务业、生物医药产业集群建设领导小组,起步早,效果好	2016年将大健康产业作为第七大产业链来打造	2016年出台《恩施州大健康产业"十三五"发展规划》	暂无权威资料发布	暂无权威资料发布
随州	关于大健康产业发展的报道较少	构建随州市中医药大健康产业发展"一城一区一中心"	2021年发布《随州市中医药大健康产业发展规划(2021—2030年)》	构建随州市中医药大健康产业发展一城一区一中心。即以炎帝神农名片为底色打造中医药健康新城、国家级中医药商贸流通集聚区、国家中医区域诊疗中心	成立中医药大健康产业发展工作部门联席会议制度,全面推进中医药大健康产业发展
鄂州	有关大健康产业发展的报道少	暂无权威资料发布	暂无权威资料发布	2019年提出"武鄂同城化实现错位发展共同建设中国药谷"设想	暂无权威资料发布
仙桃	目前没有大健康产业发展方面的报道	暂无权威资料发布	暂无权威资料发布	暂无权威资料发布	暂无权威资料发布
潜江	关于大健康产业发展的报道很少	2017年将大健康作为八大主导产业之一	暂无权威资料发布	暂无权威资料发布	暂无权威资料发布
天门	没有大健康产业发展方面的报道	2018年将生物医药产业确定为主导产业集群	暂无权威资料发布	暂无权威资料发布	暂无权威资料发布
神农架	起步早,领导重视,成立了大健康工作领导小组,发展态势好	将林区建成国内领先、区域一流的大健康产业高地和全国闻名的休闲养生旅游区	出台《神农架大健康产业发展规划》及《神农架森林康养产业发展规划》	形成了大旅游、大农林、大健康产业多点支撑的格局。打造了神药集团、神康公司、聚能药业等承载产业链条的龙头企业;开发了神农架矿泉水、杜仲雄花茶等系列优质健康的康养产品	成立了世界中医药森林康养专业委员会;组建了中医药产业协会;举办了世界中医药大健康论坛

湖北省的布局从宏观方面考虑是合理的，但各地存在发展不均衡的问题，还有一些细节方面需要进一步优化。重点研究内容和发展内容还需进一步突出，部分地区需要将政策落实到位，依据各地区的自然资源、教育资源找到自身的特色，确定更精准的发展方向，进行进一步优化。

（二）湖北大健康产业发展业态分布研究

湖北省大健康产业主要领域龙头公司与国内龙头公司及发展优异的省份比较见表5。

表5　　　　　　　　　　湖北省龙头企业与全国对比情况

类别	湖北省规模最大的公司（产值）	国内最大的公司（产值）	发展较好的省市（产值）	湖北省在全国的地位
医药制造	人福医药集团股份公司总市值：346.21亿元	江苏恒瑞医药股份有限公司1894亿元	浙江省（2020年2150.71亿元），山东省（2020年2783亿元），江苏省（2020年4356.84亿元）	湖北有4家医药企业上榜2020中国最具影响力医药企业百强榜，分别是九州通医药集团股份有限公司，湖北济川药业股份有限公司，奥美医疗用品股份有限公司，武汉新琪安药业有限责任公司，上榜数量位列第6
医疗仪器设备及器械制造	武汉明德生物科技股份有限公司总市值：74.99亿元	深圳迈瑞生物医疗电子股份有限公司总市值3843亿元	江苏省（2020年286亿元）；广东省（2020年356亿元）	众成医械大数据平台统计显示，广东省以1254.83亿元产值的优异战绩排名第1，湖北省排名第9

续表

类别	湖北省规模最大的公司(产值)	国内最大的公司(产值)	发展较好的省市(产值)	湖北省在全国的地位
中药材	李时珍医药集团有限公司获2018年中国中药企业top 100第26位。公司不公示营业总收入以及市值等数据	漳州片仔癀药业股份有限公司总市值2895亿元	北京市(2020年82亿元);上海市(2020年68亿元);广东省(2020年61亿元);浙江省(2020年54亿元)	根据中商情报网讯,全国各省区市中药材类药品销售额排行榜中湖北省位列第19
医药流通	九州通总市值258.58亿。中国最大的民营医药流通企业,总部位于湖北省武汉市	国药控股总市值:519.90亿元	商务部药品流通行业分析报告,2020年销售额前10位依次为:广东(2560亿元)、北京(1868亿元)、上海(1799亿元)、江苏(1795亿元)、浙江(1675亿元)、山东(1441亿元)、河南(1414亿元)、安徽(1130亿元)、四川(1096亿元)、湖北(996亿元)	2020年湖北药品流通销售额排名全国第10

由于各地市州都涉及大健康产业,而且各个产业都涉及第一、二、三产业链,因此湖北省大健康业态分布研究较为困难,相关可借鉴的资料也较少。存在以下问题:一是业态分布范围广,难以聚焦,形成了"大健康是个筐,什么都往里面装"的格局。二是业态分布太散,难以找到抓手,从"一县一品"到"一县多品",很少有"多县一品",结果是没有形成品牌和拳头。三是除武汉外的县市区大健康产业处于刚刚起步阶段。武汉城市圈东部、南部片区温泉康养旅游区域和大别山、武陵

山、神农架避暑康养旅游区域、恩施州硒养生旅游、蕲春县艾草养生旅游都处于比较初级的发展阶段,① 对 GDP 的贡献都不大。大别山区引以为傲的中药材大部分停留在"拣、洗、晒、切"等初加工和销售原材料上,处在"种药材、卖药材"阶段,80%的中药材没有经过本地企业加工转化,天麻、茯苓、苍术等主导中药材绝大部分都是作为原材料销往外地,优品不优价,附加值极低。四是第三产业发展滞后导致产业融合不够。很多产业是第三产业发展不够,制约了第一、第二产业的发展。以中医药产业为例,由于现在中医文化宣传、传承不够,信中医、用中医的人数不多,很多中医药产品没有销售市场,很多县级中医院内中医营业额不超过 20%,导致中医药产品滞销,反过来压力就传导到了第一产业和第二产业,第一产业辛苦种植的中药材贱卖、第二产业将中药材经过简单"拣、洗、晒、切"后作为初级产品销售,优质的中药材不能卖出优价,导致中药材种植减少、根基动摇,第二产业生存困难。类似的情况还有原料药、康养等行业。

六、湖北省大健康产业发展存在的主要问题

湖北省包含医疗卫生服务、医药制造、医药销售、健康养老、休闲养生和健康体育的大健康产业体系已经基本建立,大健康的理念深入人心,全省产业规模已超过 4500 亿元,但仍然存在一些较为突出的问题。主要表现在:

(一)龙头支持度不强,产业能级有待提升

全省市场主体总体产业规模相对偏小、处于中低端水平、市场竞争力不强。据统计,全省规模以上医药制造企业只有 460 家,低于河南省(499 家);主营收入 1216 亿元,几乎只有河南省的一半(2265 亿元),远落后于全国排名第一的江苏(规上企业 937 家、主营收入近 5000 亿

---

① 全面推进养老服务体系建设的湖北实践[J]. 社会福利,2019(3):16-17.

元)。在生物医药领域,恒瑞医药市值超过1894亿元,扬子江药业、复星医药等企业过千亿;医疗器械领域,迈瑞医疗市值超过3843亿元;现代中药领域,云南白药接近984亿元,白云山超过486亿元。在鄂医药制造规模最大的是人福医药集团,年销售额还没有突破250亿元,公司在二级市场市值不到350亿元;九州通医药年销售收入虽然过千亿,但与中国医药相比还有较大差距,龙头企业的带动力和影响力明显不足,产业能级亟待提升。

(二)产业聚集度不高,产业结构有待优化

全省大健康产业发展较为粗放分散,同质化问题突出,没有形成具有特色的"园""区""城"。医药产业主要以医药中间体和原料药为主,技术含量、附加值高的高端生物医药产品偏少;高端医学装备、医用材料、可穿戴设备等高端医疗器械产业处于起步阶段;现代中医药产业化水平较低,中药材种质资源退化、种植水平低、加工处于"捡、洗、切、晒"的初级阶段、中药新药开发偏少;健康服务业仍以医疗卫生服务为主,且集中在武汉、十堰、襄阳、宜昌等较大的城市,而更贴近群众的基层医疗服务基础相对薄弱;康养服务、健康管理等大健康新业态刚刚起步,尚处于探索阶段。

(三)科创贡献度不大,产业创新有待突破

湖北省科技创新贡献、产业创新与"科、教、文、卫"大省的地位严重不匹配。科技创新对推动新药研发与制造、医疗器械研发与制造、中药新药创制、中药经典名方二次开发的贡献度不高,国家Ⅰ类新药、二三类医疗器械获批数量远落后于发达省市。中华人民共和国成立以来,湖北省只有2个Ⅰ类新药品种在2020年获批,而江苏在"十三五"期间就新获批上市药品254个、Ⅰ类新药15个品种,江苏恒瑞医药先后承担了国家重大专项课题57项,推进50余种创新药临床开发,240多个临床项目在国内外开展,年年都有多项Ⅰ类新药获得临床批件。

(四)品牌知名度不高,产业特色有待提升

湖北省行业内有影响力、叫得响的知名品牌、知名产品、知名企业、知名企业家不多。胡润研究院发布的《2020胡润中国百强大健康民营企业》榜单中湖北只有九州通、奥美医疗、人福医药和东阳光药业4家企业上榜,4家企业总市值只有890亿元,不到恒瑞医药市值的1/3。享有"李时珍"品牌的最大中医药制造企业年销售额未超过50亿元,远落后于"同仁堂""广誉远""片仔癀"等同类品牌。依托神农架、大别山、武陵山、秦巴山等优质生态资源,初步形成的绿色生态旅游、健康养老等产业在国内外的影响力十分有限。

七、促进湖北大健康产业发展的对策建议

(一)强龙头企业,壮大产业规模

一是做大市场主体。围绕人才、土地、金融、税收等资源要素,在"研发—生产—流通—保障"产业链环节上"按需"给予支持,培育壮大一批高新技术、"专精特新""科技小巨人"企业,提升企业全球市场竞争力。二是做强行业龙头。聚合全省优势资源,通过整合、重组、兼并等方式,在生物医药、医疗器械、现代中医药、健康食品等细分行业,培育一批世界一流的"链主"企业和"旗舰"企业。三是做优产业结构。充分利用湖北资源优势和国内大型龙头企业转型机会,实行"一企一策"优惠政策,通过专业招商、靶向招商,招引一批国内外知名公司在武汉设总部、建分公司,引领带动全省大健康产业发展。如抓住IT移动端企业布局医疗器械行业的风口,引进一批优质IT企业入驻武汉高科医疗器械园;促进以互联网、大数据、人工智能、区块链等为主业的数字新技术企业在鄂布局大健康产业,成为推动湖北省大健康产业发展的新引擎。

(二)强重点领域,夯实产业基础

一是推进重点项目。组织科技专家、企业家、销售专家对全省新药创制、高端医疗器械、现代中药等重点项目进行集中梳理、评估分类,确定前期项目、潜力项目、攻关项目、即将产业化项目,针对不同类型项目进行分类推进、跟踪管理。二是整合优势资源。新药创制、医疗器械开发、中药新药研发、中药二次开发都需要临床医院的支持配合,行业主管部门要积极协调优质的临床医院与其对接,确保重点项目能顺利走完临床"最后一公里",产生一批"重磅炸弹"品种,成为带动湖北大健康产业发展的"推进器"。三是加大资金扶持。充分利用湖北省长江经济带产业基金、湖北高质量发展产业投资基金、湖北省大健康产业发展专项等扶持资金,"点对点"对重点推进项目给予集中扶持,同时做好资金使用的绩效评价,确保资金用到需要的项目上。

(三)强创新引领,激发产业动能

一是完善科技创新平台。推进全省大健康产业领域共建国家重点实验室、国家工程(技术)研究中心、国家企业技术中心、国家临床医学研究中心等国家级科创平台,为全省大健康产业提供高能级科技创新支撑。二是引导科技创新。引导科创平台围绕重点新药创制、高端医疗器械、现代中药等领域进行科技创新,重点对脑(神经)科学、合成生物学、细胞与基因精准医疗等前沿科技和相关技术进行攻关,力争产出"颠覆性"的科研成果、攻克一批"卡脖子"技术,培育产业发展新动能。三是激发创新活力。调动科研人员的积极性,鼓励科研人员成果资本化,组建跨行业的创新利益共同体,推动"医、企、研"协同创新发展;支持企业建设高水平创新载体,支持"校企联盟""校企联合实验室"等多种合作平台建设,采用"后补助"方式对企业研发费用给予补贴。

(四)强品牌塑造,提升产业质效

一是提升区域公共品牌。通过举办高标准、高规格、高水平的国际性、行业性、专业性的节会论坛,持续提升"光谷科技创新大走廊""世界大健康之都""光谷生物城"品牌在国内国际市场的影响力。二是打响"李时珍"中医药品牌。探索中医药综合改革新模式和新路径,支持国有资本参与"李时珍"品牌的建设,让"李时珍"世界级品牌产生更大的经济价值。三是打造湖北康养特色品牌。围绕神农架、武当山、大别山等区域的森林养生品牌,咸宁、黄冈等区域的温泉养生品牌,襄阳、荆州、荆门等区域的休闲养生品牌,通过创建5A级风景区、国家级森林公园、地质公园、国家级森林康养基地、特色小镇等途径,将旅游、休闲、美食、养生、养老等有机融合,形成独一无二的湖北康养特色品牌。四是壮大"富硒+大健康产业"。依托鄂西特色富硒资源,利用"世界硒都"品牌优势,吸引更多的市场要素聚集,引进更多的企业、资金和人才发展壮大"富硒+大健康产业",着力建成名副其实的"世界硒都"。

课题组成员: 陈向军　黄冈师范学院党委书记、校长、二级教授
何　峰　黄冈师范学院李时珍中医药学院副院长、教授
秦尊文　李时珍大健康发展研究院名誉院长、研究员
向　福　黄冈师范学院生物与农业资源学院教授
刘汉成　黄冈师范学院商学院院长、教授
姜军民　黄冈师范学院商学院教授
张　磊　黄冈师范学院生物与农业资源学院博士
谌祖文　黄冈师范学院生物与农业资源学院博士

湖北省农业产业化发展研究

王薇薇　惠晓通　朱　帅

农业产业化是我国农村经营体制机制的创新，经过30余年的发展，其在转变农业发展方式、构建乡村产业体系、促进乡村经济多元化发展、带动农户就业增收等方面发挥了重要作用。党的十八大和十八届三中全会均强调，要积极探索农业发展新途径，支持合作型组织、家庭农场，探索合作社联社，培养涉农龙头企业等多种形式的经营主体，共同抵御市场风险，推动农业产业化更好更快发展。2018年5月，农业农村部原副部长韩俊主持召开全国农业产业化联席会议，强调加快推动农业产业化高质量发展，措施包括提升龙头企业队伍素质、培育农业产业化联合体、创新和完善农业产业化利益联结机制。2021年中央一号文件发布，正式吹响"全面推进乡村振兴"的"集结号"，农业产业化是重中之重。

一、湖北省农业产业发展成效

（一）优势特色产业提质增效

2021年，湖北省水稻总产量376.7亿斤，油菜子产量251.8万吨，生猪出栏4115万头，淡水产品产量483.2万吨。蔬菜、茶叶、瓜果、禽蛋等生产稳定，位居全国前列。食用菌、茶叶、中药材、天然蜂蜜、小龙虾、鲜鸡蛋、活性酵母等特色农产品出口全国领先。乡村新产业、新业态蓬勃发展，已建成57个电子商务进农村综合示范县；2020年湖北省休闲农业和乡村旅游业接待游客6000万人次，综合收入达到205亿元。

(二) 新型经营主体活力彰显

湖北省现有国家重点农业产业化龙头企业82家，省级重点农业产业化龙头企业990家。头部企业销售收入10亿~50亿元的56家，50亿~100亿元的2家，100亿元以上的4家。现有累计登记在册的农民合作社超过10万家，国家级农民合作社示范社389家，辐射带动了近一半农户，农户入社率超过50%。创建省级示范家庭农场1163个，标杆家庭农场10个。

(三) 区域块状经济逐步壮大

区域特色农产品发展格局日益鲜明，成功创建15个国家级特色农产品优势区①和23个省级特色农产品优势区，23个农业产业强镇获批开展示范建设。创建三峡蜜橘、潜江小龙虾、鄂西南武陵山茶和鄂西北香菇等4个国家级优势特色产业集群，共有11批次累计162个村镇获得国家认定的"一村一品"示范村镇称号。

(四) 产业集聚平台载体蓬勃发展

产业集聚平台载体建设加快推进，已有国家农村产业融合发展示范园9个②、国家级现代农业产业园5个③、国家级农村产业融合先导区9个④、省级现代农业产业园188个，农产品加工业集群发展格局基本

---

① 国家级特色农产品优势区：蔡甸莲藕、潜江小龙虾、恩施硒茶、随州香菇、武当道茶、宜昌蜜橘、通城县黄袍山油茶、赤壁青砖茶、蕲春县蕲艾、洪湖水生蔬菜、罗田板栗、武当蜜橘、麻城福白菊、嘉鱼甘蓝、宜昌红茶。

② 国家农村产业融合发展示范园所在地区：潜江市、宜都市、恩施市、荆门市、宜城市、英山县、通城县、随县、嘉鱼县。

③ 国家级现代农业产业园所在地区：潜江市、宜昌市夷陵区、随县、蕲春县、孝南区。

④ 国家级农村产业融合先导区：大冶市、仙桃市、宜昌市夷陵区、京山市、宜都市、黄梅县、鹤峰县、随县、南漳县。

形成。成功创建武汉、仙桃、荆州、潜江、荆门、十堰、宜昌、黄石、襄阳、孝感、咸宁等11家国家农业科技园区,农业科技园区集聚资源的"洼地效应"进一步发挥。

(五)农业品牌建设初显成效

湖北省有效期内"二品一标"企业达到1362家,产品2851个,在全国处于前列;农产品地理标志总量达到195个,品牌数量位居全国第三位,宜昌蜜橘、潜江龙虾、荆州鱼糕等8个农产品品牌入选农业农村部发布的2019年100个具有代表性特色农产品区域公用品牌。赤壁青砖茶、武当山茶、恩施玉露、英山云雾茶品牌价值分别达到33.65亿元、32.02亿元、25.21亿元、24.64亿元。

(六)科技创新能力日益增强

农产品质量安全水平稳步提高,农业农村部对湖北省农产品质量安全监测总体合格率保持在98%以上。农业科技成果转化、应用、推广体系进一步健全,武湖、公安、鄂城、武陵山和来凤成功创建2020年国家现代农业科技示范展示基地。农业机械化、信息化、科技化深入推进,农业科技进步贡献率突破60%,主要农作物耕种收综合机械化水平达到71.3%,略高于全国平均水平;27个县市进入国家级主要农作物率先基本实现全程机械化示范县行列,占全国的1/20。北斗现代农业项目建设强力推进,成为全国首个在湖北省大范围示范应用农机北斗终端的省份。

二、"一主两翼"片区农业产业化发展情况概述

湖北省区域发展布局被提出以来,以武汉城市圈、"宜荆荆恩"城市群和"襄十随神"城市群为代表的三大片区在龙头企业的引进和培育、农业产业的转型升级以及品牌体系的建设上都取得了长足的进步,具体工作成效如下。

(一)龙头企业引进培育情况

2021年,武汉城市圈、"宜荆荆恩"城市群和"襄十随神"城市群规上企业分别新增151、125、85家,国家级龙头企业分别新增11、5、4家,省级龙头企业分别新增93、76、48家(见图1和图2),"一主引领、两翼驱动、全域协同"的区域发展布局成效初显。

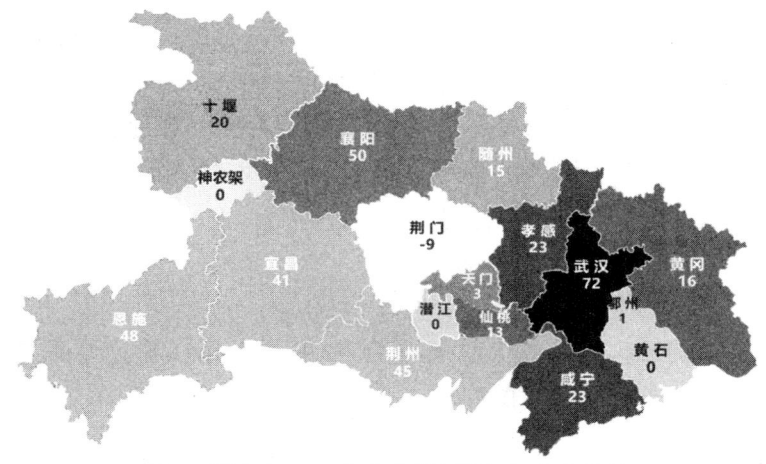

图1 湖北省2021年各市州新增规上企业数量

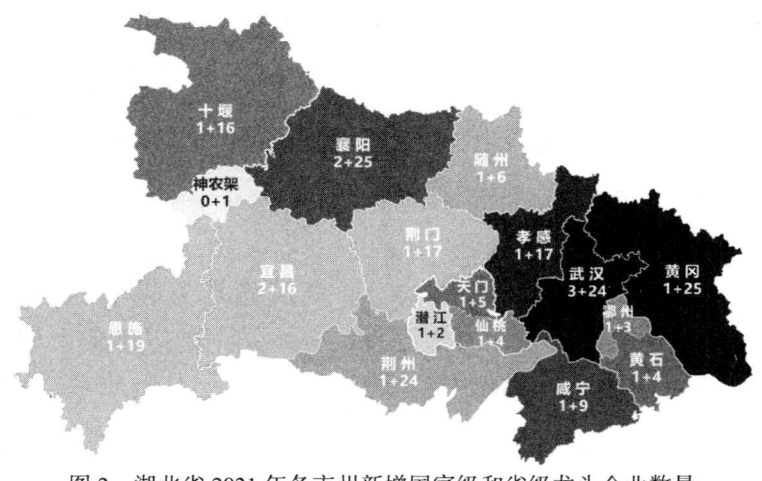

图2 湖北省2021年各市州新增国家级和省级龙头企业数量

在武汉城市圈内部，武汉市具有绝对的优势地位，新增规上企业和国家级龙头企业数量均遥遥领先，黄冈也走出来一条适合丘陵型农区的龙头企业培育之路。除此之外，其余城市在大型龙头企业打造上仍需进一步加强。而在省级、市级龙头企业的培育上，武汉市与城市圈内其余城市差距并不十分明显，反映出武汉城市圈整体具有较强的经济活力。"宜荆荆恩"城市群龙头企业培育情况比较均衡，除荆门外，宜昌、荆州、恩施新增规上企业均超过40家，在湖北省居于领先方阵，国家级、省级龙头企业创建也成果突出。值得一提的是恩施，作为丘陵型农区，农业生产条件并不占优，却增加了48家规上企业，反映其在农业新发展方式的创新方面已经取得了长足的进步。"襄十随神"城市群内部差距较大，襄阳作为区域核心城市，在龙头企业的创建方面居于领先位置，大幅领先于城市群内其他城市。

（二）农产品加工业发展情况

湖北省各片区在农产品加工业总产值的绝对值方面差距较大，武汉、襄阳、宜昌、荆州、荆门、孝感等市均已突破了1000亿元大关，而部分山区型农区和丘陵型农区由于区位优势不突出、基础设施建设滞后、矿产资源禀赋差、工业用地限制过多等因素制约，农产品加工业发展仍需进一步加强。

武汉城市圈农产品加工业总体水平居于湖北省领先位置，各市农产品加工值与农业总产值之比相比2020年均实现了上升，武汉、孝感、仙桃、天门、潜江等市农产品加工值与农业总产值之比已经突破2。武汉、孝感等城市，在加工业总产值领先的基础上，仍然保持了不错的增幅，龙头地位得到进一步巩固；鄂州、黄冈、天门等市增速较快，正在快速补齐加工业产值绝对值较小的短板。"宜荆荆恩"城市群各市州发展较为均衡，除荆门外，其余市州农产品加工业总产值均实现了20%以上的增幅，农业发展水平较为接近。"襄十随神"城市群内部发展差距较大，襄阳作为区域核心城市，农产品加工业总产值位居湖北省第二，且维持了较快的增幅；而十堰在2021年增幅仅为1.5%，城市群内部加工业总产值和增速的这种差距毫无疑问会影响城市群的持续健康发展。湖北省2021年各市州农产品加工业增幅情况见图3。

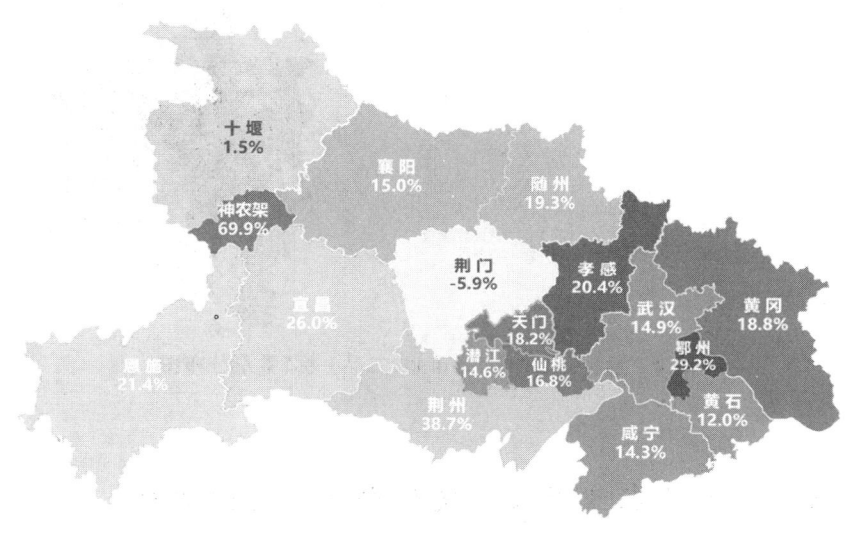

图3　湖北省2021年各市州产品加工业增幅情况汇总图

(三) 品牌建设情况

武汉城市圈共有绿色食品标志1171个，有机食品35个，农产品地理标志68个。武汉城市圈内"二品一标"分布差异较大，除武汉、孝感、黄冈等城市外，其余市州"二品一标"数目较少。"宜荆荆恩"城市群各市州在品牌打造方面较为均衡，四个市州"二品一标"总个数均超过150，其中，恩施"二品一标"数目达到590个，位居湖北省第一。"襄十随神"城市群在农业品牌打造方面需要进一步加强，城市群内绿色食品、有机食品、农产品地理标志均大幅低于其余两个片区。湖北省2021年各市州"二品一标"数量分布见图4。

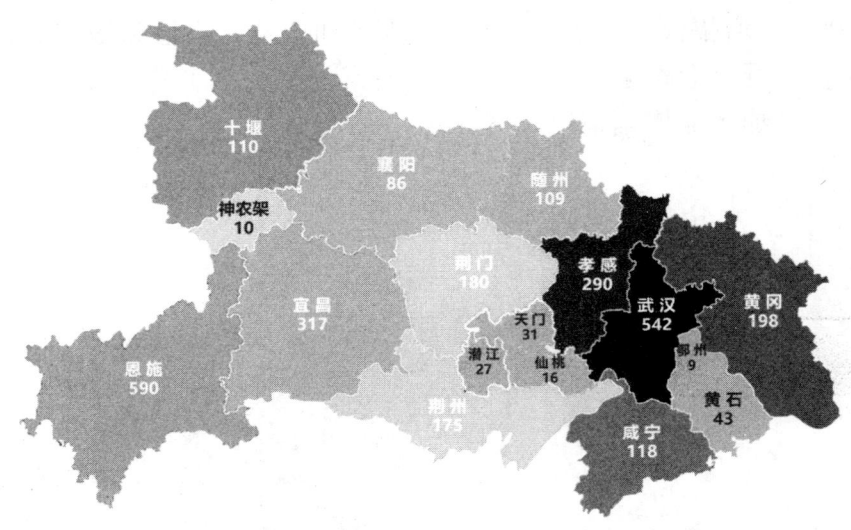

图 4　湖北省 2021 年各市州"二品一标"数量分布图

三、湖北省农业产业化发展存在的突出短板

（一）全产业链标准体系不完善

一是标准制定的市场导向不够。龙头企业等新型农业经营主体参与制定国家标准、行业标准的比例不高，缺少行业和市场"话语权"。部分企业自发制定的标准，也大多是参照其他标准或者从自身利益出发而制定，与市场需求并不相适应。二是全产业链标准体系覆盖不均衡。湖北省现有 637 项地方标准，其中 80% 的标准集中在生产环节，加工、产品质量、包装、仓储、运输等环节的标准缺乏。三是标准落实"到位率"不高。绝大多数标准是由政府主导制定的推荐性标准，标准执行的约束力不强。政府对企业标准实施的监督手段和评估机制缺乏，行业协会缺乏导致农业产业的行业自律性约束机制不健全。

(二)龙头企业实力不强

龙头企业的数量和质量都与湖北省加快从农业产量大省向农业产业强省跨越的发展需求有较大差距。数量上①，拥有总数与兄弟省份存在差距；规模上②，远不及中部部分地区以及发达省份。"农字号"企业上市步伐滞后，仅有6家农业上市企业，③ 与山东18家、湖南16家、新疆11家、河南9家存在差距。湖北省农产品综合加工率为70%左右，农产品加工总量中，精深加工比重占20%左右，远低于农产品加工发达国家和地区90%的综合加工率和60%的精深加工率。

(三)农产品品牌实力和影响力不强

一是品牌体系"多、杂、散"。从省级层面来看，各职能部门提出了包括"荆楚农优品""荆楚优品""荆楚优选""荆楚大地""垄上优选""长江严选"等多个全省域全品类品牌名，缺少统一的省级整体品牌形象。二是品牌培育缺乏持久性。湖北省农产品品牌培育工作缺乏"深耕性"，品牌培育工作的抓手变动频率较高，导致品牌培育工作被动且盲目，成效不显著。三是品牌评价体系不健全。目前尚未建立起科学、系统、权威、动态的品牌评价体系，导致市场上品牌农产品同质化严重、竞争激烈，甚至出现恶性无序竞争，不仅消费者难以辨别，政府对农产品品牌的培育也缺少精准抓手。

(四)农业产业化与区域发展布局不匹配

武汉城市圈整体发展水平处于湖北省领先地位，然而在龙头企业培

---

① 国家级农业产业化龙头企业数量：湖北62家、山东106家、江苏77家、河南76家、四川75家、广东68家。

② 湖北仅有9家入选"2019农业产业化龙头企业500强"名单，入选总数远低于发达省份江苏(131家)、山东(98家)，也低于中部的河南(29家)、江西(28家)、安徽(16家)。从营收规模上来看，湖北省排名最靠前的企业营收131亿元，仅为榜首企业营收2032亿元的6%。

③ 周黑鸭、良品铺子、康欣新材料、科前生物、回盛生物和神山兴农等。

育、农产品加工业以及品牌建设方面,武汉作为"龙头"还没有真正"扬起来",辐射带动作用不强,农业产业分工不尽合理。"宜荆荆恩"城市群四个市州在农业发展方面水平接近,在城市群内部初步形成了均衡发展局面。"襄十随神"城市群在农业产业化方面整体处于后发位置,除襄阳外,其余城市发展较为滞后,在多个角度的考核中仍有较大的进步空间,与区域协调发展的要求存在一定差距。

四、推进湖北农业产业化高质量发展的对策建议

围绕农业产业发展的重点领域、关键环节、突出短板,结合现有基础和优势,以"六个提升"着力解决湖北省农业产业发展存在的"龙头弱、链条短、融合浅、品牌散"等现实短板问题,加快构建"一主引领、两翼驱动、全域协同"的区域协调发展格局,推动湖北省从农业产量大省向农业产业强省转变。

(一)提升农业生产能力

提升粮食产能保障和质量效益。稳定水稻、小麦、玉米三大主粮生产,因地制宜推进大豆、薯类、杂粮杂豆等特色粮食产业多功能开发。打造长江流域、汉江流域"双低"油菜核心区和以荆门为核心的高油酸油菜产业示范基地,提升鄂北岗地、鄂东大别山区高油酸花生生产能力,在油茶、核桃、油橄榄适生区大力发展木本油料,推进多油并举,提高油料自给率。

推动生猪标准化规模养殖。持续开展养殖场标准化改造提升,提升优质畜禽批量供给能力。稳步推进智能化养殖,建设一批"智能监测、精准饲喂、物联管理"的现代化养殖场。深化畜禽养殖废弃物资源化利用整县推进项目实施,健全病死畜禽无害化处理体系,推动畜牧业持续绿色健康发展。

完善农业应急管理体系。深入推进动植物保护能力提升专项行动,开展病虫害专业化"统防统治百县"创建活动。积极推进动物防疫体系

和能力建设，持续抓好非洲猪瘟、口蹄疫、高致病性禽流感等重大动物疫病防控。加强武汉、荆州、襄阳、宜昌四个农业气象试验站建设，构建农业气象大数据云平台和智慧农业气象服务系统。加快完善农业应急处置体系，支持武汉建设国家区域应急救援华中区域中心，在鄂东南、鄂西北、鄂西南建设省级应急救援基地。

推进农业绿色发展。推行农业绿色生产方式，选育推广节肥、节水、抗病、抗逆新品种。大力推广稳粮增效、水产健康生态养殖、畜禽标准化养殖等高效生态模式。推行农业灌溉用水总量控制和节水农业，推进化肥、农药使用量零增长行动。加强农业生态系统保护，构建区域农业绿色生态系统。打好长江"十年禁渔"持久战。

（二）提升新型农业经营主体质量

培育提升农民合作社和家庭农场。开展农民合作社规范提升行动和"百家典范千家示范万家规范行动"，实施农民合作社质量提升整县试点。开展"村社共建"和联合社培育，实施家庭农场培育计划，鼓励组建家庭农场协会或联盟。

发展农业产业化联合体。鼓励农业龙头企业、农民合作社、涉农院校和科研院所成立农业产业化联合体。支持农业产业化联合体围绕主导产业，积极发展绿色农业、循环农业、有机农业，以及体验农业、康养农业、创意农业等新业态，提高全产业链智能化水平。

构建紧密型利益联结机制。引导新型经营主体采取订单收购、保底分红、二次返利、股份合作、土地流转、吸纳就业、村企（社）对接等方式，促进小农户与现代农业有机衔接。完善承包土地、货币实物、技术专利等入股办法，鼓励开展土地经营权入股农业产业化经营试点，促进农民分享农业增值收益。

（三）提升农产品加工能力

大力发展农业"块状经济"。依托国家农村产业融合发展示范园，加快发展乡村产业集群。围绕十大重点农业产业链，引导支持发展市场潜力大、特色鲜明、附加值高的农业主导产业或主导产品，打造一批以农产品加工、农旅融合为主导的农业产业强村、强镇、强县。

壮大农业产业化龙头企业队伍。实施培育壮大农业产业化龙头企业"十百千万"工程，支持龙头企业转型升级、上市融资，引导城市群内部龙头企业采取兼并重组、股份合作、资产转让等形式，建立大型农业企业集团。突出龙头企业在千亿级产业链建设中的核心和带动作用，支持企业开展标准化生产、规模化经营、产业化发展、品牌化营销。

做强万亿级农产品加工业。在优势农产品主产区布局加工产能，以园区为载体，重点建设农产品加工产业集群，引导产业从分散布局向集聚集群发展转变。围绕十大重点农业产业链，统筹推进产地初加工、精深加工和副产物综合利用，加快传统食品制造、营养与健康产品加工，支持加工副产物循环利用、高值化利用、梯次利用，开发新能源、新工艺、新材料、新产品，提升增值空间。

提升农产品加工科技含量和装备水平。建设一批农产品加工与贮藏国家(省级)重点实验室、保鲜物流技术研发中心及优势农产品品质评价、检测中心。鼓励企业与科研院所、大专院校联合开展科技合作，推动传统优势食品产业向标准化、工业化、智能化及营养健康转型升级。

(四)提升农产品电商物流能力

推动"互联网+"农产品出村进城。深入开展电子商务进农村示范建设，打造一批知名电商产业园、电商特色镇(村)。鼓励小农户和新型农业经营主体与电商平台对接，推动特色和品牌农产品产地建仓、区域上行、全网销售，鼓励和推广社交电商、网红直播带货、农村新零售等新模式、新业态，加快建立适应农产品网络销售的供应链体系、运营服务体系和支撑保障体系。

完善农产品流通体系。支持武汉、宜昌、襄阳、荆州、黄冈等地建设区域性农产品交易中心，推动以县域物流配送中心、乡(镇)配送节点、村级公共服务点为支撑的农村配送网络建设，完善县乡村物流配送服务体系。支持各县市建设优质工业品下行前置和特色农产品标准网货分销综合流通仓,打造"一县一仓"。

建设中部生鲜农产品和粮食物流中枢。实施农产品仓储保鲜冷链物流设施建设工程,着力打造武汉、宜昌、鄂州国家骨干冷链物流基地。加快冷链物流体系建设,推动建成中部生鲜农产品和粮食物流中枢。

(五)提升农产品质量与品牌

提升农产品质量安全水平。全面推进农业标准化生产和管理,开展标准协同攻关,加快构建高质量发展的农业标准体系。健全完善农产品质量安全追溯体系,全面推广应用国家农产品质量安全追溯管理信息平台,全面规范并落实农产品市场准入和准出制度。实施国家农产品质量安全县"响亮行动",深入开展农产品质量安全县创建。

擦亮农产品区域公用品牌。做大做强"中国荆楚味、湖北农产品"区域公用品牌,完善区域公用品牌建设管理标准体系,建立国家级、省级、市州级、县市级多层级协同发展、相互促进的农业品牌梯队。

大力培育农业企业品牌和产品品牌。加强绿色食品、有机农产品、地理标志农产品认证和管理,加大地理标志农产品挖掘、培育、登记和知识产权保护力度,着力打造一批产品品质好、科技支撑强、文化底蕴深厚、品牌特色突出、品牌竞争力强的国内外知名农产品品牌。

加快外向型农业发展。加强"一带一路"共建对接,全力开拓"一带一路"沿线新兴市场,支持东南亚、日韩、中亚、北非、俄罗斯等重点湖北农产品境外营销平台建设。积极对接粤港澳大湾区"菜篮子"工程,以食用菌、果茶菜、小龙虾、天然蜂蜜、鲜鸡蛋等特色优势农产品为重点,扶持壮大一批具有地方特色和比较优势的出口农产品龙头企业。

(六)提升农业科技与信息化水平

提升智慧农业发展水平。推进农业产业大数据建设,构建完善的数据采集、分析、发布和服务机制。推进农业生产经营智慧化改造，继续争取一批智慧农业试点项目，建设一批示范园区、示范基地和示范企业。依托湖北省5G"万站工程"，强化现代信息技术与农业生产、加工、销售等环节深度融合，探索智慧农业发展新模式。

提升科技创新能力。加快武汉国家现代农业产业科技创新中心、鄂州湖北现代农业科技创新与集成示范基地建设，推动湖北省建成全国农业科技创新服务中心。加快生物育种、智能装备、智能栽培技术、加工技术的研发和示范应用，协同攻关行业、产业和区域性重大关键问题。深入推进农科教结合、产学研对接、创新成果转化体制机制建设，搭建开放共享、服务高效的农业科技成果转移转化平台，大力推动农业科技成果转化。

提升科技服务效能。加强国家和省级现代农业产业技术体系建设，实施第三批湖北省现代农业产业技术体系项目，探索建立"百校联百县"乡村振兴协作机制，深入开展科技服务农业产业链"515"行动、[①]"乡村振兴荆楚行"活动、农业科技"五五"工程。[②] 加强基层农业技术推广机构和队伍建设，深入实施科技特派员制度，加快构建以国家公益性农技推广机构为主导，农业科研院校、龙头企业、农民合作社等广泛参与的多元互补、高效协同的农技推广体系。

打造现代种业高地。深入实施现代种业提升工程，完善种质资源保护利用，强化农作物种质资源保护区、保种场和种质圃建设，夯实育种创新基础。支持农作物国家级制种大县和区域良繁基地建设，积极参与国家级南繁生物基因鉴定检测中心建设。强化企业育种创新主体地位，

---

① 科技服务农业产业链"515"行动：由中国科学院院士张启发、桂建芳，中国工程院院士傅廷栋、陈焕春、邓秀新5位院士领衔的专家团队，围绕湖北十大重点农业产业链，对口联系50个湖北重点县（市、区），对接服务500家龙头企业及新型农业经营主体。

② 农业科技"五五"工程：研发产业发展关键核心技术50项、集成示范先进实用科技成果500项、推广农业可持续发展模式50项、建设农业科技引领示范村（镇）50个、发展壮大新型农业经营主体50家。

支持种业企业与洪山实验室等种业创新平台深度融合,建立育种创新联合体。

  撰稿人: 王薇薇 湖北省社会科学院农村经济研究所副所长、副研究员
       惠晓通 湖北省社会科学院农村经济研究所硕士研究生
       朱 帅 湖北省社会科学院农村经济研究所硕士研究生

湖北省氢能产业高质量发展研究*

吴传清　赵　豪

随着世界能源朝着绿色、低碳、可持续转型，氢能作为一种来源广泛、清洁零碳、用途丰富的二次能源，是优化能源结构、助推能源转型、实现"双碳"目标的理想媒介。国家"十四五"规划强调要加快氢能产业谋划布局。2022年3月，国家发展和改革委与国家能源局联合发布《氢能产业发展中长期规划（2021—2035年）》，这成为未来时期我国氢能产业发展布局的纲领性文件，为我国氢能产业发展路径指明了方向。湖北省地处长江中游城市群、长江经济带战略交汇处，地理位置优越，产业基础雄厚，科教资源丰富，具备打造全国氢能产业重要策源地的优良基础。

一、国内外氢能产业发展态势

（一）国际氢能产业发展态势

当今世界正经历百年未有之大变局，新一轮科技革命和产业变革带来的重大机遇正在重塑世界经济政治发展新版图。主要发达国家和地区都意识到氢能在能源绿色转型、实现"双碳"目标中的重要作用，积极

---

* 本研究受武汉大学区域经济研究中心、武汉大学中国发展战略与规划研究院生态产品价值与绿色经济研究中心资助项目"'双碳'目标约束下的绿色经济理论与实践研究"（2022-01）；武汉大学中国发展战略与规划研究院2022年交叉学科论坛资助课题"中国氢能产业发展路径与政策支持体系研究"（2022-05）资助。

抢占氢能产业发展先机,占领发展制高点。美国、英国、德国、日本和韩国等纷纷出台一系列利好政策引导氢能产业发展,重点围绕汽车研发与示范、分布式发电、家用能源等领域加强战略部署,并妥善考虑能源转型、绿色低碳等需求,结合本国实际情况采取适当推进政策,形成了一批具有自主技术的龙头企业,掌握了关键核心技术,在氢能产业国际竞争版图中占据领先优势。

(二)国内氢能产业发展态势

当前,我国氢能产业发展势头强劲,利好政策不断完善。国家层面相继颁布《氢能产业发展中长期规划(2021—2035年)》《"十四五"现代能源体系规划》等政策文件,将氢能纳入未来发展方向。地方层面,河北、山西、山东、江苏、广东等地将发展氢能产业作为政府工作重点。武汉、张家口、如皋、佛山等城市也加紧推进氢能产业发展步伐,正形成京津冀、长三角、珠三角和川渝鄂四个氢能产业集聚区,氢能产业发展迎来新机遇。

1. 京津冀地区氢能产业发展实践进展

京津冀地区工业经济发展,随之而来的碳排放问题也日益凸显,"绿色"逐步成为京津冀地区经济发展的重要底色。氢能产业在推动能源转型、优化产业结构、助推"双碳"目标的实现中具有重大战略意义。因此,京津冀地区十分重视氢能产业发展的顶层设计,陆续出台了一系列涉及氢能产业的相关政策(详见表1),重点围绕制氢、运氢、加注、燃料电池及汽车、应用示范等领域加强谋划。

制氢领域,北京市重点聚焦质子交换膜电解制氢;天津市重点加强制氢设备的研发工作;河北省重点依托张家口氢能资源优势,打造多样化供应体系。

运氢、加注领域,北京市重点谋划高压气态、高密度液态等储运技术;天津市发展高压氢气存储材料与设备、液态氢储运装备等配套产业,鼓励中能普发新能源科技(天津)有限公司开展加氢站成套装备研发生产制造;河北省加速压缩机、加注机的关键阀体和高压件等关键部件产品国产化，降低加氢站建设和运营成本。

表1　　　　　京津冀地区关于氢能产业发展的规范性文件

地区	文件名称	发布时间
北京市	《"十三五"时期加强全国科技创新中心建设规划》	2016年9月
	《北京市加快科技创新培育新能源智能汽车产业的指导意见》	2017年12月
	《北京市推广应用新能源汽车管理办法》	2018年2月
	《北京市国民经济和社会发展第十四个五年规划和二〇三五年远景目标纲要》	2021年1月
	《北京市"十四五"时期高精尖产业发展规划》	2021年8月
	《北京市氢能产业发展实施方案（2021—2025年）》	2021年8月
	《昌平区促进氢能产业创新发展支持措施》	2021年11月
天津市	《天津市新能源产业发展三年行动计划（2018—2020年）》	2018年10月
	《天津市氢能产业发展行动方案（2020—2022年）》	2020年1月
	《天津市国民经济和社会发展第十四个五年规划和二〇三五年远景目标纲要》	2021年2月
	《天津市制造业高质量发展"十四五"规划》	2021年6月
河北省	《河北省推进氢能产业发展实施意见》	2019年8月
	《河北省氢能产业链集群化发展三年行动计划（2020—2022年）》	2020年7月
	《河北省国民经济和社会发展第十四个五年规划和二〇三五年远景目标纲要》	2021年5月
	《河北省氢能产业发展"十四五"规划》	2021年7月

资料来源：根据相关资料整理。

燃料电池及汽车领域，北京市重点突破膜、碳纸、催化剂、双极板、膜电极、氢气再循环泵、空压机等质子交换膜燃料电池关键材料、部件批量制备技术，车用燃料电池安全监管保障技术，固体氧化物燃料电池热电联供系统技术；天津市重点突破推动新型氢燃料电池客车、氢燃料叉车的样车开发及市场投放，引进整车生产企业开展氢燃料电池车辆样车开发和批量生产，支持企业参与氢燃料电池整车生产。河北省以亿华通氢燃料电池发动机为突破口，进一步突破电堆关键技术，提高产品的性能并大幅度降低成本。

应用示范领域，北京市重点强调氢能应用范围的扩大；天津市鼓励结合船舶运输、无人机、应急电源、通信基站、储能调峰等需求，拓展氢能在其他领域的产业发展，探索掺氢天然气在工业、商业、民用等领域的应用；河北省制定氢能示范应用"三个一批"战略目标：在城市公交等领域规模化商业运行一批、公务用车等领域创新发展一批、在微电网等领域重点示范一批。

2. 长三角地区氢能产业发展实践进展

长三角地区作为我国经济最为发达、资源要素最为丰富、对外开放程度最高、基础设施最为完善的地区，提前谋划布局氢能产业具有重大意义。2018年以来，上海、浙江、江苏和安徽四地相继出台了一系列政策部署氢能产业发展（详见表2），重点围绕制氢、运氢、燃料电池及汽车和应用示范等领域进行战略部署。

表2　　　　　　　　长三角地区氢能产业相关规范性文件

地区	文　件　名　称	发布时间
长三角	《长三角氢走廊建设发展规划》	2019年5月
上海市	《上海市燃料电池汽车发展规划》	2017年9月
	《上海市燃料电池汽车产业创新发展实施计划》	2020年11月
	《上海市加快新能源汽车产业发展实施计划（2021—2025年）》	2021年2月
浙江省	《浙江省加快培育氢能产业发展的指导意见》	2019年6月
	《嘉兴市加快氢能产业发展的工作意见》	2020年1月
	《嘉兴市人民政府关于推进氢能产业发展的实施意见》	2020年6月
	《嘉兴市氢能产业发展规划》	2021年12月
江苏省	《江苏省氢燃料电池汽车产业发展行动规划》	2019年8月
	《如皋市扶持氢能产业发展的实施意见》	2018年9月

续表

地区	文件名称	发布时间
安徽省	《安徽省新能源汽车产业发展行动计划（2021—2023年）》	2021年6月
	《六安市氢能产业发展规划（2020—2025年）》	2020年9月

资料来源：根据相关资料整理所得。

制氢领域，上海市主要聚焦工业副产品制氢、天然气制氢、甲醇制氢、煤炭制氢等方式，通过多种制氢方式来确保氢气来源渠道的畅通性，保障经济社会发展需求；浙江省重点鼓励工业副产品制氢。浙江省工业发达，发展工业副产品制氢具有良好基础；江苏省重点支持发展工业副产氢提纯、水电解制氢、分布式可再生能源制氢与高纯氢制备；安徽省在制氢领域主要是通过引进一批龙头企业来实现氢气的供给。

储运领域，上海市主要通过高压管路、加氢枪、换热器等核心技术来实现氢气的安全储运；浙江省通过引进国外知名企业，加大储运技术研发，并加强企业和高校合作，重点突破氢气储运过程中的关键核心技术，并通过扩建加氢站，保障氢能储运的合理布局；江苏省通过重点发展液氢储运、低温泵、液氢加氢枪、压缩机等储运技术，加强氢气储运领域布局，保障经济社会发展需要；安徽省重点引进龙头企业，加强储运领域核心技术研发。

燃料电池应用领域，上海市重点研发燃料电池商用车，加快研发燃料电池乘用车，持续突破整车底盘和动力系统集成技术。攻关燃料电池整车核心共性技术；浙江省大力支持整车生产企业开发氢燃料电池汽车，积极引进具备国际先进水平的氢燃料电池整车企业，推动氢燃料电池汽车在城市公交、港口物流等领域应用，加快发展氢燃料电池及发动机；江苏省重点加快攻克质子交换膜、催化剂、高品质碳纸等关键材料及工艺，提高双极板、膜电极、扩散层、电堆及其关键零部件生产技术水平；安徽省重点鼓励各地研究制定支持新能源汽车推广应用政策措施，完善新能源汽车充电服务价格政策，规划建设或改建新能源汽车专用停车位。

3. 珠三角氢能产业发展实践进展

珠三角地区作为开放程度较高的区域之一，积极抢抓氢能产业布局。截至2022年1月，广东省级层面颁布氢能相关政策文件6项，发展重点主要涉及制氢、储氢、加氢技术的研发，氢燃料电池以及氢燃料电池汽车产业链和氢能相关应用场景等领域(见表3)。

表3 广东省级层面涉及的氢能产业发展规范性文件

文件名称	发布时间	主要内容
《广东省新能源汽车产业发展规划(2013—2020年)》	2013年5月	适时适度开展制氢、储氢、加氢技术与装备的研发，支持技术创新、完善充电和加氢基础设施配套、促进新能源汽车在公共领域的推广应用
《广东省级新能源汽车推广应用专项资金管理办法》	2015年5月	对加氢站、燃料电池和燃料电池汽车推广应用，按照每个城市的推广应用实际贡献率进行补助
《广东省人民政府办公厅关于加快新能源汽车推广应用的实施意见》	2016年4月	建立以产业链企业之间风险共担、合作经营为主，以政府扶持、财政补贴为辅的新能源汽车推广模式，并对加氢站等新能源汽车充换电设施运行给予补助
《广东省人民政府办公厅关于印发广东省战略性新兴产业发展"十三五"规划的通知》	2017年9月	推进氢气制备、储运、加注基础设施建设，有序推进氢燃料电池汽车研发与产业化，提升新能源消纳能力
《关于加快新能源汽车产业创新发展的意见》	2018年6月	要加快新能源汽车产业创新发展，明确新能源汽车推广应用省级财政补贴资金中，30%的比例用于支持氢燃料电池汽车推广应用
《广东省加快氢燃料电池汽车产业发展实施方案》	2020年11月	培育氢燃料电池汽车产业链，支持氢燃料电池技术研发创新，开展氢燃料电池汽车规模化推广应用，加快推进加氢站规划建设

资料来源：根据相关资料整理。

珠三角氢能产业发展典型城市有广州市、深圳市和佛山市。截至2022年1月，三市共出台氢能相关产业发展规划9个，其中，广州市出台3个，深圳市出台1个，佛山市出台5个（见表4）。主要涉及对氢能产业链相关环节进行补贴，开展氢能产品应用示范，以及建立氢能产业安全管理和氢气制、储、运、加、用等关键环节的标准规范体系等。

表4　城市层面涉及氢能产业的相关规范性文件

文件名称	发布日期	主要内容
《广州市氢能产业发展规划（2019—2030年）》	2020年7月	要打造氢能全产业链。重点发展燃料电池、氢能储运、氢能制备技术研发与装备制造产业和推动氢能规模化应用。建设配套基础设施；建立检测认证体系；构建人才支撑体系；搭建创新发展平台
《广州市黄埔区、广州开发区促进氢能产业发展办法》	2021年6月	从投资落户、研发机构认定、行业协会、产业园方面，对氢能产业发展进行扶持。强化金融机构对氢能产业发展的支持力度
《从化区能源发展"十四五"规划（2021—2025）》	2021年12月	加快以氢燃料电池为主的新能源产业配套，重点发展加氢设备、氢气储运设备、制氢设备、加氢站成套设备、氢燃料电池关键零部件及系统集成等产业领域，深入推进氢能高效利用
《深圳市氢能产业发展规划（2021—2025年）》	2021年12月	建立氢能产业安全管理和氢气制、储、运、加、用等关键环节的标准规范体系；推进氢气制取、储运、加注、燃料电池系统等核心材料和关键零部件核心技术研发；开展氢能产品应用示范，开展交通运输领域应用、分布式发电领域应用和新兴及交叉领域应用示范
《佛山市新能源公交车推广应用和配套基础设施建设财政补贴资金管理办法》	2020年5月	对加氢站进行补贴。其中，对日加氢能力在350（含）~500（不含）公斤、500（含）~1000（不含）公斤和1000公斤及以上的固定式加氢站，分别给予相应的财政补贴
《佛山市氢能源产业发展规划（2018—2030年）》	2018年12月	到2030年培育氢能及燃料电池企业超过150家、龙头企业8家，建设加氢站达到57座

续表

文件名称	发布日期	主要内容
《佛山市南海区氢能产业发展规划（2020—2035年）》	2020年2月	推进仙湖实验室、国家技术标准创新基地（氢能）、华南氢安全促进中心等重点平台建设，强化产学研支撑。完善氢源供给体系、氢储运体系和氢燃料电池汽车整车设计与制造水平，健全氢能产业链条
《佛山市南海区促进加氢站建设运营及氢能源车辆运行扶持办法》	2020年5月	对具备高密度、连续加氢能力，按国家加氢站相关标准规范建设、验收，日加氢能力不低于350公斤的加氢站给予财政补贴
《佛山市南海区促进新能源汽车产业发展扶持办法（修订）》	2020年4月	对区域内从事新能源汽车产业生产、研发经营活动和纳税，并形成实际投资的前100家新能源汽车产业企业，给予一次性奖励。同时，给予新进驻广东新能源汽车核心部件产业基地核心区（丹灶）前50家新能源汽车产业企业租金补贴

资料来源：根据相关资料整理所得。

制氢领域，广州市重点开展可再生能源制氢、煤炭分级制氢、太阳能水解生物质制氢、工业副产氢高效提纯制氢、甲醇热解制氢技术；深圳市重点发展海水制氢、高温固体氧化物电解池制氢、核能高温制氢、天然气水蒸气重整制氢、质子交换膜水电解制氢等；佛山市重点研发可再生能源制氢、谷电制氢、天然气制氢协同组合的制氢供氢技术，积极同周边地区协调规划清洁能源制氢示范项目，构建区外供氢和区内制氢相结合的低碳低成本氢源供给体系。

储氢领域，广州市重点发展大规模低温液氢储运、有机液态储氢、合金固态储氢，加快加氢站等基础设施规划建设，鼓励利用现有的加油站、加气站改建或扩建加氢设施，鼓励开展低温液态、有机液态、固态合金等储运加注示范技术与加氢站建设；深圳市重点发展金属储氢、液化储氢工艺流程及液氢储罐、有机液态化合物储氢、天然气管道掺氢等。支持开展长距离、大规模管道输氢技术研究，为未来氢能产业规模化发展探索可行的氢气运输方案；佛山市重点开展高压储氢装备制造技术，建设广东省质量监督氢能储运装备检验站，完善氢能高效储运体系，推进氢气长管拖车运氢，加强氢气高压长管拖车和液氢运输技术研究与示范，规划布局涉氢专区输氢管道示范工程，提高氢气储运效率。

氢燃料电池领域，广州市重点发展固体氧化物燃料电池技术，重点聚焦燃料电池质子交换膜、低铂催化剂、碳纸等核心材料，膜电极、金属双极板，氢气循环部件、空压机、增湿器等关键零部件，以及长寿命、高性能、低成本的燃料电池电堆及系统；深圳市重点围绕质子交换膜、气体扩散层、双极板、密封材料、连接体等关键材料及核心零部件布局一批技术攻关项目，增强氢燃料电池系统集成能力，提高性能，降低成本，推动燃料电池规模化应用；佛山市依托氢能产业装备制造业基础配套，强化催化剂、质子膜、"四泵四器"等燃料电池核心材料与部件，以及加氢设备核心阀件等关键技术引进与吸收，推进核心部件国产化进程，抢占国内市场高地。

应用示范领域，广州市推进氢燃料电池交通装备示范及商业化应用，重点发展燃料电池汽车在公务、公交、环卫、物流等公共服务领域的应用。推动燃料电池叉车、重型卡车等在仓储、港口等领域的应用。支持对于网约车、巡游出租车等应用场景开展燃料电池乘用车示范应用，支持燃料电池商用车在如机场快线（空港快线）等交通专线示范应用；深圳市推动氢燃料电池汽车在仓储、物流、港口、环卫和工地等场景开展应用示范。率先在公务船舶领域开展氢燃料电池船舶应用示范。开展分布式发电与热电联供、氢燃料电池与小型燃机联合循环分布式发电等应用示范；佛山市鼓励扫地车、洒水车等公共服务领域使用氢燃料电池车辆。支持氢燃料电池技术在叉车、观光车、自行车、电动车、无人机、船舶等领域的拓展应用。在大型公共建筑、医院、学校和工厂建设氢燃料电池分布式发电、储能系统、热电联供的示范工程。

4. 川渝鄂氢能产业发展实践进展

川渝鄂地区也是我国氢能产业发展集聚区之一。川渝鄂三地政府高度重视氢能产业发展，积极与国家上位氢能产业发展规划紧密对接，科学布局氢能产业发展。

2022年3月，四川省人民政府印发《四川省"十四五"能源发展规划》，重点强调"对接国家氢能规划，着眼抢占未来产业发展先机，统筹氢能产业布局，推动氢能技术在制备、储运、加注、应用等环节取得突破性进展。支持成都、攀枝花、自贡等氢能示范项目建设，探索氢燃料电池多场景应用"。

与此同时，重庆市人民政府发布《重庆市战略性新兴产业"十四五"规划(2021—2025)》，并采用大量篇幅重点谋划氢能产业发展蓝图。该规划强调，要紧扣时代发展潮流，加快氢能产业发展，重点围绕制氢、储运、燃料电池及汽车、应用示范等领域加强谋划布局。

湖北省高度重视氢能产业发展布局。2020年12月，湖北省政府出台《武汉市氢能产业突破发展行动方案》，重点围绕氢能产业重点领域、核心技术、支持体系等方面进行前瞻谋划。2022年5月，湖北省人民政府印发《湖北省能源发展"十四五"规划》，重点强调"积极探索氢能开发利用，聚焦制氢、储运、加注、燃料电池等氢能产业链核心环节，推动基础前沿和共性关键技术和装备研发"。

二、湖北省培育发展氢能产业的"长板"与"短板"

(一) 湖北省培育发展氢能产业的"长板"

湖北省作为中部地区重要省份，承担着中部地区崛起的使命，也承担着建设"美丽湖北"的重任，产业绿色转型迫在眉睫。氢能产业是优化能源消费结构，推动产业优化升级的重要抓手。湖北省发展氢能产业基础良好，"长板"突出，主要表现在：

1. 科创资源较为丰富

湖北省拥有武汉大学、华中科技大学、中国地质大学(武汉)、武汉理工氢电、东风公司、武汉雄韬氢雄、武汉众宇、国电投绿动等科研平台和大型企业，同时还拥有宝武钢铁、荆州沙隆达、葛化、荆门石化等一批具有丰富副产品氢气资源的企业。其中，武汉理工氢电是国内最大的膜电极出厂商。东风公司等企业在燃料电池电堆技术领域占据核心优势。武汉雄韬氢雄研发的氢能动力系统产品的国产化率超过90%。

2. 发展环境逐步形成

武汉、宜昌、荆州、黄冈等地，从产业规划、研发支持、财政补贴、税收减免、规范管理等方面制定和出台一系列政策支撑氢能产业快速发展，产业发展政策日趋完善。湖北省拥有全国首个氢燃料电池产业园，为氢能燃料电池发展提供良好平台。氢能产业促进联盟有利于国内外氢能产业共享和联结，促进氢能产业快速、健康、高效发展。

3. 产业链条粗具雏形

湖北省初步涉及氢气的制备、储运、加注、燃料电池、燃料电池汽车等全产业链主要领域。制氢、储运、加注领域，聚集武钢、康明斯、中韩石化、武汉雄众、国氢能源科技等企业。燃料电池领域，聚集武汉雄韬氢雄、武汉众宇等国内重点企业。整车制造领域，聚集东风汽车集团、武汉开沃新能源汽车公司等企业。氢能应用示范领域不断拓宽，基础设施建设不断完备。

(二) 湖北省培育发展氢能产业的"短板"

近年来，湖北省依托自身发展优势，积极抢占氢能产业发展先机，初见成效，但仍面临一些"短板"：

1. 产业链条尚未完全打通

湖北省氢能产业尚处于起步阶段，上中游产业链相关企业数量少，尚未形成制氢、储运、加注、应用等协同完整的产业链条。氢能基础设施建设相对落后、储运设施不完善、加氢站数量少且成本高，都成为氢能产业发展的桎梏。

2. 关键核心技术急需突破

湖北省在制氢、储运、燃料电池相关的质子交换膜、碳纸、低铂催化剂、金属双极板、氢循环部件、空压机、固体氧化物燃料电池系统集成、固态储氢等方面核心技术尚未实现完全突破，一些产品的关键核心部件主要依赖进口，技术水平与国际先进水平仍存在较大差距。

3. 检验检测标准有待加强

目前湖北省尚缺乏标准化、规范化的氢能及燃料电池产业各环节相关产品质检测试能力，缺乏对氢能及燃料电池各环节相关产品的性能认证能力，不利于氢能及燃料电池产业的健康安全发展。

三、推动湖北省氢能产业高质量发展的突破口

为顺应新一轮科技革命和产业变革趋势，抢占氢能产业发展先机，推动湖北省氢能产业高质量发展，建设成为全国氢能产业重要策源地，建议从八个方面重点发力：

（一）打造氢能全产业链示范基地

积极推行氢能产业链"链长制"，由湖北省政府主要领导亲自挂帅，担任总链长，总揽氢能产业发展大局。在氢气制储运发展领域，发挥武汉市青山区"氢都"作用，积极引进一批国内外具有产业技术引领作用的氢能优质企业或投资项目；在燃料电池关键零部件领域，重点支持氢能产业基础开发、燃料电池发动机系统、燃料电池电堆、燃料电池膜电极等关键环节；在燃料电池整车领域，对标国际先进燃料电池汽车整车技术水平，基于已有整车设计平台和制造产线基础，建立燃料电池整车工程化开发技术平台，开发适用于各类示范运营场景的燃料电池汽车；在跨区域合作领域，建设由武汉、襄阳、十堰、随州、孝感组成的"零部件与整车制造带"和由荆门、潜江、宜昌、黄冈组成的"氢能制造带"。

（二）打造氢能技术研发基地

强化重点领域技术研发，加强制氢、储运、燃料电池等方面开展"卡脖子"技术攻关，突破产业技术关键环节，开展高技术水平燃料电池整车和核心零部件技术研发。构建"政产学研用"联合推进的创新发展机制，鼓励相关企业联合高校、科研机构等组团申报国家（省）级重

大项目联合开展前沿技术研发工作。鼓励科研院所的基础设施和大型科研仪器向社会开放,推动各类创新创业服务载体开展良性互动,实现资源共享,促进技术成果转化。支持合作共建"氢能学院""氢能技术研究中心"等科技创新平台、中小企业公共服务平台和服务机构,打造氢能产业技术研发基地。

(三)打造氢能产业人才基地

以企业、高等院校、科研院所等创新主体为依托,大力培育和引进氢能专业人才,推动氢能创新载体和专业人才相互支撑、协同发展。将氢能产业人才列入紧缺人才目录,通过实施国家、省、市级等重大科技项目引进关键技术高端专业人才,通过市级人才政策吸引企业管理运营人才和专业技术人员等高层次人才。培育和引进高层次人才,建立全球顶尖人才"猎头机制",采取"全球邀约""举荐制"等方式,构建多层次人才梯度。实施"学子留汉""英才聚汉""楚才回汉"等重大人才工程,扎实推进"车谷英才计划"。壮大高技能人才队伍。推进"双高计划",整合现有职业教育资源,培育高水平高职学校和专业。支持与境外知名职业院校、企业等合作,引进高水平职业教育资源,培育大型职业教育集团。创新人才激励和评级机制。完善项目"揭榜挂帅"机制,赋予创新领军人才更大财物支配权、技术路线决定权,加大对氢能产业发展有突出贡献人员的奖励。建立健全符合新技术与新产业发展规律要求的科技人才评价体系。加快推动本地人才培养计划,依托湖北省内高等院校,开设氢能相关学科建设,培养一批氢能技术研究、产品开发和应用检测等研究型及实用型人才。

(四)打造氢能产业会展基地

充分发挥氢能产业促进联盟作用,定期举办氢能博览会、氢能产业发展高端论坛、氢能核心技术峰会、燃料电池技术创新论坛、学术交流会、技术成果展览会等行业交流活动,推动氢能先进技术成果在湖北省顺利实现转化。加强与国内外合作力度,充分发挥各自氢能产业优势,搭建全方位、多领域、高层次合作平台。支持湖北省氢能领域重点企业与国内外领先企业、科研机构等在科技创新、人才培养、平台建设等方面开展全方位合作，加强人才引进、人才培训、人才交流，为产业创新发展提供智力支撑。

（五）打造氢能产业检测基地

建立健全氢能及燃料电池检测认证、安全监管、质量监督、标准规范等体系，引进如质子交换膜、催化剂、碳纸等关键材料、燃料电池辅助系统零部件、燃料电池动力系统集成与控制、整车与关键零部件等检测机构，建设燃料电池材料、电堆、系统和动力系统、整车及其关键零部件成套测试平台，形成检测认证服务体系以及测试装备供应体系，打造国家级氢能监督检测中心。

（六）打造氢能产业标准基地

积极出台氢气安全管理政策，加强氢气安全监管，完善氢气制、储、运、用等环节法律法规和安全技术标准，实现全流程、各环节的全覆盖。全力保障标准高效实施，强化政府在氢能领域标准实施中的指导作用，建立标准监督及实时更新机制。发挥企业在标准实施中的主导作用，支持企业建立促进技术进步和适应市场竞争需要的标准化工作机制，重点奖励对规则进行修订与补充的企业。

（七）打造氢能应用示范基地

充分发挥"氢能产业促进联盟"引领作用，加快成立"氢能示范应用推进领导小组"，负责氢能应用示范相关事宜，积极拓宽氢能示范应用领域。构建多样化氢能应用场景，在交通领域，重点推广应用氢燃料电池汽车，可以将应用场景拓宽至船舶领域；发电领域，充分发挥氢能发电和热电联供效率高、清洁低碳、储存时间长、使用寿命长等技术优势，开展分布式发电领域应用示范；积极探索氢能在农业、服务业方面的应用领域。探索氢能应用商业化模式，引导湖北省氢能重点企业和社会资本共同建立"氢能产业商业化促进中心"。

(八)打造氢能产业政策服务基地

依托湖北省氢能产业发展现状,围绕全产业链制定支持氢能产业发展专项政策。增加氢能产业用地,通过"腾笼换鸟"政策将一些闲置、浪费、效益不高的工厂进行二次改造,优先满足氢能产业发展需求。政府在土地审批过程中,对于一些前景较好的氢能产业要给予优先考虑权,提高土地供应比例。设立"氢能产业发展专项基金",加大对氢能特色产业园区、氢能产业化项目、制氢中心、加氢站等支持力度,引导科研、技改、人才等各类专项资金向氢能产业倾斜。

报告撰稿人: 吴传清　武汉大学经济与管理学院教授、中国发展战略与规划研究院副院长
　　　　　　赵　豪　武汉大学经济与管理学院博士生

湖北省高标准农田建设现状、面临的挑战及对策建议

许传红　李小芳

习近平总书记曾指出："保障粮食安全，关键是要保粮食生产能力，确保需要时能产得出、供得上。"[①]高标准农田建设是农业基础设施建设领域的重大项目，是落实"藏粮于地、藏粮于技"与推进乡村振兴战略的重要举措，是实现农业农村产业兴旺的重要支撑，事关国家粮食安全和农业现代化发展，对于实现"把饭碗牢牢端在自己手上"的目标，推动农业高质量发展有重大意义。

湖北省高标准农田建设起步较早，开展已有十余年，成效明显，粮食总产量连续9年稳定在500亿斤以上[②]，为农产品稳产保供、保障国家粮食安全作出了巨大贡献。同时，湖北省是长江干流流经里程最长的省份，在全球变暖的大背景下，近年来极端天气频繁出现，湖北省也多次受到暴雨洪涝及高温干旱等灾害性天气的影响。2020年遭遇的超长梅雨汛情，暴露出湖北省农业农村基础设施存在的短板，做好高标准农田建设调研，弄清高标准农田建设状况，推动高标准农田高质量发展尤为迫切。

一、湖北省高标准农田建设现状

（一）湖北省高标准农田建设的基本情况

2022年中共中央、国务院发布的中央"一号文件"提出"多渠道增加

---

① 习近平. 论坚持全面深化改革[M]. 北京：中央文献出版社，2018：401.
② 王忠林. 政府工作报告[N]. 湖北日报，2022-01-30(1).

投入，2022年建设高标准农田1亿亿，累计建成高效节水灌溉面积4亿亩"的目标①。高标准农田要求田成方、渠相连、旱能灌、涝能排。按照规划，到2022年全国要建成10亿亩高标准农田，以此稳定保障1万亿斤以上的粮食产能。相关数据显示，截至2020年年底，全国已完成8亿亩高标准农田建设任务，建成的高标准农田亩均粮食产能一般增加10%~20%，亩均节本增效约500元②，为全国粮食产能保持多年稳定提供了坚实保障。

作为全国13个粮食主产省份和水稻主要产区之一，湖北省高度重视高标准农田建设，湖北省委、省政府始终将其放在农业工作的重要位置。湖北省高标准农田建设起步早于全国多数省份，据统计，到2008年，湖北省已累计建成高产基本农田600万亩。"十二五"期间，全省投资约408亿元，建设2039万亩高标准农田③，在2011至2019年间，湖北省建成高标准农田3543.18万亩④，截至2021年8月，湖北省已建成高标准农田3700万亩⑤，超额完成了2016年《湖北省高标准农田建设推进方案》制定的到"十三五"末建成3570万亩高标准农田的目标，湖北省已建高标准农田在全省耕地面积中占比已超68%⑥。

根据农业农村部整体部署，湖北省计划2020年至2022年每年新增340万亩高标准农田，按照确保每亩投入不少于2000元的标准，每年

---

① 中华人民共和国农业农村部. 聚焦2022中央一号文件[EB/OL]. (2022-02-23) [2022-06-08]. http：//www.moa.gov.cn/ztzl/jj2022zyyhwj/2022nzyyhwj/202202/t20220223_6389292.htm.

② 中华人民共和国财政部. 我国已建成8亿亩高标准农田[EB/OL]. (2021-10-27)[2022-04-02]. http：//sd.mof.gov.cn/zt/dcyj/202110/t20211027_3761238.htm.

③ 湖北省农业农村厅. 奋进跨越的"三农"答卷[EB/OL]. (2015-12-17)[2022-06-08]. http：//nyt.hubei.gov.cn/bmdt/ztzl/wqzt/sewny/201910/t20191029_107523.shtml.

④ 祝华, 邹慧, 杨文兵, 等. 像保护大熊猫一样保护耕地[N]. 湖北日报, 2021-01-21(9).

⑤ 刘澍森, 柯建国. 湖北建设3700万亩高标准农田[N]. 湖北日报, 2021-08-02(7).

⑥ 铸就荆楚"三农"发展新辉煌 书写全面小康"三农"新答卷——"十三五"湖北农业农村发展成就巡礼[N]. 湖北日报, 2020-12-21(12).

计划投入资金 68 亿元，3 年共计投入 204 亿元①，这为稳步开启"十四五"湖北省农业农村高质量发展的新局面提供了重要前提条件。2020 年，受新冠肺炎疫情及汛期水灾等因素影响，湖北省高标准农田建设项目复工复产较晚，进度较之过去稍显滞后，但总体成效并未受到太大影响，全部建设任务仍然能在建设周期内完成。

(二) 湖北省高标准农田建设的主要做法

1. 全面统筹，高位推进

农田建设是农业农村发展的一个重要方面，湖北省在高标准农田建设过程中统筹机构职能、统筹项目资金与进度、统筹当前与长远，将高标准农田建设与乡村振兴、产业发展、脱贫攻坚等任务结合起来，坚持高位推动，统筹谋划与推进，有力有序组织项目实施。

2016 年 1 月出台的《湖北省人民政府办公厅关于整合相关项目资金推进高标准农田建设的指导意见》提出成立"湖北省推进高标准农田建设协调小组"，实行省级统筹，强化部门协同。湖北省多地将高标准农田建设作为"一把手"工程，成立由主政领导牵头的领导小组和指挥部，如松滋市成立了以市长为组长的"松滋市高标准农田建设领导小组"和以市委常委任指挥长的"高标准农田项目建设指挥部"②，在市领导小组的领导下开展工作，负责实施方案制订事宜；在资金方面，建立高标准农田建设资金专户，掌握资金动态，统筹做好项目建设管理、矛盾协调、工程验收等具体工作，避免相关部门各自为战。

2019 年 3 月，湖北省整合机构职能，改变以往农田整治及水利建设等工作分属不同部门，高标准农田建设处于"九龙治水""五牛下田"而难以形成合力的局面，将高标准农田建设管理的职能划归农业农村部门，抽调湖北省财政、发展改革、自然资源、农业农村、水利等部门人

---

① 胡琼瑶，李剑夫. 我省三年再建 1020 万亩高标准农田[N]. 湖北日报，2020-09-30(5).
② 湖北松滋 打好推动高标准农田建设的"组合拳"[J]. 中国农业综合开发，2020(11): 40-42.

员组成农业农村厅农田建设管理处,负责高标准农田建设。机构改革以来,大力整合资源助推高标准农田建设,以政府资金为主,多渠道、多形式吸纳社会资本为辅,完善资金投入机制,整合项目资金,进一步助推改革。2019年以来,湖北省以高标准、高质量、高速度推进农田建设,总投资超过220亿元,遍布全省60%的乡镇、村庄,吸引近30亿元社会资本参与其中①。

2. 建章立制,规划引领

高标准农田项目建设是一项长期工作,涉及项目选址、项目招投标、资金落实、工程建设及建后管护等重要方面,为确保项目顺利进行、高质量完成建设任务,湖北省各级农业农村部门在建设的全过程中注重建章立制,规划引领。近年来,湖北省围绕高标准农田建设密集出台政策法规,为确保高标准农田建设有规可循提供了有力支撑。

2019年11月,为切实防范全省农田建设管理系统廉政风险,规范农田建设管理工作秩序,确保项目安全、资金安全、队伍安全,湖北省农业农村厅制定《湖北省农田建设管理工作纪律》,对全省农田建设管理人员作出"十严禁"纪律规定。2022年5月,为确保完成《湖北省乡村振兴战略规划(2018—2022年)》提出的高标准农田建设目标任务,高质量推动全省各地高标准农田建设,湖北省农业农村厅、财政厅制定印发《湖北省高标准农田建设评价激励实施细则》。

2020年6月,为进一步规范湖北省农田建设项目管理,保证项目建设质量,如期实现建设目标,湖北省农业农村厅出台《农田建设项目管理办法实施细则(试行)》。2020年7月,为加强和规范农田建设补助资金管理,确保每一笔资金投入落到实处,湖北省财政厅、农业农村厅制定了《湖北省农田建设补助资金管理实施细则》。湖北省在高标准农田建设过程中,基本上以三年为期进行建设任务的规划,如2020年8月,湖北省下发了《湖北省疫后重振补短板强功能"十大工程"三年行动

---

① 何红卫,乐明凯. 紧紧扭住"耕地"这个要害补短板——湖北省加快推进新一轮高标准农田建设纪实[N]. 农民日报,2021-08-07(1).

方案（2020—2022年）》，高标准农田建设被列为"十大工程"之一。2021年9月，湖北省相关部门印发高标准农田建设招投标示范文本，改变了过去招投标文本标准不一、形式混乱的局面①。响应农业农村部工作部署，湖北省在2022年农田建设管理要点中提出要构建省、市、县高标准农田建设三级规划体系，不断优化高标准农田建设区域布局②。这些政策法规和行动方案，对于提高湖北省高标准农田项目建设的规范性和科学性大有裨益。

3. 因地制宜，技术引领

为确保项目顺利进行、高质量完成农业农村部下达的任务，湖北省在高标准农田建设过程中秉承实事求是的原则，在高标准农田建设过程中始终坚持一切从实际出发，不搞"一刀切"。在高标准农田建设任务分配上，根据地形地貌实行差异化分配，提出单个高标准农田建设项目规模平原原则上不低于3000亩，丘陵山区不低于1000亩③的规定。同时，将经营面积在300亩及以上的新型农业经营主体纳入高标准农田项目申报主体范围。在投资标准上，新建高标准农田亩均投入标准在2000元以上，并鼓励各地结合本地实际，拓宽筹资渠道，提高亩均投入标准。在选址原则上，坚持优先在永久基本农田和水稻、小麦粮食生产功能区开展高标准农田建设，坚持优先安排干部群众积极性高和自筹资金能力强的地区开展高标准农田建设。

高标准农田项目建设作为一项"技术活"，无论是建设还是使用都离不开技术指导，湖北省农业农村厅、各市农业农村局立足现实，把技术引领落实到了高标准农田项目建设过程中。首先，重视与高校、科研

---

① 崔逾瑜. 湖北统一编制高标准农田建设招投标示范文本[N]. 湖北日报，2021-09-10(10).

② 湖北省农业农村厅. 2022年农田建设管理工作要点[EB/OL]. (2022-03-25)[2022-04-01]. http：//nyt.hubei.gov.cn/bmdt/ztzl/zxzt/2022nnytgzyd/202203/t20220325_4056574.shtml.

③ 湖北省农业农村厅. 2021年农田建设管理工作要点[EB/OL]. (2021-03-05)[2021-07-18]. http：//nyt.hubei.gov.cn/bmdt/ztzl/zxzt/hbsgbzntjs/tzgg/202103/t20210305_3376823.shtml.

院所的交流合作，向相关专家学者寻求技术支持与业务指导。当阳市就是一个典型案例，据了解，该市与湖北省农科院产学研合作达 11 年之久，在此期间合力攻克机械化规模种植和喷灌技术，农业科技含量逐年提升，造就了一批"万元田"①；襄阳市还建立了高标准农田建设专家库②。

其次，重视在信息技术、智慧农业方面的研究。目前，湖北省在无人机化防、远程灌溉、耕地质量检测等方面的技术已有所发展，不仅有力实现了节本增效，使农业生产更为便利、高效，更重要的是，技术的革新使农业农村现代化迈上了新台阶。

最后，关注高标准农田建成后的投入使用问题。在高效耕种、集中育秧、病虫害防治技术、高效施肥技术等服务于规模化经营的技术服务体系上花费大量人力、物力、财力，着力打造出一套适应于高标准农田的技术服务体系。为贯彻技术引领这一重要原则，湖北省在专业技术人才的引进与培养工作中也下了大功夫，咸宁市基层农业部门已经形成了"自我学习专业技能、送员工外出培训、请专家系统培训"③三管齐下的人才培养模式，为各地提供了典型示范。

二、湖北省高标准农田建设取得的主要成效

（一）耕地质量提升，农业经济效益得以提高

"增加农民收入是'三农'工作的中心任务。"④高标准农田建设通过

---

① 张乐克，王涛，汪运钦．农田变"聪明"产量增两成［N］．湖北日报，2020-12-01（1）．
② 襄阳市农业农村局．襄阳扎实推进高标准农田建设［EB/OL］．（2021-01-19）［2021-07-18］．http：//nyncj.xiangyang.gov.cn/zwgk/gkml/qtzdgknr/cezx/202101/t20210122_2380783.shtml．
③ 晏翔，吴少波．农田建设的标杆是怎样树立起来的——湖北省咸宁市高标准农田建设侧记［J］．中国农业综合开发，2020（11）：45-47．
④ 习近平关于"三农"工作论述摘编［M］．北京：中央文献出版社，2019：146．

土地平整、灌溉条件及田间道路等设施的建设完善，使项目区域耕地质量得到了明显提升，直接促进了农业经济效益的提升。建成后的高标准农田，耕地质量平均提高0.5个等级以上，粮食生产能力平均每亩提高100公斤左右①，粮食综合生产能力显著提高。据统计，2020年，湖北省的化肥利用率提高至40.31%，化肥施用总量实现8年连减，畜禽粪污综合利用率达到86.8%，秸秆还田利用率达到50%以上②，耕地质量的提升直接促进了农作物产量的提高和农民收入水平的提升。

恩施州在2020年开展当地高标准农田建设前就对项目建设成效进行了评估，结果显示在项目建设地区直接受益农户可达4.47万户，直接受益农业人口可达16.68万，直接受益的农民年纯收入增加总额可达5429万元③，土壤地力条件、农业生产能力都能相应得到提高。在应城市，对比2015年，整个市的耕种面积和农业产量分别增加了3万亩和118万吨④；在十堰市郧阳区，高标准农田建设完成之后，每亩耕地新增粮油产量60公斤以上，全区年新增粮油产量达到3000吨以上⑤。

（二）生产条件改善，保障水平得以提升

高标准农田以"田成方、地成块、路相通、渠相连、涝能排"为建设标准，目的在于将高低不平、道路不通、渠道不畅的农田建设成设施

---

① 湖北省农业农村厅. 湖北省高标准农田建设规划（2022—2030年）[EB/OL].（2022-04-15）[2022-06-08]. http://nyt.hubei.gov.cn/zfxxgk/zc_GK2020/gfxwj_GK2020/202205/t20220505_4111558.shtml.

② 襄阳市农业农村局. 襄阳扎实推进高标准农田建设[EB/OL].（2021-01-19）[2021-07-18]. http://nyncj.xiangyang.gov.cn/zwgk/gkml/qtzdgknr/cezx/202101/t20210122_2380783.shtml.

③ 恩施州人民政府门户网站. 恩施州2020年高标准农田建设项目启动，受益农户可达4.47万[EB/OL].（2020-10-21）[2021-07-18]. http://www.enshi.gov.cn/xw/esxw/202010/t20201021_695621.shtml.

④ 胡琼瑶. 3000万亩高标准农田夯实"米袋子"[N]. 湖北日报，2020-11-30(14).

⑤ 十堰市人民政府网. 郧阳区投资4956万元建设高标准农田4.55万亩[EB/OL].（2021-03-15）[2021-07-18]. http://www.shiyan.gov.cn/ywdt/xqsm/yyq/202103/t20210315_3263834.shtml.

配套、高产稳产、生态良好、抗灾能力强的良田。高标准农田建设对改善生产条件具有重要作用。高标准农田的规模化建设优化了农田布局，改变了原有地块零星破碎、肥力低、效益差的状况，灌溉保证率、田间道路通达率都有显著提高。同时，高标准农田建设为发展农业规模经营创造了条件，更有利于项目区土地有序流转，提高农业生产机械化、标准化和集约化水平，高标准农田在防灾减灾上也能发挥关键作用，保障农业生产旱涝保收、稳产高产。

2016 至 2019 年，应城市累计建设高标准农田 35.34 万亩，2020 年建设高标准农田 4.34 万亩。伴随着高标准农田建设，该市土地流转进程得以加速，全市土地流转面积达 17.29 万亩，土地流转方便了农机作业，促进了应城特色产业发展；应城市全市糯稻种植总面积达到 35 万亩、总产 19.6 万吨，分别比 2015 年增加 3 万亩和 1.8 万吨[①]。2019 年，松滋市涴水镇高山片区夏季遭遇罕见旱灾，得益于该区开展了灌区维修改造工程，当地 1.5 万亩农田未受影响并喜获丰收，共避免损失 300 余万元[②]。可见，高标准农田项目建设在改善生产条件、保障农作物稳产高产、维护国家粮食安全等方面具有不容忽视的作用。

（三）就业机会增加，脱贫成果得以巩固

高标准农田项目建设作为便民利民的重要工作安排，其出发点和落脚点始终在于农民，在于为农民谋利益。高标准农田项目的实施能够为当地群众提供就业机会，荆州市农业农村局在 2020 年提出"项目实施与吸收农工"相结合的原则，为有效推动当地群众尤其是贫困户就近参与

---

① 湖北省农业农村厅. 应城市做好"四三"文章彰显高标农田效益［EB/OL］.（2020-08-17）［2021-07-18］. http://nyt.hubei.gov.cn/bmdt/ztzl/zxzt/hbsgbzntjs/gzjz/202008/t20200817_2799024.shtml.

② 湖北松滋 打好推动高标准农田建设的"组合拳"［J］. 中国农业综合开发，2020（11）：40-42.

高标准农田建设,解决农民工复工返岗就业困难的问题提供了有力保障①。

高标准农田建设也能够为当地农业产业发展提供助力,促进当地产业振兴。秭归市九畹溪镇坚持围绕当地农业产业建设工程,带动了项目区闲置农田的有序流转,成功吸引农产品加工企业入驻,并培育了相关新型农业经营主体,使2万余人直接受益②。实践证明,高标准农田项目建设无论是在建前、建中还是建后都能对当地经济发展产生重要影响。现如今,我国正值巩固脱贫攻坚成果与推动乡村振兴有效衔接的关键时期,高标准农田项目建设作为"三农"领域的一项重要工作,在增加农民就业机会,拓宽农民增收渠道,从而进一步巩固脱贫攻坚成果方面作出了重要贡献,为确保其能够持久发力,相关部门的重视只能增不能减。

(四)科技贡献率提高,农业现代化得以推进

党的十八大以来,湖北省致力于实现农业科技化、机械化、信息化,为推进农业现代化建设做了许多工作,不仅在农业机械化建设上取得了巨大进步,在发展智慧农业、推进农业信息化发展上同样有可喜成绩,为其他省份发展现代农业、促进农业与时代接轨提供了经验借鉴。

党的十八大以来,湖北省"互联网+"现代农业全面发展,到2019年9月,12316农业综合服务与基层农技推广体系融合发展,信息进村入户试点范围扩大到14个市州47个县(市、区);补贴农机具8.33万台,"互联网+北斗+农机"的机信融合更加深入,累计安装各类农机北斗智能终端1.3万余台(套),累计监测作业面积1500万亩,完成110万亩深松作业任务;主要农作物耕种收综合机械化水平达到69%,建

---

① 湖北·荆州:做好"四个结合"迅速掀起高标准农田建设热潮[J].中国农业综合开发,2020(5):61-62.

② 周小琼,黄桂林.湖北秭归 多措并举提高项目建设管理水平[J].中国农业综合开发,2021(4):46.

设农业科技试验示范基地213个,培育科技示范主体28560个①。截至2021年7月,湖北省农业科技进步贡献率达61%②。湖北省农业科研成果同样十分丰富,"全球第一张水稻全基因组育种芯片""全国第一个双低油菜品种""中国第一个抗虫转基因水稻""全球第一支试管藕"③都是在湖北省诞生的。高标准农田既以规模化、科技化为特征,又以其为建设要求,以上数据呈现了科学技术在湖北省高标准农田项目建设中所起的作用,农业现代化在高标准农田建设与科学技术革新的双向互动中得以深入推进。

(五)人居环境改善,生态环境得以优化

高标准农田建设是兼顾经济效益与生态效益的战略任务,其建设成效不仅关乎农村经济的发展,同样与美丽乡村建设紧密相关。湖北省在全国率先探索绿色农田建设,始终立足于耕地数量、质量、生态三位一体格局开展工作,在其中融入耕地质量保护、生态涵养修复、农业面源污染防治等内容,致力于打造"升级版"高标准农田。

湖北省各市(区、县)积极采取措施,推动高标准农田建设与生态环境保护、美化相结合。例如,应城市积极探索农旅结合发展,近几年这座小城已经建成湖北楚珍园、罗曼假日玫瑰庄园、汤池陶家湖田园综合体、三合乡顺园、义和葛蓬岗生态农业等一大批生态农业旅游基地④,当地农民增收明显,农村环境显著改善。松滋市通过改良土壤、测土配方施肥、田间道路建设、生态护坡建设、路肩绿化等方式不断推

---

① 湖北省农业农村厅. 绘就荆楚"三农"发展新画卷[N]. 湖北日报,2019-09-30(17).
② 崔逾瑜. 中国饭碗 鄂粮添香[N]. 湖北日报,2021-07-01(T13).
③ 崔逾瑜. 中国饭碗 鄂粮添香[N]. 湖北日报,2021-07-01(T13).
④ 湖北省农业农村厅. 应城市做好"四三"文章彰显高标农田效益[EB/OL].(2020-08-17)[2021-07-18]. http://nyt.hubei.gov.cn/bmdt/ztzl/zxzt/hbsgbzntjs/gzjz/202008/t20200817_2799024.shtml.

进高标准农田项目建设①,一改从前沟渠淤塞、杂草丛生的状况,不仅生产条件得到了显著提升,农村的生态环境也有了明显改善,得到了当地农民群众的一致认可。

三、湖北省高标准农田建设面临的挑战

自2011年《高标准基本农田建设规范(试行)》出台以来,湖北省始终与国家同向同行、步调一致,积极开展高标准农田项目建设工作,高标准农田建设成效显著,在提升作物产量、提高经济效益、增加就业机会、促进农业现代化发展以及改善人居环境等方面起到了重要作用;但是综合来看,湖北省高标准农田建设工作中仍然存在一些亟待解决的问题,在建设前体现为财政和资金问题;在建设过程中体现为农民动员、项目监督和人才队伍问题;在建设完成后则体现为管护问题。

(一)县级财政压力大,资金落实难保障

据了解,湖北省高标准农田的建设标准为每亩不低于2000元,财政投入比例为中央和省级1300元、县级700元②,县级占比达35%,财政压力较大。湖北省地形复杂,平原、山地、丘陵、岗地等多种地形地貌兼备,将这一因素纳入考虑,以当前2000元每亩的投资标准其整体建设成效很难达到预期效果。针对这一问题,目前已有部分地区提出将山地、丘陵、岗地等复杂地貌的亩均投资标准提高至3000元,以最大限度地满足项目区农田建设的需要,这一要求符合现实需要,但如此一来,当地财政将面临更大的压力。

2020年新冠肺炎疫情肆虐,湖北省经济发展有所迟滞,财政收入

---

① 湖北松滋 打好推动高标准农田建设的"组合拳"[J]. 中国农业综合开发,2020(11):40-42.

② 湖北省农业农村厅. 湖北省2019年度高标准农田建设补助资金绩效自评报告[EB/OL]. (2022-02-28) [2022-04-02]. http://nyt.hubei.gov.cn/bmdt/ztzl/zxzt/hbsgbzntjs/gzjz/202202/t20220228_4015130.shtml.

受到较大影响，县级财政更为疲软，高标准农田建设资金落实受阻。虽然目前许多地区通过政府债券转移支付解决了一部分资金问题，但县级财政压力仍然不小，加上建设任务量大、资金来源有限，资金落实已然成为高标准农田项目建设的一大难题。

同时，由于与高标准农田建设资金运营相关的规章制度、法律法规仍未发展成熟，高标准农田建设资金在基层单位的落实也存在问题，资金被挪用、扣留，甚至贪污腐败现象仍然在一定范围内存在。为保证高标准农田建设项目顺利进行，天门市通过"乡村振兴和民生领域政策落实监察系统"对其进行专项监督，有数据显示，截至2021年5月，该市已查实截留挪用资金、超范围建设、建设质量不达标等问题7件，在与相关部门的配合下挽回经济损失252.01万元①。倘若监督缺位，这一事件造成的经济损失将远远不止252.01万元，高标准农田建设财政资金本就紧张，类似现象若得不到根治，高标准农田建设综合效益将大打折扣。

(二)项目统筹难度大，农民群众待动员

首先，高标准农田项目选址难度大，高标准农田项目以"粮食生产功能区"和"重要农产品保护区"为主要选址范围，目的在于提高耕地质量，推动增产增收。截至2022年，湖北省高标准农田建设工作开展已有十余年，前期建设较为顺利，在建设区域划定与项目区选址问题上有较大的选择空间；但在建设范围不重叠、不交叉的硬性要求下，目前可供选择的区域进一步缩小，剩下的都是难啃的"硬骨头"，不少耕地需经过部分甚至全面整治才能纳入建设范围，不仅选址难度加大，建设成本也在上升，高标准农田项目规划难度增大。

其次，高标准农田建设全过程农民群众参与率低，积极性有待提升。之所以会产生这一问题，有主观和客观两方面的原因。主观上，由

---

① 湖北省纪委监委网站. 天门：高标准农田建设项目专项监督挽回损失252余万元[EB/OL]. (2021-05-03)[2021-08-22]. http://www.hbjwjc.gov.cn/lzyw/129072.htm.

于基层对高标准农田项目建设宣传不到位,加上多数农民群众对高标准农田项目不甚了解且小农观念比较顽固,部分村民对其存在抵触情绪,认为项目建设有损个人权益,给农民群众的动员工作带来了无形的阻碍。客观上,农民群众参与的渠道较为狭窄,由于高标准农田建设项目建设实行招投标制,绝大多数项目由中标单位掌握,虽然也有一些新型农业经营主体参与其中,但比例较小,绝大多数只能以工人身份参与其中,就短期效果来看,最大的受益者往往不是农民;而且,高标准农田建设周期较长,一般为1~2年,农民群众的生产经营活动会在一定范围内受到影响,多种因素共同作用,就会导致农民不配合工作的情况出现。在项目建成后,也可能因为部分农民缺乏规模经营的技术和经验,面对实现规模化的高标准农田容易无所适从,导致在人力、物力、技术等无法匹配的情况下经营效果不理想,积极性进一步受挫。

(三)全面监督范围广,民主监督未善用

高标准农田建设周期长、建设程序繁多,因此监督工作涉及面广、实施难度大。为实现全过程、全领域监督,就项目本身而言,高标准农田的建设资金流向、工程建设质量、耕地用途皆为监督内容;就主体而言,农田建设部门、项目承建单位、基层行政单位、土地流转方和土地承包方等皆为被监督对象。实际上,湖北省就落实全过程监督做出了许多努力,随州市建立并实施的"施工单位+村书记+党员,村民代表+监理+督办人员"[1]的监督模式、宜城市针对项目建设质量监督建立起的"项目专管员制度、验槽施工制度、抽查督察制度、约谈问责制度"[2]就是其具体体现。上述举措实施后,当地高标准农田建设的监督机制得以充实和完善,相关工作综合效益有了明显提升,但由于它们尚未得到大

---

[1] 湖北省农业农村厅. 随州市落实省现场会精神,聚力建设高标准农田[EB/OL]. (2021-04-14)[2021-07-18]. http://nyt.hubei.gov.cn/bmdt/ztzl/zxzt/hbsgbzntjs/gzjz/202104/t20210414_3469494.shtml.

[2] 杨泽富. 湖北·宜城落实四项制度 强化质量监管[J]. 中国农业综合开发,2021(3):61-62.

范围推广，其作用范围较小，大多数地区尚未建立起类似的监督机制，业已建立的也有待进一步完善和推广。

目前来看，针对高标准农田建设建立起的监督机制以自上而下的监督为主，民主监督、群众监督的作用并未得到充分发挥，造成这一现象的原因有很多，最关键的一点在于农民群众并未真正参与到高标准农田建设工作当中，他们大都游离于项目之外，对于高标准农田建成后的总体效益知之甚少，部分群众更是产生了"事不关己，高高挂起"的态度，民主监督效用的发挥十分有限。而且，农民群众实施民主监督的渠道不通、方式单一，缺乏传递个人意见的平台和渠道。目前各乡镇（场）乃至行政村都有类似"民意反映箱"的民意反映通道，给基层群众提供了一种较为温和而又不至"自伤"的监督方式，但是实际上，此类通道的利用程度较低，在少数地区甚至形同虚设。造成这一结果的原因有多个，从根本上说，是农民群众从古至今对权威的敬畏在起作用，这种敬畏有利有弊，在民主监督工作中其影响是负面的，要使其发生松动，促进农民群众的思想解放，培育其民主意识和政治参与意识是关键。

（四）人才建设道路远，专业队伍待充实

推进高标准农田项目建设，人才是关键。目前，湖北省在推进高标准农田建设过程中专业人才配备仍有不足，人才队伍建设乏力，形势并不十分乐观。2018年发布的《深化党和国家机构改革方案》提出："将中央农村工作领导小组办公室的职责，农业部的职责，以及国家发展和改革委员会的农业投资项目、财政部的农业综合开发项目、国土资源部的农田整治项目、水利部的农田水利建设项目等管理职责整合，组建农业农村部，作为国务院组成部门。"[①]这是进一步推进全面深化改革的现实举措，在精简机构的同时资源也得到了有效整合，为更好地助力农业农村发展提供了便利。但由于相关资源和部门的撤并，原有岗位缩减，需

---

① 共产党员网．中共中央印发深化党和国家机构改革方案［EB/OL］．（2018-03-21）［2021-09-05］．http：//news.12371.cn/2018/03/21/ARTI1521620729437264.shtml.

要裁撤部分工作人员，而且在工作交接上也需要经历一定的磨合期，这类问题在高标准农田项目建设中体现为技术人才滞留、岗位与人员不匹配。高标准农田建设离不开专业技术人才，地质勘探、质量评估、上图入库等许多工作需要专业人才的把关，然而机构合并带来的改革后的"阵痛"无法避免，会在相当长一段时间内产生负面影响，干扰项目建设。

另外，高标准农田建设扎根农村、深入农民，做好这项工作不仅需要专业人才提供技术指导，也离不开本土人才的出谋划策和大力支持，因为他们熟悉当地情况，在项目建设过程中能起到关键作用。但是，近年来农村人才流失现象严重，《2020年农民工监测调查报告》显示，2020年农民工总量有所减少，但总数仍达2.856亿，其中外出务工人员数量近1.7亿；在年龄分布上，21~50岁农民工占总数的72%[1]，农村地区青壮年流失严重，农村空心化形势严峻。从农村走出的高学历人才更不愿意回到乡村，扎根城市成为成功和出人头地的代名词，对于构建一支能力过硬、本领过硬、特色鲜明的人才队伍十分不利。持续推动高标准农田建设，吸引人才回流，号召人才下乡十分重要。

（五）建后管护任务重，专责制度未定型

建设高标准农田非一日之功，确保其持续发挥作用、建立起增产增收的良性循环同样无法一步到位，在这个过程中，高标准农田的管护工作显得尤为重要。建后管护是高标准农田建设的"最后一公里"，需持续跟进、久久为功。高标准农田的管护工作细致繁多，涉及许多公益设施的维护，如田间道路、沟渠、机耕道、泵站、输配电设施等，管护资金、管护责任是否到位关系着高标准农田建设的整体效果。总体而言，高标准农田建成后管护任务较重，为做好这项工作，保障其可持续发展，需要建立配套的制度体系并配备相应的管护人员。

---

[1] 国家统计局. 2020年农民工监测调查报告[EB/OL]. (2021-04-30)[2021-09-05]. http://www.stats.gov.cn/tjsj/zxfb/202104/t20210430_1816933.html.

《农业农村部办公厅关于2020年高标准农田建设综合评价结果的通报》指出，经过实地评估后发现国内部分省份存在重建设、轻管护的问题，在这些地区管护主体和责任虽已落实到位，但是管护资金并未落实，对建后利用情况的监管也不够，存在非粮化的问题①。湖北省也存在类似问题，为解决这一问题，省内部分地区已经建立起较为科学的管护机制。例如，枝江市主张"严管与厚爱相结合"，倡导推进项目建设与工程管护机制同步设计、同步建设、同步落实②；恩施州也强调工程建后管护责任制，根据"谁受益、谁管护、谁损毁、谁维修"的原则，将所有公益性设施移交到村组，管护责任到人③。上述措施对于落实管护主体、管护责任，保障项目持续发展确有积极影响，有一定的借鉴价值，但是湖北省大部分地区在管护资金落实方面的相关措施仍然较为欠缺，这一问题将直接影响管护工作的进度。除此之外，湖北省部分地区在建立专责管护制度上也有所欠缺，专人专责制度仍未成熟，多数农民群众并未参与到管护工作中，导致管护成本高、效率低、综合效益差。

四、加快湖北省高标准农田建设的对策建议

面对湖北省高标准农田建设过程中存在的问题，需坚持从财政资金、群众动员、监督机制、管护工作以及人才建设五个方面入手，对症下药、综合施策。需要明确的是，农村是高标准农田建设的直接承接地，农民是高标准农田建设的最终受益者，前者是关键场所，后者则是

---

① 农田建设管理司. 农业农村部办公厅关于2020年高标准农田建设综合评价结果的通报[EB/OL].（2021-06-25）[2021-09-05]. http：//www.ntjss.moa.gov.cn/tzgg/202106/t20210625_6370327.htm.

② 湖北省农业农村厅. 枝江市吸引社会资本撬动高标准农田大效益[EB/OL].（2020-08-17）[2021-07-18]. http：//nyt.hubei.gov.cn/bmdt/ztzl/zxzt/hbsgbznts/gzjz/202008/t20200817_2799018.shtml.

③ 湖北省农业农村厅. 恩施州创新"五个一"工作思路全力推进高标准农田建设[EB/OL].（2020-09-23）[2021-07-18]. http：//nyt.hubei.gov.cn/bmdt/ztzl/zxzt/hbsgbznts/gzjz/202009/t20200923_2924102.shtml.

关键人群，解决建设进程中的一系列问题必须抓住这"两个关键"。

(一) 引进社会资本，合理配备资金

针对县级财政压力的问题，尝试在削减县级筹集资金占比的基础上，加大引进社会资本的力度。当前，得益于新型集体经济在农村的快速发展，各类农业合作社、家庭农场、农产品加工厂等新型农业经营主体如雨后春笋般迅速成长起来，此类组织聚集了较多资金，且有许多农户参与其中，将此类经营主体作为高标准农田项目的建设主体吸引进来，不仅能有效缓解地方上的财政压力，还能推动当下惠农、利农工程相辅相成，提升各项工作的综合效益。引进社会资本，需多措并举，坚持"谁投入、谁产出、谁受益"的原则，在利益分配机制上予以政策扶持，同时尝试在税收、销售等环节予以政策补偿，全方位提升社会资本的积极性，打造多方共赢的高标准农田建设格局。

同时，从部分项目建设区的特殊性出发，坚持因地制宜，合理配备建设资金。湖北省地形较为复杂，以"一刀切"的方式设立亩均投资标准不具备合理性，必须针对不同地形地貌下发建设资金，以最大限度满足各地的建设需求。《湖北省高标准农田建设规划（2022—2030年）》指出，经过测算，平原区高标准农田建设亩均需投入2000~3500元，丘陵区达3500~5000元，山区在5000元以上[1]，资金分配这一问题已然引起相关部门重视，日后建设过程中资金的安排和统筹将会更加合理。如今我国贫困县虽已全部摘帽，脱贫攻坚取得决定性胜利，但是区域间、村落间的经济差距仍然存在，在下发建设资金时还应考虑这一因素，根据当地的经济发展水平实行差异化资金支持，倡导先富帮后富、先进带后进，共同推进高标准农田建设。

---

[1] 湖北省农业农村厅. 湖北省高标准农田建设规划（2022—2030年）[EB/OL]. (2022-04-15) [2022-06-08]. http://nyt.hubei.gov.cn/zfxxgk/zc_GK2020/gfxwj_GK2020/202205/t20220505_4111558.shtml.

(二)探索新型模式，创新动员方法

针对项目选址和农民群众参与度低的问题，根植于原有建设规划，适当调整项目设计，使高标准农田建设工作按部就班、循序渐进地推进。在选址问题上，借鉴江西省已有经验，运用耕地适宜性评价体系①辅助选址工作。确保高标准农田选址的科学性，同时尽可能多地发掘可供建设的耕地后备资源，缓解高标准农田后备资源不足的问题。在高标准农田建设完成后的合理利用问题上，则需要加强对农民群众的专业技术指导，配备专业人才授农民以"渔"，帮助他们顺利度过"交接期"。

针对农民群众参与度低的问题，应积极推广"农民自建"模式，以"招投标制"吸引社会资本为主，"农民自建"模式为辅，提高农民群众在高标准农田建设进程中的参与率，增强农民群众的获得感、幸福感和安全感，以提升高标准农田项目建设综合效益。"农民自建"模式能够有效降低建设成本，并提高建设效率和建设质量，对高标准农田建设大有益处。为最大限度地提高参与率，还应重视宣传动员工作，不断创新动员的方式方法。

要提高参与率，动员工作也必须到位，其中动员方法最为关键，"以奖代补"就是一个重要途径。"以工代赈""以奖代补"在湖北省高标准农田项目建设中早已有之，成效较为显著，但后发优势并不明显，精神激励受重视程度低。今后，需在强化物质激励的基础上，不断加强对精神激励机制的探索，将物质激励与精神激励作为高标准农田项目建设动员工作的两个要点，建立起物质激励与精神激励齐头并进、共同作用的激励机制。

---

① 耕地适宜性评价体系在江西省南昌县 2019 年高标准农田建设项目中已经采用。这一评价体系能够通过对新增耕地自然和经济属性的综合鉴定，为定性、定量安排各类土地利用方案，合理开展土地利用分区，确定高标准农田建设和土地利用规划方案提供科学判定标准。它针对耕地新增需求选取肥力条件、水源条件、有效土层厚度、土壤质地、坡度、水文与排水条件、生态退化性等指标，构建新增耕地资源开发适宜性评价指标体系，确定废弃坑塘、残次林地、滩涂和荒草地经开发后可用于水稻和其他水生农作物种植。

(三) 实行严密监督, 重视民情民意

针对目前高标准农田建设过程中的民主监督缺位问题, 应探索建立严密的基层监督机制。项目承包方和农村是高标准农田项目最为直接的承接单位, 虽说项目是由农业农村部向下层层部署而展开, 但就监督的直接成效而言, 基层监督无疑是整个监督过程中最为关键的环节。应进一步发展随州市随县为监督项目建设质量, 建立并实施的"施工单位+村书记+党员, 村民代表+监理+督办人员"的监督模式[1], 扩大范围, 将其推广至资金监督、用途监督、政策监督过程中, 打造出"高标准农田基层监督委员会", 不断健全监督机制。

为促使监督机制切实发挥作用, 还需不断落实群众监督, 畅通民意反映渠道, 在农村形成民主、自由的氛围, 让农民群众能说、敢说、有地方说。政府部门尤其是县域内的相关单位应积极主动寻求群众监督, 加大政务公开、信息公开力度, 密切联系群众, 努力在当地营造风清气正的政治环境。

值得强调的是, 为最大限度地发挥民主监督效用, 应尽可能多地吸引农民群众参与到高标准农田建设之中。如前所述, 在利益相关的情况下, 人人都是监督者、人人都有监督权, 监督效果将得到明显提升。农民群众的动员工作, 对于充实高标准农田建设的监督队伍, 确保民主监督落到实处至关重要。

(四) 紧扣关键群体, 推进人才振兴

实现乡村振兴关键在人, 建设高标准农田关键也在人。目前, 人才资源已经成为农村最为稀缺的资源之一, 在高标准农田项目建设工作中也有显著体现, 这一问题并不能在短时间内得以解决, 需要各部门共同

---

[1] 湖北省农业农村厅. 随州市落实省现场会精神, 聚力建设高标准农田[EB/OL]. (2021-04-14) [2021-07-18]. http://nyt.hubei.gov.cn/bmdt/ztzl/zxzt/hbsgbzntjs/gzjz/202104/t20210414_3469494.shtml.

行动、持续跟进。

针对建设队伍中专业人才储备不足的问题，相关职能部门需采取措施，加大资金投入，在机构合并初期，聘请有资质、有技术、有能力的第三方机构，协助完成地质勘探、上图入库等专业性极强的工作，并对内部成员开展有针对性的技能培训，使其在短时间内掌握相关技能，度过交接期；同时，大量招聘专业化的人才，充实在编人才队伍，将指标下放到对应部门，以填补岗位空缺。

为充实高标准农田建设人才队伍，吸引人才回乡、号召人才下乡也是重中之重。具体而言，各村组应聚焦高标准农田建设，发掘当地脱贫致富先进典型，加强宣传，吸引本地人才回乡、回村。同时，合理运用乡情乡愁并建立起回乡激励机制，设立回乡创业、就业补助，吸引农村大学生、农村能人返乡，吸引各类人才反哺家乡，积极投身乡村振兴事业。吸引人才返乡、人才下乡，推进公共基础设施建设、提升公共服务水平也是重中之重。政府部门尤其是基层单位应共同行动，在力戒形式主义、官僚主义，杜绝"面子工程"的基础上把基础设施、公共服务当作重点工作来抓，上级部门更应该加大资金支持、政策支持力度，力求缩小城乡差距，不断推进农业农村现代化。这项工作贯穿乡村振兴的全过程，是推进乡村振兴的一个重要方面。

(五) 严抓资金落实，实施专责管护

针对管护资金投入较少、压力较大的问题，需尝试建立多元化的管护资金筹集制度，拓宽资金来源，以最大限度地满足资金需求。高标准农田建设资金有限，建后管护作为最后一个环节，受重视程度相对较低，资金投入相对较少，因此，管护资金落实较为困难。从这一情况出发，建立起多元化的管护资金筹集制度是指除省、市、县层层部署、下发的资金之外，项目管护还应积极寻求外力——社会资本、民间资本的帮助，以建立合作的形式注入外来资金，缓解管护资金压力。

针对管护责任落实问题，探索建立专人专责管护制度，最大限度地动员农民群众，以扩大管护主体范围，减小管护工作难度。牢牢把握恩

施州的管护经验，在坚持"谁受益、谁管护、谁损毁、谁维修"原则的基础上，把专责制度的建立下放至村一级，综合考虑管护义务、管护能力、管护意愿等因素之后，把责任落实到人，所有相关人员记录在册，以备监督。建立起"县负总责，乡镇落实，村为主体，所有者管护，使用者自护，受益者参与"①的管护运营机制，压实责任，保证管护成效。考虑到村一级工作的执行力度、村情民情等问题，专责管护制度虽由基层直接执行，但是县、乡(镇)不可完全放权，相关的督查工作不可缺位。因为管护工作涉及资金落实、职权行使等问题，为严防贪污腐化现象的出现，上级监督不可缺位。

撰稿人： 许传红　武汉理工大学马克思主义学院教授、博士、硕士研究生导师
　　　　　李小芳　武汉理工大学马克思主义学院硕士研究生

---

① 中华人民共和国农业农村部. 农业现代化辉煌五年系列宣传之七：高标准农田建设迈上新台阶[EB/OL]. (2021-05-17) [2021-07-18]. http://www.ghs.moa.gov.cn/ghgl/202105/t20210517_6367788.htm.

湖北省巩固拓展易地扶贫搬迁成果同乡村振兴有效衔接研究

邹进泰　罗静怡

易地扶贫搬迁是中央明确的"五个一批"精准扶贫精准脱贫路径之一，是脱贫攻坚的"头号工程"和标志性工程，也是脱贫攻坚中难度最大、工作链条最长的系统工程，能不能确保搬迁群众搬得出、稳得住、能致富，是巩固脱贫攻坚成果的重要命题。当前，"三农"工作转入全面推进乡村振兴阶段，要坚决守住脱贫攻坚成果，必须做好易地扶贫搬迁"后半篇文章"，推动巩固拓展脱贫攻坚成果同乡村振兴有效衔接，既要从乡村振兴角度对易地扶贫搬迁进行再思考，研究如何利用乡村振兴战略中的具体措施做好易地扶贫搬迁的后续工作，又要在易地扶贫搬迁基础上做好再认识，研究如何采用易地扶贫搬迁经验促进乡村振兴。

一、湖北省易地扶贫搬迁发展现状

(一)"搬得出"全面实现

国家下达的湖北易地扶贫搬迁总规模88.23万人，数量占全国的1/10。2020年，湖北全面完成易地扶贫搬迁任务，31.84万户88.23万群众已全部易地搬迁入住，搬迁人口全部脱贫。湖北易地扶贫搬迁以集中安置为主，建成易地扶贫搬迁集中安置区10359个，集中安置25.37万户67.47万人，集中安置率76.5%，其中最大的安置区——十堰市郧阳区青龙泉社区共安置4155户近1.5万人。分散安置6.42万户20.76

万人，占总搬迁规模的23.5%。各地结合实际实施分类安置策略，以宜昌市为例，全市共有易地扶贫搬迁对象18217户47475人，其中集中安置10429户24896人，分散建（购）房安置7788户22579人，呈现出就近、分散、便捷的安置特点。全市按照"五靠近、小集中（6~10户为主）"原则，共建成集中安置点664个，其中100人以上安置点25个，涉及1747户4230人。

（二）"稳得住"基本实现

针对易地搬迁工程点多面广、基础条件相对复杂等实际，湖北构建了全过程质量安全监管制度体系，建立健全工程质量回访保修长效机制，让搬迁群众住上"安全房""放心房"。拆旧复垦顺利实现"双清零"目标，实现应拆尽拆、能垦尽垦。湖北省安置区的安全饮水、生活用电均已到户，硬化路均已通达，广播电视、通信网络、排污设施已实现全覆盖，安置区均已配建或共享学校、卫生室、室外活动场地等基础设施。湖北省易地扶贫搬迁集中安置区绝大多数已融入安置地原有村（社区）自治组织管理，需要新设置群众自治单元的中大型安置区均已配齐了自治组织或临时管理机构。搬迁安置点实行楼栋管理，配备网格员、楼栋长、保安、保洁员。各地结合实际制定发展与管理政策，例如，襄阳市出台了《关于进一步加强易地扶贫搬迁安置点配套设施建设及后续产业发展工作的通知》等文件，对栏圈、菜园、工具房等10余种生产生活配套设施进行规范，各地按照"规模适宜、功能合理"和"缺什么补什么、适当留有余地"的原则，累计为安置区配套道路232公里，饮水管网1327公里，60个文化广场、101个社区服务场所、567个综合活动室、834个污水处理设施先后建成投入使用。

（三）"能致富"正在逐步实现

大力发展扶贫产业，建设扶贫车间，加大技能培训，不断扩大就业。大部分安置区有产业支撑，目前，80%左右的安置区建有扶贫车间或周边有带贫企业，可带动搬迁人口就业10多万人。搬迁户中有劳动力的家庭就业近40万人，实现了每个有劳动能力的搬迁户至少有1人在外打工或就近就地就业，促进了搬迁群众持续增收，实现了稳定脱贫。各地结合资源禀赋积极发展特色产业，例如，蕲春引进艾师傅科技有限公司，为每个安置点配建300亩至2000亩蕲艾基地，搬迁户每户年收入超过3000元；随州在全市126个集中安置点统一配建100千瓦至300千瓦光伏电站，户均年收入超过4000元。

二、新阶段易地扶贫搬迁后续发展的战略意义

（一）有利于可持续减贫与发展

中国正在进入解决相对贫困和实现持续减贫的新阶段，扶贫由精准脱贫向持续减贫转变，由政策驱动向政策驱动与制度保障并重转变，由集中力量攻坚作战向常态化推进转变，要在巩固脱贫攻坚成果的基础上，根据贫困状况发生的新特点、新问题，及时调整与优化减贫对策，探索从扶贫脱贫到脱贫发展的新思路和新路径[1]。而易地扶贫搬迁作为打赢脱贫攻坚战的重要利器，必须做好同乡村振兴有效衔接，成为新阶段解决相对贫困问题，实现可持续减贫和脱贫发展的有效路径。易地扶贫搬迁的迁出区域往往人口居住分散，产业基础薄弱，教育医疗等公共服务滞后，同时受生态环境或基础设施条件制约，难以就地脱贫和发展[1]，易地扶贫搬迁有利于融入迁入地新型城镇化、乡村振兴发展，从更高起点实现经济社会发展，实现更高水平和可持续的减贫与发展[1]。

（二）有利于资源要素高效配置

易地扶贫搬迁带来的空间区域改善和人口相对集聚，有利于多种业态的形成和发展，同时，易地扶贫搬迁带来基础设施和公共服务的改

---

[1] 黄祖辉. 新阶段中国"易地搬迁"扶贫战略：新定位与五大关键[J]. 学术月刊，2020，52(9)：6.

善，有利于市场主体和人才的引入，从而带来区域要素和产业的重组，为产业高质量发展奠定基础①。另外，长期以来，农村公共教育与医疗、养老及基础设施等公共服务人均配置处于较低水平，并且由于人口空间分布相对分散而带来公共资源配置和利用效率较低。而易地扶贫搬迁，能够通过人口的相对集聚，优化公共资源配置，通过有效匹配公共资源推动公共服务效率大幅提升。

(三) 有利于经济社会深度融入

新阶段推进易地扶贫搬迁后续发展，不仅要坚守"挪穷窝""换穷业""拔穷根"的初衷，还要聚焦"搬得出""稳得住""能致富"的目标，从根本上阻断贫困根源，而经济社会融入是易地扶贫搬迁人口能够"稳得住""能致富"的关键①。在经济融入方面，需要做好迁入地产业培育和就业扶持，确保搬迁劳动力既有机会就业，也有能力就业，并通过产业组织化和服务体系构建，帮助弱劳动力融入迁入地产业发展。在社会融入方面，应通过多元化文化包容氛围的营造、多样化公共服务共享体系与制度的构建，以及社区组织与治理参与机制的完善，促进搬迁人口实现生活融入、社交融入、文化融入、权益融入、心理融入。

三、湖北省巩固拓展易地扶贫搬迁成果同乡村振兴有效衔接尚需解决的问题

(一) 产业发展基础不稳固

一是融入县域特色产业发展有瓶颈。首先，部分扶贫产业同质化较为严重。就调研组走访的安置点来看，大部分安置点发展香菇、光伏产业，但实际运转和效益堪忧。据了解，全国832个贫困县，约有500个县涉足食用菌产业，季节性和区域性滞销不时存在；光伏扶贫的收益高度依赖财政补贴，在众多光伏扶贫项目中，不同批次进入国家光伏扶贫补助目录的前后差别较大。其次，部分扶贫产业尚未见效。80%的安置

区主要依托产业为种植养殖，周期较长，如山茶等木本油料5年才能挂果、7年才能达到盛果期。此外，特色产业在政策性支持逐渐转为市场化运作后，产业持续健康发展受到制约。

二是易迁配套产业项目可持续发展后劲不足。就产业发展本身来看，现有的产业稳定发展一部分依赖于免租、项目支持等政策红利，大部分易迁配套产业项目属于简单的初级生产，附加值不高，另一部分如健康食品、电子器件等生产效益高、市场前景好的产业，面临技术工人难招、易迁劳动力培训难等障碍。就市场主体带贫来看，尽管易迁安置区实现了带贫减贫市场主体全覆盖，但走访发现，相当一部分扶贫车间、带贫主体处于初创期，自身抗风险能力较弱，一旦产业选择失误或遇市场风险，可能带来规模性返贫风险。

三是不同类型安置点产业发展参差不齐。湖北省采取"五靠近"集中安置方式，其中，靠近城镇、中心村等区位优势明显的安置点发展产业基础较好，相对偏远的安置点发展产业、引进主体较为困难。因此，尽管有的安置点附近配备了扶贫车间，但所能提供的就业岗位与安置点体量相比，存在局限。此外，部分搬迁群众迁入安置点后，因耕地流转不出去或者不愿意流转，仍坚持返回迁出地耕种，出现农业生产、日常生活"两头跑"的问题。

（二）设施和服务存在短板

就调研走访来看，在配套设施建设方面，部分安置点前期基础设施配套标准不高，后期还需要提档升级。菜地和工具房等配套设施不足，部分安置点采取流转土地方式为搬迁户配备菜地，但后续流转费资金来源成问题，部分城镇周边土地紧张的安置点缺少菜地，由于缺少工具房，尤其是搬迁上楼的农户，生产工具、生产资料无处存放。在服务能力提升方面，受访者普遍认为教育、医疗等公共服务优于搬迁前，但在养老方面，一些地区单人户实现了福利院集中居住，一些地区单人户单独居住，缺少日间照料、爱心食堂等设施和服务。

(三)部分搬迁群众收支失衡

调研发现,山区县搬迁户原有耕地坡度大,多数为零星、点状分布,大都难以集中流转高效利用,搬迁后除部分能力较强的农户发展茶叶、药材等特色农林产业外,其他土地要么由留守老人耕种,要么闲置,收益减少。往返不便导致大多数脱贫户搬迁之后没有再继续耕种原有的土地。有搬迁群众将条件好的土地流转给其他人耕种,但是大多数搬迁群众的耕地由于土地不连片、细碎化严重,并不能找到合适的承包者,造成一些地区出现搬迁后原有耕地荒芜的现象。而从迁入地来看,多数安置点没有多余的土地用于农业生产,部分安置点也不能提供充足的就业机会来吸纳搬迁劳动力,并且,大多数扶贫车间提供的是低技能的简单性工作,得到的收入较为微薄,与高水平脱贫致富的目标相差较远。由于易地扶贫搬迁后,搬迁户被动进入城镇消费市场,以往自给自足的生活资料都需要到市场上购买,导致日常生活成本增加,从而带来收支结构失衡问题。

四、外省巩固拓展易地扶贫搬迁成果同乡村振兴有效衔接的经验借鉴

(一)贵州:社区融入和公共服务走在前列

贵州用 4 年时间,实施易地扶贫搬迁 192 万人,搬迁规模全国第一,累计建成 949 个集中安置点,46.5 万套安置住房,实现了易地扶贫搬迁安置任务全面收官和后续扶持全面推进,贵州省 1/3 的贫困人口通过搬迁实现脱贫,带动城镇化率增长 5 个百分点[1]。

在做好易地扶贫搬迁后续扶持工作上,贵州省突出强化社区融入和

---

[1] 贵州日报.贵州"十三五"易地扶贫搬迁安置任务全面收官[N].贵州日报,2021-01-07(A04).

公共服务水平的提升。例如,黔西南州创新实施新市民计划,从重构新市民文化体系、打造融合搬迁群众社区空间、构建产业就业服务体系、深化社会保障制度改革、完善基本公共服务体系、完善社区治理体系、加强新市民社区基层组织建设等七个方面,进一步促进搬迁群众文化融入、社区融入、身份融入,保障搬迁群众搬得出、稳得住、快融入、能致富。

2020年4月经国家市场监管总局、国家发展和改革委、财政部等三部委批准,国家级基本公共服务试点《黔西南州易地扶贫搬迁"新市民计划"基本公共服务标准化试点》和《大方县奢香古镇易地搬迁扶贫安置基本公共服务标准化试点》开始建设,是全国首次在易地搬迁扶贫安置点开展基本公共服务标准化试点。2020年10月,贵州省易地扶贫搬迁基本公共服务标准体系发布,是全国首次发布的针对易地扶贫搬迁基本公共服务的标准。

(二)广西:党建引领推动安置区治理有效

广西通过包建设进度、包工程质量、包资金监管、包搬迁入住、包后续产业发展、包就业创业、包稳定脱贫、包考核验收"八包"到底的责任机制,[①] 共落实78位市级领导分片包县、476位县级领导包安置区,组成469个总人数3000余人的工作专班专门负责易地搬迁工作。[②] 为筑牢搬迁群众幸福防线,广西采取"党建+社区治理"的模式,实现群众到哪里,党的组织就建到哪里,工作就做到哪里。在安置社区和符合条件的园区、楼宇全面建立党组织,及时成立自治组织,安排专门经费用于13个万人以上安置区社会组织孵化基地建设,全区506个安置点共成立455个党支部、183个居(村)民委员会、441个居(村)民小组,

---

① 张琼文. 广西走出特色扶贫之路[N]. 广西日报,2021-02-22(A04).
② 王曙光. 易地扶贫搬迁与反贫困:广西模式研究[J]. 西部论坛,2019,29(4):1-13.

实现"应建尽建"。①

以隆安县震东社区为例，其建立了"镇—社区—网格员—单元长"四级管理机制，由社区"两委"成员、网格员实时关注"震东在线"进行线上联动，实现"预约在网上、代办在网格、服务在社区"，通过网格管理服务平台"线上受理、线下办结"的服务办结率达到99.6%。建立78个楼栋单元微信群，日常有单元长负责发布政策宣传信息、收集解决民情诉求、进行正能量舆论引导，组织3645名帮扶干部分别加入微信群，对搬迁群众"一对一"24小时在线帮扶跟踪服务。此外，以"先锋引领·幸福震东"为总载体，持续开办"幸福大讲堂"，结合社区新时代文明实践站，经常性开展党员志愿服务活动，促进搬迁群众尽快融入社区生活，实现村美、民富、幸福来②。

(三) 河南：围绕"五个一"推动产业振兴

发展产业不仅是脱贫攻坚的治本之策，也是促进乡村振兴的根本途径。河南省围绕"五个一"能致富，多策并举发展扶持产业，助推乡村振兴战略实施。河南省在安置点建设之初就坚持"一手抓搬迁住房建设，一手抓搬迁群众脱贫"，既要"输血"，更要"造血"。推动50个有搬迁任务的县，积极统筹盘活迁出区和安置区各项资源，开展产业扶贫"五个一"专项行动，在有条件的安置点建设1个村级光伏小电站，因地制宜落实1项产业帮扶措施，引导龙头企业建设1个扶贫车间，有劳动意愿和劳动能力的贫困家庭至少有1人稳定就业，贫困户有1份集中理财、定期返还的稳定收益，逐步从根本上解决搬迁贫困人口稳定脱贫和后续发展问题③。

"五个一"行动不仅在促进搬迁群众顺利脱贫中发挥关键作用，也

---

① 廖志荣.我区推动易地扶贫安置社区治理提质增效[N].广西日报，2020-12-12(1).
② 韦小妹，韦静.隆安："那"乡奏响振兴曲[N].广西日报，2021-07-01(27).
③ 搬出穷山窝开启新生活——河南易地扶贫搬迁工作走在全国前列[N].河南日报，2018-05-17(2).

发展了农村集体经济，促进贫困地区"产业兴""后劲足"，为"十四五"巩固脱贫成果衔接乡村振兴提供关键支撑。此外，河南通过易地搬迁后续扶持专项资金向安置点周边产业发展倾斜，重点支持搬迁任务较重、安置点规模较大、后续扶持思路清晰、产业基础扎实的区域。通过资金奖补、土地、税收等激励政策，吸纳龙头企业、当地合作社等经济主体积极参与产业扶贫基地建设和管理运营，充分调动多方力量，实现政府与社会互惠，企业与群众双赢。

（四）甘肃：搬迁脱贫与生态保护共赢

习近平总书记强调，易地扶贫搬迁要根据当地资源条件和环境承载能力，科学确定安置点，确保搬得出、稳得住、能致富。甘肃东西跨度1600多公里，地形地貌差异很大，群众的生活习惯也不一样，在易地扶贫搬迁中，坚持分类施策、因地制宜选择搬迁方式和安置点。在以武威为代表的河西地区，主要依托祁连山生态保护、石羊河流域治理等工程，以水定地、以地定人实施搬迁。在以定西为代表的中部干旱区和以庆阳为代表的陇东能源基地，主要依托县城、小城镇、中心村、工业园区等就近集中搬迁安置。在以陇南为代表的南部山区，坚持依山就势，通过插花、城镇化安置等方式，最大程度解决"人往哪里去、地从哪里来"的问题。在生态脆弱地区实施的易地扶贫搬迁，不仅从根本上改善了群众的生产生活条件，还有效缓解了当地的生态环境压力，实现了脱贫致富和生态保护共赢[①]。

以武威市天祝县为例，通过实施"下山入川"移民搬迁工程，统筹解决贫困问题、生态问题、发展问题。全县生态移民工程使6万多移民彻底告别了恶劣的生存环境；迁出区累计退出土地76.6万亩，土地使用权仍由原居住民众所有，并享受相应补助政策；增加恢复生态用地面积达69.27万亩；有效恢复水源涵养林5.2万亩，从根本上破解了高深

---

① 林铎．牢记初心使命决胜脱贫攻坚[J]．求是，2020(9)：52-58．

山区农牧民长期贫困的问题①。

五、湖北省巩固拓展易地扶贫搬迁成果同乡村振兴有效衔接的对策建议

第一,积极融入湖北省十大重点农业产业链建设。在安置区优先布局产业振兴项目,引导搬迁群众立足当地资源禀赋,因地制宜融入县乡特色产业,重点发展与搬迁户关联度高且能广泛参与的特色优势产业。对于脱贫时间较早、扶贫产业已"多点开花"的安置区,重点培育龙头企业做大做强;对于受资源禀赋限制产业发展较为困难、产业提供岗位有限的,重点从顶层设计层面制定吸引优质企业的措施办法。探索引导设立易地扶贫搬迁后续产业发展基金,在易地扶贫搬迁安置区培育主导产业、建立合作组织、对接龙头企业、推广股份合作,推动安置区从短期性、外援式的产业扶贫转向长效性、内生型的产业振兴。

第二,优化细化安置区市场主体的支持政策。加大对易地扶贫搬迁后续产业和就业创业资金的支持力度,进一步落实易地扶贫搬迁安置区产业发展税费减免、融资优惠、资金奖补等支持政策,吸纳龙头企业、农民合作社等主体积极参与产业扶贫基地建设和管理运营。支持各县市区积极搭建产业扶贫项目投融资平台,探索开展"产业扶贫保"降低风险,保障安置区后续产业项目发展。支持扶贫车间可持续发展,探索鼓励整合跨区域资源,把村组的扶贫车间建在市县级产业链或产业集群上,引进培养扶贫车间优质管理企业,鼓励企业发展自主品牌,让搬迁群众在家门口持续灵活就业。

第三,发展产业就业增加经营性收入、工资性收入。将扶贫车间、

---

① 李华芸. 天祝县生态建设与绿色发展的实践与思考[J]. 甘肃农业,2019(11):50-53.

产业基地建设纳入县域经济发展统筹考虑、优化布局，引导农产品加工项目向连片安置区中心集聚，将有条件的安置区纳入产业园体系，推动搬迁群众就近创业就业。结合搬迁群众劳动力变化的实际状况，有针对性地增加工匠、家政、物流、电商等技能培训，加强与省内外劳务市场对接，提高搬迁群众外出务工组织化水平。积极开发公益性岗位，优先安置"无法离乡、无业可扶"的搬迁群众，综合考虑劳动时间、劳动强度等因素，合理确定岗位补贴标准。

第四，以迁出地产权利用及扶贫资产管理增加财产性收入、转移性收入。以县为单位对搬迁群众迁出地土地、山林等产权利用进行分类施策，对于土地规模较集中且有一定基础条件的优先安排土地整治项目，引导性提出农林旅融合的乡村振兴开发规划，推动土地进入市场开发，形成资产性收入；对于土地规模零星但有种植条件的，鼓励就地就近向新型经营主体加快流转，建立利益联结机制，增加搬迁户工资性收入；对于土地分散、管种成本高、产出率低的优先纳入退耕还林或生态补偿，增加搬迁户政策性收入。

第五，推进基础设施建管护一体化和基本公共服务标准化，不断优化安置区生产生活条件。重点谋划建设一批"四好农村路"、水利、电力、通信及县乡物流体系等"五张网"区域性和跨区域重大基础设施提升工程。在乡镇设立易地搬迁专管员，做到有钱办事、有人管事，将搬迁安置点建成"服务管理到位、生态环境优美"的生态宜居家园。推动安置区教育、医疗、社会保障、养老等公共服务设施扩容升级，在基础教育经费投入、办学审批、编制划拨等方面予以倾斜。

第六，引导各地制定易地扶贫搬迁社区管理服务规范。落实安置区服务机构、人员、经费的保障，切实提升社区服务功能。建立健全安置区所在村(社区)管理制度、村民理事会章程、协商议事制度、安置区联席会议制度和红白理事会等各项规章制度，确保安置区管理服务有章可循。开展单人户和自然死亡人口较多、年老体弱搬迁群众占比高的安置区纳入当地养老服务机构统一管理试点，探索空置房用于农村社会养老、救助和安置区公共配套，以及无力扩建但住房紧张搬迁户的周转公益用房。

撰稿人： 邹进泰　湖北省社会科学院农村经济研究所研究员
　　　　　罗静怡　湖北省社会科学院农村经济研究所硕士研究生

湖北省区域文化产业科技创新能力提升路径研究
——基于模糊集定性比较分析方法

张司飞 韦吉

高质量发展阶段中的文化产业作用日益增强。党的十九大五中全会强调，要提升国家文化软实力，发展文化事业和文化产业，到2035年建成文化强国。近年来，以互联网、大数据等为代表的信息技术革新推动了整个文化行业的数字化和科技化，也催生出了许多创新型的文化产品和文化业态，如新媒体综艺、短视频文化等文化市场消费需求空前高涨，以动漫、小说、游戏、综艺及影视内容为主导的数字娱乐业将数字技术与文化内容紧密，相连作为一种新兴文化业态促进了文化产业整体行业利润的提升，并实现了人力资源、创新知识和新型服务等技术的累积，提高了产业效率，推动文化要素的优化，为实现"十四五"时期文化行业整体的升级优化和高质量发展打下坚实的基础。

依托文化强国的战略目标，湖北省作为文化传统大省，在"十四五"时期提出了加快湖北省文化产业高质量发展的目标。但目前湖北省文化产业发展起步相对较晚，主要自发性地依托当地文化消费市场，依赖文化产业相关行业和政府投资，产业创新动力不足，产业结构过于单一。而对于不同地区，特色文化往往是最具吸引力的地方招牌，湖北省各地也在积极寻求文化产业转型和优化的发展路径。如何运用湖北省文化招牌打造文化产业价值链，实现湖北省文化产业科技创新驱动，依旧是目前湖北省文化产业进一步升级的关键要素。基于此，本文以波特的钻石模型理论为基础，主要运用因子分析法、聚类分析法、模糊集定性比较分析方法，对区域文化产业的生产要素、需求条件、相关和支持性产业、产业运作与竞争、政策与机遇五个方面进行组态分析,进一步梳理出提升区域文化产业创新能力的路径机制,为实现湖北省文化、技术和产业的融合创新,提升区域文化产业竞争力,形成新型的具有中国特色的文化产业商业模式提供理论和实践参考。本文主要研究以下几个问题:(1)目前我国整体以及湖北省区域文化产业科技创新能力的状况如何?湖北省与其他地区是否存在异质性?(2)影响湖北省区域文化产业科技创新能力的因素有哪些?有没有核心的组态因素?不同组态条件之间有无互补或替代关系?(3)湖北省区域文化产业科技创新发展的路径是怎样的?湖北省应该如何因地制宜布局文化产业创新要素,推进区域文化产业的科技创新?

一、湖北省文化产业发展现状

党的十九大以来,为加快湖北省文化产业高质量发展,建设文化强省,2018年湖北省委、省政府出台了《关于加快全省文化产业高质量发展的意见》,从文化产业布局、重点领域发展、现代文化产业体系、文化经济政策、文化保障措施等六方面正式提出了湖北省文化强省战略的总体目标和近期目标,即要到2020年年底,建成一批特色鲜明、集约配套完备的文化产业聚集区,培育一批实力雄厚、核心竞争力强的骨干文化企业,打造一批高知名度和影响力的文化品牌,文化产业增加值占GDP比重达到全国平均水平。到2025年年底,建立完善的现代文化产业体系和市场体系。

产业发展和文化市场方面,2020年湖北省文化及相关产业增加值为1929亿元,环比增长8.39%,占GDP比重4.25%,比全国平均水平3.74%高出0.51个百分点①。截至2021年5月,湖北省文化和旅游产

---

① 文化及相关产业增加值仅能查到2020年的有关数据。下同。

业增加值占GDP的比重达10.8%①，已基本实现湖北省文化产业高质量发展规划的短期目标。湖北省的文化事业费也由2011年的10.81亿元，提高到了2019年的41.02亿元，8年间增长了2.79倍，年均增长率达16.69%。2020年湖北省一般公共预算文化旅游体育与传媒支出146.52亿元，占全国合计3995.34亿元的3.67%，高于全国平均水平128.88亿元。但是受疫情影响，湖北省2020年居民人均文化娱乐消费支出422.7元，相较于2019年的734.1元，环比减少了42.42%，文化产业消费市场的作用有待强化。

文化资源和文化企业方面，湖北省积极传扬荆楚文化，推进文化与旅游深度融合，打造"灵秀湖北"文旅品牌，2021年年末湖北省共有国有艺术表演团体85个，群艺馆、文化馆125个，公共图书馆117个，博物馆214个，广播节目综合人口覆盖率为99.89%，全年规模以上文化及相关产业企业营业收入4755.7亿元，比上年增长22.9%。湖北省充分发挥文化产业引导基金作用，培育了一批本土文化龙头基地，如中国(湖北)网络视听产业园、国家网络安全人才与创新基地等，并加大了文化创意产业园的建设，吸引更多"头部企业"和"第二总部"落户湖北②。但是目前湖北省高质量文化产品供给不足，文化品牌特色不够鲜明，比较优势不够突出，龙头企业的拉动效果不显著，文化产业的整体规模、创意创新、质量效益有待加强。

文化产业创新方面，2021年中国省市文化产业发展指数显示，湖北省位列综合指数全国第7。2021年文化及相关产业专利授权总数4685项，环比增长67.74%，位列全国第10；仅为第一名的广东74136项的6.32%，低于全国6507项的平均水平。其中发明专利1003项，环比增长115%，实用新型专利2232项，环比增长76.03%，外观设计专利1450项，环比增长37.05%。科技创新具有

---

① 湖北省文化和旅游厅．"湖北19条"为文旅业"输血供氧"．http://wlt.hubei.gov.cn/bmdt/mtjj/202105/t20210531_3568966.shtml，2021-05-31.

② 周宇，林翔，田雪枫．转型与赋能："十四五"时期文化产业高质量发展路径研究——以湖北省为例[J]．学习与实践，2021(8)：134-140.

乘数效应、知识外溢效应和技术注入效应,随着5G、人工智能等新兴科技技术的应用和普及,文化产业与科学技术的创新融合为行业的发展提供了新的机会,促进了文化产业结构的优化和技术水平的提高。但相较于全国其他地区,湖北省文化产业的革新力度不大,产业结构问题比较突出,尤其是与高新技术产业的关联度较低,在区域协同创新和产业集群方面还有待加强。

综上所述,湖北省在"十三五"时期积极推动文化产业的高质量发展,到2020年年底基本完成了全省文化产业规划的短期目标,充分发挥了中部强省文化产业的支柱作用,但在文化产业消费市场水平、文化品牌优势、区域协同创新和产业融合等方面还有待加强,湖北省需要进一步聚焦自身文化资源优势,提高文化产业的科技创新能力,提升区域文化产业的核心竞争力,为湖北省文化产业发展创造新的经济增长点。

二、本文研究的理论基础

Romer等认为技术的内在发展会产生知识和技术的外溢,这是产业实现增长的必要条件①。科技创新带来的乘数效应、知识外溢效应和技术注入效应为我国文化产业的创新发展提供了新的机会,促进了文化产业结构的优化和技术水平的提高。近年来,国内外许多学者从多个维度分析了科技创新对文化产业的影响。主要可以分为两个方面。一方面是科技创新对文化产业影响的理论研究,大部分学者认为科技创新可以有效推动文化产业创新能力的提升。国外学者如Smith等指出文化与科技融合可以有效推动中国文化产业国际竞争力的提升②。国内学者熊澄宇

---

① Romer, Paul M. Increasing returns and long-run growth [J]. Journal of Political Economy, 1986, 94(5): 1002-1037.

② Smith, Ken. Can China liberalize its culture industry? [J]. Wall Street Journal-Eastern Edition, 2002, 239(61): A18.

首次从科技融合的角度对其在文化产业空间中的影响进行了探讨①。另一方面是对科技创新能力的评价研究。学者们主要从创新基础、创新主体、创新环境、协同创新等方面构建了能力评价指标，使用的方法包括非参数方法、数据包络法、因子分析和主成分分析法等。

本文梳理相关文献发现，绝大多数学者关注某一种要素集合对文化产业科技创新能力的影响，采取的研究方法主要是计量回归分析、指标评价等，而从组态的视角来考察复杂要素集合对文化产业科技创新能力影响的研究还比较空缺。除此之外，文献中有关科技创新的指标选择也各不相同，有些单一或特定的指标往往不能全面地反映出创新能力状况，因此通过构建合适的评价模型来获得综合性的创新能力指标，并以此作为自变量来分析其对文化产业科技创新能力的影响是非常重要的。本文基于组态视角，使用定性比较分析法，试图全面探究文化产业科技创新能力的多种复杂要素组合的影响机制，构建文化产业科技创新能力的评价指标及其分析模型，进一步探究文化产业科技创新能力提升的组态路径，旨在为各地区如何配置文化创新资源以提升其创新能力提供借鉴。

三、基于钻石模型的文化产业科技创新能力指标体系构建

（一）波特钻石理论

波特在国家竞争优势的研究中提出了著名的"钻石模型"，他认为生产要素、需求条件、关联与支持产业以及公司战略等因素会对一个特定行业的竞争力产生重要影响②，而还有两个辅助要素的潜在影响，即

---

① 熊澄宇. 科技融合创新拓展文化产业空间[J]. 瞭望，2005(7)：74-75.
② 李夏卿. 基于钻石模型的"十三五"初期我国各省份文化产业竞争力实证研究[J]. 中国市场，2018，980(25)：71-72.

政府行为和机遇优势。如图1所示，这些要素相互关联，形成了一个彼此连接、交互作用的类似于钻石的模型体系。波特的钻石模型动态显示了产业链视角下的竞争优势，特别强调了国内需求和政府的积极影响，相对于其他产业竞争理论更加全面、系统①，也为特定行业的持续竞争力分析提供了借鉴经验。

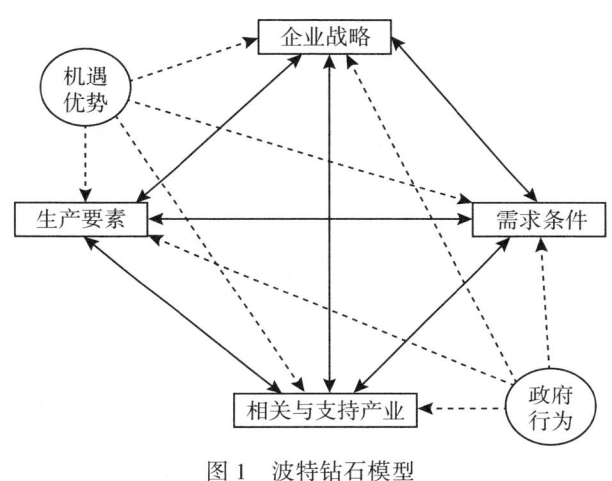

图1 波特钻石模型

（二）文化产业科技创新能力模型的构建

本文梳理文献发现大多数研究主要从创新影响的要素如创新基础、主体、环境、协同创新等方面探究科技创新对文化产业的影响，较少研究从文化产业自身特点出发分析其影响路径。因此本文借鉴波特的钻石模型理论，从文化产业理论和文化产业特性入手，综合影响文化产业竞争力的多种因素，尝试建立一个由生产要素、需求条件、相关和支持性产业、产业运作与竞争、政策与机遇等要素构成的文化产业科技创新能力的理论模型，试图探究科技创新对文化产业发展的驱动机制和路径。

---

① 王元伦. 基于"钻石模型"的山东省文化产业竞争力评价指标体系研究[J]. 齐鲁艺苑, 2018(5): 116-122.

如图2所示，模型中四个基本要素如生产要素、需求条件、相关和支持性产业、产业运作与竞争以实线相连，两个辅助要素机遇和政策是潜在影响，以虚线连接，基本要素、辅助要素之间交互作用，共同影响文化产业科技创新能力。

首先，科技创新基于创新的乘数效应、知识溢出效应和技术注入效应对文化产业发展起到了重要的驱动作用，是促进文化产业结构优化、提高产品技术水平的重要途径。其次，在钻石模型中，文化科技生产要素包括人力、资本投入和文化资源，这是文化产业实现产业运作、市场规模扩张、带动支持性产业科技创新的基础前提，也是文化产品的创新基础与支撑资源，起到了基础保障作用。再次，文化产业的终端面向的是文化消费市场，主要包含文化消费水平和文化消费市场，这是文化产业不断创新发展的动力。复次，产业运作与文化企业间的合理竞争进一步扩大了产业规模，提升了产业效率，在政策的刺激下实现资源要素的优化配置。最后，高技术产业、旅游业、教育业、通信产业等相关产业与文化产业协同发展，形成了有效的产业集聚区，最终实现区域协调和文化产业科技创新能力的显著提升。

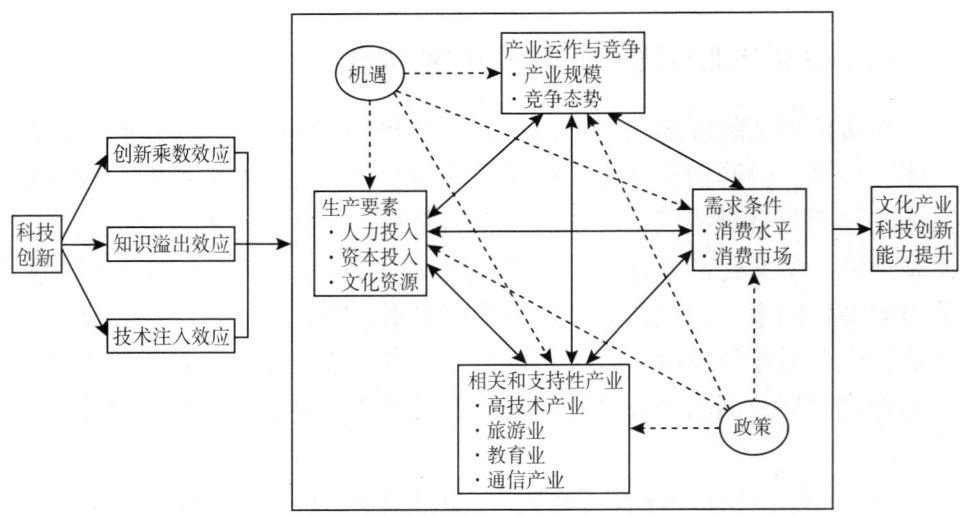

图2 基于钻石模型的文化产业科技创新能力提升

四、本文的研究方法与设计

(一)定性比较分析方法

定性比较分析(qualitative comparative analysis,以下简称QCA)是由美国社会学家拉金提出的一种以个案分析为导向的研究方法①,有别于传统的实证方法,它是一种以布尔代数和集合理论为基础的整体观视角②,综合了定性和定量研究范式的优势,实现了数十年来的方法论改革。它通过对小样本的案例进行比较,识别出可能产生相同结果的不同组态③,从多元的社会现象中分析各种组合要素与结果之间复杂的作用机制,从而拓展了理论阐释的范围④。基于整体观的组态理论和QCA方法范式,目前主要运用在管理学的研究范畴,已在企业管理、创新生态系统、信息管理、战略管理、人力资源、国际商务、公共管理、图书情报、旅游管理等多个管理学领域得到广泛应用⑤。但较少运用在经济学和管理学的交叉范畴,本文在此基础上运用QCA的方法进行尝试,组态分析创新要素对区域文化科技创新能力的影响。

本文采用QCA分析中的模糊集定性比较分析(以下简称fsQCA)的主要依据如下:一是从时间的一致性出发,本文选取了国内29个省、自治区、直辖市的案例资料进行研究,是一种小样本分析,为避免变量

---

① 杜运周,贾良定. 组态视角与定性比较分析(QCA):管理学研究的一条新道路[J]. 管理世界,2017(6):155-167.

② Watanabe T. International comparison on the occurrence of social movements[J]. Journal of Business Research, 2007, 60(7): 806-812.

③ 王飞航,本连昌. 创新生态系统视角下区域创新绩效提升路径研究[J]. 中国科技论坛,2021(3):154-163.

④ 彭永涛,侯彦超. 区域创新能力提升条件组态路径研究——基于中国内地29个省市的QCA分析[J]. 科技进步与对策, 2020, 37(23): 54-62.

⑤ 伯努瓦·里豪克斯,查尔斯·C. 拉金. QCA设计原理与应用:超越定性与定量研究的新方法[M]. 杜运周,李永发,等,译. 北京:机械工业出版社,2017.

被忽略，故使用 QCA 方法进行整体探究。二是定性比较方法可以处理存在多个因素并发的案例，由于区域文化产业科技创新能力提升过程相对复杂，QCA 方法能够从多个实例中归纳出各要素的集合和组态共性，从而确定影响文化产业科技创新能力的变量组合及核心条件，梳理出多种区域创新能力的提升路径。三是本文所选择和收集的指标数据都是连续的，因此采用 fsQCA 方法可以对其部分隶属的问题进行准确分析。

(二) 研究样本与数据

本文选取我国 20 个省、5 个自治区和 4 个直辖市作为案例样本，由于文化及相关产业的统计资料不完整，因此在文章后面并未对西藏、新疆、港澳台地区进行统计和排序。本文的主要数据来源是 2019 年公开的国家统计资料及政府报告，如《中国统计年鉴》《中国第三产业统计年鉴》《中国文化及相关产业统计年鉴》《中国高技术产业统计年鉴》以及各省、自治区、直辖市统计年鉴等。

(三) 研究变量选取

本文以文化产业科技创新能力的钻石模型为基础，参照国内的科技进步统计监测指标体系[1]以及已有文献所选取的指标体系[2]等，建立了包括生产要素、需求条件、相关和支持性产业、产业运作与竞争、政策与机遇等 5 个一级指标，17 个二级指标和 30 个三级指标的新时代文化产业科技创新能力评价体系，其影响因素的变量及其具体测量的指标如表 1 所示。其中，文化产业科技创新能力指标作为结果变量，包括知识产出、技术扩散能力、经济产出与环境产出等综合测量指标。

---

[1] 刘树梅. 关于进一步完善全国科技进步统计监测体系的建议[J]. 统计研究, 2004 (1)：23-26.

[2] 郝挺雷. 科技创新视域下我国文化产业竞争力研究[D]. 武汉：华中师范大学, 2017.

表1　文化产业科技创新能力评价指标体系

一级指标		二级指标	三级指标
自变量	生产要素（FAC）	人力投入	文化产业从业人员占全部从业人员比重(%)
			文化企业R&D人员全时当量占文化企业从业人员比重(%)
		资本投入	文化企业R&D经费支出占企业资产比重(%)
			企业技术获取和技术改造经费占主营业务收入比重(%)
		文化资源	万人博物馆藏品数(件/万人)
			公共图书馆总藏量(万册)
	需求条件（NEED）	消费水平	人均可支配收入(万元)
			人均GDP(万元)
		消费市场	人均文化娱乐消费支出占居民人均消费支出比重(%)
			有线广播电视实际用户数占家庭总户数比重(%)
	相关和支持性产业（SUP）	高技术产业	高技术产业增加值占GDP比重(%)
		旅游业	入境过夜游客数量(万人次)
			旅游外汇收入(百万美元)
		教育业	教育经费(亿元)
			普通高等院校数量(所)
		通信产业	信息传输、软件和信息技术服务业收入占GDP比重(%)
			移动电话普及率(部/人)
			万人互联网上网人数(人/万人)
	产业运作与竞争（COMPE）	产业规模	文化产业增加值占GDP比重(%)
			文化、体育和娱乐业固定资产投资增长率(%)
		竞争态势	文化企业法人单位数量(万个)
			文化企业资产总额(亿元)
	政策与机遇（POLICY）	财政支出	公共预算文化体育与传媒支出占总预算支出比重(%)
			公共预算科技支出占总预算支出比重(%)
		固定投资	第三产业投资占全社会固定资产投资比重(%)
结果变量	文化产业科技创新能力（CUL）	知识产出	文化产业万人授权专利数(项/万人)
			万人输出技术成交额(万元/万人)
		技术扩散能力	万人SCI和EI论文数(篇/万人)
		经济产出	文化企业新产品销售收入占营业收入比重(%)
		环境产出	(单位GDP能耗)综合能耗产出率(元/千克标准煤)

(四)数据处理

1. 主成分分析

为了确保 QCA 分析过程中数据的连贯性和一致性,本文还采用了 SPSS 软件的主成分分析对数据进行标准化处理,分别从生产要素、相关和支持性产业、政策与机遇、文化产业科技创新能力这四种要素中提取出了两个主成分,需求条件、产业运作与竞争分别提取出了一个主成分。最后对主成分分析结果进行加权计算,以其标准化结果作为每个影响要素的综合得分,结果见表2。

表 2   各地区影响因素综合得分

地区	生产要素	需求条件	相关和支持性产业	产业运作与竞争	政策与机遇	文化产业科技创新能力
北京	1.148	4.974	2.769	3.853	2.518	5.311
天津	1.380	2.945	-0.844	-0.604	0.286	0.780
河北	-0.695	-1.178	-0.284	-0.371	-0.615	-0.625
山西	-0.996	-1.102	-0.909	-0.965	0.168	-0.605
内蒙古	-1.399	-0.713	-0.940	-1.490	0.110	-0.557
辽宁	-0.508	0.370	-0.392	-1.042	-0.649	-0.144
吉林	-1.352	-0.656	-1.075	-1.614	-0.221	-0.570
黑龙江	-1.193	-1.184	-1.168	-1.786	-1.151	-0.360
上海	0.822	4.922	1.847	0.998	1.268	1.631
江苏	1.882	1.882	1.802	3.312	0.506	0.391
浙江	1.678	2.326	1.418	2.358	0.849	0.683
安徽	1.193	-1.220	-0.177	0.240	0.048	-0.398
福建	0.895	0.665	0.158	0.556	0.025	-0.231
江西	-0.071	-0.616	-0.456	-0.490	-0.285	-0.355
山东	1.342	0.182	0.672	1.393	-0.234	-0.191

续表

地区	生产要素	需求条件	相关和支持性产业	产业运作与竞争	政策与机遇	文化产业科技创新能力
河南	0.133	-1.374	0.193	0.511	-0.820	-0.616
湖北	0.350	-0.321	-0.180	0.949	0.182	-0.209
湖南	1.154	0.471	-0.317	0.262	-0.093	-0.517
广东	1.842	1.298	6.727	4.080	1.458	1.012
广西	-1.160	-1.183	-0.375	-1.064	-0.867	-0.648
海南	-1.185	-0.111	-1.156	-1.014	0.731	-0.472
重庆	-0.352	0.050	0.112	-0.004	-0.896	-0.286
四川	1.630	-1.044	0.506	0.375	-0.378	-0.407
贵州	-0.844	-1.133	-0.754	-0.735	-0.635	-0.693
云南	-0.492	-1.398	-0.289	-0.680	-0.961	-0.826
陕西	0.222	-0.045	0.096	-0.439	0.464	0.315
甘肃	-1.234	-2.005	-1.361	-1.351	-0.246	-0.592
青海	-1.530	-0.854	-1.585	-1.490	0.006	-0.527
宁夏	0.078	-0.327	-1.315	-1.484	-0.031	-0.287

结合已有文献分析方法，可以根据创新能力指数的大小简单将全国文化产业科技创新能力分为5类(见表3)，第一类是实力雄厚型，即北京市，其文化产业基础资源丰富，实力雄厚，相关产业发展迅速，知识产出、技术扩散能力、经济产出、环境产出等指标都处于领先地位，尤其是北京的798艺术区、北京懋隆文化产业创意园、草场地艺术区、一号地国际艺术区、北京环球主题公园等地形成了文化科技融合的产业集聚，实现了规模效益，体现了强有力的文化竞争优势。第二类是高文化需求型，即上海市，其市场对文化产业的消费需求较高，文化消费支出和消费市场规模的指标得分最高。第三类为高发展潜力型，主要为广东、天津、浙江、江苏，集中于沿海经济区，具备一定的经济实力，其文化产业科技创新能力在全国属于中等偏上水平。第四类为实力一般

型，主要遍布华中地区、中西部地区及部分沿海地区，包括陕西、辽宁、山东、湖北、福建、重庆、宁夏、江西、黑龙江等9个省（自治区、直辖市），这些区域具有自身特色的文化产业，但是创新优势不够集中。剩余的其他区域归类为第五类亟待提升型地区，多数集中在我国中西部地区。

表3　中国29个省、自治区、直辖市文化产业科技创新能力分类

能力类别	数量	区域
实力雄厚型	1	北京
高文化需求型	1	上海
高发展潜力型	4	广东、天津、浙江、江苏
实力一般型	9	陕西、辽宁、山东、湖北、福建、重庆、宁夏、江西、黑龙江
亟待提升型	14	安徽、四川、海南、湖南、青海、内蒙古、吉林、甘肃、山西、河南、河北、广西、贵州、云南

湖北省在全国文化产业科技创新能力分类中，位于实力一般型，在文化生产要素资源、需求条件、相关和支持性产业等方面的优势作用较不明显，但是在产业运作与竞争中有一定的实力，总体的文化产业科技创新能力位于全国第11，属于中上水平，湖北省应持续注重自身优势的文化创新要素，合理配置文化产业资源，实现创新能力持续性增强。

2. 要素条件的校准

QCA是一种集合论的方法，需要将结果和条件校准为集合①，这个方法需要将所有事件的前因条件和结果变量转换为0到1之间的数值，离1越近，代表隶属关系越高，而0代表否定关系，离0越近则隶属度

---

① Schneider C. Q., Wagemann C. Set-theoretic methods for the social sciences: a guide to qualitative comparative analysis[M]. Cambridge: Cambridge University Press, 2012.

也就越小①。本文参考 Fiss 的研究和部分组态分析文献的做法②，使用了直接校准方式，将文化产业科技创新要素数据的 10% 分位数、10%~90% 分位数的均值、90% 分位数作为 3 个锚点，并将它们设置成完全不隶属、交叉点、完全隶属关系的阈值③，见表4。

表4　　　　　　　　　　　结果与条件的校准

条件和结果	校准		
	完全隶属	交叉点	完全不隶属
生产要素	1.630	-0.493	-1.352
需求条件	2.326	-0.344	-1.374
相关和支持性产业	1.802	-0.314	-1.315
产业运作与竞争	2.358	-0.258	-1.49
政策与机遇	0.849	-0.096	-0.867
文化产业科技创新能力	0.78	-0.258	-0.625

五、结果分析

（一）单个条件的必要性分析

在进行组态分析预测之前，QCA 方法还需要进行必要性分析。一般而言，一致性水平大于 0.8 时，可以认为该条件要素是导致结果发生

---

① C C Ragin. Redesigning social inquiry: fuzzy sets and beyond[M]. Chicago: University of Chicago Press, 2008.
② 张明, 杜运周. 组织与管理研究中 QCA 方法的应用: 定位, 策略和方向[J]. 管理学报, 2019, 16(9): 1312-1323.
③ Fiss P. C. Building better causal theories: a fuzzy set approach to typologies in organization research[J]. Academy of Management Journal, 2011, 54(2): 393-420.

的必要条件①。表5为fsQCA 3.0软件分析得到的必要性检测结果。结果表明,生产要素、需求条件、政策与机遇等3个前因条件的存在是文化科技创新能力得到提升的必要条件,其一致性分别为0.850829、0.842147与0.820047,而需求条件的缺失是导致非高文化产业科技创新能力的必要条件,一致性为0.866339,两组覆盖度均大于0.5。这也反映出不同地区的文化产业科技创新能力存在一定的差异性,能力提升的必要性前因条件是不对称的,应注重区域内多种条件要素的协调发展。

表5　　　　　　　　文化产业科技创新能力的必要性检测

条件变量	高文化产业科技创新能力(CUL)		非高文化产业科技创新能力(cul)	
	一致性	覆盖率	一致性	覆盖率
FAC	0.850829	0.651753	0.484452	0.651753
fac	0.395422	0.346473	0.685761	0.346473
NEED	0.842147	0.813262	0.349700	0.813262
need	0.470403	0.333333	0.866339	0.333333
SUP	0.763220	0.689729	0.440807	0.689729
sup	0.531176	0.396349	0.762684	0.396349
COMPE	0.732439	0.691505	0.404801	0.691505
compe	0.526441	0.379408	0.774141	0.379408
POLICY	0.820047	0.682654	0.478451	0.682654
policy	0.490924	0.394170	0.736498	0.394170

注:大写表示条件存在,小写表示条件不存在。

(二)条件组态的充分性分析

本文采用0.8作为PRI一致性标准,将频数阈值设定为1。参照现

---

① Schneider C. Q., Wagemann C. Set-theoretic methods for the social sciences: a guide to qualitative comparative analysis[M]. Cambridge: Cambridge University Press, 2012.

有文献通常做法①,本文选择了一个中间解来解释导致结果的最终组态,并利用简约解结果来确定结果组态的核心要素。在结果表示中,同时出现在简约解和中间解的条件为核心条件②,是重要的影响要素;仅出现在中间解的条件是边缘条件,对结果发生起辅助作用③。表6的每一列均展示了提升文化产业科技创新能力的4种组态类型。总体解的一致性为0.84,都在0.8以上,组态分析结果具有很好的可靠性,总体解的覆盖度为0.82,说明条件组态能够很好地解释这一结论。

表6　　　　　文化产业科技创新能力提升组态分析

前因条件	文化产业科技创新能力组态提升			
	路径1	路径2	路径3	路径4
生产要素	●	•	●	⊗
需求条件	•	•		●
相关和支持性产业		•	•	⊗
产业运作与同业竞争	⊗	•	•	⊗
政策与机遇	●		●	⊗
一致性	0.892938	0.893478	0.881967	0.822281
原始覆盖度	0.309392	0.648777	0.636938	0.244672
唯一覆盖度	0.0678767	0.0213101	0.0363061	0.0449882
代表案例	天津、山西	湖北、浙江、北京、广东、上海	湖北、江苏、福建、安徽	辽宁
解的一致性	0.841257			
解的覆盖度	0.823994			

注:●代表核心条件存在,•代表辅助条件存在,⊗代表核心条件缺乏,⊗代表辅助条件缺乏,空格代表条件变量的存在对于结果而言无关紧要。

---

① Fiss P. C. Building better causal theories: a fuzzy set approach to typologies in organization research[J]. Academy of Management Journal, 2011, 54(2): 393-420.

② Thomas G., Santi F., Fiss P. C., et al. Studying configurations with qualitative comparative analysis: best practices in strategy and organization research [J]. Strategic Organization, 2018, 16(4): 482-495.

③ 杜运周,贾良定. 组态视角与定性比较分析(QCA):管理学研究的一条新道路[J]. 管理世界, 2017(6): 155-167.

路径 1:"要素-政策型"(fac×need×compe×policy)。在这一路径中,不论有没有相关和支持性产业,当其他企业或同行业竞争较弱时,只要该地区生产要素配置齐全、需求水平较高和需求市场大,以及该地区能够提供一定的政策支持,并为文化企业创造发展机会,那么该地区的文化产业科技创新能力就可以得到提升。其中生产要素、政策与机遇为核心条件,是最为重要的影响因素,而强的需求条件、弱的产业运作与竞争发挥辅助作用,属于边缘条件。符合该组态路径的案例有天津市、山西省。

路径 2:"自主发展型"(fac×need×sup×compe)。该路径只包含四个边缘条件,表明该地区无论是否具备相关和支持性产业或者政策和机遇,当其配置了较大规模的生产要素,当地文化消费市场发展潜力较大,以及存在良好的文化产业运作和竞争时,该地区的文化产业科技创新能力就可以得到提升。符合该组态路径的案例有浙江省、北京市、广东省、上海市、福建省、山东省、重庆市、湖北省。

路径 3:"综合运作型"(fac×sup×compe×policy)。该路径下无论是否具备需求条件,当地区配置了较为优越的生产要素,并且教育业、旅游业、高科技产业和通信产业等相关和支持性产业发展较好,文化产业运作和竞争存在优势,以及出台了相关文化创新政策并具备良好发展机遇时,该地区文化产业科技创新能力就会提高。其中生产要素、政策与机遇为核心条件,与组态 1 有相似的组态条件。而强的相关和支持性产业、产业运作与竞争发挥了辅助作用,属于边缘条件。符合该组态路径的案例有浙江省、北京市、广东省、江苏省、上海市、福建省、安徽省、湖北省。可以看出,组态下的案例区域与组态 2 有部分重合,但是组态 3 更强调了生产要素对文化产业科技创新能力的显著正向影响,且不依赖于需求市场条件,在政策扶持下凭借优良的产业运作环境实现联动式的创新发展,是一种综合型产业创新模式。

路径 4:"需求主导型"(fac×need×sup×compe×policy)。该路径具有很强的市场需求,但是它的生产要素配置水平相对较低,存在相关产业的支撑,产业运作和竞争较弱,相关政策和发展机遇较少,但地区文化产业科技创新能力也会提升。其中生产要素、政策与机遇为核心条件，而强的相关和支持性产业、产业运作与竞争发挥了辅助作用，属于边缘条件。该组态能够解释63.7%的文化产业科技创新能力提升案例，辽宁省是唯一一个符合这一组态的地区，属于文化创新实力一般型的区域。

(三) 稳健性分析

根据已有文献检验要求，本文采用了两种不同的方法来对研究方法和评价指标解释力度进行稳健性分析。第一种方法是改变一致性水平，将原来的0.80改为0.85；第二种方法是适当删减部分案例数，删去河南省、河北省及山西省三个省份案例，观察其中间解结果，以此判断观测分析结果是否稳健。结果表明整体结果的一致性水平并未发生变化，且组态解和原始结果保持一致，整体而言并未发生显著改变，因此本文的研究结果稳健。

六、研究结论与对策建议

(一) 本文的研究结论

本文基于湖北省文化产业创新发展现状，结合波特的钻石模型理论，对全国文化产业科技创新能力进行了聚类分析，并构建了包含生产要素、需求条件、相关和支持性产业、产业运作与竞争、政策与机遇等方面的文化产业科技创新能力评价的指标体系，运用fsQCA方法分析了5个影响因素对文化产业科技创新能力提升的驱动路径，研究发现：

(1) 文化产业科技创新能力在各区域之间存在明显的差异，可以划分为实力雄厚型、高文化需求型、高发展潜力型、实力一般型、亟待提升型这五大类型，湖北省位于实力一般型，属于全国中上水平，文化创新能力高低与地区经济实力正相关。

(2) 印证了已有研究，生产要素、需求条件、相关和支持性产业、产业运作与竞争、政策与机遇等要素会对文化产业科技创新能力产生重要影响，其中生产要素、需求条件、政策与机遇是提升文化科技创新的首要因素，而需求条件是导致非高文化产业科技创新能力的必要条件。

（3）提升文化产业科技创新能力主要有4条路径，分别为"要素-政策型""自主发展型""综合运作型"和"需求主导型"，其中符合湖北省文化产业科技创新能力提升的路径主要为"自主发展型"和"综合运作型"，且生产要素和政策与机遇是核心组态条件。

（二）湖北省区域文化产业科技创新能力提升的对策建议

未来，湖北省应该充分分析自身文化创新资源优势，从文化创新政策、文化消费市场、文化产业融合等方面入手，因地制宜布局文化产业创新要素，注重生产要素、政策与机遇等核心要素对创新能力的驱动影响，寻求契合实际的创新路径和政策，从而实现湖北省文化产业的高质量发展。

（1）自主创新打造独特荆楚品牌。"自主发展型"路径下对相关支持性产业和政策机会的依赖程度不高，属于产业自主创新发展的一种模式，主要依据地区本身的市场和资源要素条件进行创新发展，是相对成熟的一种发展方向。基于此，湖北省应当充分发挥自身先进的创新发展基础，依托荆楚文化资源优势，将传统文化中的各种元素通过短视频、微电影等方式实现现代化、智能化，打造本地独特的文化创意产业核心竞争力，在生产要素、需求条件、相关和支持性产业、产业运作与竞争等方面加大投资力度。

（2）多产业融合增强文化产业核心竞争力。一方面要深入实施高质量"文化+"战略，推动文化和科技、金融、旅游、体育等各行业的融合发展，推动智能化文化产业的高质量发展。另一方面要扩大文化消费市场，尤其是突出荆楚文化品牌特色，提升湖北文化品牌价值，增加历史纪念场馆、图书馆、展览馆的建设，普及艺术教育，增加文化创意产品的宣传，充分满足当地文化需求，扩大消费群体，开发文化资源潜能，因地制宜地提升文化产业科技创新绩效。

（3）政策支持发挥制度优势。"综合运作型"路径下的湖北省，应该充分发挥当地政府的宏观调控作用，积极引导文化产业的高质量创新发展。一是制度上的保护。完善文化产业发展的政策措施，加大对知识产权的保护力度，积极发挥政策的倍增效应。二是资金上的扶持。通过政府采购、税收优惠和政策补贴等传统手段，直接给予资金支持。搭建投融资平台，引导金融机构扩大对文化产业的融资，鼓励中小文化企业进行创新研发。

(4)产学研协同创新发展与合作。"综合运作型"路径强调各个创新要素的协同作用，可以构建合作机制和平台，积极推动各大文化产业园区、企业进行跨区域、跨领域合作，充分发挥各大文化产业园区的自主优势，培育优良的产业运作和行业合作环境，形成优势互补、创新驱动的文化新业态。

报告撰稿人：张司飞　武汉大学中国中部发展研究院副研究员、硕士研究生导师
　　　　　　韦　吉　武汉大学中国中部发展研究院硕士研究生

湖北鄂州花湖机场航空物流产业发展研究

湖北航空物流产业发展研究课题组

一、我国航空物流业发展现状与特点

(一) 我国航空物流业发展现状

2019年我国境内机场完成货邮吞吐量1710万吨,比上年增长2.1%。分航线看,国内航线完成1064.3万吨,比上年增长3.3%(其中内地至香港、澳门和台湾地区航线完成94.5万吨,比上年减少4.9%);国际航线完成645.7万吨,比上年增长0.4%。

受世界经贸缓慢增长以及中美、日韩等贸易争端影响,2019年全球航空货运市场持续负增长,全年仅完成货邮运输量6120万吨,同比增长-3.3%。在此背景下,中国境内机场的国际航线货邮吞吐量与上年基本持平,好于世界整体航空货运市场的发展情况。国内航线的增长主要得益于中国贸易多元化的不断拓展以及强大的国内市场需求。2019年中国人均GDP首次突破1万美元;快递业务量完成635.2亿件,同比增长25.3%。

上海、北京、广州、深圳四大城市机场货邮吞吐量占全部境内机场货邮吞吐量的一半以上,高达54%,航空货运枢纽货邮量高度集中。上海浦东机场、北京首都机场、广州白云机场和深圳宝安机场货邮吞吐量均在100万吨以上,长期稳居前四名的位置。2019年浦东机场货邮吞吐量363.4万吨,高出首都机场近168万吨,占境内机场货邮吞吐量的21.3%。

三大机场群货邮吞吐量差距明显。2019年,京津冀机场群完成货邮吞吐量226.0万吨,较上年减少6.1%。长三角机场群完成货邮吞吐量569.3万吨,与上年同期持平。粤港澳大湾区机场群珠三角九市完成货邮吞吐量326.4万吨,较上年增长3.2%。从总量上看,如果加上香港机场和澳门机场,粤港澳大湾区机场货邮吞吐量达到810万吨左右,远远高于长三角机场群和京津冀机场群。如果只算境内机场,货邮吞吐量由大到小依次为长三角机场群、粤港澳大湾区机场群珠三角九市、京津冀机场群。

航空货运是区域经济发展的体现。2019年,京津冀地区GDP为8.54万亿元,粤港澳大湾区机场群所在的广东省GDP就达到10.8万亿元,长三角机场群所在的江苏、浙江和上海GDP为20万亿元。从货邮量增速上看,由大到小依次为粤港澳大湾区机场群珠三角九市(3.2%)、长三角机场群(0%)、京津冀机场群(-6.1%)。

2019年,在全球货运枢纽机场中,广州机场和深圳机场是为数不多的同比实现正增长的机场,这与粤港澳大湾区内经济蓬勃发展和高端产业聚集密不可分。长三角机场群中杭州机场和南京机场等虽然同比实现正增长,但是浦东机场货邮吞吐量同比增长-3.6%。与杭州机场和南京机场不同,浦东机场的国际和地区货邮货吞吐量占机场总体货量的80%,受国际经贸形势的冲击比较明显。

同时,二三线机场依靠补贴引进的国际货运包机,某种程度上分流了浦东机场的部分货物。与其他两个机场群不同,京津冀机场群由于大兴机场的开通运营,航空公司、航线航班、航权和时刻等都面临重新分配。2019年首都机场和天津机场货邮吞吐量均出现大幅下滑。这一方面是受京津冀区域整体经济发展以及三星等部分产业外迁等因素影响,另一方面与民航主管部门对区域内几个机场的重新定位和资源的重新分配也密切相关。

机场货邮吞吐量排名变化大。2019年机场货邮吞吐量排名变化大,前35位机场中,有26个机场的排名发生变化。排名上升最多的是南昌机场,排名上升5位,位居第26位;其次是长沙机场,排名上升3位,位居第18位；西安机场、无锡机场和济南机场排名均上升2位。杭州机场、虹桥机场、青岛机场、武汉机场、沈阳机场、合肥机场都上升1位。排名下滑严重的机场中，福州机场下滑3位，天津机场、海口机场和南宁机场均下滑2位，成都机场、昆明机场、南京机场、厦门机场、大连机场、乌鲁木齐机场、贵阳机场、宁波机场、三亚机场、长春机场、温州机场都下滑1位。

国家民航局数据显示，我国航空货运大部分依赖于客机腹舱运输，约占航空货运总量的70%。其中，国内航线中，客机腹舱运量占比高达82%，在国际航线中，客机腹舱运量占比49%。截至2020年3月，国内全货机仅171架（2019年年底174架），分散于14家航空公司，而客机2019年年底则达到3644架，货机仅占全部运输机队的4.6%。

（二）我国航空物流业发展特点

1. 航空货运企业竞争加剧

三大航混合所有制企业改革向纵深发展。目前，中国国际货运航空有限公司（国货航）、中国货运航空有限公司（中货航）和南方航空物流有限公司（南航物流）分别运营货机11架、9架和14架。南航物流机队规模上领先，但三大航货运发展同质性很强，货机机队基本都是B747和B777宽体货机，航线以欧美远程为主，连接的都是阿姆斯特丹、芝加哥等货运枢纽机场；货机均在浦东国际机场布局；受补贴吸引，开始在二三线城市开通货运航线。2019年受整体货运形势影响，三大航的货运发展面临较大挑战。为了提升竞争力，2020年三家航空公司加速改革进程。三大航中，中货航的改革一直走在前列，且方向明确，即由航空货运承运人向综合物流服务提供商转变。2018年年底，中国国际航空向中国航空资本控股出售国货航51%的股权；2018年年底，南航物流成立，并实现了货运业务的剥离。2020年，国货航和南航物流进一步推动混合所有制改革。

航空承运人与综合物流服务商竞争加剧。随着产业转型升级，快递企业和航空承运人都在寻求向综合物流服务商角色变化。在拥有货机的

13家航空公司中,已经实现转变的只有顺丰航空有限公司(顺丰)和中国邮政航空有限责任公司(邮政),也仅局限于国内业务。顺丰和邮政的国内货运航班基本用于服务其快递业务,自给自足,竞争力较强。拥有窄体货机的其他航空公司,例如金鹏航空、龙浩航空、长龙航空、天津货航等仍然是传统航空承运人,提供运力给拥有货源的顺丰速运、京东物流、中通快递等。国内航空货运市场的竞争基本格局是货源拥有商和运力提供商联合与综合物流服务提供商之间的竞争。与国内市场不同,2020年,国际航空货运市场的竞争更加激烈,因为航空公司的竞争力相差无几,零售和包机相结合,尚未出现既掌握一手货源,又拥有运力的综合物流服务商。2020年,随着顺丰航空、四川航空的加入,国货航、南航货运、中货航、金鹏航空已经运营多年的欧美远程货运航线竞争更加激烈。

中国航空货运企业进入与国外先进企业比拼阶段。中国内地更多航空货运企业走向国际,必然会面对国外先进航空货运企业的竞争。2018年全球航空公司货邮周转量前25位榜单中,中国内地只有国货航和南航物流上榜,分别排在第9位和第10位。2019年,中国内地航空公司运营货机174架,而美国联邦快递就拥有货机近700架。但是,2019年,南航物流等货邮周转量成为全球少数实现正增长的航空公司。

2. 重点航空货运企业加速海外拓展

近年来,越来越多的中国企业走出国门,持续优化全球产业布局,提升高端产业链能力,在国际市场上获得认可。基于安全考虑,中国科技、研发、制造企业需要航空运输企业协同出海。目前国内航空货运市场的货物种类以电商快递货为主,价格低,利润薄。与此同时,国内居民对国外优势产品的需求不断上升。为了提升企业的竞争力,获得更多业务和利润增长点,塑造全球知名的货运企业品牌,国际市场将逐步成为货运航空公司、综合物流服务提供商、货运代理等航空货运企业的主战场。2019年"顺丰DHL供应链"掀开供应链市场新的篇章。顺丰联合Flexport推出国际海运服务。顺丰航空使用B737F和B757F执飞至东北亚(仁川)、南亚(德里、金奈、达卡)、东南亚(胡志明、吉隆坡)和中亚(阿拉木图)的货运航线,用 B747F 开通至德国哈恩的货运航线。顺丰航空还获得美国交通运输部批准,准许其运营中国与美国任意城市之间的定期或包机货运航班,顺丰航空将基本形成国内覆盖主要城市、国际密集连接亚洲、重点通航欧美的货运航线网络。2019 年,菜鸟加速其"全球 72 小时必达"发展战略,全球物流网络覆盖 224 个国家和地区,全球合作伙伴达到 100 多个,用于跨境物流的仓库达 231 个。2019 年,圆通集团加快"出海"战略,在东南亚开展国际快递包裹业务,开通多条国际航线。由于机队规模限制,圆通航空开通的国际货运航线主要在亚洲,包括至东北亚(首尔、东京、大阪)、东南亚(胡志明、曼谷、马尼拉)、南亚(卡拉奇、达卡、伊斯兰堡)和中亚(塔什干)的航线。2019 年,四川航空使用 A330F 开通至比利时布鲁塞尔和印度德里的货运航线,四川航空一方面改造提升现有货运航线,另一方面根据市场需求开通新航线。2020 年,中国国家民航局放宽国际货运航权管理,扩大一类国际货运航线,颁发国家经营许可范围,增强企业"出海"经营活力,进一步助力中国航空货运企业拓展海外市场。

3. 资源整合,枢纽竞争白热化

业界不少人认为,航空货运枢纽将影响中国物流未来发展的格局,在地方政府和企业的积极参与下,航空货运枢纽的竞争越来越激烈。

机场群内航空货运发展资源进一步整合。随着《粤港澳大湾区发展规划纲要》和《长江三角洲区域一体化发展规划纲要》的印发,2020 年,京津冀机场群、长三角机场群和粤港澳大湾区机场群对于货运发展的定位和货运发展资源的整合进入关键阶段。京津冀机场群内明确发展货运的是天津机场,目标是打造成为我国国际航空物流中心。长三角机场群要加快合肥国际航空货运集散中心、淮安航空货运枢纽建设,规划建设嘉兴航空联运中心。粤港澳大湾区机场群将依托香港的金融和物流优势,发展高附加值货运、飞机租赁和航空融资业务等。航空货邮运输依靠全货机和客机腹舱两种形式,机场定位发展货运其实是对机场全货机发展的明确,支持给予货机航权和时刻。纵观三大机场群货运发展现状,差异明显。近年来,首都机场、天津机场和石家庄机场等京津冀机场群，货邮吞吐量分别维持在200万吨、25万吨和4万吨左右，货运发展规模依次递减。首都机场和石家庄机场货运发展以客机腹舱为主，天津机场以全货机为主。随着大兴机场投运，京津冀机场群发展格局将产生变化。凭借密集的航线网络、先进的设施设备和良好的通关环境，大兴机场将通过航空客运的飞速提升带动航空货运的快速发展。长三角机场群中浦东机场长期以来独领风骚，以近400万吨的货邮吞吐量位居中国内地机场货运之首，全货机货量比重占到近70%。杭州机场和南京机场虽然紧随其后，但是差距明显。近几年，杭州机场依靠国内快递的快速发展实现货运的稳步增长；南京机场和合肥机场开始大力引进国际货运航班；淮安机场发力国内货运航班。粤港澳大湾区机场群由于体制差异以及强大的产业支撑，香港机场、广州机场和深圳机场货运发展相对均衡。2019年香港机场货邮吞吐量481万吨，处于全球首位，但是与第二位的孟菲斯机场以及与广州机场和深圳机场的差距明显缩小。广州机场和深圳机场货邮吞吐量同处于100万~200万吨量级，2019年在整体货运下行的背景下都实现了正增长。为了推动货运发展，三个机场均出台了鼓励政策。

航空货运枢纽争夺将进入白热化阶段。机场群内机场航空货运发展的竞争只是货运枢纽竞争的第一步，属于区域竞争。货运枢纽更多的是全国和世界范围内的竞争。放眼全球，中国已经形成的航空货运枢纽是香港机场和浦东机场。但是，香港机场2019年货邮吞吐量大幅下滑，与其他机场的差距越来越小；浦东机场也连续2年负增长。虽然两个机场在全球的货邮吞吐量排名未变，但是货运枢纽的竞争力面临挑战。航空货运枢纽的发展，如逆水行舟，不进则退。与传统货运枢纽货量下滑形成鲜明对照，一些机场的货邮吞吐量年均增速达到20%以上。虽然快速增长依赖补贴政策，高速增长的可持续性也有待进一步观察，但是，通过重视货运发展带来的基础设施的提升，保障效率的提高，口岸功能的增加，通关环境的完善等，都非常有利于航空货运的可持续发展。通过地方政府高额补贴撬动航空货运发展始于2013年，2018—2019年愈演愈烈，2020年进入竞争白热化阶段。根据规划，鄂州花湖机场将于2022年投入使用，目标是2025年货邮吞吐量达到245万吨，2030年达到330万吨。2019年，顺丰集团全货机加腹舱航线2000多条，覆盖43个国内主要城市及15个国际站点。依托顺丰集团持续化的市场拓展、多元化的业务结构、智能化的技术应用、高效率的多式联运和轴辐式的运作模式，鄂州花湖机场具备成为航空货运枢纽的潜力。中国邮政在江苏南京打造全国最大的国际货邮核心枢纽，圆通在浙江嘉兴投资兴建全球航空物流枢纽项目，京东航空货运枢纽落户安徽芜湖已有实质性进展，郑州、成都、西安、重庆等城市都在做航空物流规划。"客货协同发展"时代已到来，20年前，机场货运70%是普货，30%是快递，但现在快递占70%、普货占30%，结构完全相反。1992年，约翰·卡萨达教授提出"第五波理论"，即继海运、水运、铁路、高速公路之后，由空运引发第五个冲击波，主要指在经济全球化背景下，航空运输因适应国际贸易距离长、空间范围广、时效要求高等要求，成为现代化国际经济中心城市迅速崛起的重要依托。

二、湖北发展航空物流产业的重要意义

（一）着力打造长江中游地区对外开放的桥头堡

着力推动形成陆海内外联动、东西双向互济的开放新格局，发展更高层次的开放型经济，是新时代中国经济发展的客观要求。湖北建设国际物流枢纽，打造通达全球的"空中丝绸之路"航线网络，有利于带动湖北省乃至中游城市群产业加快融入全球产业链、价值链和创新链，迈向全球价值链中高端。建设鄂州花湖机场，将更好地支撑和发挥中国（湖北）自由贸易试验区武汉片区的对外开放平台功能，加快形成内陆开放高地，促进我国建成更高水平的开放型经济。

通过空港通达、产业合作、政策创新为广阔的中部内陆地区提供了增进国际交往的窗口；为长江经济带提供了一个重要的连接世界的空中通道；为武汉城市圈提供了加大国际合作的空间载体，对于打造内陆开

放桥头堡，助推区域开放发展具有重要战略意义。

(二) 湖北"建成支点，走在前列，谱写新篇"的新动能

中国经济已进入高质量发展阶段，正处于方式转变、结构优化、动力转换的攻关期。与其他方式相比，航空货运在带动产业高端化发展、促进中高端消费发展等方面作用更加突出。建设鄂州花湖机场，提高航空货运物流服务效率，加快我国航空货运服务的优质增量供给，将更好地适应和满足运输服务新需求，培育经济发展新动能，塑造产业竞争新优势，有利于巩固和发展湖北在全国经济发展格局中的"立交桥"和物流枢纽地位。

鄂州花湖机场与其他交通方式共同提升武汉城市圈的对外通达能力与国际交往能力，打造长江经济带重要的对外战略窗口。注重与国家级产业基地的联动、合作，助力区域前沿科技创新能力、高端人才集聚能力和战略产业发展能力的提升，为中部地区崛起提供重要支撑。发挥空港、产业、城市的集成优势，激发经济和社会效益新动能，为开启我国社会主义现代化建设新征程贡献力量。

(三) 湖北建成"九州通衢"和交通强省的新路径

"货畅其流、人享其行"是综合交通发展现代化的重要标志，也是新时代对交通运输系统提出的新要求。航空货运既是我国综合运输体系建设的短板和重点，也是湖北建设"祖国的立交桥"的薄弱环节，特别是在疫情防控战役的医疗救援物资等的应急物流中，更是瓶颈制约。打造鄂州花湖机场，既是经济社会发展的迫切需要，也是构建我国中部地区综合交通强省的新路径。

鄂州花湖机场建设为临空产业发展提供了平台，能够积极促进国际航空运输、国际现代物流、航空智能制造以及航空相关现代服务产业的发展；能够带动区域传统产业转型升级，推动本地优势产业国际化发展；能够有效增强区域内人流、物流、信息流、资金流、技术流等优势资源整合，为区域经济高质量发展助力。

(四)助力中国建设现代化民航强国的新支撑

航空货运是现代物流业的关键环节。加快鄂州花湖机场建设,构建现代航空物流体系,是新时期民航强国建设、推进民航高质量发展的重要内容。这将加快完善国家综合机场体系布局,为实现航空货运与综合交通、现代产业和区域经济融合发展提供有力支撑。同时,也将促进我国民航在货运设施、运行管理、物流信息、多式联运等领域积累丰富经验,为提高中国参与制定国际标准话语权奠定实践基础。

鄂州民用机场是中国首个航空货运枢纽机场,也是亚洲最大的货运机场,是中国枢纽机场布局的重要成员。充分发挥货运枢纽机场的服务能力和龙头企业的产业带动能力,为中部地区打造核心产业的国际供应链服务体系提供了基本设施条件,为武汉城市圈现代产业体系更好地参与国家"一带一路"倡议,融入全球经济发展体系提供了现代化物流配套条件,为打造我国以航空物流为引领,具有国际竞争力的国际供应链增长极提供了产业平台条件。

(五)中国应急物流和军民融合发展的新枢纽

鄂州花湖机场是中国首个军民融合式应急投送保障基地,是适应新形势下强军建设,提升联勤保障战略投送能力的"领头羊"和"试验田"。提升货运枢纽功能,统筹空铁公、整合储运救、衔接军地民,构建开放、高效的军民融合运输服务保障体系,将有力支撑辐射境内外的军事物流战略投送枢纽和国家应急管理体系关键节点建设。

三、湖北航空物流产业发展面临的主要问题

(一)从全国城市群航空物流发展和布局角度看,长江中游城市群任重道远

航空运输对城市群发展具有重要的支撑作用。从城市群的角度看,

长江中游城市群人口数量和社会消费品总额第二,经济总量(GDP)第三,人均GDP第四,但是航空客运和航空货运都是排在最后(见表1)。

表1　　　　　2020年主要城市群经济指标和航空运输比较

	长三角	京津冀	长江中游	大湾区	成渝
人口(亿)	1.65	1.12	1.26	0.86	1.15
GDP(万亿)	20.5	8.86	9.29	11.53	7.36
人均GDP(万元)	12.42	7.9	7.37	13.41	6.4
社会消费品(万亿)	7.79	3.19	3.66	3.6	3.05
航空客运(万人次)	16116.2	7435.9	4791.4	9148.1	8383
航空货运(万吨)	580.9	156.1	57.2	320.5	105.3

说明:资料来源于国家民航局统计公报,其中中游城市群机场包括:长沙/黄花,武汉/天河,南昌/昌北,宜昌/三峡,襄阳/刘集,常德/桃花源,衡阳/南岳,岳阳/三荷,吉安/井冈山,景德镇/罗家。

中共中央、国务院印发的《国家综合立体交通网规划纲要》提出,按照综合交通枢纽集群、枢纽城市及枢纽港站"三位一体"构建国家综合交通枢纽系统,京津冀、长三角、粤港澳大湾区、成渝地区双城经济圈为4大国际性综合交通枢纽集群,长江中游城市群属于第二类,即枢纽城市及其组群。国际航空(货运)枢纽的布局方面,"巩固北京、上海、广州、成都、昆明、深圳、重庆、西安、乌鲁木齐、哈尔滨等国际航空枢纽地位,推进郑州、天津、合肥、鄂州等国际航空货运枢纽建设"。显而易见,中部地区功能较弱,鄂州花湖机场排序靠后,长江中游城市群航空物流产业发展任重道远,鄂州更需要倍加努力。

(二)从中部地区航空物流产业规模发展现状看,湖北航空运输"力不从心"

武汉是中部地区最大的特大型城市,经济和人口总量都居第一,但是航空客运、货运都低于郑州,特别是货运量,不到郑州的一半(见表

2)。2019年，天河机场货邮运量24.3万吨全国排名第15位，郑州新郑机场52.2万吨排名第7位。航空物流发展现状与湖北省"建成支点，走在前列"的目标地位明显不匹配。

表2　　　　　　　　2019年中部地区省会城市比较

	郑州	太原	武汉	合肥	长沙	南昌
GDP（亿元）	11589.7	4028.5	16223.2	9409.40	11574.2	5596.2
人口数（万人）	1035.2	446.19	1121.2	818.9	839.45	560.06
航空客运（万人次）	2912.9	1400.3	2715.0	1228.2	2691.1	1364
航空货运（万吨）	52.2	5.76	24.3	8.7	17.6	12.3

腹舱运输占我国航空货运的70%，占国内航空货运的82%。因此，机场货邮运量也反映了客运航线的情况。

（三）从航空物流产业发展的市场条件看，湖北航空运输需要加强基础建设

湖北省航空物流产业发展基础不牢固：一是政策供给不足，在产业支持、口岸建设、空管对接等方面制度创新力度不够。二是航空公司入驻不够，入住天河机场的国内航空公司只有32家，在全国排第16位。三是路网密度不够，重要客货枢纽缺少快速连接通道，集疏运体系有待加强。2020年主要城市群高速路网及其密度比较见表3。

表3　　　　　2020年主要城市群高速路网及其密度比较

项　　目	长三角	京津冀	长江中游	大湾区	成渝
高铁里程（公里）	6008	2288.6	3587	1232	2473
高铁密度（公里/百平方公里）	2.84	1.05	1.10	2.20	4.00
高速公路里程（公里/百平方公里）	107.17	102.45	207.05	106.90	91.20
高速公路密度	506	470	634	1908	493

截至 2019 年 12 月，我国已批复 14 个国家级临空经济示范区，其中郑州航空港经济综合实验区是目前唯一由国务院批准设立的实验区（2013 年正式批准），规划面积达到 415 平方公里。中部地区获批城市有郑州和长沙，西部地区获批城市包括重庆、成都、西安、贵阳等，其余分布在北京、上海、广东、江苏、浙江、山东等地。

郑州机场航空物流发展条件具有明显优势。目前，新郑机场拥有进口水果、冰鲜水产品、食用水生动物、冰鲜肉类、澳洲活牛、国际邮件经转等 6 个指定口岸和跨境电商业务，是国内进口指定口岸数量最多、种类最全的内陆机场。经由郑州机场的美洲水果进口量占全国市场份额 70% 以上。2017 年开始，新郑机场年客货运量实现中部机场"双第一"。空中交通优势带动了郑州航空偏好型产业快速发展，如智能终端、精密机械、生物医药等。2017 年，已入驻富士康、中兴、酷派等终端智能制造企业 190 家，手机产量达 2.9 亿多部，全球每 7 部手机就有 1 部郑州造。

（四）从武汉、鄂州、黄石、黄冈和孝感临空产业发展规划来看，航空物流等临空产业重复规划

湖北省发展改革委专门制定了《武汉城市圈航空港经济综合实验区总体发展规划（2019—2035 年）》，明确了客货双枢纽发展目标和差异化联动发展定位等，构建全球领先的航空客货双枢纽。在临空产业发展规划方面，共有东西湖临空产业发展片区、黄陂临空产业发展片区、孝南临空产业发展片区、鄂州临空产业发展片区、黄冈临空产业发展片区、黄石临空产业发展片区、临空创新协作示范片区、长江新城产业协作区、大光谷产业协作区、大车都产业协作区、阳逻港产业协作区、葛店产业协作区等 12 个片区，12 个片区分属于武汉、鄂州、黄石、黄冈和孝感等 5 个城市，存在目标同向、产业同构、竞争同质等问题，缺少具体、有效的跨区域协商机制和产业合作方案。

首先，两个核心枢纽在定位上有重叠。武汉天河国际机场航空核心枢纽重点发展机场运营保障、航空客货运输、航空现代物流、航空高科技制造、现代服务、会展商贸等产业;鄂州花湖机场航空核心枢纽重点发展综合保税物流、航空维修及服务保障、跨境电商、临空高科技制造、生物医药、大健康、时令生鲜集散商贸等产业。在实际的市场运作过程中,业务重叠会更多。

其次,不同城市临空产业规划存在更多的重叠(见表4)。实际上,在具体产业招商时,往往还会超出规划范围引进其他产业项目,重复面会更大。

表4　　　　　　　　　湖北相关城市临空经济区规划比较

项目	武汉	鄂州	黄石	黄冈	孝感
高端制造	✓	✓	✓	✓	✓
电子信息	✓	✓	✓	✓	✓
生物医药	✓	✓	✓	✓	✓
航空物流	✓	✓	✓	✓	✓
供应链服务	✓	✓	✓	✓	✓

四、湖北加快发展航空物流产业的对策与建议

(一)争取更高定位,打造我国综合交通枢纽第五极,筑牢航空产业发展根基

鄂州花湖机场是湖北省发展航空物流产业的根基。积极争取国家战略中赋予鄂州花湖机场更高的功能定位,将其打造成为面向全球的供应链管理中心。以航空物流门户枢纽为起点,集聚物流与供应链资源,主动参与全球供应链竞争,形成全球物流、资金流、信息流交换节点,提升巩固中国在新工业革命时代的国际地位,掌握国际物流格局走向。积极争取把鄂州花湖机场建设成为我国继渤海湾、长三角、粤港澳和成渝等国家物流枢纽之后的第5极。加快配套重大基础设施建设项目审批、建设资金安排和关键政策落地,为枢纽建设提供有力保障。

（二）加快基础设施建设，打造湖北对外开放新高地，拓展航空产业发展空间

以综合交通一体化发展推动物流基础设施建设。一是建设"天网"。以鄂州花湖机场建设为契机，打造航空物流专业化公共平台，大力发展洲际、国际和国内航线，打通连接世界、服务全国的"天上一张网"。二是建设"地网"。建立以鄂州花湖机场为核心，铁水公空多式联运、高效集成的"4×4"集疏运体系，实现"1313"的通达目标（"1313"即10分钟接入全国高铁网，30分钟联通武鄂黄黄，1小时与天河机场、阳逻港通达，3小时覆盖全国主要城市），形成"地上一张网"。三是建成"三枢纽"。推动天河机场、花湖机场、武汉新港有机衔接，打造三枢纽（双机场+阳逻港），带动中欧班列（武汉），发展大物流，形成"水港、陆港、空港"三港联动新发展格局，为货主、货代、航空公司提供通达性最强、时效性最高、经济性最优的物流服务。

（三）大力发展临空产业，打造武汉城市群临空经济区，提升航空产业发展能级

发展临空产业，既是航空物流的出发点，也是落脚点，是航空物流发展的根本。一是以高端物流吸引高端制造，高端制造促进高端物流。孟菲斯周边形成了以物流业为主、制造业为辅、医药企业为特色的产业集群，为孟菲斯航空物流的发展提供了充足的货源。郑州航空港区通过引进富士康，带来89家配套企业，形成以智能终端为代表的世界级电子信息先进制造业集群。鄂州花湖机场不仅是交通枢纽、物流枢纽，更要吸引企业、产业落地，形成枢纽经济。二是以航空物流为引领，集聚物流企业。拓展飞机"客改货"及维修、航空培训、仓储分拣转运、商贸供应链等临空经济，形成千亿级产业集群。三是以鄂州花湖机场为核心，打造武汉城市群临空经济区。争取尽快获批国家级临空经济示范区，将鄂东片区建设为中国"孟菲斯"，打造成武汉城市圈同城化发展示范区、基本实现现代化引领区、全省高质量发展样板区。坚持轴带式

发展，打通城际产业链，构建城镇连绵带，形成城市群间的上下游配合，差异化定位，有序化协作，同城化推进，特色化发展，促进武汉、鄂州、孝感、黄石、黄冈等地临空经济区有机衔接、协同发展，形成万亿级城市增长极。

（四）大力培育市场主体，打造航空产业链供应链，扩大航空产业"朋友圈"

坚持"省级统筹资源、市级主导发展、市场主体发力、市场机制运作"模式。一是发展基地航空。鼓励骨干航空货运公司在临空经济区内设立新基地，着力扩大货运机群规模，提升航空货运运力。二是聚合货运企业。鼓励在临空经济区注册自营货运、三方货代、四方平台等航空货运主体，根据货量增长幅度分别给予相应奖励，形成航空物流货量支撑。三是打造物流龙头。在招商引商的同时，大力培育了解湖北、热爱湖北的本土企业。湖北省交投物流板块年营收过100亿元，位居全国物流50强第27位，鼓励支持其建设国际集散仓和国际中转仓，开展国际物流集散和中转业务，着力导入国际商流，"买全球、卖全球"，延伸产业链，加强供应链。

（五）加强政策支持，打造协调联动机制，优化航空物流产业发展的政策环境

航空物流要发展，不仅依赖于资源禀赋和交通区位，也取决于政策供给，需要地方政府、民航主管部门、机场、货站、海关、安检等相关方共同努力。一是争取国家政策支持。争取国家在航权、空域、时刻资源分配等方面对鄂州花湖机场的倾斜性支持，扩大境内外航空网络建设，推动建立境内外货运联盟和多式联运代码共享，提升航空枢纽国际通达性，强化中转功能，增强高效率、高质量航空物流发展的"最大比较优势"和"核心生命线"。二是统筹省内区域资源。协调鄂州花湖机场与湖北自贸区武汉片区、光谷科创大走廊的规划衔接和产业联动，重点解决空域资源配置、口岸开放、区域协调等重大问题，切实提升航空物流发展的口岸环境，积极推行空中报关、电子报关、预约通关等便利化措施。严格保护机场周边土地资源、机场净空、电磁环境。三是借鉴外省先进经验。借鉴上海市在江苏南通建设第三机场——上海南通国际机场，由上海机场集团投资建设经营的体制机制创新经验，推进鄂州花湖机场与武汉天河机场统一管理、统一政策、统一标准、统一经营，力求"1+1>2"。

  课题负责人：付新平 武汉理工大学教授 湖北省人民政府咨询委员
  课题组成员：傅诗雯 赵　林 郑　楠 陈志强 粟姗姗
  执　笔　人：傅诗雯 华中科技大学管理学院博士研究生

发挥湖北省在建设全国统一大市场中重要作用研究

武汉大学发展研究院课题组

2022年4月,《中共中央 国务院关于加快建设全国统一大市场的意见》(以下简称《意见》)正式发布,明确提出加快建设高效规范、公平竞争、充分开放的全国统一大市场,全面推动我国市场由大到强转变,为建设高标准市场体系、构建高水平社会主义市场经济体制提供坚强支撑。

从我国改革开放40多年来市场建设的发展历史看,《意见》具有承前启后的重要里程碑意义。早在1980年,《国务院关于开展和保护社会主义竞争的暂行规定》就提出"开展竞争必须打破地区封锁和部门分割"。自2013年党的十八届三中全会提出"统一大市场"概念后,围绕我国统一大市场建设先后出台了一系列文件。2020年4月,中共中央、国务院公布《关于构建更加完善的要素市场化配置体制机制的意见》,明确提出:"完善要素市场化配置是建设统一开放、竞争有序市场体系的内在要求。"2021年1月,中共中央办公厅、国务院办公厅印发《建设高标准市场体系行动方案》,提出"通过5年左右的努力,基本建成统一开放、竞争有序、制度完备、治理完善的高标准市场体系"。2022年1月,国务院办公厅印发《要素市场化配置综合改革试点总体方案》,要求"按照党中央、国务院统一部署,在维护全国统一大市场前提下,支持具备条件的地区结合实际大胆改革探索"。《中华人民共和国国民经济与社会发展第十四个五年规划和2035年远景目标》中,将"加快构建国内统一大市场"作为重要任务。加快建设全国统一大市场,不仅具有深刻的历史逻辑、鲜明的时代特征、明确的实践导向和丰富的内涵要求，而且具有统筹高质量发展和国家安全的基础性战略意义。加快建设全国统一大市场，是我国应对百年未有之大变局及世纪之疫的重要举措，是我国构建新发展格局的基础支撑，是我国建设高水平社会主义市场经济体制的迫切需要，是我国畅通国内国际双循环，尤其是内循环的关键步骤，也是我国优化营商环境进入改革深水区的明显标志。目前，我国加快建设全国统一大市场的基础、条件和时机趋于成熟。

全国统一大市场具有基础性、系统性、开放性、统一性、集约性、竞争性、有序性、自组织性等特征。全国统一大市场的"统一"，不仅是市场基础制度规则的统一、市场设施高标准联通的统一、要素和资源市场的统一，而且是商品和服务市场高水平的统一、市场监管公平的统一。从《意见》的主要内容及关键词看，有如下明显特点：一是强调加快建设全国统一大市场的"效率""效能""高效"，体现了高度重视效率的价值取向，力图解决长期困扰我国的市场效率、劳动生产率问题；二是强调加快建设全国统一大市场的"高标准""高质量""高水平"，体现了高度重视新时代发展的与时俱进，真正实现我国发展能级的跨越；三是强调加快建设全国统一大市场"优势""比较优势"，体现了高度重视发展基础及有利条件，明确打造全国统一大市场是一个循序渐进、可持续、不可逆的历史过程。

湖北省作为我国区域发展的重要战略支点，近年来为推进我国统一大市场建设作出了重要贡献。按照《意见》，湖北省在加快建设全国统一大市场中应有更大作为和更多自觉担当。湖北省作为唯一一个不与沿海沿边省区市接壤的省，作为我国国内大循环的重要节点，拥有长江中游特大城市武汉，四小时高铁圈覆盖我国10亿人口及市场，无疑是我国加快建设全国统一大市场的受益者；湖北省以科技创新资源禀赋著称于世，正在建设科技强省和提升科技创新策源能力，无疑能"发挥超大规模市场具有丰富应用场景和放大创新收益的优势"；湖北省作为中部地区崛起的重要促进者，作为长江中游城市群发展的重要推动者，作为全国改革开放创新的重要实践者，无疑具有我国加快建设全国统一大市场赋予的发展先机和比较优势。《湖北省国民经济和社会发展第十四个五年规划和二〇三五年远景目标纲要》明确指出：要坚定不移吃"改革饭"、走"开放路"、打"创新牌"，推进更深层次改革、更高水平开放、更大力度创新，破除制约高质量发展、高品质生活、高效能治理的体制机制障碍，持续增强发展动力和活力。在我国加快建设全国统一大市场的过程中，湖北省极有可能因"马太效应"进一步形成"强者更强"的竞争优势，并获得我国市场由大到强变革带来的巨大红利。

加快建设全国统一大市场，是一个从上到下、从下到上的迭代过程，湖北省应该上下相向而行，努力贡献"湖北力量"、创新"湖北模式"、提供"湖北经验"。按照《意见》，加快建设全国统一大市场，是一个"以高质量供给创造和引领需求""让需求更好地引领优化供给"的互动过程。湖北省应该供需互促共进，努力实现供给与需求相互引领、相互支撑、相得益彰。加快建设全国统一大市场，是一个立破并举、以立为先的发展过程，湖北省应该以"鼎新"带动"革故"，要努力将标新立异贯穿于实践探索之始终。加快建设全国统一大市场，是一个"刚柔相济""宽严相济"的实践过程，湖北省应该强化系统思维，努力提高工作效率和协同创新效能。

为把握机遇，迎接挑战，深入贯彻落实《意见》，充分发挥湖北省在加快建设全国统一大市场的重要作用，特提出以下建议：

一、努力提高对加快建设全国统一大市场的思想认识

深入贯彻落实《意见》，首先要解放思想、转变观念，必须切实提高对加快建设全国统一大市场的思想认识。

(1)要真正从全局和战略高度认识加快建设全国统一大市场的深远历史意义，提高政治站位，将《意见》作为根本遵循和行动指南。要强化思想自觉、行动自觉、创新自觉，湖北省要切实履行好建设全国统一大市场的使命担当，以先行先试行动积极争取获得更多国家改革事项授权。

(2)要以人类面临百年未有之大变局的全球视野，深刻认识新一轮

科技革命和产业变革，深刻认识经济全球化的发展规律，深刻认识国际循环和国内循环的密切关系，深刻认识加快建设全国统一大市场的必要性和紧迫性，深刻认识湖北省在加快建设全国统一大市场中的责任、义务和利益。

（3）要服从加快建设全国统一大市场大局，正视我国市场发育、市场发展不平衡导致的矛盾乃至冲突。破除地方保护、市场分割、行政壁垒、潜规则势必会产生"阵痛"，但破除陈规陋习"长痛不如短痛"。湖北省应审时度势，敢为人先，身先士卒，砥砺前行，不仅要负重而行，甚至要毅然决然"负痛前行"。

（4）要深入研究全国统一大市场建设中的合作性博弈和竞争性博弈问题，积极运用市场经济规则，尽可能处理好湖北省和其他省、自治区、直辖市之间的竞争与合作关系，加快构建基于战略共识的利益共同体。要弘扬敢为人先、追求卓越的精神，努力探索加快建设全国统一大市场的"湖北模式""湖北实践""湖北经验"。

（5）要高度重视优化营商环境在全国统一大市场建设中的先导作用，将优化营商环境纳入高效规范、公平竞争、充分开放的全国统一大市场建设，加快营造稳定公平透明可预期的营商环境，加快打造市场化法制化国际化营商环境，使湖北省持续优化营商环境有新的突破，创新生态不断改善。

二、努力完成加快建设全国统一大市场的规定动作

深入贯彻落实《意见》，必须尽快落实加快建设全国统一大市场的明确任务要求，尤其要确定具体时间表、路线图和优先序。

（1）对《意见》明确要求"及时清理""全面清理""持续清理"的不适应全国统一大市场建设的地方性法规，湖北省必须将其准确对号入座，尽快有序进行清理，力争工作目标早日实现。

（2）对《意见》明确要求全国统一大市场建设中11个"不得"违反的事项，湖北省必须予以高度重视和令行禁止，作为加快推进全国统一大

市场建设工作的思维底线和行动规范。

（3）对《意见》明确提出的"最严谨标准""最严格监管""最严厉处罚""最严肃问责"要求，湖北省必须尽快在关系群众健康和生命安全的重点领域全面落实，形成常态化有效工作机制。

（4）对《意见》明确倡导和鼓励的"优先开展区域一体化建设""建立健全区域合作机制"等重要事项，湖北省必须积极响应和自觉行动，努力推动区域统一大市场和全国统一大市场建设。

（5）对《意见》明确提出的工作重点，要切实注重与《关于构建更加完善的要素市场化配置体制机制的意见》《建设高标准市场体系行动方案》《要素市场化配置综合改革试点总体方案》等相关文件中的工作重点衔接和协同。

三、努力谋划加快建设我国统一大市场的自选行动

深入贯彻落实《意见》，必须坚持创新自觉和创新自信，在加快建设全国统一大市场过程中发挥积极性、主动性和创造性。

（1）要尽快出台湖北省积极参与加快建设全国统一大市场的相关文件，制定湖北省贯彻落实《意见》的工作方案，完成湖北省积极参与加快建设全国统一大市场的顶层设计，通过积极定位、定标、定事、定责，明确湖北省在加快建设全国统一大市场中的责任担当、预期目标和工作路线图。

（2）要尽可能充分释放湖北省科技创新资源禀赋和科技创新潜在优势，发挥科技创新在全面创新中的引领和支撑作用，切实推进与全国统一大市场建设相适应的应用场景创新，努力通过超大规模国内市场建设放大创新效益，通过科技赋能不断提升市场效率，形成市场有效、政府有为的连锁反应。

（3）要切实加强湖北省市场监管体系和监管能力建设，加快推进市场监管现代化。尽快研究、制定、实施《湖北省市场监管现代化建设五年规划》及行动方案，通过行之有效的组织实施，努力实现市场监管观

念现代化、市场监管体系现代化、市场监管队伍现代化、市场监管方式现代化、市场监管手段现代化。

（4）要进一步发挥湖北省在支撑中部崛起，尤其是武汉在推动长江中游城市群发展中的领军作用。按照《意见》，在加快建设全国统一大市场框架下，积极促进出台《中部地区统一大市场建设发展战略规划》《促进长江中游城市群统一大市场建设行动计划》，在推动中部地区、长江中游区域市场从小到大、从大到强过程中身先士卒。

（5）要按照全国统一大市场运行规则以及必须面对的公平竞争环境，切实关注我国客观存在的产业同构化和商品同质化问题，深入分析湖北省"十四五"期间重点发展"51020"现代产业集群的市场竞争力。尤其要对湖北省支柱产业、优势产业、特色产业进行凝练和聚焦，进一步突出比较优势，强化面向未来的市场竞争力。

（6）要高度重视和充分发挥湖北省行业协会的重要作用。市场有效，政府有为，除了市场与政府的有效互动，行业协会在全国统一大市场建设中必不可少。在地方行业协会建设及其功能发挥方面，湖北省与发达省市相比有明显的差距，必须切实加强和创新行业协会相关工作，使其在加快建设全国统一大市场中能有更大作为。

课题负责人：李　光　湖北省人民政府咨询委员、武汉大学"珞珈杰出学者"、武汉大学发展研究院二级教授、博士生导师
课题组成员：刘　亮　武汉大学博士研究生
　　　　　　　杨　炎　武汉大学博士研究生
　　　　　　　王才玮　武汉大学博士研究生

服务和融入新发展格局
构建高水平对外开放"新沿海"
——对湖北开放型经济发展情况的调查与建议

联合课题组

打造内陆高水平对外开放"新沿海",是湖北省委、省政府作出的重大决策部署。为全面了解湖北省开放型经济发展情况,根据省政府主要领导的指示要求,省政府研究室联合省发改委、省商务厅、省科技厅、省交通运输厅、武汉海关、中铁武汉局集团等相关单位,进行了专题调研。

一、湖北省开放型经济发展势头良好,为打造内陆"新沿海"奠定了坚实基础

(一)对外贸易稳中向好,进出口规模创历史新高

出台对外贸易创新发展若干措施,促进对外贸易快速增长。2021年,湖北省货物进出口总值5374.4亿元人民币,同比增长24.8%。其中:出口3509.3亿元,进口1865.1亿元,分别增长29.9%、16.3%,分别比全国高出3.4个、8.7个百分点,进出口增速创下近十年来同期最好水平。民营企业外贸主力军地位进一步巩固。全省有进出口实绩的企业7278家,其中民企6361家,占进出口实绩企业的87.4%,进出口额占全省外贸总值的六成以上。对"一带一路"沿线国家外贸进出口快速增长。2021年,湖北省对"一带一路"沿线国家进出口额达到1434.6

亿元,同比增长32.8%。其中,对东盟进出口总额达到743.7亿元,同比增长34.1%,比对美国和欧盟进出口增长率分别高出8和17.5个百分点。重点产品出口增长势头良好。2021年,高新技术产品出口占全省出口总值的32.3%,成为出口增长新引擎。手机、集成电路、光纤光缆、新能源汽车等优势产品出口保持高速增长。其中,出口电子及电器产品910.9亿元,增长41%。出口液晶显示面板55.5亿元,增长206%。出口汽车55.5亿元,增长262.5%;其中新能源汽车3.5万辆,增长74.7倍。出口手机6200万部,价值259.5亿元,增长48%。

(二)利用外资量升质优

出台《湖北省外资研发中心采购进口设备免税资格核定办法》《全省招商引资重大项目协调服务机制》等文件,加快解决项目落地困难问题。高规格举办"2021相约春天赏樱花经贸洽谈"暨世界500强对话湖北活动,精心策划专场投资推介活动,精彩亮相中博会、投洽会等国家级展会平台。2021年,在鄂投资世界500强企业已达到324家,其中境外世界500强205家。全省新设立外商投资项目483个;合同外资金额85.9亿美元;实际使用外资124.6亿美元,同比增长20.3%;外商直接投资25.0亿美元,同比增长48.8%,排名重回中部第1位。重大项目支撑有力,路特斯、液化空气、亿咖通等一批重点大项目陆续到资。

(三)境外投资平稳发展

以融入"一带一路"建设为重点,实施一批国际产能和装备制造合作重点项目,促进高质量"走出去"。2021年,湖北省对外承包工程新签合同额198.1亿美元,同比增长10.7%,增速居全国第1位;完成营业额67.1亿美元,同比增长4.6%,居全国第5位、中西部第1位;非金融类对外实际投资额21.1亿美元,同比增长5.4%,其中地方企业非金融类对外实际投资额12.0亿美元,居全国第13位、中西部第4位;新增各类外派劳务人数15531人次,同比增长24.4%,居全国第8位、中西部第1位。

(四) 制度创新成效显著

出台《关于支持中国(湖北)自由贸易试验区深化改革创新的若干措施》,以投资自由化、贸易便利化为主攻方向,赋予自由贸易试验区更大改革自主权,引领全省对外开放由商品和要素流动型开放向规则等制度型开放转变。湖北自贸区累计形成253项制度创新成果,其中26项制度创新成果经国务院批准,在全国范围复制推广,在第三批自贸试验区中位居第1位。2021年,自贸区外贸进出口额1512.6亿元,同比增长39.2%,以全省万分之6.5的国土面积,贡献全省同期进出口额的28.1%。认定首批省级跨境电商产业园及公共海外仓。优化提升汉口北、三峡物流园市场采购贸易试点。设立90家外贸综合服务中心,完善"楚贸通"平台。推进武汉全面深化服务贸易创新试点,宜昌市获批中国服务外包示范城市。

(五) 平台通道加速提效

制定出台《关于促进跨境贸易便利化若干措施》等硬核举措,持续推进"减证便民"行动,推广"提前申报""船边直提""抵港直装"等多种通关模式。2021年,湖北省进口整体通关时间48.8小时,相比上年压缩45.8%,首次优于全国平均水平。武汉海关关区进口和出口整体通关时间分别为30.7小时和0.71小时,较2020年分别压缩39.69%和55.06%,较2017年分别压缩82.35%和96.41%。2021年,天河机场进出口岸货运量达到16.99万吨,同比增长1.65倍。武汉东湖综保区首次进入全国A类综保区行列。2个综保区和2个国家级经开区获批。中国(湖北)国际贸易单一窗口上线110个应用系统,累计注册企业超过14000家。2021年以来,培育新增海关高级认证企业41家,总数达到100家,居中部第1位。鄂州花湖机场校飞,预计2022年上半年通航,将和武汉天河机场形成湖北航空"客货双枢纽"格局。鄂州花湖机场、襄阳机场纳入国家"十四五"口岸发展规划。目前,湖北已开通了一批江海联运、江海直达的品牌航线，如武汉至上海洋山港天天班航线，武汉至日本关西集装箱江海直达航线，"泸汉台"集装箱近洋航线、武汉至东盟四国航线、武汉至日韩航线等。

二、湖北省打造对外开放"新沿海"存在的突出短板

（一）外贸进出口规模排位靠后

2021年，湖北省外贸进出口在全国排第17位，与湖北省GDP总量在全国排第7位不相称，与开放型经济发展较好的省市相比，还有较大差距。从外贸进出口规模看，2021年，湖北省进出口总额仅为5374.4亿元，而江苏、浙江、上海、山东分别达到5.21万亿元、4.14万亿元、4.06万亿元、2.93万亿元，分别是湖北省的9.7、7.7、7.5、5.4倍；在中部六省中，湖北省进出口总额仅居第4位，河南、安徽、湖南分别为8208.1亿元、6920.2亿元、5988.5亿元，分别比湖北省多2833.7亿元、1545.8亿元、614.1亿元。从外贸依存度看，2021年湖北省仅为10.8%，比全国平均水平低23.4个百分点，分别比上海、浙江、江苏、山东低83.1、45.5、34、24.5个百分点；在中部六省中，江西、安徽、河南、湖南分别为16.8%、16.1%、13.9%、13.0%，分别比湖北省高6、5.3、3.1、2.2个百分点。从货物贸易总额占全国进出口总值的比重看，2021年湖北省仅占1.4%，而江苏、浙江、上海、山东分别占13.3%、10.6%、10.4%、7.5%；在中部六省中，河南、安徽、湖南分别占2.1%、1.8%、1.5%。

（二）外向型经济发展不平衡

一是主要传统优势产业外向度不高。2021年，湖北省工业类业务收入排名前三的汽车制造业、化学原料和化学制品制造业、非金属矿物制品业分别达到6941.8亿元、4166.4亿元、3681.5亿元，出口交货值分别仅为139.4亿元、202.2亿元、31.1亿元，分别仅占行业总业务收

入的2%、4.9%、0.8%。二是"一主"引领作用有待提升。2021年，武汉进出口3359.4亿元，占全省的62.5%，但在中西部仍低于成都(8222亿元)、郑州(5892.1亿元)、西安(4400亿元)等城市。三是"两翼"带动力不强。2021年，襄十随神、宜荆荆恩8个城市进出口总额1127.3亿元，仅占全省进出口总额的20.98%，只相当于武汉市进出口总额的1/3。宜昌、襄阳进出口额分别为338.5亿元、283.1亿元，外贸依存度分别为6.7%、5.3%，分别低于全省平均水平4.1个百分点、5.5个百分点。恩施2021年进出口总值仅8.9亿元。四是"多极"支撑乏力。鄂州(28.9亿元)、黄冈(94.5亿元)、咸宁(92.4亿元)2021年进出口总值均未突破100亿元，不及仙桃(109.7亿元)。2020年湖北省县域经济考核79个县(市、区)中，有53个县(市、区)年出口不足10亿元。

(三)平台开放功能有待增强

一是综保区进出口拉动作用不够。2021年湖北省综合保税区一线进出口额558.8亿元，仅占全省进出口总额的10.4%。同期，成都高新综保区进出口额达到5819亿元，占四川省进出口总额的61.2%。二是综保区运营绩效有待提升。除东湖综保区外，其他综保区在全国同类综保区中排名长期靠后，武汉新港空港、武汉经开综保区在2020年全国综保区发展绩效评估中分别仅列96、97位(全国134家综保区参评)。综保区内龙头企业少，产业集聚度低，对接国际高标准经贸规则不足，制度性开放有待深化，跨境贸易便利化水平有待提升。三是外贸新业态发展不足。各类海关特殊监管区域加工制造项目偏少，武汉三家综保区内研发、租赁等新业态未实现零的突破。四是口岸配套设施不足。湖北自贸试验区缺乏航空、铁路口岸。武汉天河机场没有综合保税区。武汉阳逻港和武汉天河机场没有危化品监管仓。花湖机场口岸、综保区等设施建设滞后。口岸集疏运及多式联运建设仍然存在短板，铁路口岸与阳逻港之间没有形成有效的衔接，货柜转场不便。

(四)国际物流运输通道不畅

铁路方面,中欧班列(武汉)聚集效应不明显,没有大型物流园区和海外仓,影响货源组织和集散。西安、郑州外地货源达75%,长沙、重庆外地货源分别超60%和50%,而中欧班列(武汉)本省货源累计达70%。图定线条严重不足,西安、重庆、成都、郑州的图定线条分别有47、26、26、16条/周,武汉仅为3条/周。2017年以前,中欧班列(武汉)发展迅速,开行数量稳居全国前五,累计开行2138列,其中发送991列,到达1147列。2018年以来,受多种因素影响,中欧班列(武汉)开行数量连续三年递减,其中2018年开行424列(发173列,到251列),2019年开行341列(发174列,到167列),2020年开行215列(发101列,到114列)。而西安市、成都市、重庆市、郑州市、长沙市2020年分别开行1445列、1085列、952列、448列、400列。中欧班列(武汉)开行数量下降的原因是多方面的,其中补贴资金不足、对周边货源吸引力不够是主要原因之一。水运方面,江海联运集装箱在上海港压港问题严重,平均等待时间为7~10天。江海直达航线未实现轮班化、常态化运行。疏港铁路、疏港公路建设推进艰难,"最后一公里"亟待打通,"黄金水道"的作用未充分发挥。阳逻水运码头经营主体不统一问题仍未完全解决,客观上增加了船舶在港时间和进出口集装箱的装卸船时间。航空方面,与郑州、成都、重庆等地机场相比,武汉国际航空货运支持政策吸引力不强,武汉天河机场国际航线覆盖范围不广、航班频次不高,开通的国际定期货运航线比郑州新郑机场少40条,通航点少47个。尚未形成较大规模的附加值高、航空依赖性强的空港经济。武汉天河机场2021年完成货邮吞吐量31.6万吨,而上海、广州、深圳机场年货邮吞吐量分别达到436.6万吨、204.5万吨和156.8万吨,中西部的郑州新郑、成都双流机场年货邮吞吐量也分别达到76.0万吨、62.8万吨。

三、湖北省打造对外开放"新沿海"的对策建议

打造内陆对外开放"新沿海",是湖北省融入新发展格局的新实践,也是湖北省积极参与"一带一路"建设的新出发,具有重大战略意义。围绕实现这一目标,必须全面贯彻落实习近平总书记关于对外开放的重要论述,抢抓国家推动形成陆海内外联动、东西双向互济全面开放新格局的历史机遇,准确把握国内外大势,加快打造国内大循环重要节点和国内国际双循环战略链接,持续提升湖北省贸易功能、口岸功能、服务功能。

(一)加强开放型经济组织领导

一是建议湖北省委、省政府召开高规格的全省对外开放大会,出台扩大开放政策文件,切实增强广大干部群众的开放意识、开放思维、开放胸怀、开放视野,在全省厚植大开放浓厚氛围。二是加强对外开放工作尤其是外经外贸工作组织领导,完善省开放发展暨中国(湖北)自由贸易试验区领导小组工作机制,设立口岸、物流等工作专班,形成上下联动、步调一致的开放发展工作格局。三是将各地开放型经济特别是进出口情况作为湖北省委、省政府对地方经济工作督办考核的重要内容,加大督办考核权重,定期通报有关情况,定期召开专题会议,研究部署工作,破解发展难题,激励先进、鞭策后进。

(二)实施开放型经济提升工程

认真贯彻落实湖北省委、省政府打造高水平对外开放"新沿海"的战略部署,把扩大对外贸易作为挖掘湖北经济增长潜力的重大战略举措来抓,大力实施开放型经济提升工程,积极创建内陆开放型经济试验区。力争"十四五"期间,开放型经济实现"两增长一领先",即:全省进出口货物贸易年均增长10%以上,外贸依存度在全国排位取得明显进步;实际利用外资年均增长8%以上;对外承包工程规模保持全国前

列、中部领先。力争到2030年实现"一达到两翻番",即:外贸依存度达到全国平均水平,外贸进出口总额、实际利用外资对比2021年实现翻番,年外贸进出口总额确保1万亿元、力争1.2万亿元(其中出口7000亿元、力争8000亿元,进口3000亿元、力争4000亿元),实际利用外资超过300亿美元(2021年124.6亿美元),全省开发区开放水平明显提升,开放型经济市场主体实力明显增强,对外开放环境明显优化,高水平开放型经济新体制基本形成,湖北省成为内陆高水平对外开放"新沿海"。

(三)实施县域外贸振兴行动

湖北省外向型经济发展的短板在县域,潜力也在县域。要大力实施县域外贸振兴行动,加快补齐县域外贸短板。一是建议湖北省商务厅等相关部门专门制定出台支持县域外贸振兴的政策文件,制定"一县一业"外贸产业发展目录,出台重点产品出口专项支持政策。在现有省级政府投资基金下,探索设立县域开放型经济发展基金。力争到2025年,全省绝大多数县(市、区)出口超过10亿元,培育一批出口超500亿元、100亿元、50亿元的外贸大县(市、区),形成支撑有力的外贸县域梯队。二是鼓励各县(市、区)全面加大对出口企业政策支持力度,扶持一批"潜力型"县域外贸企业扩大出口,加强出口自营能力建设,打造一批出口新生力量,培育外贸出口新增长点,力争到2025年培育一批出口超100亿元、50亿元、10亿元的县域外贸龙头企业。三是结合重点产业"链长制"实施,将提高县域产业外向度作为"链长制"重要工作内容,推动一批县域优势主导产业持续提高外向度。

(四)着力增强外贸发展新动能

一是全面推动内外贸一体化。统筹国内国际两个市场两种资源,充分发挥地处中部、连南接北的区位优势,加快形成中部强大市场。实施"内转外"行动,推动内外销并举、内外贸互转,争创国家进口贸易促进创新示范区。二是促进贸易自由便利。主动对标高标准经贸规则,积极参与区域全面经济伙伴关系协定(RCEP)实施。进一步完善国际贸易"单一窗口"功能，推进全流程无纸化。支持发展数字贸易，探索建设湖北国际数据港，重点面向共建"一带一路"国家提供数据服务。三是加强政关企协作。继续强化口岸营商环境工作专班职能，认真落实相关文件，及时出台政策措施。深入开展开放型经济营商环境大调研，及时疏通堵点、破解难点。完善重点外贸企业及时通信微信群，用好"企呼关应"信息沟通平台，进一步扩大企业覆盖面，及时解答企业提出的通关问题，为企业提供"一对一"个性化通关服务。四是培育发展外贸新业态。加快跨境电商综试区、市场采购贸易试点建设，发挥90个外贸综合服务中心作用，推动外贸新业态加速发展。招引大型电商企业在鄂设立企业总部、地区总部和配送基地，推动汉口北打造中部外贸新业态融合发展窗口平台，成立全省跨境电商行业协会。开展省级跨境电商海外公共仓培育行动，推动汉口北、三环国际等企业在北美、东盟、欧盟等地设立规模化海外公共仓。五是创新发展服务贸易。深化武汉国家服务贸易创新发展试点和服务外包示范城市建设，积极创建中国服务外包示范城市、国家级数字服务出口基地、国家级服务设计中心。充分利用各类专业展会和贸易平台，扩大建筑设计、商贸物流、研发设计、环境服务等生产性服务进口。

(五)畅通国际国内双循环通道

一是加快建设民航客货"双枢纽"。推动鄂州花湖机场尽快全面运营，打造国际专业航空货运枢纽，补齐湖北航空货运量不足的短板。加快推进武汉天河机场升级改造，拓展国际航线，提高航班频次。建立国际快运物流体系，打造"全球123快货物流圈"的核心支点。二是优化多式联运集疏运通道。推进武汉都市圈环线高速建设，实施京港澳湖北段、沪渝高速武汉至仙桃段等瓶颈路段扩能改造，实现与周边省份互联互通。促进汉江梯级开发，提升汉江航道等级。完善与长三角、珠三角、京津冀、成渝地区等主要城市群的铁路货运网络。积极培育一批跨运输方式、跨区域多式联运经营主体，支持国内国际大型物流企业在湖北设立区域总部或到湖北地区设立子公司。大力发展江海联运、水铁联运、水水直达、沿江捎带，推进空铁联运、陆空联运。三是推动江海直达航线稳定运行。加强长江中游航道治理，实现武汉至重庆5000吨级船舶直达、武汉至上海万吨级船舶直达。巩固壮大武汉至上海洋山港天天班航线，稳定运营武汉至日本关西航线并拓展至韩国釜山。加强沿江主要港口核心港区的规模化、专业化码头建设，提升集疏运体系能力。四是高质量运营中欧班列（武汉）。制定中欧班列（武汉）运营专项扶持政策，加大补贴力度，全面增强中欧班列（武汉）对周边省份货物的吸引力。加快中欧班列武汉集结中心建设，提升综合服务能力，争取建设示范工程。重点打造吴家山1个华中国际物流中心，建设襄阳、宜昌2个国际物流副中心，形成以武汉为支点，襄阳、宜昌为辅的"一拖二"中欧班列共享模式。新增阳逻国际港铁水联运二期项目中欧班列办理点，将武汉-日韩近洋航线与中欧班列连接，打造以武汉为支点的国际中转枢纽。主动融入西部陆海新通道，探索发展经北部湾港口的南向通道等多条跨境班列，为扩大中欧班列开行总量做好运能支持。在通道沿线主要枢纽城市建设境外分拨集散中心、海外仓和集装箱还箱点，提高集货能力和服务能力。

（六）完善对外开放平台功能

一是发挥自贸区制度创新引领作用。依托湖北自贸试验区等开放平台，探索设立RCEP先行示范区。深化首创性、集成化、差别化改革探索，破除市场主体和产业发展的深层次障碍。将更多前沿探索和改革创新率先放在湖北自贸试验区开展试验，启动自贸区联动创新区建设，在更大范围释放自贸试验区改革红利。二是促进海关特殊监管区新业态发展。支持综合保税区内建设辐射全省的外贸综合服务平台、进口商品分拨平台、大宗商品交易平台、金融服务创新平台，健全仓储、配送、分拨、中转一体化保税物流产业体系。推动综合保税区申建和保税物流中心（B型）升级。实施综合保税区市场主体培育工程及招商引资专项行动，争创全国及中西部A类综保区。建立完善优惠的项目入驻机制和精准的补贴扶持政策，确保入驻企业快速健康发展。三是提升口岸服务功能。加快鄂州花湖机场和武汉港扩大开放基础设施以及查验设施建设和验收工作，申建满足产业需求的特殊商品进境指定监管场所，推进跨部门一次性联合查验，进一步压缩通关时间。突破直航瓶颈，增强对直航货源的吸引力。四是培育外经外贸运营平台公司。以市场为导向，以资本为纽带，以激发活力、做大总量为目标，加强与大型央企国企合作，成立外经外贸运营平台公司，构建和壮大集外经外贸、国际联运、物流园区开发与运营为一体的经营实体，更好助推湖北省外经外贸发展。五是推进开发区制度性改革。通过制度创新，切实增强开发区承接产业转移能力和创新能力，力争到2025年，培育一批千亿级、500亿级开发区，开发区"三外"（外贸、外经、外资）总量在全省占比超过50%。

（七）着力提升利用外资质效

一是进一步放宽市场准入。严格落实2021版外资负面清单和鼓励产业目录，提升战略性新兴产业、高端制造业、现代服务业、现代农业等领域利用外资规模，优化产业结构。推动金融扩大开放，支持外资在鄂设立证券公司、基金公司等。二是拓展招商引资渠道。运用现代信息技术，开展"云展示""云对接""云洽谈"等投资促进活动，精准引进一批母体型、旗舰型、链主式头部企业和产业链关键环节、上下游配套企业。实施"外入内"行动，开展"贸企"精准招商，力争引进50家外贸龙头企业。突出开发区开放导向，高标准建设中法、中美、中德、中日等国际合作产业园区，集聚国际高端产业要素。三是优化外资营商环境。严格落实外商投资准入前国民待遇加负面清单管理制度，建立外商投资企业投诉受理机制，健全完善知识产权快速协同保护和信用联合惩戒机制，有效保障外资企业合法权益。对标高标准国际经贸规则和世界银行营商环境体系，推进通关一体化改革和口岸提效降费，落实新一轮跨境贸易便利化专项行动部署，建设中部领先、国内一流的营商环境。

(八)大力促进对外交流合作

一是积极争取在湖北省举办中拉企业家峰会、中拉文明对话等中拉论坛分论坛活动。二是办好第七届中俄蒙三国旅游部长会议,以及"万里茶道"茶文化旅游推介活动。三是争取承办科技部与"一带一路"沿线国家开展的国家级重要国际科技合作活动。四是谋划建立中国—印度(武汉)合作理事会,推动落实两国领导人会晤成果。五是依托"一带一路"联合实验室和有关省级重点实验室,深化信息通信技术、矿产勘探利用等领域的国际科研合作。六是推动建设大洋洲标准化(湖北)研究中心,促进湖北标准向国际标准转化和应用。七是加强国内外教育、卫生、科技等领域交流合作,鼓励开展中外合作办学、合作办医。八是围绕"一带一路"沿线、直航目的地、中欧班列(武汉)途经地等发展一批国际友城,构建友好省州(城市)网络,加强实质性交流合作,力争到2025年新建友好省(市、州)40对以上。九是争取外交部、中联部、国务院港澳办在湖北开展重大外交外事活动。十是深化与世界各地湖北籍侨企、侨团、侨商的联系,更好地发挥民间外交在国际人文交流中的作用。

调研组成员: 刘卫华　湖北省人民政府研究室三处处长
　　　　　　　秦思敏　湖北省人民政府咨询委员会办公室一级调
　　　　　　　　　　　研员
　　　　　　　熊　怡　湖北省商务厅综合处处长
　　　　　　　赵　明　湖北省发展和改革委员会外经处处长

附件:
1. 2021年全国各省区市主要商务经济指标统计表
2. 2021年全省各市州进出口情况一览表
3. 2021年全省各市州外贸依存度情况统计表
4. 2021年全省主要出口商品总值表

附件1：

2021年全国各省区市主要商务经济指标统计表

	进出口（亿元）			外贸依存度		进出口在全国占比	
	金额	排名	增速	百分比	排名	百分比	排名
全国	391008.5		21.4	34.2			
广东	82680.3	1	16.7	66.5	3	21.15%	1
江苏	52130.6	2	17.1	44.8	6	13.33%	2
浙江	41429.1	3	22.4	56.4	4	10.60%	3
上海	40610.4	4	16.5	94.0	1	10.39%	4
北京	30438.4	5	30.6	75.6	2	7.78%	5
山东	29304.1	6	32.4	35.3	8	7.49%	6
福建	18449.6	7	30.9	37.8	7	4.72%	7
四川	9513.6	8	17.6	17.7	13	2.43%	8
天津	8567.4	9	16.3	54.6	5	2.19%	9
河南	8208.1	10	22.9	13.9	17	2.10%	10
重庆	8000.6	11	22.8	24.0	10	2.05%	11
辽宁	7724.0	12	17.5	28.0	9	1.98%	12
安徽	6920.2	13	26.9	16.1	15	1.77%	13
湖南	5988.6	14	22.6	13.0	20	1.53%	14
广西	5930.6	15	21.8	24.0	10	1.52%	15
河北	5415.6	16	21.5	13.4	18	1.39%	16
湖北	5374.4	17	24.8	10.7	23	1.37%	17
江西	4980.4	18	23.7	16.8	14	1.27%	18
陕西	4757.8	19	25.9	16.0	16	1.22%	19
云南	3143.8	20	16.8	11.6	21	0.80%	20
山西	2230.3	21	48.3	9.9	24	0.57%	21
黑龙江	1995.0	22	29.6	13.4	18	0.51%	22
新疆	1569.1	23	5.8	9.8	25	0.40%	23

续表

地区	进出口(亿元)			外贸依存度		进出口在全国占比	
	金额	排名	增速	百分比	排名	百分比	排名
吉林	1503.8	24	17.3	11.4	22	0.38%	24
海南	1476.8	25	57.7	22.8	12	0.38%	25
内蒙古	1235.6	26	17.2	6.0	26	0.32%	26
贵州	654.2	27	19.7	3.3	29	0.17%	27
甘肃	490.9	28	28.4	4.8	27	0.13%	28
宁夏	214.0	29	73.4	4.7	28	0.05%	29
西藏	40.2	30	88.3	1.9	30	0.01%	30
青海	31.3	31	36.4	0.9	31	0.01%	31

注：表中未含我国港澳台地区数据。

附件2：

2021年全省各市州进出口情况一览表

地区	累计进出口金额（亿元）	排名	增减（%）	累计出口金额（亿元）	排名	增减（%）	累计进口金额（亿元）	排名	增减（%）
全省合计	5374.4		24.8	3509.3		29.9	1865.1		16.3
武汉	3359.4	1	24.0	1929.0	1	35.7	1430.4	1	11.2
宜昌	338.5	2	64.2	307.2	2	66.8	31.3	5	42.3
黄石	327.9	3	33.3	167.0	4	39.0	160.9	2	27.8
襄阳	283.1	4	29.5	252.1	3	27.1	31.0	6	52.8
荆州	145.6	5	25.2	126.9	5	26.9	18.7	9	15.0
十堰	111.1	6	108.3	106.8	7	119.9	4.3	14	-10.1
孝感	135.0	7	22.3	115.0	6	25.1	20.0	8	8.0
荆门	134.5	8	49.1	95.6	9	55.4	38.9	4	35.5
仙桃	109.7	9	-53.2	89.6	10	-60.2	20.1	7	128.2
随州	105.6	10	31.9	100.4	8	33.0	5.2	13	13.8

续表

地区	累计进出口金额（亿元）	排名	增减（%）	累计出口金额（亿元）	排名	增减（%）	累计进口金额（亿元）	排名	增减（%）
黄冈	94.5	11	44.4	82.7	12	38.6	11.8	11	104.8
咸宁	92.4	12	24.9	82.9	11	26.0	9.5	12	16.4
潜江	87.1	13	55.1	16.7	13	-24.2	70.4	3	106.5
鄂州	28.9	14	-2.5	16.3	14	46.9	12.6	10	-32.1
天门	12.5	15	22.8	12.4	15	22.4	0.1	15	99.2
恩施	8.9	16	36.3	8.8	16	35.3	0.1	16	200.3
神农架	0.0	17	—	0.0	17	—	0.0	17	—

附件3：

2021年全省各市州外贸依存度情况统计表

市州	外贸依存度(%)	排名	较2020年增减	较2019年增减
武汉市	19.0	1	1.7	4.0
黄石市	17.6	2	3.1	1.8
仙桃市	11.8	3	-16.5	4.2
潜江市	10.2	4	2.7	0.6
随州市	8.5	5	1.2	3.2
宜昌市	6.7	6	1.9	1.8
荆门市	6.3	7	1.8	1.6
荆州市	5.4	8	0.3	0.8
襄阳市	5.3	9	0.6	0.6
孝感市	5.3	10	0.3	0.9
咸宁市	5.3	11	0.5	1.4
十堰市	5.1	12	2.3	2.0
黄冈市	3.7	13	0.7	0.7

续表

市州	外贸依存度(%)	排名	较2020年增减	较2019年增减
鄂州市	2.5	14	-0.4	-1.6
天门市	1.7	15	0.0	0.0
恩施州	0.7	16	0.1	0.2
神农架林区	0.0	17	-0.04	-0.01
全省合计	10.7	—	0.8	2.0

附件4：

2021年全省主要出口商品总值表　　　　单位：元

商品名称	出口价值	±%
电子及电器产品	910.9	41.0
机械设备	380.3	27.0
手机	259.5	48.0
服装及衣着附件	204.4	-14.4
农产品	176.2	15.8
食品	163.1	15.0
钢材	136.9	117.7
化肥	117.7	98.2
集成电路	113.2	51.0
纺织纱线及其制品	97.1	-66.7
汽车零配件	88.2	35.5
平板电脑	70.7	22.6
灯具及照明装置	70.7	78.2
自动数据处理设备的零件	69.8	15.4
塑料制品	68.7	48.9
家具及其零件	63.5	43.8

续表

商品名称	出口价值	±%
医药品	59.8	19.6
陶瓷产品	56.3	88.2
液晶显示板	55.5	206.0
汽车	55.5	262.5

高质量推进湖北省市场监管现代化建设研究

中国地质大学(武汉)课题组

市场监管现代化是指采用现代先进的市场理论与技术手段,改革现行的监管理念、监管政策、监管手段、监管体制机制等,使其与经济和社会发展相适应,并逐渐向世界先进水平靠拢。推进市场监管现代化,是创建高标准市场体系的必然要求,是实现湖北经济高质量发展的关键。

一、推进市场监管现代化建设的现实背景及意义

(一)市场监管现代化的内涵与外延

随着我国经济转型和体制改革的不断推进,企业对开放透明的市场提出了更高要求,传统的市场监管体制已经难以满足当前人民日益增长的美好生活需要。因此,在国家治理体系和市场经济体系现代化的客观要求下,市场监管现代化这一名词在"十三五"规划中首次被提出。根据监管政策、监管理念和监管方式的更迭跃升,可以将市场监管的发展分为初步建立阶段(1992—2001年)、全面建设阶段(2002—2012年)、重点建设阶段(2013—2016年)、现代化建设阶段(2017年至今),目前我国正处于现代化建设这一阶段①。

市场监管现代化是建立在市场监管和现代化基础上的概念。市场监

---

① 刘鹏. 中国市场经济监管体系改革:发展脉络与现实挑战[J]. 中国行政管理,2017(11):26-32.

管是指政府直接干预市场的行为总和，如限制、约束市场的行为。现代化指的是工业革命以来人类社会所发生的深刻变化，这种变化包括从传统经济向现代经济、传统社会向现代社会、传统政治向现代政治、传统文明向现代文明等各个方面的转变①。据此可以对市场监管现代化做出如下概念界定：市场监管现代化是利用现代市场经济的理论与技术手段，完善现有的监管理念、监管体制、监管方式、监管政策、监管手段等，使其逐步提高到现代的世界先进水平，这将有利于建立统一规范、权责明确、公正高效、法治保障的市场监管和反垄断执法体系，形成统一开放、竞争有序、适于参与国际经济竞争的市场体系。

市场监管现代化概念的外延可从以下五个方面来进行阐述，分别是监管理念的现代化，即对"大监管"理念的进一步延伸拓展；监管政策的现代化，即政策的透明化、科学化和规范化；监管手段的现代化，即实行智慧监管和数字化监管的模式；监管方式的现代化，即引导多主体参与到市场监管中，修订完善市场监管的相关法律和建立健全社会信用体系；监管体制机制的现代化，即监管体制的科学化和监管机制的规范化。

1. 监管理念的现代化

市场监管现代化实现的前提和基础是市场监管理念的现代化。为实现我国市场监管的现代化，首先要形成正确完善的现代化监管理念，也即"大监管"理念。2018年3月，根据第十三届全国人民代表大会第一次会议批准的国务院机构改革方案，将包括工商总局、质检总局、食药监总局等在内的6个部委级机构的有关职能进行了整合，体现了"大监管"理念。2020年9月，国家市场监管总局原党组书记、局长张工明确提出要坚持"大市场，大质量，大监管"，强化市场管理的现代化。"大监管"理念的理论依据是"整体型政府"理论，认为政府的组织结构应该呈现系统化和整体化，以便为公众提供更为优质的公共服务。"大监管"理念至少包括5个方面：一是监管主体多元化，由传统政府全权监

---

① 何传启. 什么是现代化[J]. 中外科技信息，2001(1)：13-18.

管转变为参与市场的多主体共同监管;二是监管成效最大化,由传统多部门联合监管转变为部门整合后单部门高效监管;三是监管内容动态化,由传统静态化信息监管转变为动态化信息监管;四是监管方式多样化,由传统行政监管转变为信用监管;五是监管手段智慧化,由传统以人监管转变为智慧监管、数字化监管。

2. 监管政策的现代化

监管政策指的是为了监督管理而采取的一般步骤和具体措施。现代化的监管政策的重要特点包括政策的透明化、科学化和规范化。政策的透明化要求在政策制定、执行、结果反馈等过程中加大监督力度,使政府的行政决策变得更公正公开,减少其中不公平的成分。政策的科学化要求制定科学的监管政策体系,完善监管信息化系统和信用信息公示系统,推动市场监管融入社会服务系统。政策的规范化要求我国各省市深入贯彻落实党的十九大精神,制定符合当地市场特点的规范的监管政策。与现代化的市场监管方式一样,传统市场监管也包括监管政策的制定,但监管政策制定滞后、监管政策实施不到位、监管政策反馈不及时等问题,导致传统的市场监管在前瞻性、适用性、先进性等方面存在较大漏洞。因此,市场监管现代化建设对监管政策方面提出了一定的要求,要求在市场方面强化竞争政策的地位,在产权方面强化知识产权发展政策,在产业方面强化产业引导政策。此外,市场监管现代化还要求明确责任分工,将规划目标融入工作任务,加强督导和评估,严格实施前期、中期和终期评估,及时公布评估结果。

3. 监管手段的现代化

监管手段反映的是为达到特定的管理目的或任务而采取的特定措施。市场监管手段的现代化指的是改变传统以人监管的方式,通过信息技术的方式实现智慧监管、数字化监管。智慧监管是指建设统一平台,整合物联网、大数据、人工智能、地理信息系统和云计算技术等数据采集技术,构建市场监管大数据分析中心和分析模型,进行风险预判。数字化监管是指依托大数据手段对企业进行分类分级管控,深度融合"互联网+"新技术、新理念与监管工作,构建监管数据资源覆盖的多级监管部门统一信息网络。传统的监管手段具有经验式、手工式、分散式的特点,监管执法人员仅凭过去的执法经验,靠手动记录的方式完成执法,且各职能部门之间的割裂性很强,无法形成完整的执法链。这一监管手段存在责任不明、各部门合作不充分等问题,且只靠监管人员的主观判断和定性分析容易出现误判的情况,无法保证监管的精准性。故为实现市场监管现代化,应实行智慧监管和数字化监管模式,从而使监管手段与能力实现全方位的现代化。

4. 监管方式的现代化

监管方式是比监管手段更深层次的监管措施,主要侧重于政策执法方面。市场监管方式的现代化指的是:一是把服务纳入市场监管手段中,从偏重监管向监管和服务相结合转变;二是修订完善市场监管的相关法律,实现监管方式的法治化;三是建立健全社会信用体系,由行政监管转变到信用监管。在监管和服务层面上,传统的市场监管体制将政府视为唯一的监管主体,忽视了其他市场主体的监管参与度。在法律层面上,我国提出了包括市场监管法、反垄断法、反不当竞争法等在内的一系列法律法规,为监管方式的实现提供了法律上的依据。但此类法律的制定还存在一定问题,比如无法和当前市场现实情况相适应、实施时存在难度等。在信用监管层面上,由于目前企业的信用意识不强,市场中存在许多破坏市场环境的行为,如电信诈骗频发,虚假广告宣传等。因此,为实现监管和服务的结合,要增强政府与市场主体、社会公众间的交流互动,实现监管由政府主导转变为多主体参与;为与建设法治政府的大趋势相适应,要加快我国消费市场、反垄断等关键行业的监管立法,为其转型提供法律基础;为维护市场经济秩序,要构建完善的事中事后信用监管体系,依托行业协会搭建关联性平台发挥社会组织在监管中的作用。

5. 监管体制机制的现代化

监管体制机制刻画的是各监管主体之间的相互关系及监管体系的运行方式。监管体制机制现代化指的是进行市场监管系统改革,建立创新型的监管体制机制。监管体制机制现代化主要体现在两个方面,监管体制的科学化和监管机制的规范化。监管体制的科学化指的是进行监管体制改革,设立多级市场监管部门,整合优化市场监管机构和职能,实现统一综合监管。监管机制的规范化指的是创新市场监管机制,建立智慧监管、信用监管、协同监管等新的监管模式,形成统一规范、公正高效的现代化监管体系。当前我国各省区市已基本完成市场监管系统"两局(工商、食药监)合一"和"三局(工商、食药监、质监)合一"模式的两轮机构改革,但市场监管体制方面还存在一些问题,比如改革后造成的人、事融合不足的问题、"宽进严管"改革强势推进与新型市场监管模式尚未建立的矛盾、市场监管新需求与人才素质不匹配的矛盾等。[1] 因此,为了解决市场体制机制改革所带来的问题,政府提出推进市场监管现代化建设,具体而言,在监管体制机制方面,通过对合并后的新机构进行充分的调研,对职能进行合理的分配,解决改革后机构人、事融合不足的问题;通过完善智慧监管等新型监管模式,响应市场"宽进严管"改革;通过健全"双随机、一公开"的监管模式,加强对监管人员的行为约束。[2]

(二)推进市场监管现代化建设的现实背景

"十三五"以来,在习近平中国特色社会主义思想的指引下,湖北一直坚定不移地推进改革创新,优化营商环境,防范市场风险,规范市场秩序,扎实做好新冠肺炎防控工作,推动湖北经济高质量发展,为"十四五"时期完善湖北市场监管体系和提高市场监管能力奠定了坚实的基础。具体而言,"十三五"期间湖北市场监管体制实现了重大变革:成立了新的市场监管部门,为"大市场、大质量、大监管"奠定了坚实的体制基础;深入开展了重点领域和关键环节的改革,"互联网+放管服"改革取得了显著成效;取消非行政许可审批事项,体制改革取得显

---

[1] 鲍卫翔.对当前市场监管体制机制运行的若干思考——以温州市市场监管系统为例[J].中国市场监管研究,2016(2):66-69.

[2] 李文成.着力构建新时代市场监管综合执法体制机制[J].中国市场监管研究,2019(10):29-33.

著成果,省级政府管理效率显著提高。①

与此同时,我们也应当看到,"十四五"时期,为响应实现中华民族伟大复兴的战略号召,湖北市场监管事业发展需要解决新情况新问题,市场监管面临空前的机遇与挑战。一方面,从发展机遇看,世界科技革命与产业革命深度发展,以数字经济为代表的新兴经济业态的到来将市场监管工作融入全球大市场中;以国内大循环为主体、国内国际双循环相互促进的新发展格局,对充分发挥市场监管作用,服务新发展格局提出了更高要求。另一方面,从困难挑战看,"十四五"时期市场监管还面临一些不确定因素的冲击,主要包括:国际经济政治环境日趋复杂多变,必须更加注重市场监管制度的开放创新,加强市场监管规则与国际规则的协调联系;国内兄弟省份持续优化营商环境、规范市场秩序,湖北省市场监管走在全国前列面临一定压力;高质量发展阶段,市场秩序领域还存在一些薄弱环节,特别是安全监管面临不少风险隐患,服务发展还有弱项,市场监管基层建设急需加强,监管机制有待完善,监管规则有待健全,监管效能有待提升,应该说,湖北省市场监管仍处于全面深化改革攻坚期。

(三)推进市场监管现代化建设的重要意义

推进湖北市场监管现代化建设,有利于响应建设现代化经济体系的重大部署,明确市场监管职能,提高市场监管效率,激发市场主体活力,推动市场经济体系改革,为构建具有湖北特色的现代化市场监管体系提供决策参考。

1. 有利于响应建设现代化经济体系的重要部署

习近平总书记指出,"现代化经济体系是由社会经济活动各个环节、各个层面、各个领域的相互关系和内在联系构成的一个有机整

---

① 湖北省市场监督管理局. 湖北省市场监管"十四五"规划(送审稿)[R]. 2021.

体"。① 这表明建立现代化经济体系应包含建立市场监督制度。党的十九大作出建设现代化经济体系的重要部署，要求"深化商事制度改革，打破行政性垄断，防止市场垄断，加快要素价格市场化改革，放宽服务业准入限制，完善市场监管体制"，2021年1月18日，全国市场监管工作会议明确指出要"努力建设适应新发展格局的现代化市场监管体系"，明确了市场监督管理体制改革的根本目的与重点工作。市场监管能够有效地解决市场的不完善性，建立竞争规则，营造一个良性的市场环境，从而能够在建设现代化市场体系中有所作为。②

2. 有利于完善市场监管机制

现代化的市场监管改革能够促进市场监管机制的完善，改善市场环境。传统的市场监管方式主要是政府对市场进行监督管理，促进市场的对内对外开放，使得商品能够在各个市场主体间进行自由流动。采用政府对市场的单一监管方式存在一定问题：一方面，政府单方面的监管可能会带来包庇、腐败、为了个人利益忽视集体利益等问题；另一方面，仅靠传统的市场准入控制、突击检查等措施，对市场秩序的维护效果不佳。因此，行政审批与监管"合二为一"、监管体制改革滞后的问题必须得到解决。现代化的市场监管改革从监管体制改革入手，发挥每个市场主体的监督管理权力，制定合理的行政法规，进行媒体、公众等的舆论监督，号召群众参与到监管中。这样有利于明确监管职能，加快市场监管体系改革，完善市场监管机制体系，打造良好的营商环境，从而实现透明高效监管。

3. 有利于激发市场主体活力

市场监管现代化改革通过放宽市场准入条件、创新监管执法手段、加强法规执法力度、完善市场安全监管体系等，从多方面激发了市场主体活力，打造了公平开放的市场竞争环境。首先，放宽市场准入条件鼓

---

① 深刻认识建设现代化经济体系重要性 推动我国经济发展焕发新活力迈上新台阶[N]. 人民日报, 2018-12-01(1).

② 吴汉洪. 市场监管与建设现代化经济体系[J]. 学习与探索, 2018(6): 97-104.

励了更多企业参与到市场竞争中,其通过减少中间环节、减少审核材料、减少流程时间的措施,优化了商事主体的登记流程,提高了企业办事效率。其次,创新监管执法手段使得监管执法更加公正,各地区通过运用信息化的执法手段,建立全国信息共享平台,简化监管流程,实现非现场无接触执法,提高了执法效率。再次,加强法规执法力度提高了办案效能,通过明确划分执法办案层级职责,各层级依法履行日常监管与执法办案职责,打击了市场侵权行为,处理了影响市场正常秩序的犯罪行为,让市场处在一个公平竞争的状态,维护了市场秩序。最后,完善市场安全监管体系维护了消费市场环境,使得市场消费安全提高。通过从设备安全、生产安全、食品安全多方面进行管理,提高食品检测合格率,降低设备安全事故率,提高市民满意度,为企业生产匹配和谐的消费市场,激发市场活力。

4. 有利于健全社会主义市场经济体系

市场监管现代化的实现对市场经济体系改革有着推动促进作用。第一,推进市场监管现代化有利于实现我国现代化经济体制的目标。"六个体系"与"一个经济体制"是我国现代化经济制度建设的目标。其中,"六个体系"中包括建设统一开放、竞争有序的市场体系,"一个经济体制"为建设充分发挥市场作用、更好发挥政府作用的经济体制。可见,市场监管现代化的实现在建设现代化经济体系中有所作为。第二,现代化市场监管体制机制的建设是现代化经济体系建设中的重要一环。根据十九大报告精神,现代化市场监管体制建设是现代市场经济体制机制建设的重要部分,且现代市场经济制度的建立是新时代我国现代化经济体系建设的重要依据之一。① 第三,现代市场监管体制的形成促进了现代化经济体系的建设。现代化的市场经济体制削弱了市场的自我调节作用,强调政府的干预作用,并对其进行必要的规制,是使其发挥监管作

---

① 刘志彪. 建设现代化经济体系:新时代经济建设的总纲领[J]. 山东大学学报(哲学社会科学版),2018(1):1-6.

用的重要前提之一。①

5. 有利于构建具有湖北特色的现代化市场体系

湖北新时期的战略目标是实现跨越发展，构建促进中部地区崛起的重要战略支点。要实现跨越发展，湖北应当构建起具有湖北特色的现代化市场体系，并借此来发挥地区产业优势，壮大特色经济。现代化市场监管改革则有利于构建具有湖北特色的现代化市场体系。具体而言，目前湖北特色经济发展受到诸多因素的制约，其中最主要的原因就是市场机制不健全，包括市场监管体系不完善。不完善的市场监管体系使得企业有机会进行违法行为，如产品以次充好、进行超标排放等，导致特色经济和特色产业难以发挥竞争优势。因此，现代化市场监管改革通过加强市场立法，完善市场规则，强化市场监管，建设以武汉中心建设为依托，江汉区、武昌区、"光谷"为一条中轴的经济走廊，同时加快周围各市县的市场体系建设，把省级生产要素市场和湖北其余各市县对接，建设具有湖北特色的现代化市场体系。

二、湖北推进市场监管现代化建设的基本成效

(一) 市场监管体制不断完善

当前湖北省各级市场监管部门机构挂牌、"三定"方案确定、权责清单确立、人员转隶、干部配备、编制落实、档案移交、财务统一等各项改革工作已经基本结束。新成立的市场监管机构，为"大市场、大质量、大监管"提供了制度保障。

(二) 监管机制创新持续深化

湖北省目前已初步建立起以"双随机、一公开"监管为主、重点监

---

① 徐鸣. 大市场监管体制改革：反思与超越——构建回应性监管新格局[J]. 社会科学家，2017(12)：84-89.

管为补充、信用监管为主体的新型监管体系。加快建立大数据监管、协同监管、联合惩戒机制，利用科技、信息技术为市场监管赋能增效，已经取得了显著成效。

（三）市场准入改革有力推进

湖北省在市场准入改革上多措并举，实现了各项审批"减材料、减程序、减时间"的巨大转变。"十三五"期间，湖北省营商环境不断优化、市场主体存量不断提升，到2020年年末，湖北省共有571.35万户市场主体、注册资金达13.18万亿元。①

（四）质量发展成效明显提升

目前，湖北省技术要素流动的体量较大，质量技术服务共享，企业产品技术附加值和产品质量进一步提升。比如，东风汽车、长飞光纤、中国信科、东贝电器等一批湖北企业已进入世界一流行列，"湖北造"的影响力进一步提高。

（五）市场发展环境更加优化

根据《中国省份营商环境研究报告（2020）》，湖北政务环境指标在全国排名第九。② 在侵权假冒"双打"、网络市场交易、虚假违法广告、非法集资、扫黄打非、扫黑除恶、长江禁捕等领域取得较好执法效果，市场秩序得到有力改善。

（六）知识产权保护成效显著

湖北省在"十三五"规划期间共建设了2家国家级、8家省级广告产业园区，位居全国第二；湖北省万人发明专利拥有量由"十二五"末的

---

① 湖北省市场监督管理局．2020年湖北省市场监督管理局年度工作报告［R］．2021．
② 北京大学光华管理学院管理创新交叉学科平台．中国省份营商环境研究报告2020［R］．2020．

4.3件增至12.41件、增幅达188%。湖北省现有商标拥有量达66.51万件，其中驰名商标387件，位居全国第七。此外，湖北省拥有地理标志475件，位居全国第三。

(七)市场安全形势持续向好

湖北省食品、药品、特种设备、产品质量"四大安全"在"十三五"时期的形势持续稳定。武汉、襄阳、宜昌已建成国家级视频安全示范城市，包括恩施市、麻城市在内的38个县市已建成省级食品安全示范城市(县市)，特种设备万人死亡率为0.04，与"十二五"时期相比降低了70%。国家质量监督抽查合格率达90%，位居全国前列。

(八)危机处理能力稳步提升

湖北省已经建立了一系列危机处理机制，如"云梯·维小保"的上线使用和燃气瓶二维码的推行等。面对新冠肺炎疫情，湖北市场监管部门在抗击疫情、稳定市场价格、保障市场供给、助力疫后复工复产等方面取得了不俗成效。

三、湖北推进市场监管现代化建设的短板弱项

(一)市场监管理念有待进一步转变

各级市场监督管理机构领导层法治思维运用不足，行政决策制度还不完善；监管执法人员法治化思维不足和法治能力不足，行政执法不够公正文明规范；面对市场新业态、新形势、新问题，难以做到"法治"与"德治"的有效融合，行政指令向行政指导的转变相对不足。

(二)市场监管效能急需进一步提升

对于监管规律的认识还不够全面，难以把控合理的监管尺度，监管落实效果较差；监管手段创新相对滞后，运用人工智能、区块链、大数

据、云计算等技术进行数字化监控方式较少；基层监管人员专业化程度还不足，综合执法实践欠缺；社会公众力量发挥欠缺，尚未建立起多方参与、协同共治的多元监管格局。

（三）市场监管规则亟待进一步完善

商事制度改革力度不够大，缺乏一些首创性、前沿性、标杆性举措，距离打造一流营商环境还有较大差距；公平竞争审查制度执行还处于起步阶段，制度执行主动性不足，公平竞争审查水平不高，各单位工作协调机制不完善。

（四）市场消费环境尚存改善的空间

在近两年全国100个城市消费者满意度测评中，参与测评的武汉、襄阳和宜昌在全国的排名仍处于中下游水平，仍存在消费者维权意识不足、投诉反馈渠道不够畅通、投诉便利度不够高、违法失信行为惩治力度不够大等问题。

（五）市场质量水平需要进一步提高

2020年湖北省级质量工作考核结果仍然处于B级，与A级相比还有较大差距。工程质量水平位居全国前列，但工业产品质量、品牌建设等领域仍然十分薄弱，质量水平不平衡的形式亟待扭转。

（六）市场监管的基层建设较为薄弱

基层基础保障相对不足，存在经费不足、专业技术支撑不足、激励机制不健全等问题；人才队伍建设有待完善，许多基层的市场监管所配备的执法人员数量远达不到标准要求，监管人员力量与监管职能耦合度不足。①

---

① 湖北省市场监督管理局.2020年湖北省市场监督管理局年度工作报告[R].2021.

四、高质量推进湖北市场监管现代化建设的实现路径

(一)强化商事制度改革,打造高效便捷化、清单化的现代市场准入环境

一是标准化商事登记与管理。制定湖北省省级层面统一的、标准的商事登记政府地方性法规,明确商事主体的分类以及商事登记的范围、事项、程序、规则等,规范化商事登记机关的审查范围、审查模式、审查流程、审查责任等,完善代理人管理制度,强化信用监管和智慧监管在商事登记与管理活动中的应用。二是深化涉企经营许可事项改革。加快告知承诺制的全领域推行,出台省级层面告知承诺制的具体政策和操作方法,统一湖北省的告知承诺书模板和操作流程,形成"告知—承诺—发证—监督"整个链条的封闭化管理。三是建立清单间的常态化协调机制。湖北省的"证照分离"改革全覆盖试点事项清单应对标中央层面的事项清单,实现动态化管理和更新,与市场准入负面清单相互衔接,建立常态化的协调机制。四是建立完善市场主体退出制度。加快打造湖北省省级层面为各类市场主体退出服务的高效、便捷、有序的制度,明确市场主体可自由行使退出市场的权利,规范市场主体清算、注销的程序,打破市场进出壁垒,优化和完善"一网服务"的企业注销平台功能。

(二)提升市场竞争能力,营造公平正义、规范有序的现代市场竞争环境

一是提高竞争政策基础地位。以构建湖北省统一大市场为导向,将竞争性的市场体系建设纳入省内各级政府的考核内容,促进产业政策的普惠化发展,激发其功能性作用的发挥,并在产业政策中引入竞争性政策,加强二者的协调与融合;建立健全优惠政策目录清单制度,定期废除与修订违反公平竞争的优惠政策,设立合理退出制度。二是坚持审查

制度的刚性实施。以公平竞争为导向，完善审查制度框架与规则，纳入省内各级政府部门营商环境和法治建设等相关考核内容中；完善公平竞争监管考核制度，建立更全面、客观的考核标准，加强第三方评估机构的应用；推行政府守信承诺制，规范工作流程，提高办事透明度，优化责任追究和督查机制。三是强化反垄断和反不正当竞争。加强对企业的竞争控制，加强对企业的反垄断法律风险控制，加强反垄断法和反不正当竞争法的司法执法；在重点领域开展专项整治，依法查处一批重点案件，公开一批典型案例，发挥法律的震慑作用；抵制各种形式的行政性垄断，破除阻碍公平竞争的市场障碍。四是强化价格监管执法检查。从根本上深化减税政策改革，注重减税政策的实效，以保证减税政策及时、全面惠及更多市场主体；加强对自然垄断行业和特殊时期的价格监管，严厉查处价格违规行为，让价格更加公开透明化。

（三）加强品牌建设引领，培育高标准、高质量、高品质的现代产品品牌

一是深入推进品牌强省战略。借鉴江苏省的做法，制定《湖北省品牌强省建设"十四五"规划》，将品牌强省建设指导意义升级到品牌强省发展规划，提高品牌强省的战略高度，明确"十四五"时期湖北省品牌强省的发展目标以及2035年的远景目标，提出具体的举措并深入推进品牌建设，把湖北建设成为有实力的品牌经济发展高地。二是建立完善品牌培育、发展和保护机制。建立全面、系统的高质量品牌孵化机制，建立完整的三位一体品牌保护系统，从创立到成长、从发展到壮大，全方位地为企业提供高质量的服务。定期开展品牌建设和绩效管理等方面的培训，积极引导各公司建立和完善质量管理制度。三是积极实施品牌培育计划。以具有产品和服务优势的品牌企业为基础，建立省级品牌培育库，对于主导品牌，设立国际先进的发展定位，加强与国际组织的交流合作，促进高端品牌走向国际市场、进行国际推广，打造成具有国际影响力的全球知名品牌；对于潜力品牌，设立国内知名的发展定位，实施雏鹰扶持计划，进行指导帮扶，争创长江质量奖。四是大力推广荆楚制造优品。建立完善普适度较高的产品质量评定体系，评定一批具有地方特色的荆楚制造优品，强化宣传推广力度(如启动荆楚制造优品中国行)，对荆楚制造优品给予更多的政策支持，力促其在政府采购、民生消费等方面的应用，深入贯彻"互联网+政府采购"模式，做强做优湖北品牌。

(四)强化知识产权保护，构建多层次、立体化的现代知识产权保护格局

一是加强对知识产权的保护。在实施过程中，要主动应对新业态、新问题和新现象，及时修订相关法规和制度；提高对侵权案件的处理效率，并逐步提高知识产权侵权赔偿标准。二是强化自主知识产权的创造与应用。健全高质量创造机制，加快培育具有自主知识产权的一流企业；推动知识产权政策与产业政策有机融合，推动成果有效转化，健全知识产权保护运用体制机制，确保知识产权归属明确、流转顺利；促进高校知识产权中心建设，打造全链条的高校知识产权运营机制。三是提升知识产权管理服务。通过与金融机构合作，建立知识产权质押融资风险补偿机制，制定相关资金管理制度，为科技型中小微企业开展知识产权质押融资提供服务；鼓励保险机构提供针对知识产权的专项产品，为湖北省各企业提供知识产权保险业务，同时政府也可以对投保的企业进行一定的补贴。四是推动知识产权的国际化发展。通过奖励、政策优惠等方式，激励湖北省企业开展知识产权国际化布局，建立海外知识产权运营指导机制，推动湖北省企业在国际竞争中占据主导地位；实施海外知识产权保护工程，建立完备的风险预案，完善企业在国外的商标维权工作制度，增加对海外维权的法律援助。

(五)抓好市场安全监管，筑造基础牢靠、信息化强的现代市场安全防线

一是强化食品安全监管。依托物联网、云计算等现代信息技术，健全食品安全全链条追溯系统，打造覆盖湖北全省范围的食品安全信息追

溯平台，对食品"生产—贮存—运输—销售"的整个链条进行追踪和管理；借鉴上海经验，构建信息化的厨房油脂回收、处置平台，并对其进行实时监控。① 二是强化药品安全监管。全面推进智慧监管，优化药品智慧监管的顶层制度设计，特别是在疫苗信息化追溯体系建设上要优先重点发力；借鉴湖南省的做法，在省、市、县分别设立行纪刑衔接联络室，建立部门联席会议制、联动办案制、联合督办制。三是强化重要设备安全监管。利用互联网技术全面建设智慧电梯，对电梯的运行、维修、救援进行多方面监测，建立健全电梯安全责任险，将其列入年度责任考核工作；完善特种设备隐患排查机制，建立风险评估机制并实施分级管控，打造机电类特种设备智能监测检测与安全评估平台。四是强化产品质量安全监管。完善产品质量安全监管长效机制，推进产品质量综合性检验监测中心建设，构建系统科学的产品质量评价体系，并将对产品质量的评价结果纳入社会信用体系中；健全完善产品质量安全事故调查与处置制度，探索构建产品质量第三方争议处理机制。

（六）规范市场监管执法，形成标准化、一体化的市场监管现代化执法体系

一是加强线上网络市场监管。建立湖北省网络交易监管系统，充分发挥新兴前沿信息技术在线上网络市场监管中的作用；完善网络交易制度体系，规范化线上市场的准入退出以及网络经营者的行为，加强对产品质量、产品价格、广告、消费者隐私的监管，建立网络电商企业的诚信档案。二是加强合同行政监管。加强合同行政管理，对重点行业合同格式条款进行专项检查，推动制定合同范式文本；完善合同管理制度，鼓励经营者联合建立合同信用档案，定期开展企业信用公示活动；完善合同违法行为处理办法，定期开展合同违法行为检查活动，规范经营者签约履约行为，加强对违法行为的惩治力度。三是

---

① 上海市人民政府办公厅．上海市市场监管现代化"十四五"规划[R]．2021．

加强广告监管。完善广告行业监管体系，特别是加快健全互联网广告监管制度，明确各类平台经营者的责任；转变类似专项整治行动等形式的运动式监管思路，提倡日常式监管，创新监管工作方式；加大对广告监测的人力、物力支持，完善广告监测的技术装备，推行智能监管；积极寻求与第三方专业监测机构合作，充分发挥社会监督力量。四是加强消费维权。建立湖北省消费者权益保护统一平台，推动湖北省各有关部门强化协作与配合，互通信息，形成维权合力；加快建立消费者集体诉讼制度，出台相应的文件进行规范和指导，明确集体诉讼的范围、条件、方式、程序等；建立完善产品和服务消费后评价体系，及时向社会发布消费风险报告。

（七）创新市场监管手段，建立数字化、信息化的现代智慧市场监管模式

一是推行全程可追溯。在湖北省大型农贸批发市场、小食品批发市场、海鲜市场等重要食品经营场所加快推行食品监管二维码全覆盖，并加强对经营者的培训指导，增强湖北省食品安全智能感知和响应能力；对保健食品、化妆品等产品也应尽快启动安全可追溯体系建设，以省内的重点企业进行先行试点，再逐渐推广到全省。二是实现远程可监控。加快推进"互联网+明厨亮灶"在餐饮企业中的应用，出台一些鼓励措施和强制性措施确保餐饮单位能够主动入网，同时要完善问题快速响应机制。三是强化大数据决策分析。加快建设湖北省智慧市场监管平台数据中心，以监管事务为重点，做好监管信息的采集、审查、录入及公开等，并对数据进行管理和分析，实现多维度数据的实时统计和调取。四是实现精准高效指挥调度。加快湖北省可视化指挥与调度体系建设，实现集监管工作、远程培训、突发事件、社会监督于一体的实时指挥调度，确保执法过程能够实时传回，精确把握执法人员动态信息和事件现场实时情况，并做好后续的视频音频存储工作。

五、高质量推进湖北市场监管现代化建设的保障措施

(一)严格市场监管组织实施,提高市场监管组织实施水平

一是加强组织领导。市场监管工作涉及的领域广、政策性强、工作量大,且与人民群众幸福生活息息相关,各级、各类市场监管部门要积极转变工作理念、思路与方法,以求真务实的态度将强化组织领导作为关键核心任务统筹到市场监管现代化建设的总体安排中,提供强大组织保证。二是加强协调联动。各级、各类市场监管部门要从全局出发,把推动市场监管现代化建设作为建设现代化强省的一项重大战略任务,着力健全市场监管部门间、地区间的协调联动工作机制,优化重大监管事项部门会商制度,建立完善规章制度,并严格执行协调计划,推动市场监管现代化建设强大合力的形成。三是明确责任分工。建立健全权责清单管理制度,保障各项监管责任分工和分解的科学性、合理性、公平性,并建立相应的动态调整机制和责任追求机制,各级、各类市场监管部门要将政治建设摆在首位,进一步提高对新形势下市场监管现代化建设必要性和紧迫性的认识,发扬实干精神,认真履行职能职责,担负起责任。

(二)增强市场监管资金保障,改善市场监管资金使用效率

一是优化资金管理制度。建议湖北省市场监督管理局、湖北省财政厅,尽快出台和完善"湖北省市场监管资金管理办法和实施细则",明确省内市场监管资金的支持范围、分配方法、使用办法等,支持市场监管部门建立用于保障市场监管现代化建设的专项资金。二是加强资金来源保障。积极与上级政府沟通,争取专项行动资金,建立财库银三方协同机制,畅通财政资金的拨付;建立由企业、个人、民间组织等社会力量共同出资、共同参与的激励机制,加强金融服务支持。三是加强财政资金引导作用。强化财政资金对市场监管技术能力建设的支撑,大力支

持检验监测中心和基地、质量监督检验重点实验室和研究基地、产业计量测试中心、市场监管信息化服务系统和平台、科研等方面的建设项目，优化财政资金审批流程和支付管理方案。

(三) 强化市场监管队伍建设，提高市场监管队伍综合能力

一是加强监管队伍制度建设。按照事权与责任相适应原则，统一湖北省各级执法人员编制、执法设备以及各类执法经费标准，明确各地、各级市场监管人员的组建与建设标准；构建市场监督人员综合素质评估指标体系，建立药品、医疗器械等紧缺专门人才柔性引进和培养体系。二是加强监管队伍建设的基础保障。组织实施市场监督技术支持和培育计划，引进先进技术、设备和工艺，夯实市场监管的技术管理和技术保障工作；拓展市场监管经费的来源及渠道，加强市场监管经费保障，改善各级市场监管机构经费普遍不足的问题，并以绩效考核的方式促进经费落实。三是加强监管队伍培训的力度广度。实施市场监管队伍教育培训工程，如邀请市场监管领域的专家开展思政教育讲座，邀请企业技术人员开展信息化应用授课指导等；实施市场监管国际化人才培养计划，如选派人员到国外进修，开展联合培养国际硕士项目等；探索建立跨部门交流机制，加强上级部门对下级部门的指导和监督。

(四) 加强市场监管基层建设，提升市场监管基层治理效能

一是以标准化规范化务实市场监管所的建设。践行标准化战略，依据"试点先行、示范引领、全域推开"的原则，以湖北省各市下属各县(区、市)的市场监管所为基础，通过试点优先建成一批具有典型示范引领作用的高标准市场监管所样本，形成可借鉴推广的建设规范，进而逐步推广到全省各市场监管所。二是强化市场监管基层队伍建设。实行机关股室和基层派出机构人员轮岗制度，对轮岗周期、资格条件、操作流程等进行明确规定；鼓励消费者协会、私营个体经济协会等社会组织进驻市场监管所开展提供咨询服务、解决非涉法类居民诉求、服务民营经济等工作；健全基层队伍培训机制，提升基层组织

建设水平，培养一批一专多能的基层队伍骨干。三是健全市场监管基层队伍激励保障制度。增加财政资金投入，改善基层队伍的工作条件和待遇，完善基层队伍的薪酬机制，提高基层队伍的津贴标准，建立年金奖励制度；加大对基层队伍的激励力度，建立成长机制和关爱机制，在职务晋升、进修学习、表彰奖励方面对综合素质好、有发展潜力的基层人员有所倾斜。

（五）深化市场监管机构改革，提高市场监管机构服务水平

一是完善市场监管法律法规。根据国家在市场监管领域的法律法规，结合湖北省实际，加快制定一部统一的针对规范湖北省各级政府及市场监管部门监管行为的"湖北省市场监管条例"，同时加快清理、修订、完善市场监督管理局成立后已不适应、不协调、不衔接的部门规章，加快构建具有湖北特色的地方标准体系。二是跨部门组建综合执法队伍。大幅度精简执法机构的数量，加快联合多部门力量及优势组建职责清晰、协调有序的综合执法队伍，切实提高执法质量与效率。三是提升人员转隶融合成效。积极探索人员转隶融合新方式，通过谈话、交流等方式，了解转隶人员的思想状况、办案理念，妥善解决转隶人员的困难，增强转隶人员对新组织的归属感和责任感；统筹开展转隶人员的业务培训工作，探索采取以案代训的模式推行一对一传帮带，填补转隶人员自身知识结构短板。

（本报告为湖北省市场监督管理局2021年度研究课题"湖北省市场监管现代化建设研究"阶段性成果）

  课题负责人：易 明 中国地质大学（武汉）经济管理学院教授、博士生导师
  报告执笔人：王 勤 湖北省市场监管局党组成员、总经济师
       李文成 湖北省市场监管局综合改革与发展处副处长、四级调研员

光峰涛 中国地质大学(武汉)经济管理学院特任副教授
张　兴 中国地质大学(武汉)经济管理学院硕士研究生
管彦钰 中国地质大学(武汉)经济管理学院硕士研究生

湖北省重要矿产资源勘查开发利用现状调查及建议

联合课题组

矿产资源是经济社会可持续发展的重要支撑。习近平总书记强调："要实施新一轮找矿突破战略行动，提高海洋资源、矿产资源开发保护水平。"①湖北省矿产资源种类丰富，国家确定的36种战略性矿产资源中，22种在湖北省有分布。近期，湖北省政府研究室联合湖北省地质局，就湖北省矿产资源勘查开发利用情况进行了专题调研。

一、湖北省矿产资源禀赋特点及找矿潜力

（一）矿产资源种类丰富

截至2021年年底，全省已发现150种矿产，占全国已发现173种矿产的87%；全省已查明资源储量矿产91种，占全国已查明163种矿产的56%。全省矿产资源种类以化工、建材非金属矿产和有色、黑色、贵重金属矿产为主，其中磷矿、盐矿、石膏、芒硝、石灰岩、铁矿、铜矿、金矿、银矿、地热等资源储量丰富，煤、油、气等能源矿产短缺不足。

（二）优势矿种潜力明显

已查明资源储量的矿产中，有56种矿产保有资源储量列居全国前

---

① 习近平. 正确认识和把握我国发展重大理论和实践问题[J]. 求是，2022(10).

十位，其中钛矿（金红石）、磷矿、溴、碘、白云岩（建筑用白云岩）、石榴子石、泥灰岩、累托石黏土矿等8种矿产保有资源储量居全国首位，铌、锂（LiCl）、稀土、锶、硒、钒及盐矿等22种矿产的保有资源储量居全国2~5位；铁、铬、钽、重晶石、长石、石膏及饰面用石材等26种矿产的保有资源储量居全国6~10位（详见附表）。

（三）成矿区域相对集中

全省13个地级行政区（市、州）、1个林区和3个直管市均有矿产资源分布。矿产资源区域特色明显，形成了不同矿产的相对集中区。如鄂东南地区集中分布铁、铜、金、银、钨、钼、钴等矿产，是我国重要的铁铜矿资源基地；江汉盆地埋藏有石油、岩盐、石膏、芒硝、溴、碘、硼、铷、铯、锂等矿产；鄂西南主要分布磷、硫、铁、煤等矿产；鄂西北的银、金、钒、稀土矿产占据重要的地位。

（四）开发条件相对成熟

全省已查明资源储量的非油气矿产上表单元2235个，其中大型199处，中型395处，小型及小矿1637处。共伴生矿多为金属矿产，有上表单元1016处，共伴生矿床占71.6%，综合利用后其前景可观。铁、铜、金（岩金）、银、石墨、磷、硫、岩盐、芒硝、石膏、水泥用灰岩等主要矿产的资源储量80%以上为中大型矿产矿床，且空间分布与生产力布局匹配较好，有利于建立较完备的、规模化的矿业及矿产品加工业体系。

二、湖北省主要矿产资源勘探和开发情况

（一）公益性找矿勘探成效显著

"十三五"期间，湖北省通过深入开展找矿突破战略行动，取得了一批重要找矿成果。

一是地质找矿成果突出。"十三五"期间，新发现矿产地44处，其中大中型矿产地23处、小型矿产地21处，超预期完成任务。新增查明资源量：磷12亿吨、铜11.6万吨、铅锌14.1万吨、金10.8吨，"十三五"找矿目标全面完成。

二是清洁能源勘查开辟新局面。鄂西页岩气勘探取得重大突破，预测全省页岩气地质资源量达11.7万亿立方米，占全国总量的7.2%，有望在"十四五"末完成30亿~50亿立方米年产能建设，满足湖北省约一半的用能需求。武汉蔡甸区、宜昌城区、恩施城区、襄阳南漳县、神农架松柏镇、黄冈罗田县、咸宁梓山湖等一批示范性中深层地热勘查项目中，多个新区探获了地热资源。

三是战略性矿产和大宗紧缺资源勘查成果显著。鄂西北地区首次发现新类型特大型钽铌矿；鄂东北广水蔡河-红安高桥-浠水马垅-蕲春孙冲一带已控制有两个中型以上锰矿地；宜昌市夷陵区发现多处石墨矿产地；通城县鸡笼山萤石矿普查项目提交一处中型规模萤石；鄂东南大冶新发现钨矿5.84万吨，改写了湖北省无大型钨矿的历史；鄂西南恩施地区新发现沉积型锂矿，有望对湖北省新能源产业发展提供重要资源支撑。

四是深部找矿攻坚取得新突破。积极争取国家和地方政府支持，全力推进"深地资源勘查开采（二期）"项目落地湖北，其间共获取各类地质勘查相关项目经费近5000万元。铜绿山深部普查、大冶市鸡冠咀-桃花嘴矿区深部铜金矿补充详查项目等深部找矿项目新增铜、金属资源量均超过中型。

五是矿产调查评价成果进一步深化。"十三五"期间，共实施矿产资源远景调查评价项目13个，完成1:5万矿产地质调查35个标准图幅，面积15400平方千米，提交可供进一步工作的勘查基地66处，为后续矿产勘查提供了重要依据。累计实施页岩气地质调查项目27项，部署实施页岩气地质调查井或参数井23口，优选页岩气远景区92处，大致摸清了全省页岩气资源家底。鄂西页岩气勘查示范区建设方案获批，推动了鄂西长阳-秭归地区页岩气勘探进程。

(二) 矿产资源开发利用有序开展

一是开发种类丰富。截至 2020 年,湖北省开发利用中的矿(亚)种共 87 种。其中,建筑石料用灰岩、磷矿、饰面用花岗岩、方解石、水泥用灰岩等 18 种矿产是湖北省主要开发利用的矿种,矿产品销售收入、利润总额等经济指标累计均占全省全部开发矿种的 90% 以上。

二是矿业开发格局和基地形成。湖北省是全国最大的联碱、农药和磷、盐化工及纤膏生产基地。磷盐石油化工、铜铁冶金、水泥石膏建材等资源型产业已成为湖北省重要的经济支柱。以矿产资源开发为基础,全省初步形成"三大矿业走廊"(武汉—鄂州—黄石冶金和建材走廊、云应—天潜—荆州盐化工走廊、荆襄—宜昌磷化工和建材走廊)、"九大矿产资源产业基地"(鄂西油气能源基地、黄石—鄂州铁铜金和非金属矿基地、宜昌—兴山—保康磷矿基地、宜昌优质石墨基地、荆襄磷矿基地、潜江—荆州—云应石油盐卤基地、随州—枣阳金和饰面石材基地、竹山—竹溪银金铌稀土和绿松石基地、麻城—罗田饰面石料基地)。

三是矿业经济不断增长。"十三五"期间,全省实现矿产采选业及相关制造业产值 6.67 万亿元,比"十二五"增长 4.1%,占全省工业总产值 23.07 万亿元的 28.91%。其中采选业总产值 0.44 万亿元,比"十二五"减少 25.1%;相关制造业总产值 6.23 万亿元,比"十二五"增加 16.4%。2020 年,全省实现矿产采选业及相关制造业产值 1.19 万亿元,占全省工业总产值 4.28 万亿元的 27.80%。

三、湖北省矿产资源勘探开发利用面临的主要问题

(一) 矿产资源保障不足

一是能源矿产供给保障不足。湖北省煤矿层薄、面广、质差,按照国家去产能政策的要求,大部分中小型煤矿企业关闭;石油已探明资源量较少;新能源页岩气仍在勘查阶段,后续开发利用有待进一步加强。

二是优势矿种后备保障能力不足。金、铁、铜、硫等资源虽较为丰富，但可进一步查明的资源及开发能力均有限，矿产自给程度不断下降，供需缺口逐渐上升。

(二) 公益地质引领力不强

"十三五"期间，全省地质勘查投入总额 50.56 亿元，较"十二五"减少 17.7%。其中，石油、天然气勘查投入 18.69 亿元，较"十二五"减少 23.3%；页岩气调查评价投入 5.49 亿元，较"十二五"增加 432.5%；非油气地质勘查投入 26.38 亿元，较"十二五"减少 26.8%。

(三) 矿产资源家底不清

由于地质矿产勘查投入不断减少，新增查明矿产资源及矿产地显著减少，资源储备和后备资源极度短缺，已查明资源的可采储量增量与需求量增量相比存在较大落差，探明资源储量占预测资源量的比例总体比较低。页岩气及富铁、铜、金、石墨、地热等部分战略性、新兴矿产等资源尚待进一步查明家底及潜力情况。

(四) 科技创新能力不强

重大基础性、关键性地质问题研究较为薄弱，成矿地质作用与成矿规律研究亟待持续攻关，矿产勘查与资源高效利用技术攻关明显不足。如亚洲第一的大阜山金红石矿、全国第二的庙垭铌稀土矿、鄂西地区高磷赤铁矿和钒矿等，因品位低、矿物颗粒细小、有用元素赋存状态复杂等原因，选矿工艺尚不成熟；鄂西南地区锂矿成矿机理和矿物赋存状态尚未查明，无法为有效开发利用提供支撑。

四、加强湖北省矿产资源勘查开发利用的建议

(一) 尽快将湖北省矿产资源潜力转变为经济发展优势

湖北省钽铌、石油、页岩气、地热、岩盐、石膏、石墨、金红石等

战略矿产资源和清洁能源具有较大的潜力。鄂东南矿集区金铜铁矿、武当-桐柏成矿带金银钼矿产有较大的找矿前景，竹山-竹溪地区钽铌矿、鄂东红安-浠水锰矿潜力还有待挖掘，鄂西地区具备建成 800 余万吨标准煤产能的页岩气生产基地条件，全省热水型地热、城镇用地浅层地温能预测年可利用资源量分别约合 7200 万吨标准煤、9300 万吨标准煤。这些潜力巨大的矿产资源，是湖北省实现高质量发展的重要物质基础。需要进一步加大勘探开发力度，提高能源资源保障能力，把湖北省资源潜力转化为矿业生产力。

(二) 切实以地质资源精准供给服务地方经济发展

目前，湖北省铁矿自给率仅 12.3%，铜铅锌自给率不足 50%，天然气自给率仅 3.76%，矿产品年进口额达 32.24 亿美元。随着湖北省经济社会加快发展，湖北省对矿产资源的需求量与日俱增。未来 5~10 年，全省一次性能源消费的 90%、工业原料的 80%、农业生产资料的 60% 以上均来源于矿产资源，年进口矿物原料将进一步增长。尤其是推动打造钢铁、有色、化工、建材等万亿产业集群和高科技万亿产业集群，对能源矿产、铁、铜、金、晶质石墨、"三稀"等矿产资源需求量将进一步加大，需要加大地质资源精准供给，服务地方经济和产业发展。

(三) 继续加大对矿产资源勘探开发支持力度

一是建议省委、省政府召开矿产资源勘查开发利用专题会议，成立矿产资源勘查和综合利用领导小组，研究出台相关政策文件，支持和推动矿产资源勘查，加大矿产资源特别是战略性矿产资源勘查力度，推动实施新一轮找矿突破战略行动。二是精心编制湖北省矿产资源开发利用规划，将湖北省经济社会发展急需的重要战略性矿产资源勘探开发摆在优先位置。三是建立公益性地质找矿常态化机制，省财政列支专项经费，加强矿产调查评价与勘查财政投入和经费保障，开展矿产资源综合调查，为新一轮找矿战略突破行动提供资金和技术保障。四是启动绿色能源替代工程，全面加大对页岩气等清洁能源的勘探开发力度，力争在鄂西地区率先实现页岩气开发利用的重大突破，并实现较大规模的商业化开发利用。

(四)加强政策扶持推动深地矿产资源开发

近年来,湖北省地质工作人员深入贯彻落实习近平总书记"向地球深部进军"指示精神,向地球深部找矿工作取得新突破。在大冶铜绿山矿区深部新勘探到铜32万吨、铁矿石量2390万吨、金17.3吨,在鸡冠咀矿区深部新勘探铜27.31万吨、金34.59吨,先后荣获全国十大地质找矿成果和国土资源部科技成果二等奖。建议湖北省推动科研、地勘单位和企业深化合作,争取国家"深地资源勘探开发"重大专项支持,全面推进矿集区的深部矿产开发工作。

(五)加强绿色勘查合理开发利用矿产资源

一是坚持"绿水青山就是金山银山"的发展理念,推动矿产资源绿色勘查。二是对重点勘查区内找矿潜力大、对社会经济发展影响大的重要矿种,国家和省级财政资金项目以及大中型老矿山深部及外围等区域项目,优先投放探矿权。三是实施地质科技创新工程,通过先进适用技术的研究和应用,推动矿产资源节约与综合利用科技创新。四是加强尾矿资源和磷石膏等选矿副产品的综合利用研究,不断提升资源利用效率。

调研组成员:	胡道银	湖北省地质局党委书记、局长
	杨明银	湖北省地质局党委委员、总工程师
	刘卫华	湖北省人民政府研究室三处处长
	邢　翔	湖北省地质局地质勘察处副处长
	周　豹	湖北省地质局地调院地勘部主任

附表

全省查明矿产种类一览表

矿产大类	数量	有查明资源储量矿种名称（括号内为亚矿种）	数量	已发现但尚未查明资源储量矿种名称
能源矿产	7	煤、石油、石煤、天然气、地热、铀、钍	3	页岩气、油页岩、油砂
金属矿产	40	铁、锰、铬、钛、钒、铜、铅、锌、铝土矿、锂、镁、镍、钴、钨、锡、钼、汞、锑、银、钇、铌、钽、锆、铪、铈、铷、镉、硒	9	铂、钯、钌、铑、铱、铥、铪、铜
非金属矿产	42	普通萤石、石灰岩（熔剂用灰岩、水泥用灰岩、建筑石料用灰岩、化工用白云岩、饰面用灰岩）、白云岩（冶金用白云岩、玻璃用白云岩、建筑用白云岩）、石英岩（冶金用石英岩、玻璃用石英岩、水泥配料用石英岩）、脉石英（冶金用脉石英、玻璃用脉石英）、含钾砂页岩、橄榄岩（化肥用橄榄岩）、蛇纹岩（化肥用蛇纹岩）、石墨、硅灰石、滑石、云母、长石、石榴子石、透辉石、石膏、方解石、玉石、泥灰岩、天然石英砂、高岭土、陶瓷土、水泥配料用砂、累托石黏土、膨润土、其他黏土（水泥配料用黏土、砖瓦用黏土）、辉绿岩、花岗岩（建筑用花岗岩、饰面用花岗岩）、大理岩（饰面用大理岩、水泥用大理岩）、板岩（饰面用板岩）	47	钾盐、宝石、金刚石、自然硫、刚玉、叶蜡石、蓝晶石、砂线石、红柱石、石棉、蓝石棉、蛭石、沸石、毒重石、冰洲石、硅藻土、菱镁矿、玛瑙、粉石英、天然油石、凹凸棒石黏土、海泡石黏土、铁钒土、玄武岩、珍珠岩、黑曜岩、松脂岩、凝灰岩、安山岩、浮石、霞石正长岩、火山灰、粗面岩、闪长岩、镁盐、砷、片麻岩、天然卤水、含钾岩石、水晶、电气石、明矾石、颜料矿物、白垩、伊利石黏土
水气矿产	2	地下水、矿泉水	—	—
合计	91		59	

湖北省艺术职业教育面临的竞争态势及对策

乔亚兰

国务院《国家职业教育改革实施方案》（国发〔2019〕4号）指出：职业教育与普通教育是两种不同教育类型，具有同等重要地位。2022年4月，经过修订的《中华人民共和国职业教育法》正式发布，进一步明确了职业教育的地位。艺术职业教育作为职业教育中一种不同的专业类型，其建设发展具有特殊性，在校企合作、产教融合中呈现出不同态势。我国艺术职业教育大多由中职办学升格而来，2019年全国第一所艺术职业类本科大学问世。目前，全国多所艺术职业院校正积极申报或建设"中国特色高水平高职学校和专业"，众多省份正紧锣密鼓筹建艺术职业本科院校。在我国职业教育与本科教育"齐头并进"的高速发展期，在艺术职业教育发展模式创新阶段，湖北省艺术职业教育需要认真研究面临的竞争态势，以及加快发展面临的一系列问题，并积极探索实现艺术职业教育高质量发展的对策。

一、湖北省艺术职业教育面临的竞争态势

1. 全国艺术职业教育发展现状

文化和旅游部、教育部印发的《关于促进新时代文化艺术职业教育高质量发展的指导意见》（文旅科教发〔2022〕48号）明确指出：文化艺术职业教育是我国文化事业和教育事业的重要组成部分，是文化艺术领域技术技能人才培养输送主渠道，在建设社会主义文化强国的新征程中，文化艺术职业教育前途广阔、大有可为。艺术职业教育在我国文化

事业发展和艺术教育中的重要性不言而喻。文化的发展离不开艺术教育事业的贡献，艺术的个性化特点决定了艺术职业教育在艺术教育中的重要性，艺术职业教育的高质量发展依赖于文化的孕育、职业教育引领、文化事业和文化产业化的高速发展。

伴随着改革开放的伟大历史进程，我国职业教育蓬勃发展，艺术职业教育也不例外。2000年，中国第一所艺术类高职院校山西艺术职业学院改制而生。由此，我国艺术职业教育经历了20多年发展壮大的历程：一是办学规模不断扩大，办学层次逐渐丰富，中高等艺术职业教育蓬勃发展；二是跨越专业及地域限制，艺术职业教育体系化发展；三是办学专业由艺术向文化旅游、文化产业等方向纵深化拓展，培育了大量文化行业产业发展所需复合型人才；四是"双师型"教师队伍建设粗具雏形；五是专业群建设注重内涵式发展，涌现了一批具有艺术特色的中国特色高水平高职学校和专业。

目前我国有职业本科院校32所[①]（与2021年数量相同），其中艺术类院校有两所：景德镇艺术职业大学（民办）、成都艺术职业大学（民办），以上均为全日制民办普通本科职业大学。全国各省份积极筹建艺术类本科高校，有艺术本科院校的省份也在筹建艺术本科职业大学。如湖南工艺美术职业学院，正在筹建艺术类本科职业大学；湖南省正在统筹湖南农业大学东方科技学院、湖南大众传媒职业技术学院与湖南艺术职业学院合并，通过整合艺术职业教育资源，转设为公办性质的湖南传媒艺术职业大学。

我国艺术职业教育发展路径一直清晰明确，在重品牌专业发展的同时，艺术职业院校建设稳步推进，不断为国家培育、输送艺术职业人才。然而，在我国众多艺术类本科院校和综合性本科院校艺术专业蓬勃发展的背景下，艺术职业教育生源质量逐年下降，教学条件、师资队伍短缺及设施亟待改善，艺术职业教育遇到了阶段性的瓶颈问题。

---

① 来源于2022年5月31日教育部发布的《全国高等学校名单》。

2. 全国艺术职业学院"双高"建设

教育部、财政部《关于实施中国特色高水平高职学校和专业建设计划的意见》(教职成〔2019〕5号)提出：集中力量建设50所左右高水平高职学校和150个左右高水平专业群，打造技术技能人才培养高地和技术技能创新服务平台，支撑国家重点产业、区域支柱产业发展，引领新时代职业教育实现高质量发展。尽管艺术职业教育学校及专业位列其中，但艺术类教育的特点决定其类型占比不高，专业优势并不明显。在教育部、财政部公布的中国特色高水平高职学校和专业建设计划建设单位名单(教职成函〔2019〕14号)中，高水平建设学校共56所，艺术类专业院校仅上海工艺美术艺术职业学院(B档)1所，专业群名称为工艺美术品设计、产品艺术设计。在这56所高职学校中，专业群名称属于艺术类的有2个(占比3.6%)：广州番禺职业技术学院(B档)，专业群名称为艺术设计；南宁职业技术学院(C档)，专业群名称为建筑室内设计。高水平建设专业共141个，其中3个艺术类专业(占比2.1%)，分布在3所艺术类职业学校：刺绣设计与工艺，湖南工艺美术职业学院(A档)；工艺美术品设计，苏州工艺美术职业技术学院(B档)；戏曲表演，浙江艺术职业学院(C档)。从艺术职业教育优势区域分布看，第一批"双高"建设单位全部分布在我国南方地区，即华东、华南及华中地区。

3. 湖北省艺术职业教育的比较优势

湖北省是文化强省、文化产业大省，在中部地区优势明显。从湖北省文化和教育发展特点看，地方文化汇东西南北之长，承楚文化之绪；艺术资源丰富，艺术形式多样化发展；艺术人才济济，教育类型及办学层次齐全。华夏文明5000年，荆楚文明2400年，湖北省在历史长河中创造了辉煌灿烂的文明成果，为湖北省艺术职业教育发展提供了得天独厚的前提条件，使艺术职业教育能够在肥沃的文化土壤中孕育成长。岁月朝暮的沉淀和积累，铸就了湖北文化的厚重深远；积极进取、开放融合、兼容并包，成为湖北省艺术职业教育的一大特色。

多年来，湖北省艺术职业教育在全国具有重要地位，尤其是在中国特色学徒制、优化"订单式"培养模式方面进行了积极探索。以湖北艺术职业学院为例，其在戏曲人才培养中一直探索"订单式"培养模式。这种模式是由政府主导，省委宣传部、省教育厅和省文旅厅等多部门联合参与，根据需求开办多届多剧种戏曲订单班，在全省打造了多个艺术职业教育人才培养基地。在艺术职业人才培养过程中，学院和专业院团共同商议、联合培养，设立规范化的课程标准和考核方案，建立院团教师跟班培养机制，学生最后一学期到定向专业院团实习，为毕业后上岗工作做准备。这种培养模式是现代学徒制在艺术职业教育中的体现，得到政府及相关部门的大力支持，实现艺术职业学院与专业院团的协同创新，满足了社会对艺术职业教育的需求。湖北省对艺术职业人才培养模式的实践探索，可供我国其他省区市艺术职业教育参考和借鉴。不仅如此，由湖北艺术职业学院积极牵头，组建了湖北艺术职业教育集团，搭建全省艺术职业教育和文化产业深度融合平台，努力打造国家级艺术类"双师型"教师培训基地。自 2014 年湖北艺术职业学院成立"湖北省文化艺术人才培训基地"以来，累计举办专题培训 25 期，培训"三区"人才和其他社会文艺骨干 1000 多名，为湖北省各地文化艺术人才能力培养、艺术院团后备人才水平提升、武汉戏曲"大码头"振兴发展和文化强省建设做出了积极贡献。

根据 2022 年 5 月 31 日教育部公布的《全国高等学校名单》，全国高职（专科）院校有 1489 所，其中全国艺术类高职院校 53 所，占比 3.6%，公办学校 38 所，占比 2.6%；民办学校 15 所，占比 1.0%。湖北省艺术职业院校有 3 所，在全国高职高专院校中占比 0.2%，在艺术类高职高专院校中占比 6.8%。湖北省综合类高职高专开设有艺术专业的院校有 40 所，在全国高职高专院校中占比 0.3%。全国综合类高职高专院校中开设有艺术专业的有 947 所，占比 63.6%。同时，湖北省内还有湖北美术学院、武汉音乐学院、武汉传媒学院 3 所艺术类本学院校。相对于其他省区市而言，湖北省已形成比较完整的艺术职业教育体系，不仅在艺术职业教育发展方面进行了积极探索，而且具有艺术职业教育发展的比较优势和潜能。

面对我国各省区市竞相发展艺术职业教育的竞争态势，湖北省艺术职业教育必须面向未来和社会发展需求，努力发挥比较优势，不断创造竞争优势。

二、湖北省艺术职业教育存在的主要问题

1. 艺术职业教育投入问题

教育经费的投入是办学的基础和保障，教育投入问题是教育质量体系的根本保证，教育经费投入的结构优化调整需合理，教育经费投入总量需保持持续增长。

从数据分析看，湖北省艺术职业教育整体投入不足，结构亦不尽合理，教育事业费占比与教育基本建设投资、投入结构亦需优化调整，以提高教育的充足性与质量。与我国发达省市相比，湖北省艺术职业教育办学经费严重不足，年生均财政拨款水平在全国同类院校中偏低，与双高计划建设单位和专业院校相比问题显得尤为突出。可以说，投入不足问题已严重制约湖北艺术职业教育的高质量发展。

2. 艺术职业教育设备问题

国务院教育督导委员会《高等职业院校适应社会需求能力评估暂行办法》（国教督办〔2016〕3号）明确规定：除年生均财政拨款水平以外，教学仪器设备配置、校舍及信息化教学条件均为考察学校办学基础能力指标。湖北省艺术职业教育设备问题严重，三所学校生均教学科研仪器设备值（元/生）远远低于全国同类院校，与"双高"建设单位相差2~5倍。教育部《职业院校数字校园规范》（教职成函〔2020〕3号）从师生发展、数字资源、教育教学、管理服务、支撑条件、网络安全、组织体系、评价指标等方面，对职业院校数字校园规范提出了明确指导意见及建设标准。多样化的艺术表现形式，要求艺术教育场所及时顺应时代及科技变化，同时教学成效在很大程度上取决于教学场地规划及教学设施配备。"双高"计划建设更要求数字校园基础设施高于《职业院校数字校园规范》标准。

湖北省艺术职业教育在智慧校园、数字教育资源共享、一体化智能化教学建设等方面,与发达省市有明显差距,应尽快补齐艺术职业教育设备建设不足的短板。

3. 艺术职业教育需求问题

培养什么样的人、如何培养人的问题一直是职教人永恒追求的话题,一流大学培养一流人才。近20年来,湖北省各省属及部属院校相继办起了艺术专业,对艺术相关专业人才培养及专业建设、教学质量的控制予以足够的重视。由此可见,艺术类人才在总体上是缺乏的,艺术专业开办有足够的合理性,市场对艺术类大专毕业生的需求度较高。然而,高等职业教育有别于普通高等教育中的专科层次教育,艺术职业教育也不是艺术本科教育的缩略版。艺术职业教育的人才培养方向、专业建设定位,都是为了适应文化事业、文化产业发展需要,归根到底是为了满足人民群众和社会发展的需要。就好比工厂生产出产品之前,一定要了解市场需要什么样的产品。从目前发展状况分析,湖北省艺术职业教育发展不尽如人意,不能完全适应经济社会发展需要。

从湖北省经济社会发展需求看,人民群众日益增长的物质文化需求和精神文化生活需求,需要艺术职业教育培养、输送艺术职业人才;文化产业高质量发展和文旅产业融合发展,需要艺术职业教育培养、输送艺术职业人才;优秀荆楚文化传承和新时期文化创新,需要艺术职业教育培养、输送艺术职业人才。从《湖北省国民经济和社会发展第十四个五年规划和2035年远景目标纲要》明确的任务分析,湖北省经济社会发展对艺术职业人才的需求量明显增加,对艺术职业人才培养的质量要求也明显提高。湖北省艺术职业教育发展应积极面向经济社会发展需求,努力实现高质量发展。

4. 艺术职业教育人才问题

"生师比"和"双师比"是高等职业院校中与教师紧密相关的两个重要数据。"生师比"指的是高等职业院校中在校生与专任教师数量的比例,"双师比"指的是"双师型"教师(同时具备理论教学和实践教学能力的教师)占专任教师的比例,其最能反映的是高等职业院校教师资源的

艺术类高职院校办学实力一览表（2021年）

是否双高高校类	国家级双高建设学校			国家级高水平建设专业院校		省级双高高校			省级示范高校			省代表性高等职业院校、省级示范校			省级示范专业		全国省级示范性高等艺术职业院校	江西艺术职业学院
学校	上海工艺美术职业学院(B档)	广州番禺职业技术学院(B档)	湖南工艺美术职业学院(B档)	苏州工艺美术职业技术学院(B档)	浙江艺术职业学院(B档)	福州艺术职业学院(C档)	江苏艺术职业学院(C档)	长江艺术职业学院	广东省外语艺术职业学院	山西艺术职业学院	湖南艺术职业学院	北京戏曲艺术职业学院	郑州工艺美术职业学院	云南文化艺术职业学院	河北艺术职业学院	河南艺术职业学院	福建艺术职业学院	陕西艺术职业学院	江西艺术职业学院
双高专业/特色专业群	工艺美术设计、视觉传达产品艺术设计	艺术设计		制玉设计与工艺	戏曲表演	舞蹈表演、音乐艺术	学前教育艺术表演	舞蹈非遗传文化传承（汽车）		陶瓷设计与工艺、陶瓷制造技术、陶瓷艺术设计、电子商务	表演艺术	京剧表演、戏曲表演	艺术设计、雕塑艺术设计、工艺美术品设计、陶瓷设计与工艺	美术、艺术设计	音乐表演	美术教育	艺术设计和公共文化服务与管理	戏曲表演	音乐表演、舞蹈表演、戏曲表演等
就业率%	98.58	99.16	91.63		98.98	90.77	92.62	94.45	98.81	92.53	89.66		96.52	85.58	78.24	93.9	83.52	96.57
毕业生生源地就业率%	73.42	80.55	60.02		74.29	80.7	54.48	39.49	97.06	65.78	70.16	55.1	96.74	81.62	61.09	88.2	77	50.37
月投入元	5642.89		4338.27		4086.88	3929.24	2945.25	5034	4000	3500	3844.92	5547.11	3200	3496.21	2500	3994.54	3600	3000
生师比	11.01	15.31	11.16		7.24	8.33	17.11	17.5	15.08	17.27	12.57		8.76	13.88	11.1	14.46	9.99	12.48
双师素质专任教师比例	86.61	87	93.46		86.16	76.51	41.65	68.97	81.65	59.1	55.55		58.54	41.81	26.54	60.5	68.75	83.25
高级专业技术职务专任教师比例	37.01	39.35	48.04		39	39.76	20.1	20.34	33.33	26.87	31.27		39.51	35.88	14.19	27.5	26.47	18.27
生均教学科研仪器设备值元/生	0.9	1.05	0.97		1.55	0.69	1.36	1.1	0.74	0.72	1	0.73	0.92	0.23	0.27	0.62	0.45	1
2021年全日制在校生人数	19099.21	27503.06	13258.66		30256.44	4000.15	4511.67	6190.31	8500.00	7845.45	9328.3		6875.80	7832.6	6568.72	8948	82015.05	8080.94
2021年全日制在校生人数	4057	13020	8326	197	3640	4532	8099	5076	13749	4010	6358	453	2876	5119	11294	3925	3804	3015
年生均财政拨款水平元	21501.37	29567.24	14989.17		51487.78	7020.41	12627.39	800	15127.04	24683.92	10066.06		22085.25	21982.18	11065.73	22059	16803	12000
高职高专排名（金苹果2022年）	126	20	29	116	269	579	639		961	445	631	681	738	755	777	785	823	947
高职高专排名（GDI2022年）	178	21	46	95	203	301-350	401-450		262	351-400	501-550	601-650	601-650	901-950	801-850	601-650	601-650	

以上数据来源于各学校2021年高等职业教育人才培养质量年度报告（网络），其中苏州工艺美术职业技术学院、北京戏曲艺术职业学院的数据并未更新。

以上数据来源于GDI智库：https://mp.weixin.qq.com/s/xi1DqReGq12baha0QP9e0cw

以上数据来源于金苹果中国科教评价网：http://www.nseec.com/eva/GZR.php

充沛水平。"生师比"和"高级专业技术职务专任教师比例",也是衡量高等职业院校基本办学条件的重要依据。湖北艺术职业学院2021年"生师比""高级专业技术职务专任教师比例"两项数据在艺术职业院校中名列前茅,"双师比"与全国双高建设单位和专业学校相比有一定差距,与其他同类型艺术职业院校相比具有一定优势,但专职教师中校内专任教师数量还需增加。江汉艺术职业学院"双师比"及"高级专业技术职务专任教师比例"数据有待提升,其"生师比"为17.1,与非艺术职业院校相比不弱,但在全国艺术职业院校中排名较落后。艺术类专业特性决定了艺术职业人才的培养方式是小班教学和精英式教育,因此对教师的数量需求较高。湖北省艺术职业教育人才队伍建设不足问题,势必影响艺术职业教育的高质量发展。

5. 艺术职业教育认识问题

经过40多年的改革开放,我国艺术教育在不断探索中发展,各地办学体现出不同地域文化特色。湖北省艺术职业教育与其他省区市一样,从原有艺术中职体系脱壳演变而来,独立于艺术本科教育之外,自成体系。在文化事业、文化产业快速发展的今天,湖北省艺术职业教育发展必须思考一系列问题:是因循中等职业教育升级的老路还是向艺术职业本科院校发展?是高等艺术本科教育的缩小版还是一般高等职业教育的仿制版?如何充分展现艺术职业学生个性?艺术职业精英教育能否完全向大众教育转变?如何提升艺术职业学生艺术素养和职业能力?在产教融合上如何跟寻应用型院校的路径?如何借鉴美国合作教育方式、德国双元制培养模式等职业教育发展经验?这些问题都值得深入研究。

湖北省应面向未来,真正解放思想、转变观念,不断提高思想认识,以思想破冰引领艺术职业教育高质量发展,努力在实践探索中发挥艺术职业教育比较优势、创造艺术职业教育竞争优势。

三、促进湖北省艺术职业教育发展的对策

1. 增加艺术职业教育政府投入

加大政府对艺术职业教育的经费投入,提高年生均财政拨款水平,实行财政性经费与专业大类、办学规模、培养成本、办学质量等因素相适应的职业教育拨款方式,强化职业教育财政保障,为湖北省艺术职业教育高质量发展提供坚实保障。省级高水平高职院校生均财政拨款标准应享受与普通本科院校同等水平的待遇,对省级高水平高职学校和专业建设计划建设单位,省级财政分类分档予以奖补支持。通过增加政府投入,不断改善艺术职业院校办学条件,提升办学综合实力,形成湖北省艺术职业教育高质量发展的良性互动竞争机制。在政府增加艺术职业教育财政投入的同时,应该通过精确政策导向,尽可能争取社会各方面尤其是企业对艺术职业教育的投入。

2. 加强艺术职业教育人才引育

《深化新时代职业教育"双师型"教师队伍建设改革实施方案》(教师〔2019〕6号)明确提出:教师队伍是发展职业教育的第一资源,是支撑新时代国家职业教育改革的关键力量。建设高素质"双师型"教师队伍,是加快推进职业教育现代化的基础性工作。显而易见,高质量艺术职业人才培养需要高素质教师的参与和付出。目前,湖北省艺术职业教育处于快速发展期,在发展过程中难免会遇到许多问题,首先要弥补师资不足的欠账,尽快调整校内外专兼职教师的比例,促进师资结构合理;其次要加强"双师型"教师队伍建设,提升教师实践创新能力,增加教师到企业一线、文化创新产业前沿锻炼的机会;最后要实现柔性人才引进机制,探索建立行业名家、领军人才、高级专业技术人才向艺术职业教育教师岗位流动的"绿色通道"。

3. 加快艺术职业教育基地建设

文旅部、教育部《关于促进新时代文化艺术职业教育高质量发展的指导意见》(文旅科教发〔2022〕48号)明确提出:加大行业对文化艺术

职业教育的支持和指导力度,建设10所行业高水平示范院校和50个行业特色专业(群),建设20个行业示范性实训基地,培育30家产教深度融合型文化企事业示范单位,重点支持3~5个文化艺术职业教育集团,重点建设50个中华优秀传统文化传承育人示范基地和50个地方戏曲(濒危剧种)抢救性保护专业点,推广一批文化艺术职业教育赋能乡村振兴和基层文化建设典型案例。根据国家对艺术职业教育高质量发展的要求,遵循艺术职业教育发展的特点,湖北省应发挥比较优势,加快艺术职业教育人才培养基地建设,始终坚持多样化、全方位、多领域发展,不断提高对艺术职业教育发展的支撑能力,不断增强艺术职业教育的社会服务能力。

在激烈的发展竞争中,湖北省特别要加快艺术职业教育重点项目建设。作为湖北省艺术职业教育重点院校,湖北艺术职业学院新校区建设从动议、选址到规划方案批前公示,已经历了10余年时间,必须加快其建设进程。新校区建成后,将有效拓展办学空间,扩大办学规模,吸引更多优质生源,将成为湖北省艺术职业人才培养的重点基地,大大提高湖北省艺术职业教育在全国的竞争力。

4. 探索艺术职业教育发展路径

纵观我国高职教育的发展历程,从"示范校""骨干校""优质校"建设到现在的"双高计划"项目建设,都是以项目驱动,加强内部质量体系提升和内涵建设,进而提高我国高职院校的整体教学及管理水平。"双高计划"项目是新时期落实《国家职业教育改革实施方案》的重要举措,是艺术职业教育发展难得的机遇。在"双高计划"建设的关键期,湖北省艺术职业教育要在政策导向和社会需求驱动下,着力抓住教育性、职业性、协同性、开放性、系统性的特点,积极探索发展路径。一是要系统推进艺术职业教育高水平专业群建设,建设艺术职业教育教学质量监控体系;二是要完善职业教育艺术类专业标准体系,构建艺术职业教育教学及教学管理有效评价机制;三是要形成艺术职业教育与文化产业方向性对接模式,制定艺术职业行业从业标准,发挥示范引领作用,尽可能做到可推广、可借鉴、可复制。

5. 提高艺术职业教育管理水平

提升管理水平是促进职业院校内涵发展的现实要求，也是现代职业教育内涵式发展要求。一流的艺术职业教育需要一流的管理，一流的艺术职业院校也需要一流的管理。艺术职业院校必须提升办学治校能力及管理水平，以立德树人为根本任务，努力提高人才培养的质量。湖北省应构建"三全"育人新格局，坚持"五育"并举，培养新时期艺术职业创新人才。要加快艺术职业院校"内控"体系建设，建立艺术职业人才培养质量标准，系统推进艺术职业教育专业群建设，扎实落实艺术职业教育"提质培优"计划，建立完备的艺术职业教育高质量发展体系，着力提高艺术职业人才培养的质量，为湖北省艺术职业院校申报全国"双高计划"项目助力。

6. 推进艺术职业教育科技应用

在新一轮科技革命和产业变革浪潮蓄势待发背景下，现代科技正在对艺术教育产生深刻影响，推进艺术职业教育科技应用势在必行。国家"双高计划"的办学条件要求高于专科高职学校设置的标准，数字校园基础设施高于《职业院校数字校园建设规范》标准。数字科技、人工智能等新一代信息技术手段的运用，改变了艺术的展现形式，舞蹈不仅仅展现在舞台上，还可以在任何一座大楼的楼面展现；数字科技、人工智能技术等新一代信息技术的运用，改变了艺术的制作方式和创作工具，装有绘图软件的电脑就可替代画笔从事艺术创作；数字科技、人工智能技术等新一代信息技术的运用，带来了视听表演、交互式装置、三维全息影像、激光雕刻光影秀等美轮美奂的舞台艺术画面，彻底改变了艺术的呈现效果，艺术不再是平面的、单一的、线性的。数字科技、人工智能技术等新一代信息技术的运用，重新架构了艺术职业教育发展模式，重新整合配置了艺术与技术资源，改变了人们的思维方式、学习方式和生活方式，也改变了艺术职业人才的培养方式和培养过程。湖北省艺术职业教育不能停留在原有的传统教育模式上，必须审时度势、与时俱进，大力推进艺术职业教育科技应用。不论是艺术职业人才培养方式，还是艺术职业专业课程设置，或是艺术职业教育过程，都必须高度重视现代科技应用,尤其是要与数字科技、人工智能技术等新一代信息技术同向而行。

撰稿人: 乔亚兰　湖北艺术职业学院人文与社科学院院长、教授、博士

乡村振兴背景下湖北省宜红茶品牌建设研究

刘再起 吴 斯

2022年中央一号文件《中共中央 国务院关于做好2022年全面推进乡村振兴重点工作的意见》指出要聚焦产业，持续推进农村一二三产业融合发展，进而接续全面推进乡村振兴，确保农业稳产增产、农民稳步增收、农村稳定安宁。① 为对标中央战略，2022年湖北省委一号文件提出重点提升农业产业化水平，加快推进农村一二三产业深度融合。② 茶依附自然地理环境生长，多集中于生态环境优良的乡村地区，茶产业正是一二三产业融合发展的综合型特色产业。作为"茶祖"神农、"茶圣"陆羽、"茶神"孔明的故乡，湖北省是全国产茶大省，2021年茶园总面积、产量均居全国第四，大力发展茶产业这一传统优势产业是湖北省全面推进乡村振兴的着力点。

宜红与祁红、滇红齐名，是历史悠久的湖北特色茶品牌，20世纪90年代大量出口欧洲国家，2017年被纳入欧盟与中国互换100个地理标志产品清单③，是湖北省唯一入选的茶叶品牌，享有重要的国际声

---

① 中华人民共和国农业农村部. 中共中央 国务院关于做好2022年全面推进乡村振兴重点工作的意见[EB/OL]. [2022-01-04]. http://www.moa.gov.cn/ztzl/jj2022zyyhwj/zxgz_29027/202202/t20220222_6389271.htm.

② 湖北省人民政府. 2022年省委一号文件公布接续全面推进乡村振兴[EB/OL]. [2022-04-03]. http://www.hubei.gov.cn/zwgk/hbyw/hbywqb/202203/t20220331_4062737.shtml.

③ 湖北省农业农村厅. 湖北之声报道："鄂"有好茶丨走过百年岁月的宜红茶，是不是你的"那杯茶"？[EB/OL]. [2020-04-08]. http://nyt.hubei.gov.cn/bmdt/yw/mtksn/202004/t20200408_2210452.shtml.

誉。宜红茶继承了中国茶文化基因，其独有的历史文化底蕴与优良品质将塑造其差异化国际国内市场竞争地位，助力鄂茶产业千亿元目标。作为万里茶道联合申遗的牵头省份，湖北省可凭借其在万里茶道中的重要茶源地与集散中心的历史地位，在万里茶道联合申遗之际，打响"宜红"茶品牌，发挥"文化搭台、经贸唱戏"的联袂作用，推进湖北省乡村振兴加速实现。

一、宜红茶的发展历程

宜红茶问世于19世纪中叶，至今已有近200年历史，茶文化底蕴深厚。茶圣陆羽在《茶经》中记载："山南以狭州（今宜昌地区）上，襄州（今襄樊、谷城、光化、襄阳等地）次，荆州（今江陵、当阳）次"，[①] 即将宜昌地区的茶叶品质列为山南茶之首。清道光年间，宜红茶品质绝佳，每箱茶叶的售价远超国内同时期其他茶叶，并远销中亚地区。1886年前后，宜红茶每年的出口量占全国红茶出口总量的80%左右[②]。宜红茶文化更有"以茶思源、以茶待客、以茶会友、以茶联谊、以茶廉政、以茶育人、以茶代酒、以茶健身、以茶入诗、以茶入艺、以茶入画、以茶起舞、以茶歌吟、以茶兴文、以茶作礼、以茶兴农、以茶促贸和以茶致富"[③]的社会功能。宜红茶上乘的品质、口感与深厚的文化底蕴，使其跻身于全国三大工夫红茶之列。

（一）宜红茶的起源

中国是最早生产、利用茶叶的国家，未经发酵的绿茶是出现最早的茶类。明朝洪武廿四年（1391年），明太祖朱元璋为减轻茶农的劳役，

---

① 陆羽. 茶经[M]. 杭州：浙江古籍出版社，2011.
② 宜都市人民政府. 一起去看，历经百年岁月的宜红茶[EB/OL]. [2019-10-08]. http://www.yidu.gov.cn/content-129-1067674-1.html.
③ 张翠晶，王毅卓，李珊珊. 从社会文化功能角度谈茶乡生态旅游的构建[J]. 福建茶叶，2017，39(5)：92-93.

下诏令:"罢造龙团,听茶户惟采芽茶以进",① 芽茶即散茶,自此未被重视的散茶得到空前发展,茶饮逐渐大众化。明末清初,新的制茶工艺如发酵等技术先后出现,催生了黑茶、花茶、红茶和青茶等。大约在1567—1610年,出现于福建武夷山市星村镇桐木村的正山小种红茶当属世界红茶的始祖。② 作为一种全发酵茶,红茶茶性温和,深受大众喜爱,远销国外。明末崇祯十三年(1640年),工夫红茶、武夷红茶、小种红茶、白毫茶等开始通过荷兰转运,销往英国。③

清道光四年(1824年),粤商钧大福聘请江西省熟练的制茶技工在湖北五峰县渔洋关传授红茶制作技术,并开办茶庄负责收购和精制红茶。红茶经汉口转广州外销至俄、英、德等国,此为宜红区红茶精制出口之始。国际市场的巨大需求带动了国内红茶产业的繁荣,外国商人与洋行纷纷深入鄂西南地区经营茶业。1861年,汉口正式开埠通商,英国商人在此开设洋行,将工夫红茶远销至俄国、英国、美国和德国等国。

清代光绪十五年(1889年),广东商人卢次伦从红茶盛产地安徽祁门聘请专门制作红茶的技师,在湖南石门县泥沙(又称宜市、宜沙,今石门县壶瓶山镇)创建了粗具现代化管理模式的茶叶生产基地——"泰和合茶号"。泰和合茶号盈利颇丰,泥沙当地及外来商人遂竞相设立谦慎安、建昌昇、蔚华隆、有余福、永茂公、德和祥等茶号制作红茶并远销海外。④ 民国《石门县志》记载,泥沙为全邑著名之茶市,"清末粤商卢月池(即卢次伦)设泰和合茶号于此,建筑崇杰为全邑冠,售茶年达三十万斤,合其他各号计之,可达百余万斤,为售茶之最盛时期"⑤。

---

① 阮浩耕,王建荣,吴胜天.中国茶艺[M].济南:山东科学技术出版社,2002.
② 邹新球.世界红茶的始祖——武夷正山小种红茶[M].北京:中国农业出版社,2006.
③ 萧一山.清代通史(第2卷)[M].北京:中华书局,1985.
④ 王乃赓.湖北茶叶之研究[J].西南实业通讯,1944(3).
⑤ 石门县地方志编纂委员会办公室.石门县志[M].北京:中国文史出版社,1993.

(二)"宜红"品牌的确立

第一次世界大战爆发后,"苏联实行新经济政策,拒销宜红"[1],锡兰(斯里兰卡)、印度、日本等国的红茶竞相抢占中国的海外市场,英国的红茶市场几乎被印度、锡兰垄断[2]。此外,国内战争动荡,交通阻塞,位于宜都、石门、五峰、长阳四地交会之处的五峰渔洋关,逐渐取代宜市发展为宜红茶集散中心。

《湖北省志·贸易》记载,1933年前后,湖北省银行多次组织江西、汉阳、浙江等地的制茶技工与茶商至渔洋关开设茶号,并将红茶定名"宜红茶",随后,石门、鹤峰、巴东等地茶叶以及长阳、清江南部生产的红茶粗制品,运至渔洋关精制。[3] 自此,官方确立了统一公用品牌——宜红茶。该命名主要依据红茶的产地,"湖北西境之宜昌、宜都、长阳、五峰、鹤峰,及湘西之石门县等地,出产中级红茶极多,以宜昌为其集中地,因称宜昌红茶区,略称宜红区"。[4]"石门县之大荆州、小荆州所产之茶皆集中于泥沙塘,精制装箱然后运出,五(峰)、鹤(峰)两地之茶则以长阳之资丘或渔洋关为精制地点,惟均以渔洋关为运销集中地,每年由渔洋关转运出口者,占全数三分之二",[5] 由此形成了出口茶以红茶为主,以五峰渔洋关为集散中心的局面。

(三)宜红茶的发展

抗日战争全面爆发后,宜昌沦陷,外销受阻,宜红茶主产区中心西移,五峰、鹤峰、宣恩、恩施等县生产的大量宜红茶,集中于恩施销往国内四川、贵州、广西、陕西及其他西北诸省,仅有少量茶叶由宜都水

---

[1] 宜红区红茶声誉著,砖茶盛销西北蒙古[N].新疆日报,1947-03-05(3).
[2] 朱斯煌.民国经济史[M].郑州:河南人民出版社,2016.
[3] 湖北省地方志编纂委员会.湖北省志·贸易[M].武汉:湖北人民出版社,1992.
[4] 中国第二历史档案馆.财政部贸易委员会关于外销农产品生产状况的调查报告[R].1943.
[5] 戴啸洲.鄂西茶业[J].实业部月刊,1937(6).

路运至湖南衡阳外销。茶叶外销收入是战时支出的重要资金来源,对外可以换取外汇,采购枪支军火;对内可以稳固农村经济,使农户与政府双方受益。① 为应对两湖地区茶叶出口滞销的局面,民国政府实业部开始以拨款补助的方式改良宜红茶。②

1937年,设于羊楼洞的湖北茶叶改良所迁移至渔洋关,更名为"渔洋关茶叶改良场"。1938年,国民政府贸易委员会在渔洋关王家冲开设"中国茶叶公司五峰精制厂",精制红茶与砖茶。1941年,中国茶叶公司在渔洋关成立五(峰)鹤(峰)茶厂。在一系列措施鼓励下,宜红茶产量大增,茶叶改良亦取得一定效果,"需求增加,利润优厚,资金流入,与政府之倡导,产量大增,品质亦多改进"③。由此,宜红茶逐渐走向复兴,外销出现短暂的辉煌。但抗日战争胜利后,湖北省政府迁回武汉,资金大量回流城市,浙皖茶业恢复原有市场,宜红茶在资金短缺、销路不畅等状况下,产量逐渐下降。

(四)宜红茶的兴盛

中华人民共和国成立后,国际茶叶市场需求扩大。1950年,中苏两国政府正式签订了《中苏贸易协定》,自此我国向苏联及东欧各国出口的红茶数量逐年增加,宜红茶也得到了迅速发展。

1950年2月,中国茶叶公司接管了湖北民生茶叶公司鹤峰留驾司、五峰水尽司茶厂和渔洋关茶叶精制厂,在五峰县渔洋关成立了"宜红区收购处"。1951年,中国茶叶公司将原有的宜红区收购处改建为"宜都红茶厂",以简易机械兼手工方式制作茶叶;又在石门县宜市泰和合茶号原址设立分厂,命名为"中国茶叶公司宜都红茶厂泥沙手工厂",以纯手工方式精制红茶。宜都红茶厂统一收购、精制来自宜红茶产区的毛红茶并转汉口外销,宜都自此成为统领湖南、湖北16个县宜红茶收购、

---

① 高光道. 设立鄂西联合茶厂计划[J]. 新湖北季刊,1941(3).
② 佚名. 改良两湖红茶[J]. 国际贸易情报,1937(15).
③ 陆国庆. 湖北区鄂西茶产概况[J]. 税务半月刊,1947(4).

精制和出口的中心。

为满足宜红茶不断增长的国际市场需求，1954年湖北省政府在宜昌、恩施两地扩建新茶园，在原绿茶和白（青）茶生产区域改制红茶，大力推广初制机械化，并进行严格的计划生产。1955年7月，原宜都红茶厂更名为"湖北省茶叶公司宜都茶厂"，并更新了大量的机器设备。1958年，原宜都茶厂的分厂——泥沙手工厂迁至石门县城，建成后所产的"宜红茶"更名为"湘红茶"，自此湖南省不再生产宜红茶。① 20世纪60年代开始，恩施、鹤峰、宜昌、五峰、宣恩、建始等县先后办厂精制红茶，其产品由湖北省茶叶公司统一以"宜红茶"品牌外销。由此，宜都逐渐成为宜红茶的精制加工出口基地，宜红茶发展成为宜都、宜昌乃至湖北的金字名片。

二、宜红茶产业发展的优势

2021年3月8日起，湖北省市场监督管理局颁布的《湖北宜红茶》地方标准规定：湖北宜红茶是以湖北省境内、用茶树的芽、叶、嫩茎为原料生产加工而成的红茶产品，包括宜红工夫茶、宜红红碎茶与宜红名优茶三类②。"宜红"是湖北红茶的公用品牌，只是市场上的宜红茶一般产自不同的生产厂家，故附有不同的商标标识。

（一）环境资源优越，产业发展基础坚实

宜红茶产地生态条件优良，区位优势明显。宜红茶产于武陵山系和大巴山系境内，地处东经109°~112°，北纬29°~31°31'，年均气温14~18℃，无霜期250~300天，年平均日照时数1538~1883小时，年降水量在1200~1600mm，是茶业发展的"最适宜区"。截至2022年5月，生

---

① 石门县地方志编纂委员会办公室. 石门县志[M]. 北京：方志出版社，2007.
② 湖北省市场监督管理局. 湖北宜红茶[EB/OL]. [2021-01-08]. http://dbba.sacinfo.org.cn/stdDetail/4c9ac96f9522e97092c2bedb17e7670e19db63a7bd5c7032acf382a128b2b7ff.

产宜红茶的企业中，农业现代化国家重点龙头企业2家，省级重点龙头企业2家；3家企业入选2021年度中国茶业百强企业。宜红茶业股份有限公司拥有"宜红"商标，荣获2020年首届"五峰杯"宜红工夫茶产品质量推选活动特别金奖。湖北宜红茶业有限公司是目前唯一一家专做"宜红"茶的企业，其前身是1951年中国茶叶公司建成的"宜红"茶区第一座红茶精制厂，年加工能力9500吨，年出口宜红工夫茶7000吨，其年出口量在全国红茶出口量中长期位居前三，产品远销德国、美国、英国、法国、荷兰、俄罗斯等十几个国家和地区①。该公司所产的"宜"牌宜红茶多次获得湖北名优产品称号，并入选中国三绿工程放心茶中茶协推荐品牌。

（二）品牌建设实现突破，内外销售市场潜力大

宜红茶享有良好的国际声誉，已成为国事活动茶叙用茶。宜都"宜红"茶于2017年成为中国与欧盟双方互换认证的100个地理标志农产品之一，是湖北省唯一入选的茶叶品牌。2018年4月28日，习近平总书记与印度总理莫迪会晤，在武汉东湖共同品饮湖北恩施利川红和玉露（"一红一绿"）。同年5月20日，在第23届联合国粮农组织政府间茶叶工作组会议上，湖北省"一红一绿"再次成为会议用茶。1951年，湖北省茶叶公司在利川设点收购宜红茶，利川被列为宜红工夫茶的主要产区。2012年，产自利川的宜红茶，更名为"利川工夫红茶"，简称"利川红"，故利川红实属宜红茶的重要组成部分。2021年，中国茶叶内销、外销均以绿茶为主，绿茶内、外销量分别占茶叶内销总量、出口总量的比重为56.9%和84.5%，红茶内、外销量占比分别仅为14.7%、8.0%；进口以红茶为主，进口红茶量占总量的83.0%，进口绿茶量占总量的9.2%。② 与之相反的是，世界茶叶消费以红茶为主，约占世界茶叶消费总量的75%。可以预见，品质优良且享有国际声誉的宜红茶在大力

---

① 湖北宜红茶业有限公司-公司简介，http://www.yihongtea.com/about/15.html.
② 梅宇，梁晓.2021中国茶叶产销形势报告[R].中国茶叶流通协会，2022.

发展养生文化的背景下将占据更大的国际市场。

(三)茶企营销线上化,年轻群体消费潜力亟待释放

社交媒体、短视频、直播营销模式的发展,助推茶产业线上化。2021年,中国消费者选购茶叶主要通过电商平台(62.2%)、茶叶专卖店(68.5%)和线下商超(51.4%)①,线上营销有望成为宜红茶常态化的营销方式;线上消费用户中,女性消费用户占比48.9%;26~40岁用户占比超过6成,其次是19~25岁用户,占比为17.4%,"80后""90后"饮茶用户比例提升②。以茶叶与不同萃取方式提取的浓缩液为原料,再根据消费者的喜好加入各种食材调制而成的新式茶饮规模正快速增长。新式茶饮市场一二线城市增速放缓,呈现向三四线城市下沉的趋势,下沉市场覆盖200个地级市、3000个县城和40000个乡镇,人口10亿以上,发展潜力大。③品质安全、口感口味与品牌口碑是影响消费者选购新式茶饮的主要因素,其中品质安全居首位。民众对健康养生的追求是中国茶叶行业发展的内生动力,红茶滋润温暖肠胃的特性将显著带动追求健康养生的用户消费,尤其是女性用户。鉴于此,宜红茶企业可考虑与新式茶饮品牌合作研发、推出新产品,释放年轻群体消费潜力。

(四)恰逢万里茶道申遗之东风,可重塑"东方茶港"昔日辉煌

"万里茶道"是继丝绸之路衰落之后,在欧亚大陆上兴起的又一条重要的国际商贸通道。该商道自福建武夷山起,途经江西、湖南、湖北、河南、山西、河北、内蒙古多个省区,经乌兰巴托到达蒙俄边境的

---

① 艾媒咨询.茶叶行业数据分析:2021年中国68.5%的消费者在茶叶专卖店购买茶叶[EB/OL].[2021-10-30].https://www.iimedia.cn/c1061/81695.html.
② 艾媒咨询.2021全球茶叶产业运行大数据与中国茶业创新发展趋势研究报告[EB/OL].[2021-06-22].https://www.iimedia.cn/c400/79306.html.
③ 艾媒咨询.2021年中国新式茶饮行业分析报告[EB/OL].[2021-10-14].https://baijiahao.baidu.com/s?id=1713557736692728733&wfr=spider&for=pc.

通商口岸恰克图,国内段约4760公里,而后在俄罗斯境内延伸至莫斯科、圣彼得堡等十几个城市,又传入中亚和欧洲其他国家,总长约14000公里。2013年9月10日,中、蒙、俄三国共同发起申遗倡议,签署《万里茶道共同申遗倡议书》。2019年3月8日,"万里茶道"正式列入《中国世界文化遗产预备名单》,"万里茶道"申遗工作取得阶段性成果。湖北被确立为"万里茶道"申遗的牵头省份,在"万里茶道"上发挥重要的枢纽作用,赤壁、汉口、襄阳、鹤峰、五峰、宜都成功入选"万里茶道"的申遗节点,其中鹤峰、五峰、宜都是宜红茶的重要茶源地。"茶到汉口盛,汉口因茶兴",汉口不产茶,却因开埠通商成为当时中国最大的茶叶集散中心、全球茶叶贸易中心,素有"东方茶港"之美誉。宜红茶是"东方茶港"的重要出口品牌,宜红茶产区是"万里茶道"的重要茶源地。晚清时期,汉口茶叶出口额占全国茶叶出口总额比重近2/3,由此吸引了中国近代第一批外资企业[①]。从汉口"东方茶港"出发,"万里茶道"连接世界,推动了中原农耕文明、北方游牧文明与西方工业文明的融合。在"万里茶道"联合申遗之际,"东方茶港"这一历史文化名片正是发挥"文化搭台、经贸唱戏"联袂作用、打响湖北名茶品牌的重要突破口。

三、宜红茶产业发展面临的主要挑战

(一)集约化水平较低,产品质量安全备受关注

宜红茶产区地形条件限制了规模化发展,使产品质量难以达到国际标准。产茶区的茶树主要分布在海拔300~1000m的低山和半高山区,优质宜红茶的产区多在海拔400~1000m,其间缺乏园、林、路、水和电等基础建设和配套设施,使茶产业的集群化发展受到了制约。多数茶

---

① 张珊珊. 近代汉口港与其腹地经济关系变迁(1862—1936)[D]. 上海:复旦大学,2007.

农茶园管理粗放,在水土保持、改良土壤、树冠管理、施肥和病虫综合防控等方面均有待于进一步提高,处于低投入和低收益的生产经营状态。针对国际市场交易的茶叶,欧盟国家颁布了农残 MRL 标准,对于茶叶的检测指标多达 480 项,这对我国茶叶生产提出了更高的要求。宜红茶生产要加快推行绿色生产模式,构建绿色发展产业体系,加速迎来有机茶和低农残茶的春天。

(二)科技基础薄弱,加工工业有待提升

良种繁育基地建设意识不强,无性系良种茶园比率低。无性系茶树良种率高则茶园管理易于标准化、茶树生长整齐、茶叶质量高,便于机械化加工。宜红茶无性系良种茶园面积占茶园总面积的 44%,而肯尼亚等国家已在 90%以上。宜红茶生产标准仍未统一,连续化、洁净化、智能化等现代化的加工设备普及率低,会导致产品质量不稳定,且难以生产高附加值的功能性产品和深加工产品,产业效益偏低。新时代出现的线上茶叶消费浪潮依靠新中式茶饮的推动,茶与咖啡、花果相融合的茶饮创新品类受到年轻消费群体追捧。中国袋泡茶年消费量占茶叶消费总量的比重仅约 5%,远低于世界平均水平的 23.5%[①]。随着电商新零售渠道的发展与饮茶文化的盛行,研发融合宜红茶与花果或咖啡的新茶类、提高袋泡茶制作工艺,将会促使宜红茶迎来较快速的发展。

(三)组织化程度低,发展资金受限

大多数宜红茶的生产仍主要采用传统的农户和小茶厂生产的方式,大型龙头企业偏少,专业化分工程度低。茶产业前期投资大、回报速度慢,难以扩大再生产和实现规模经济。此外,茶叶生产季节性强,在收成时节,茶农、茶企收购与加工茶叶所需的资金量非常大,但不少茶企往往由于缺乏信用担保,难以获取金融机构的贷款,造成不能及时收购

---

① 艾媒咨询. 2021 全球茶叶产业运行大数据与中国茶业创新发展趋势研究报告[EB/OL]. [2021-06-22]. https://www.iimedia.cn/c400/79306.html.

生产原料或支付农民采摘茶青的报酬,更是无力更新加工设备和开发新产品。反观消费市场,超过40%的消费者选择100~200元的茶叶,低于50元或是高于400元的茶叶只有不到10%的消费者选择①。消费者更多地追求消费的品质、口感,低价策略已不适应市场需求。资金是产业发展的血脉,资金投入不足严重限制茶产业的培育与可持续发展。

(四)品牌内涵培育不足,市场认可度亟待提升

宜红茶的对外宣传仅侧重于公司及其产品质量的介绍,并未涉及宜红古茶道及文化的宣传,产品文化内涵的宣传推广有所欠缺。宜红茶的市场知名度落后于"滇红""祁红"两大工夫红茶。滇红年产量已经在4万吨以上,具有明显的规模效应,是大叶种红茶的代表。祁红虽然年产量相对较小,但深受英国女王和王室喜爱,在国际市场上属高档红茶,更有"红茶皇后"之美称。滇红、祁红在龙头企业培育上已经走在前列,各有一至两家规模化、品牌化的龙头企业。2021年度中国茶叶区域公用品牌价值专项评估中,西湖龙井、普洱茶、信阳毛尖、潇湘茶、福鼎白茶依次位居全国前五,同样具有地理标识的安化黑茶品牌价值41.32亿元,位居第九位,而宜红茶品牌未能进入前十②,可见其市场占有率与认可度有待提高。

(五)劳动力供需不匹配,人力资源难以支撑发展需求

宜红茶产区农民工职业技术素质与发展潜力均难以满足现代化农业用工需求。一是缺乏农技与管理人才。农民工老龄化、低素质化问题突出,缺乏稳定高素质的中青年务农就业大军。涉农专业毕业生脱农化严

---

① 艾媒咨询.2021全球茶叶产业运行大数据与中国茶业创新发展趋势研究报告[EB/OL].[2021-06-22]. https://www.iimedia.cn/c400/79306.html.
② 胡晓云,李闯,魏春丽,吴茜,朱建臻,施金敏.2021中国茶叶区域公用品牌价值评估报告[J].中国茶叶,2021,43(5):32-51.

重，农业教育类毕业生到"三农"一线工作的仅有12%左右[①]。大部分茶农只懂得简单的工艺流程，操作过程不能严格达到技术标准要求，难以保障产品质量。二是农民工职业技能培育不足。接受过技能培训的农民工占比为30%左右。培训过程普遍存在着培训资源分散、培训时间短、培训内容与生产脱节等问题，对提升农民工技能的帮助比较有限。当前职业教育仍以全日制学历教育为主，专业设置、教学方法与产业发展需求联系不紧密，难以培养高技能型农民工，农村人力资源供给与需求的结构性矛盾将制约宜红茶产业的发展。

四、打响宜红茶历史名片，助力乡村振兴的对策建议

打响宜红茶品牌，必须坚持问题导向，切实解决好产业集约化水平较低、科技基础薄弱、组织化程度偏低、品牌杂而不响、劳动力供需不匹配等问题。通过绿色标准化生产、智能化茶叶产业链的升级改造以及茶业服务化转型，带动整个茶产业走向更高层次，打造出更有科技范、国际范的茶品牌。

（一）提高集约化水平，走绿色标准化之路

产品质量与茶产业可持续发展息息相关，须以有机茶、绿色食品茶以及国际茶叶出口欧盟农残MRL标准为目标，完善茶叶质量追溯体系，构建茶叶绿色生产专业化模式。一是建立良性示范繁育推广体系。坚持"自育为主、外调为辅"的原则，从本地茶树群体中选育出的省级无性系茶树良种及国家级良种为主，引进其他适制的中高端红茶品种为辅，形成"市级+县级+专业乡+专业育苗户"的良种繁育格局。二是提高茶叶初制与精制规模化与标准化水平。启动宜昌工夫红茶标准化初制示范厂建设项目，根据产业基地布局和适当集中原则，按照"宜昌工夫红茶"

[①] 谢玲红."十四五"时期农村劳动力就业：形势展望、结构预测和对策思路[J]. 农业经济问题，2021(3)：28-39.

制作规程和标准，实施老旧茶厂改造升级工作，淘汰基础条件差、规模过小的茶厂；加快宜红茶精制厂的改造建设，结合基地布局和宜红茶深加工园区建设规划，提高集聚度。三是统一行业检测标准。以攻克出口国家技术性贸易壁垒为基础要求，规范宜红茶生产、加工、市场准入、出口各环节的检测标准，禁止使用化学肥料和化学农药，从源头上控制污染。四是加强品质认证工作。加强"三品一标"认证[①]，继续开展病虫害绿色防控体系建设，实现100%无公害基地认证，建设优质茶出口基地，加快出口茶叶示范区建设，推行ISO9000质量管理体系和HACCP食品安全保证体系认证，确保宜红茶的质量安全。

(二)加强科技创新力度，打造智能化产业链

现代农业的发展必须以资源高效利用和质量安全的技术为基础，提升科技对良种选育、种植技术、初/精深加工等整个茶叶产业链的贡献率，是茶产业做大做强的必由之路。一是应用智能技术实现对种植环节的管控。建成集"气象预报+水肥一体化+病虫害监测+安全监控溯源"等智能技术于一体的农业"云平台"，对茶叶种植、培养、生长、病虫害预防等环节进行全流程监管，实现茶叶生产可视化诊断。二是构建技术创新体系。积极推进与高科技企业、高校科研院所的人工智能院系与茶叶相关院系的合作，围绕茶产业发展的关键技术和瓶颈问题以公开招标课题的形式进行技术攻关。三是推广引进先进的精制生产线。积极引导宜红茶加工企业更新加工装备，落实农机购置补贴和生产线改造补贴政策，普及清洁化、自动化、智能化加工生产线。四是搭建宜红茶产业数字生态平台。联合产业链经营主体打造集育种、肥料、技术、设备、交易、物流、融资、文化、工艺等于一体的湖北宜红茶门户网站，力求打造以"数据、电商、金融"为基础、最具影响力的茶产业数字生态平台。

---

① 曾维超，唐海燕. 做好"加减乘除"法，推进湖北茶业供给侧结构性改革[J]. 中国茶叶，2018，40(6)：50-51.

(三)打造区域公用品牌,壮大龙头企业实力

万里茶道联合申遗与"东方茶港"这块金字名片,赋予"宜红"茶品牌独有的历史文化底蕴与发展潜力。一是确立区域公用品牌。按照"1+N"品牌体系建设思路,确立"宜红"茶品牌为湖北红茶公用品牌①,对有一定规模的企业建议采用"企业品牌+公用品牌"的子母品牌管理模式,力争用5年左右时间打造"宜红"茶1个公共品牌为国际一流红茶品牌,打造N个子品牌为国内外知名品牌,持续提升湖北宜红茶品牌市场竞争力。二是加强品牌标准化管理。政府牵头成立宜红茶行业协会,主要负责监督管理,尽快完成宜红商标所有权及使用权归属的法律程序,制定"宜红"茶的产品标准与使用准入制度。三是挖掘宜红茶文化赋能品牌内涵。由湖北省文化厅牵头,会同当地政府编写出版《宜红茶文化》,促使宜红文化成为中国茶文化的历史代表。四是发挥龙头企业的带动作用。促进形成"行业协会+龙头企业+优质企业+专业合作组织+专业农户"的宜红茶生产管理机制,发挥标准化、规范化龙头企业的带头作用,实现从传统分散的小农经济向法人农户经济的转型升级,形成覆盖区域、可供推广的茶叶标准化生产体系。

(四)推进茶旅融合发展,深入开发茶业附加值

宜红古茶道沿线留下的古茶园、古道、桥梁、码头、茶庄、茶号、宅院等有形文化遗产,以及种茶技艺、制茶技艺、民间故事、经商信仰等无形文化遗产,是实现茶旅融合的珍贵基础资源,可发挥出重大的经济效益和社会效益。一是开发以产品为依托的茶旅融合模式。可提取茶叶功能性成分并向茶食品、茶化工、茶医药等行业延伸茶产业,开发茶文化衍生品,如茶叶护肤品、茶雕、茶酒等,衍生并培育粉丝经济;在知名度较高的核心茶产区采取"茶文化+商贸城"的模式,通过商铺出租

---

① 转变发展理念 做强做优湖北茶产业——省政协"复兴'万里茶道'东方茶都,叫响湖北茶业品牌"月度协商座谈会建议综述[J].湖北政协,2017(9):6-8.

或出售等形式吸引知名茶企入驻，形成以茶加工、茶商贸为核心的茶产业园区。二是开发以体验为依托的茶旅融合模式。"茶文化+生态旅游"模式主要依托自然茶村，开发采茶、制茶、辨茶、品茶、茶树认领等一系列茶道体验项目或定制化体验项目，打造集种植生产、加工、科普示范、度假养生于一体的特色茶村庄或茶特色小镇；"茶文化+文化展示"模式以"宜红"茶文化博物馆为载体，设立"宜红"茶历史主题区、宜红产业主题区、未来发展主题区、中国茶文化历史主题区等，运用3D技术展示"宜红"茶的历史文化、趣味故事、茶礼茶俗等。三是开发以活动为依托的茶旅融合模式。发挥媒体的舆论引导与知识传播作用，采取"茶文化+研学教育"模式，以茶文化研学基地为载体，针对中小学生、对口专业学生或茶文化爱好者提供科普研学服务，通过展示讲解、文化表演、茶艺体验等方式，传播茶知识与文化。四是开发"茶文化+节庆活动"模式。可定期举办"宜红"茶文化节、茶文化博览会、宜红古茶道骑行赛或马拉松大赛等系列活动，在热门新媒体平台推广"寻找最美乡村茶艺师""'宜红'茶文化推广大使""优秀'宜红'茶文化志愿者""最美'宜红'茶包装设计"等茶事活动，将音乐会、写生摄影大赛等艺术活动融入茶园，充分发挥节庆活动的联动效应，引领中外游客切身体验宜红茶深厚的历史文化底蕴。

（五）注重供应链金融建设，出台发展扶持政策

金融支持对区域品牌的发展具有重要的驱动作用，[①]要利用供应链金融联结上下游经营主体，有效整合上下游资源，以应对宜红茶产业季节性与前期投入资金需求。一是搭建供需方交流平台。将茶叶生产企业、加工企业、茶农等生产主体发布的融资借贷信息集中于同一官方平台，吸引工商企业、个人资金流入，建立与茶农利益、风险共担的生产、加工、出口基地。二是创新金融产品。地方政府对茶叶生产加工企

---

① 熊爱华，邢夏子. 区域品牌发展对资源禀赋的敏感性研究[J]. 中国人口·资源与环境，2017，27(4)：167-176.

业进行信用等级评定,为合格的生产者提供信用背书;依托"湖北数字农经"服务平台,针对小农户、新型农业经营主体和村级集体经济组织,推出多款金融产品,打造"互联网+茶业+金融"服务模式。三是扩大保险责任范围。将宜红茶制作的物化生产成本、土地租金和用工成本纳入保险范围,增设带动小农户发展增收的指标作为规模化经营主体投保的门槛条件[1]。四是加大政府财政投入。制定扶持中小茶企发展的财政税收政策,规划各专项资金支持茶叶无性良种繁育、生产与加工环节智能化投入、绿色防控技术运用、产品质量标准建立、品牌宣传推广和营销渠道拓展等方面项目支持宜红茶产业发展。

(六)提升对外开放水平,完善市场营销网络

构建线上线下双向联动、直销零售互补的营销网络。紧跟国家战略完善市场布局,与"一带一路"倡议对接,做好全球价值链布局,强化"区域性"消费需求研究与产品研发,制定有针对性的营销战略以提高其在"一带一路"沿线国家和地区的知名度。推进流通销售实体渠道建设,完善线下营销渠道部署,发展固定经销商与全国各地的直营分公司,争取宜红茶进景区、企业、高校、政府机关事业单位、本地商超及全国性商超连锁巨头;打造辐射全国的宜红茶集散中心,在重要销区茶叶流通集聚区建设宜红品牌街,鼓励品牌企业开宜红体验店,引导中小企业与销区市场进行产销对接。完善虚拟渠道布局,利用淘宝、京东、亚马逊、微信、快手、小红书、抖音、微博等现有媒体平台进行品牌推广,搭建宜红茶电子商务平台。注重企业间协作,积极与品牌流通企业合作,开设宜红茶专柜;与喜茶、奈雪的茶两大头部新式茶饮企业开展合作,寻求供应茶叶货源并共同研发新式茶饮品的合作空间,打开年轻消费群体市场,打破大众对"喝茶乃老年人的喜好"的传统认知。

---

[1] 孙东升,孔凡丕,陈学渊. 小农户与现代农业衔接的经验、启示与建议[J]. 农业经济问题,2019(4):46-50.

(七)组建科研专家团队,加强农村基层组织建设

培育"懂技术、善经营、有文化"的新型农民,为茶业增效、茶农增收提供有力保障。搭建人才供需对接平台,基于数字共享经济理念,建立"共享用工平台""就业保障平台",为灵活就业者提供更多就业机会;政府应争取在更多的科研院所开设茶业相关专业,企业对高校教育进行实践性指导,搭建毕业生定向就业服务平台。为专业人才引进提供支持,在宜红茶产区,市、县、乡级分别配备宜红茶专业技术推广人员,保障科技对茶叶的贡献;通过为茶学本科及以上人才提供津贴或安家费等形式,吸引产业发展紧缺或重要人才到茶产区和茶企工作。健全农村人才激励机制,加强宜红茶产区农村两委组织建设,将农村技术能人、管理人才和退伍军人纳入村级两委储备人才,制定优秀青年晋升规则;加强农村产业园、创业孵化实训基地等平台建设,吸引外出打工的青年人返乡创业。完善农村人才继续教育机制,乡镇政府要发挥引导作用,整合各类培训项目资源,定期邀请高校教授或科研机构专业人员开展茶叶种植、互联网销售、营销技能等方面的培训课程,组织农产大户、农村合作社、小微农村企业和农业服务组织的带头人开展职业技能培训,培育爱茶业、懂技术、善经营的新型职业农民。

报告撰稿人: 刘再起　武汉大学经济与管理学院教授、博士生导师、俄罗斯乌克兰研究中心主任
　　　　　　吴　斯　武汉大学经济与管理学院博士研究生

新时代背景下湖北省卫生健康人才培养现状与优化策略研究

武汉大学公共卫生学院课题组

卫生健康人才队伍是保障人民健康的核心力量，新时代背景下"健康中国"战略更是强调把保障人民健康放在优先发展的战略位置。加快医疗卫生人才队伍建设，是全面推进健康中国建设的关键一环。本文从院校教育与职业继续教育出发，综合文献计量、社会网络图谱分析等方法，划分临床、公共卫生、护理三类人才核心聚类，厘清我国卫生健康领域目前的共性需求和存在的问题，梳理湖北省卫生人才培养的现状和挑战。以问题为导向，从顶层体系设计、全周期培养机制等宏观、中观、微观方面为湖北省建设高质量、可持续卫生健康人才队伍提出优化策略。

一、我国卫生健康人才培养背景

党的十八大以来，以习近平同志为核心的党中央把全面健康作为全面小康的重要基础，强调把人民健康放在优先发展的战略地位。"人才是第一资源"，卫生人力资源是卫生资源的重要组成部分，过剩、不足、配置或使用不合理都将阻碍卫生事业的发展，影响"健康中国"战略的推进。卫生健康人才是医药卫生事业发展和学科建设的核心竞争力[1]。卫生健康人才包括"大健康"视域下的医疗、公卫、健康管理等人

---

[1] 张光鹏. 集聚卫生人才 建设健康中国[J]. 中国卫生人才，2020(9)：48-51.

才资源，涵盖多领域范围，包括临床医学、护理学、公共卫生、药学、助产、康复等多种学科，在实际运用上医疗体系人才功能主要分为临床医学、公共卫生、护理三大类。各类卫生人才具体卫生功能与价值各异，但目前都存在培养模式滞后、培养方向对接现实需求有限、继续实践教育不持续等问题。为有效识别我国卫生健康人才培养存在的共性问题，厘清人才培养阻滞，本文针对近年来临床医学、公共卫生、护理学三个领域，引入文献计量学的共词分析（co-word analysis）方法，将现阶段我国临床、公卫、护理人才培养的共性问题进行汇总摘录，提炼卫生健康人才培养的共性需求和存在问题。

本文以医学人才培养和医学人才需求为关键词，在中国知网、万方等网站检索2012—2022年共计596篇文献，利用Citespace软件设置节点为关键词，进行高频关键词共线聚类分析（见图1）。根据聚类结果发现，现阶段相关研究集中在卫生健康人才培养模式、培养方向、培养机制现状，人才培养研究在导向上聚焦于人才需求，在类别上关注于临床、预防类医学健康人才，在机制上着眼于培养模式、专业设置，学科

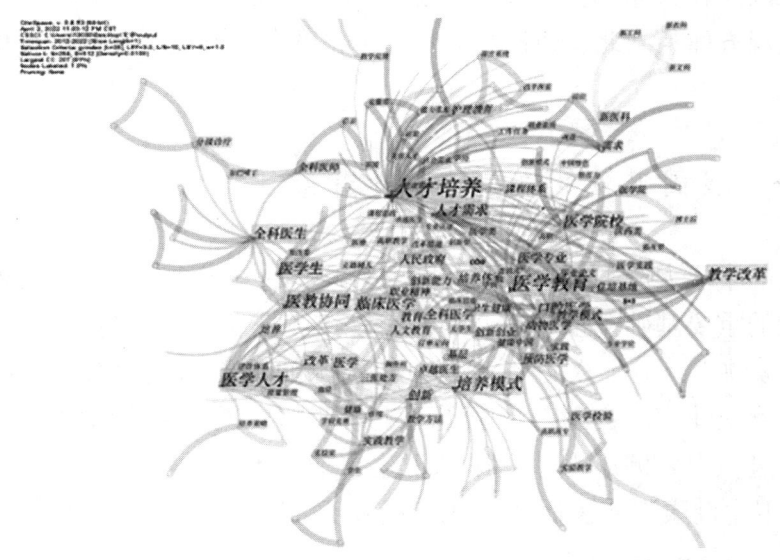

图1　医学人才高频关键词共线聚类分析

上着力于全科医学与公共卫生，在培养模式上强调医教协同与实践教育。

（一）我国卫生健康人才需求

1997年至今，医学教育学兴起的"生物-心理-社会"生物学模式的确立明确了现代化国家对医学人才的更高要求，健康不仅需要医学知识，还要有法学、管理学、信息科学等基本素养①。《"健康中国2030"规划纲要》中同样提到需要加强高层次人才队伍尤其是公共卫生与临床医学复合型高层次人才建设，要培养具有国际领先水平的学科带头人②。在宏观上，湖北省卫生健康体系需培养建立临床、护理、公共卫生人才配比合理、梯度有序的医学人才队伍，加强急需紧缺专业、特色医学人才如全科、儿科、护理、中医药人才培养；加强公共卫生体系建设，促进卫生应急、卫生信息化复合人才队伍建设，推进卫生管理人员专业化、职业化；调整优化适应银发经济下健康服务产业发展的医学教育专业结构，加大老年医学人才教育力度③；以应对老龄化日益加深、传染病新发与再生并存、慢性非传染性疾病比重增加且年轻化形势下的卫生健康问题。

（二）我国卫生健康人才培养模式现状

我国医学教育不断进行培养模式的改革探索。通过优化人才培养目标、整合教学内容、丰富教学模式、完善培训体系、创新评价考核体系等，逐步建立了院校教育、毕业后教育、继续教育三阶段有机衔接，以"5+3"为主体、8年制为探索，"3+2"为补充的规范化临床医学人才培养模式，以传统公共卫生学科为核心，5年制+公共卫生

---

① 师璐，黎莉，邢方敏. 公共卫生人才培养的问题与对策——基于新冠肺炎疫情的思考[J]. 中国高教研究，2020(5): 48-51.
② "健康中国2030"规划纲要[J]. 中国肿瘤，2019，28(10): 724.
③ 李耘. 老年医学面临的挑战与对策[J]. 北京医学，2016，38(10): 971-972.

（MPH）应用型硕士为主体的应用性公共卫生人才培养模式，以"基础医学+护理实践"为基础，本科教育+职业专科教育为主体的护理人才培养模式。

本文运用高频关键词统计软件，发现中国知网、万方数据库、国家卫健委及其下属研究机构关于卫生、健康人才培养的2140篇文献共计有5420个不同关键词。通过咨询卫生事业管理专家，综合关键词含义特征及数量，结合图谱清晰显示对关键词数量的限制，本文以出现频数30次为阈值，共选取出现频次最多的前60个关键词作为代表卫生健康人才培养需求、缺陷热点现状的高频关键词并进行梳理，如表1所示。

表1　　　　新时代背景下分类别卫生健康人才培养现状

	人才需求	人才质量	培养模式
临床	具有扎实的基础理论和专业知识以及高水平的临床实践能力，兼具人文主义关怀的高层次人才	(1) 预防观念和群体健康责任较弱 (2) 人文素养相对薄弱 (3) 科研创新能力不足	(1) "5+3"为主体、8年制为探索、"3+2"为补充 (2) 理论与实践结合不强 (3) 人才培养分类机制不够完善 (4) 教育资源浪费较严重
公共卫生	具有扎实的公共卫生理论基础与较强的公共卫生实践能力，具备文、理、医、工、经的系统知识素养，具有应对常规及各类突发公共卫生事件胜任力的复合型人才	(1) 院校生源参差不齐，缺乏复合化系统知识培训 (2) 基础临床知识储备较少，实践能力尤其是应急能力方面较为薄弱	(1) 传统公共卫生学科课程设置滞后 (2) 5年制+公共卫生（MPH）为主体，培养体系顶层设计缺位 (3) 教育资源缺失，各院校培养方案不统一 (4) 院系教育、继续教育、实战教育三者相互割裂

续表

	人才需求	人才质量	培养模式
护理	面向临床各级医疗机构、社区、家庭的护理岗位，培养掌握现代护理理论、临床护理技能、社区卫生保健知识，富有人文精神和创新精神，能从事常见病、多发病的临床护理、康复以及社区卫生保健服务的技能应用型护理专门人才	(1) 专业认同感不稳定 (2) 感染预防及职业防护等相关知识储备不足 (3) 人文素养相对薄弱 (4) 继续教育积极性弱	(1) "基础医学+护理实践"为基础，本科教育+职业专科教育为主体 (2) 培养目标定位不够准确，课程设置应急知识缺位 (3) 师资人才紧缺 (4) 继续教育受重视程度低，规范程度、激励措施不足

基于以上文献计量与综合分析结论，可见三大核心领域的人才虽然所扮演角色不同，但其工作内容有较大交叉性，其不同类型人才培养问题有共性也有特异性。

1. 临床医学人才培养阻滞

在临床医学上，人才培养困境主要集中在：一是医学教育学制不统一，招生数量增加与医生数量短缺现状并存。在就业环境中，医疗机构更青睐于获得研究生学位的医学毕业生，临床医学人才培养成本在占据各学科人才培养成本榜首情况下，仍然存在医学人才转化率低、医学教育资源浪费严重等问题。二是医学人文培养关注不够，我国医学人文教育研究起步较晚，且长期存在医疗技术与医学人文发展不平衡、医患关系紧张等问题。课程是人才培育的重要媒介和载体，对于医学人文课程而言，本质在于追寻医学科学之善，践行医学人文精神，但在临床医学课程体系设置中，人文课程设置量少、系统性弱，导致目前医学人才培养重视学生的临床知识以及技能水平，忽视人文课程的状况与当前为满足人民医疗卫生需求和谐医患关系所要求的"生物-心理-社会医学"模式的环境相冲突。三是持续实践教育缺乏，临床医务人员上岗后的可持续培训还需完善，现有医务人员各类与职称、薪酬挂钩的职业评价机制侧重临床医疗行为的有效性、合规性等，但对医生医疗人文素养、继续深造发展潜力、科研应用创新能力、新技术资源整合能力等综合水平的提升缺乏持续关注，现阶段较为复杂的医疗供给与需求矛盾等急需职业继续教育、培训的介入。

2. 公共卫生人才培养阻滞

与群众整体健康水平与素养息息相关的现行公共卫生人才培养体系，在满足人民对健康卫生安全需要上存在一定短板。一是公卫人才培养体系顶层设计缺位，在实际卫生管理中仍然存在"重医轻防"的现象，在高等教育人才培养中，公共卫生学科专业地位长期得不到应有的重视和发展。部分综合性大学及医学院的许多学科建设项目、国家重点实验室、人才支持计划中，公共卫生学科常处于边缘化的地位。二是公卫人才培养体系思政教育不足，职业素养还需提升。具体表现在职业素养培养弱化，忽视言传身教、潜移默化的思政培养。学生职业归属感、认同感的基础培养不够。三是公卫人才培养体系课程设置滞后，现行公共卫生人才培养仍然以预防医学专业为主，以传统五大卫生为主干，基本课程设置范围较窄。四是公卫人才上岗实践夯实欠缺，实践与理论脱节。持续实践相匹配继续教学体系脱节。公共卫生人才培养应与院校教育、毕业后继续教育、一线实战教育形成相统一的全链条式教育模式。从现实教学情况来看，三者相互割裂、自成体系，现有公共卫生培养体系缺乏对国家公共卫生机构人员的再教育再培养设置。

3. 护理人才培养阻滞

一是培养目标欠清晰，传统护理人才培养模式看重以学科为核心的教学法，忽视以学员为中心的教学法。近年来，医患矛盾时有发生，预示医改之路的坎坷，也对护理人才培养中医德、医风、人文教育、沟通能力、职业道德等提出更高要求。各地医院对护士培养的方案制订并不相同，缺少科学参照标准。二是护理人才应急培养薄弱，护理教育课程与教学重点更多关注常见病护理，导致护理人员公共卫生、感染预防及职业防护等相关知识储备不足、能力欠缺。新冠肺炎疫情期间暴露出学校护理人才培养中的公共卫生事件应对知识不够，应对能力薄弱，应加强突发型公共卫生事件应对能力的培养。三是继续教育开展不足，医院管理层对继续教育重视不够，或只重视一线在职医生的继续教育。继续教育考核评价体系不规范。缺乏健全的考核评价体系，造成重临床技术水平培养而轻护理能力培养的现象。

二、湖北省卫生健康人才培养现状

湖北省地处我国中部，多重疾病威胁、多种影响健康的因素交织存在，还有各类突发公共卫生事件、极端自然灾害事件频发，人民群众对卫生健康服务需求大，以临床、护理、公共卫生为代表的卫生健康领域人才在应对新冠肺炎疫情、极端灾害等重大活动方面起到积极作用。湖北省既存在自身的经验成果，又存在上述国家卫生健康人才培养共性的阻滞与短板，探索湖北省卫生健康人才培养将具有典型的示范意义。

现阶段湖北省充分依托当地高校资源，积极与其他省市建立合作，在体系架构、培养模式方面取得了重要成就，为构建湖北省现代化的医学人才体系提供了较为坚实的框架与基础知识体系。

在湖北省委、政府的坚强领导下，湖北省上下以习近平新时代中国特色社会主义思想为指导，全面落实习近平总书记关于卫生与健康的重要论述和视察湖北的重要讲话精神，坚持以人民为中心的发展思想，大力推进健康湖北建设，持续深化医药卫生体制改革，不断完善卫生健康服务体系。卫生健康事业获得长足发展，人民群众健康水平显著提高，为全面建成小康社会奠定了坚实基础。新冠肺炎疫情防控取得重大战略成果，常态化疫情防控守护人民群众生命安全和身体健康，保障经济社会持续健康发展。湖北省卫生健康服务持续推进，2021年，湖北省共有医疗卫生机构36526家，其中医院1168家，基层医疗卫生机构34820家，专业公共卫生机构457家；全省共有卫生计生人员56.44万人，其中执业(助理)医师16.99万人，注册护士21.5万人；全省共有医疗卫生机构床位43.51万张，其中医院床位31.61万张，社区卫生服务机构床位1.58万张，卫生院床位8.45万张。全年总诊疗人次27656.69万人次，出院人数1230.29万人。

但同时，湖北省卫生健康事业也面临新的挑战。一是卫生健康事业发展不平衡、不充分问题有待进一步解决。人民群众对卫生健康有了更高需求，要求看得上病、看得好病，看病更舒心、服务更体贴，更希望不得病、少得病。二是湖北省面临多重疾病威胁并重、多种健康影响因素交织的复杂局面，居民健康素养水平偏低，慢性病发病率不断上升且呈年轻化趋势。儿童青少年近视、常见精神障碍和心理行为问题人数逐年增多，职业健康、营养健康、环境卫生等问题依然突出，对卫生健康人才培养带来了更大的挑战。

（一）顶层设计规制性不强，配套机制欠缺

湖北省医疗卫生人才培养顶层设计有待契合现今卫生健康发展需要，尤其是有关卫生保健的地方规范性立法保障需加强。与北京、上海等城市相比，跨领域、跨专业合作和领导机制，以及行政权威和专业自治中领导协调机制更待优化。虽然在2020年新冠肺炎疫情以及其后常态化疫情防控中，湖北省重大突发公共卫生事件应急管理机制得到了较强的锤炼、较迅速的提升，但在运行机制、岗位设置、实习制度、培训激励、职称评定、新兴健康产业人才发展的全面持续建设上仍需完善。

在相关配套支撑上，医学实践性强，教育成本高，医学教育办学条件的改善、师资队伍的培养建设、教学设备的更新以及实验室的建设都需较多投入。国家层面对医学教育的投入力度不断加大，但现阶段湖北省尚未形成健全有效的教育成本分担机制。一些结构性问题如医学教育总体招生规模虽大，但整体层次偏低，全科医学人才、高层次公共卫生人才短缺，高层次复合型医学人才培养不够持续存在。[①]

---

① 陈小春. 湖南卫生健康人才队伍高质量发展探索[J]. 中国卫生人才，2022(1)：40-42.

（二）整体质量有待提高，各自卫生功能有待明晰

现阶段，湖北省从事社区卫生服务的人员学历结构以大、中专为主，所学专业大多是医疗和护理，医疗模式更侧重于疾病诊断和治疗。2020年湖北省每万常住人口全科医生数为2.4人，"十四五"规划要求到2025年每万常住人口全科医生数超过3人。首先湖北省全科医师无论在数量、质量，还是在知识结构、技术水平和服务模式上都需进一步适应社区卫生服务发展和医疗卫生改革的需要。实际操作与应用能力偏低，尤其是在护理和公共卫生专业方面，学生缺乏主体性、专业认同感和学习积极性；缺乏明晰的"点-线-面"全覆盖网格化系统化介入脉络，① 在实际工作中疾病诊疗及临床知识、经验技能方面的核心能力不足，特别是应急方面。

其次是卫生功能定位模糊。湖北省在公共卫生、老年护理、全科医学、儿科医学卫生人才培养资源方面存在明显的不平衡。新冠肺炎疫情从一定程度也反映了湖北省医学教育重临床轻预防，重治疗轻护理，重专业轻全科的短板，对作为当前人才培养体系重要背景的"大健康""大医学"教育理念有待明确，其理论探索相滞后，对公共卫生、护理在当前背景下的功能定位创新不足，基层医疗卫生人才学历水平整体较低，应对公共卫生"银色浪潮"下慢病管理、护理康养等新趋势、新需求的实际医疗问题能力也较弱。②

（三）学科发展存在失衡，教学导向与社会需求有待加强契合

一是医疗资源地区不平衡直接反映到卫生教育资源地区不平衡上。湖北省不同地区医疗卫生资源的差距一直存在，优质医疗资源内部配置

---

① 李树雯，王楚，张彬，等. 本科护理专业学生专业认同的潜在类别分析［J］. 齐齐哈尔医学院学报，2019，40(18)：2327-2330.

② 徐友凤，潘红宁，徐会党. 医教协同基层卫生人才培养改革过程、问题与建议［J］. 现代职业教育，2021(49)：44-45.

同样不合理、不均衡。① 例如，湖北全省一共有70家三甲医院，但是武汉市就有38家，占全省总数的一半以上，其他城市优质卫生资源较为欠缺。医疗资源下沉的核心是人才队伍的建设，而缺乏医疗资源的地区同样缺乏教育、培训资源，不利于形成人才持续供给的良性循环。

二是学科发展不平衡。尽管湖北省护理教育层次已经形成专科、本科、硕士及博士不同层次的教育，在办学层次上取得了一定的成绩，但培养规模及层次分配比例等方面还不能满足当前日益增长的需求。当前，护理专业多为职业教育，中专及大专层次人员比例占护理人员学历结构的主要部分，职业认可度偏低，离职率较国际水平偏高，② 公共卫生专业在学科建设项目、国家重点实验室建设、人才支持计划等方面资助率获批比例较低。高等院校内部同样重视程度不高，课程设置范围较窄，教学方法陈旧，与新兴健康领域需求对接不足，人才培养、激励、保障机制等不健全不完善。

三是继续教育机制待提升。在针对现有公共卫生与护理人才队伍进行继续教育的过程中，系统化及长远规划较欠缺。与深圳等城市开展卫生人才"菁英"教育体系等职业继续教育实践相比，湖北省尚未有针对性地形成在职继续教育机制，部分人才在现有继续教育环节往往过于侧重学分，缺乏针对职业素养、危机应对、发展规划的系统化培训。我国"健康中国"战略对医疗卫生在职人员科研技能创新力、岗位胜任力提出了更高的要求，重形式和学分的思路将影响继续教育效果，也影响人才持续培养的质量。③

---

① 马志强，施威，朱永跃．江苏省医疗资源配置公平度研究[J]．中国医药导报，2017，14(15)：135-138．

② 潘多拉．全力推动卫生健康人才高质量发展[J]．中国卫生人才，2021(11)：10-11．

③ 李红雨，魏亚男．PDCA循环在提高护理继续教育活动满意度中的应用效果与评价[J]．中国护理管理，2015，15(S1)：76-77．

三、新时代背景下湖北省卫生健康人才培养优化策略

(一)宏观上,完善培养顶层机制,形成全周期人才持续培养机制

1. 优化人才专业设置,合理定位人才

构建卫生健康人才资源池管理模式,立足湖北省现阶段卫生健康事业发展实际需要,根据医疗卫生发展整体目标,结合全省大健康产业在特色养生、健康管理、慢性病调理、居家养老、特色康养旅游多业态融合发展趋势,制定出符合实际的健康人才梯队资源池;完善医院各类别人才梯队区分机制,明确不同类别健康人才功能属性和能力要求[1],健全科学的健康人才分层分类培养体系。

2. 优化人才培养供给,形成持续机制

提高医学人才教育水平,增强医学弱势、特色学科如护理学、公共卫生、中医学、全科医学的高层次人才教育,建立多形式多学科的医学继续教育模式和途径。加强基层、急需紧缺人才队伍建设,科学制定相关人才需求规划,加大政策支持保障力度。完善培养使用机制,结合高层次卫生人才队伍建设目标和内容,建立入职实践中可延伸的培养使用管理制度、操作办法和工作规程。完善高层次人才柔性引进、再教育升级,打破制约人才实践中再学习升级的障碍,形成符合新时代背景下卫生健康需求的全周期培养机制。

(二)中观上,促进教育学习资源互融,激发岗位存量再生活力

针对现阶段卫生健康需求与健康人才供给之间的矛盾,应不断推动人才队伍建设和相关支持系统建设,补齐短板。加大资源高度集中地区

---

[1] 刘延冰,李嘉. 浅谈高等院校医学本科专业设置的问题[J]. 现代职业教育,2017(35):252.

与边缘或医疗欠发达地区卫生人才智慧整合,① 包括在教育资源上,灵活设置医学教师选聘、培养、教学、激励手段,实施灵活的薪酬分配方式。在岗位资源上,对区域急需学科、医疗人才短缺领域予以培养、培训政策倾斜,构建高质量医学院校教师、青年骨干、学科带头人间的"组织学习"纽带,开展组织学习实践,并制定相应学习效应考核体系。营造良好医疗领域学习氛围,培养社会医学职业认同感,实现卫生健康人才升级。

(三)微观上,优化人才培养与评估模式,加强"学校-医院-社会"协调培养机制

1. 打破传统学科壁垒,与时俱进调整培养方案

注重卫生健康人才综合能力、职业能力、科研能力、创新能力的培养,完善时事政治、心理学、伦理学、管理学等培养内容,把医德教育、人文教育并入考核;增加科研教育,完善科研设计、科研思维等系统教学;丰富信息技术教育,顺应社会信息化,加强信息素养,完善"互联网+"、大数据卫生监测、智能医学相关培养内容。② 培养康养、护理、医疗旅游等健康管理有关的新生专业类别和健康卫生人才。

2. 医教协同,加强"学校-医院-社会"协调培养机制

加强卫生健康人才实践综合技能培养,整合实践技能课程,强化规范技能操作,增强岗位胜任力,在培养方案中突出医学生技能和思维培养的重要性,增加实践教学比重,有针对性地开设实践教学"临床/公共卫生技能"和"临床/公共卫生思维训练"课。③ 加强学校-社会协调培养机制,实现培训方式多元化。根据《湖北省大健康产业"十四五"发展

---

① 周国江,钟彦,郑万会,何江江,蒋卫. 我国东部地区临床医学学科带头人胜任力模型构建[J]. 中国卫生资源,2020,23(5):499-503,524.
② 任亚丽,郭怡阳,冯丽,李桐杨,杜玉开. 预防医学复合型人才培养模式可行性探讨[J]. 中华医学教育杂志,2015,35(4):508-513,526.
③ 黄伦峰. 从参加社会实践的角度看医学生就业能力的培养[J]. 中国继续医学教育,2015,7(1):25-26.

规划》提出的全省大健康产业呈现出多样化、多层次、多业态融合发展趋势和康养消费提质、产业集群发展要求,针对不同层次医疗机构、医疗行业的医学健康人才,设立培训中心、卫生健康部门、医院临床基地等多方合作的卫生技术人员培训模式,三合一突出政府主导与高校医院深度融合。

课题负责人: 张欲晓　武汉大学公共卫生学院副教授、博士
课题组成员: 许诗杨　谢梓月　金三泰

武汉长期坚持工业强市加码先进制造中心研究

樊志宏　周　阳

进入新发展阶段、贯彻新发展理念、构建新发展格局,更加迫切要求加快推动制造业高质量发展。国家"十四五"规划纲要在更加显著位置要求"深入实施制造强国战略",并首次提出"保持制造业比重基本稳定"。在《关于新时代推动中部地区高质量发展的指导意见》中,"六个着力"的首条就是"着力构建以先进制造业为支撑的现代产业体系"。纵观武汉"五个中心"建设,工业制造业发展已经滞后于高质量要求,成为打造全国经济中心的薄弱环节和主要短板。因此,必须保持战略定力和战略清醒,深刻认识提升工业制造业规模与质量的重要意义,以超常规手段加快推进制造业高质量发展,为建设全国经济中心筑牢根基。

武汉"十四五"规划提出,到2025年全国经济中心初步形成,基本建成国家先进制造业基地,到2035年国家中心城市全面建成,基本建成现代化大武汉。比照"北上广深"等先进标杆城市,武汉要真正建成国家中心城市和全国经济中心,经济总量占全国比重需要从2020年的1.5%提升到2.5%左右,经济总量占所在城市群比重需要从2020年的16.7%提升到20%左右(见附录2表4)。要实现这一主要目标,武汉在今后十余年间需要持续保持6%左右的年均增速,争取GDP达到4万亿元(见附录2表5)。

以什么样的经济结构来支撑未来4万亿元的总量规模,对于今后较长一段时期的武汉来说,是一个需要持续关注的重要战略问题。换言之,未来武汉的经济"画像"能否或应否趋同于"北上广深"等标杆城市?未来在全国、东亚乃至全球的产业价值体系中,武汉的战略定位、功能地位能否或应否最终比肩"北上广深"等城市，是能够占据产业价值链的最高端，形成现代服务业占比80%以上的产业结构；还是更多占据产业价值链中高端环节，以研发设计创新链、先进制造产业链、商贸物流供应链等为核心支撑，形成以先进制造业和现代生产性服务业为双主导的产业结构？致力于对这些问题做出初步研判，是本文的主要任务。

初步结论是：从国家战略定位、武汉现有发展水平、未来发展潜力乃至全球产业高端环节配置现状及未来趋势来看，武汉现代服务业的发展能级主要是面向长江中游区域层级的，很难在整体上达到国家级、亚太级乃至世界级；而武汉工业的发展能级有基础、有潜力、有责任成为国家级、亚太级甚至世界级发展水平。当前武汉工业特别是先进制造业发展明显滞后于新时代经济高质量发展的转向要求，成为打造全国经济中心的主要短板。在2035年之前武汉应始终坚持工业强市的战略定位，始终把发展先进制造业作为经济主旋律、主阵地，持续实施战略性新兴产业和先进制造产业创新能力、价值增值、发展空间等倍增计划，努力打造世界级先进制造中心、全球重要的先进制造强市。

一、面向2035年的武汉经济"画像"

正值百年未有之大变局，新一轮科技和产业革命深入发展，全球产业链供应链加速重构，新兴产业、先进制造业成为国家、城市提升竞争力的重要赛道，面向2035年武汉应加码先进制造中心建设。

(一)全球先进制造业加速转型升级

1. 制造业数字化智能化转型升级步伐加快

随着工业互联网、大数据、工业云、人工智能等新一代信息网络技术的全方位渗透，全球制造业正在进行全方位、多层次的数字化智能化转型，不断颠覆着制造业原有的生产方式、组织方式、商业模式、价值链分布和竞争格局。如果跟不上制造业转型升级的步伐，即便是大而全的寡头垄断企业，如曾经的夏普、东芝、摩托罗拉、诺基亚、阿尔卡特等，也可能陷入沉重危机。一些专而优的制造业单项冠军、隐形冠军地位越来越重要，而越来越多的非传统制造企业（如互联网企业）、中小型高科技企业甚至个体创业者开始以多种方式进入制造领域。以数字化设计、智能化生产、数字化管理、网络化协同、个性化定制等为特征的灯塔工厂、未来工厂、无人工厂、互联网工厂、5G全连接工厂、数字化车间不断涌现，"新制造模式"应用日益广泛。

2. 传统制造业的"微笑曲线"桎梏不断瓦解

"微笑曲线"在制造业领域流传广泛，加工组装是低附加值环节，研发设计、品牌销售是高附加值环节，似乎成了根深蒂固的常识（详见附录1名词解释）。甚至在全球产业价值链分工中，中国制造业难以摆脱被"低端锁定"的桎梏。我们用更多的资源能源、土地劳动消耗以及污染排放，成为全球第一制造大国和世界工厂，但仅占据了最少的利润份额。"微笑曲线"之所以长期成立，是因为它是经济全球化和我国改革开放叠加的必然结果。中国低劳动力、资源、污染成本与跨国公司高技术、品牌相结合，以国际循环带动国内循环，建立面向全球市场的世界工厂，发展大进大出的外向经济，优势极其明显。在这种模式下，大部分中国制造企业没有研发、没有品牌只有低成本、低利润的加工工厂。这是我们分享经济全球化的竞争优势，也是我们制造业升级的致命劣势。

然而，新发展格局到来，科技与产业革命迅速发展，束缚传统制造业的不利因素渐渐瓦解，"微笑曲线"这种时代产物也正随着时代进步而终结。一是外商直接投资下滑，经济全球化出行逆流，贸易保护主义抬头，全球产业链供应链重构调整步伐加快。二是土地、劳动等要素成本上升，环境、生态等污染成本加大，传统劳动密集型加工组装环节加快向低成本区域转移。三是工业4.0带来制造业运作方式、商业模式变革，自动化、机器人、3D打印等制造端技术与工业软件、人工智能、大数据、工业互联网等数字端技术深度融合，既降低了制造成本、提高了制造精度，又赋予了产品更多服务功能。结果是：在技术含量不高、人力成本仍是核心的制造业中，"微笑曲线"依然有效；而在实现了"数智升级"的制造业中,尤其是中高端制造业,"微笑曲线"开始瓦解,制造环节通过更多资本投入与科技、服务赋能正在成为主要的价值和利润源泉。

3. 智能制造带来倒 U 形反转的"武藏曲线"

日本工业化进程早于中国,智能制造应用较早,而"微笑曲线"也更早瓦解。2004 年日本索尼中村研究所所长中村广末发现日本制造企业在加工组装环节的利润最为丰厚,与 U 形"微笑曲线"正好相反,呈倒 U 形,并称之为"武藏曲线"(反微笑曲线,详见附录 1 名词解释)。随着制造业向智能制造方向转型,越来越多的行业将呈现出"武藏曲线"特征。最典型的案例是专注于高端手机屏幕制造的三星电子等企业。

反观国内,虽然晚了十几年,但借助于新一代信息网络技术,"流水线、标准化、低成本"等传统工业逐渐被智能制造、网络协同、个性定制、服务延伸等新制造模式替代,以工业 4.0、智能制造为代表的先进制造业正在扭转传统"微笑曲线"的产业价值链分布,实现"微笑曲线"的"倒 U 形"反转。进入新发展阶段,人们对工业产品品质要求越来越高,更低成本、更高质量必然要匹配更高制造工艺、更高精度、更大规模投入。而大部分中国制造企业仍然局限在"微笑曲线"的思维定式,过度注重研发设计、产品创新,而忽视制造环节的技术创新和工艺创新,"数智升级"进程较慢,造成制造环节的利润还远没有被挖掘出来,整体转向倒 U 形"武藏曲线"还有较长道路。

(二)先进制造中心城市的地位和作用加速提升

在数字化、网络化、智能化的深入演进下,未来全球产业价值网络体系将发生结构性变化,先进制造中心城市的地位和节点作用加速提升。一方面,纽约、伦敦、东京等顶级世界城市,即使现代服务业占据绝对主导地位,生产性服务业高度发达,仍然纷纷发力高端制造业,谋求"再工业化",引导产业链回迁。另一方面,新加坡、洛杉矶、旧金山、波士顿、法兰克福、慕尼黑、汉堡、米兰、曼彻斯特等以先进制造业为主的中心城市或围绕制造业的创新型城市，不断巩固提升工业实力和创新能力，吸引了大量的跨国公司总部或区域总部聚集，世界城市排名显著提升。这些城市更具发展活力，新兴企业和产业不断涌现，在产业能级和价值增值能力等方面并不逊色于现代服务业中心城市。从国内来看，也呈现相似发展趋势，深圳、重庆、苏州、成都、杭州、南京、佛山、宁波、郑州、西安、济南、泉州等城市近年来工业增速较快，先进制造业发展迅速，城市综合实力和排名显著提升。而呈现"去工业化"趋势或过度依赖房地产的天津、青岛、沈阳、长春、大连等城市则一度发展动力不足、增速降低、排名下降。

（三）武汉未来"画像"应加码先进制造中心

基于国家战略定位、现有发展水平、未来发展潜力等综合考量，面向2035年的武汉经济"画像"应不同于"北上广"等一线城市。

从全球视野来看，武汉未来的目标应该是一个专业型全球城市，而不是综合性全球城市。根据著名评级机构GaWC（全球化与世界城市研究小组与网络）发布的2020年《世界城市排名》，上海（5）、北京（6）仅次于纽约、伦敦、香港、新加坡，处于世界强一线城市水平，广州（34）、深圳（46）处于世界弱一线城市水平，这四城的目标毫无疑问应该是与纽约、伦敦、巴黎、东京相媲美的综合性全球城市。往下排名依次是处于世界二线城市水平的成都（59）、天津、南京、杭州、重庆、武汉（98），这些城市目标应该略低，成为在某些领域世界领先的专业型全球城市。

从国内视野来看，武汉未来的目标应该是一个立足长江中游地区的国家中心城市和全国经济中心，在某些专业化领域具有全球影响力，而不是像北上广深那样肩负冲击"世界经济中心"使命的城市。目前，北京的总部经济资源最多，上海的跨国公司实力最强，深圳的民营经济和科技创新最活跃，三城是公认的三大全国经济中心，目标是由全国经济中心成长为世界经济中心，全面参与全球竞争。类似武汉的新一线城市则承担着由区域经济中心成长为全国经济中心的使命，带领区域在某些专业化领域参与全球竞争。

从自身禀赋来看，大力发展工业制造业才是武汉现阶段的优势和出路。中心城市发展到了一定阶段，剥离一般制造业，将其转移到周边城市，大力发展高科技产业、高端制造业以及生产性服务业，是普遍规律。纵观国内城市，只有北上广深基本达到这一阶段，而其他城市还需要大力发展工业制造业。制造业是立国之本、强国之基，是科技创新的主战场。我国虽然已经成为世界工厂和第一制造大国，但在全球制造业四级梯队格局中仍处于第三梯队。面对新一轮产业与科技革命，除了北上广深以外，处于我国钻石型五极区域发展格局中的其他重要节点城市都肩负着全力推进制造业转型升级的重任，必须在实现规模化的同时，寻求专业化和特色化，探寻差异化发展路径。发展现状方面，武汉区位交通优势突出，科教实力强大，工业门类齐全，创新能力不俗，三大国家级开发区和五大产业新基地在全国乃至全球占有重要地位。发展历史方面，清末时期的内陆经济中心、民国初期的民族工商业中心、1949年之后的工业重镇、世纪之交的"车都""光谷"崛起以及近年来的"工业倍增"和国家中心城市建设，无不证明：每当制造业快速发展时，就是武汉地位快速上升时期；每当制造业衰弱下降时，也是武汉竞争力和地位下滑时期。

总之，面向2035年，建成国家中心城市和全国经济中心后，武汉的经济"画像"一定不同于当前的"北上广"。2020年北京的服务业比重83.8%、上海73.1%、广州72.5%，三者未来很快都将在75%以上。它们之所以能够依赖超高比例的现代服务业支撑经济总量与城市发展，是因为制造业主动转移和周边制造强市崛起与承接。就区域总体而言，没有强大的工业制造业，就没有强盛的服务业。反观武汉，一是服务业尤其是生产性服务业无法与一线城市比拼，二是自身和周边腹地工业制造业总量规模不足，总体基础薄弱，竞争优势不显，难以像"北上广"那样依赖超高比例的现代服务业支撑4万亿元总量。因此，武汉现代服务业的发展能级主要是面向长江中游区域层级的，很难在整体上突破国家级水平。相反，武汉之于整个中国，十分类似于苏州之于长三角、佛山之于珠三角,继续做大做强做优工业制造业,形成差异化、互补化发展的战略定位,才是成为全国经济中心的主要出路。相比于服务业,武汉工业的发展能级更有基础、有潜力、有责任成为国家级、亚太级甚至世界级发展水平。

这反映到三次产业结构上就是,未来武汉力争工业制造业占比稳中有升,服务业占比提升的来源只能是一产占比和建筑业占比的下降。2018—2019年武汉二产与工业比重的差额(建筑业比重)在全国主要城市中偏高,约为9%,仅次于重庆(约12%),未来将逐步降到其他主要城市约4%的平均水平(详见附录2表6)。对照2020年上海、深圳、苏州、佛山工业增加值(分别约为9700亿元、9500亿元、8800亿元、5800亿元)和工业占比(分别约为25.0%、34.4%、43.6%、53.7%)情况,未来武汉加码世界级先进制造中心建设,要力争工业制造业占比稳中有升。据此测算,三次产业结构的中期目标大致应是1∶34∶65,二产中工业比重30%,工业增加值8000亿元左右(2030年);长期目标大致应是0.5∶29.5∶70,二产中工业比重27.5%,工业增加值1.1万亿元左右(2035年)。

二、当前武汉工业"未富先老"的现状

(一)2015年之后武汉工业占比降幅过快过巨

中华人民共和国成立以来,武汉一直是我国工业重镇,工业综合实力稳居全国城市前列。1981年,武汉二产增加值占GDP比重创出65.1%的历史高点,比全国平均水平高15%,工业总产值在上海、北京、天津之后位居全国第4。之后20年,武汉二产和工业占比不断下滑,至2001年二产占比降至43%左右,工业占比降至30%以下,工业地位和城市排名一落千丈。21世纪以来至2015年,武汉的二产占比稳定在40%以上,工业占比则迎来了一波上升趋势,由不足30%上升到接近40%,同时伴随着武汉经济快速增长(年平均增速12.8%)和城市

排名历史回归(全国第8)。最近5年,武汉经济增速下滑明显,尤其是工业经济不再亮眼,导致二产占比和工业占比下滑过快过巨。2015至2020年武汉二产占比降低近6%,工业占比降低近10%,制造业占比早已低于30%的警戒线(2020年工业占比为26.2%,制造业占比低于25%,详见附录2图2、表1)。

(二)经济结构"未富先老",工业投资低迷

制造业比重的长期下降多年来被认为是工业化完成以及经济体进入高收入阶段的重要标志。美德日韩等国均是在人均GDP达到较高水平时,制造业比重才开始下降。即使到2019年,韩国、日本的制造业占比依然高达25%和21%,德国和美国也分别占19%和11%。与之相反,在尚未完成工业化、制造业还未高端化也未进入高收入行列情况下,近几年武汉工业制造业比重过早下降,经济结构加速"未富先老"。2015至2020年武汉工业占比降低了10.4%,降幅之大居各大城市首位(详见附录2图3、表3,天津2019年GDP大幅调缩,数据异常)。如果把时间跨度拉长到20年,武汉下降了14.9%,虽然比"上深杭苏"降幅小,但下降集中在近10年,波动更为剧烈。

此外,对比主要城市工业增加值在4000亿~5000亿元时的工业占比情况(详见附录2表2),武汉是唯一一个工业增加值在4500亿元左右时工业占比低于30%的城市。其他城市普遍在40%以上,重庆和广州历史上工业占比一直较低,它们在2006年分别达到40.3%和36.8%的阶段高点,即便如此它们在工业增加值4500亿元左右时占比也超过了30%。工业制造业是实体经济的根基,工业总量和占比"双不足"意味着根基不再牢固,经济运行容易产生"产业空心化"倾向,必然对城市微观主体和宏观经济循环产生巨大影响。

近年来武汉的工业投资低迷间接印证了工业制造业占比下降"预兆"。2001年武汉工业投资仅为115.34亿元,到2015年快速增长至2769.36亿元,增长了近22倍,年均增长约25%,工业投资占全社会固定资产投资的比重由24%提升到36%。但2016年至2020年工业投资增速分别降为：-16.3%、13.6%、12.1%、16.3%、-20.4%，工业投资总量基本原地踏步。工业投资增速下降是近年来武汉工业发展后劲不足、工业增长乏力的直接原因。

(三) 首位度低、龙头企业少，带动能力弱

一方面，在我国五大城市群中，武汉的首位度较低。就GDP占比而言，北京占京津冀城市群的41.8%，上海占长三角城市群的27.3%，成都占成渝地区双城经济圈的24.1%(重庆中心城区经济规模总量低于成都)，深圳占粤港澳大湾区的20.3%(深圳近年先后超过广州、香港)，而武汉仅占长江中游城市群的14.1%(详见附录2附表4)。从2020年国家中心城市GDP占全国比重来看，上海、北京、深圳、广州、重庆分别达到3.8%、3.6%、2.7%、2.5%、2.5%，而武汉仅为1.5%。因此，在总量规模上武汉距离全国经济中心还有不小差距，对周边城市群的辐射带动能力不足。

另一方面，不管是从世界500强、中国企业500强，还是从中国制造业500强、中国民企500强、上市公司等企业榜单来看，武汉上榜的龙头企业数量都十分稀少(详见附录2附表4)。其中，世界500强1家(东风汽车)、中国500强6家(东风汽车、九州通、卓尔控股、中国信科、武汉金控、武商联)、中国制造业500强4家(东风汽车、中国信科、人福医药、三环集团)、中国民企500强10家(其中仅当代集团1家属于医药制造业)、上市公司63家，数量上不仅远少于北上广深，而且也少于苏州、杭州、成都等城市。能够体现"武汉造"的代表性企业和品牌，要么如周黑鸭、马应龙、猫人等规模量级较小，要么如东风汽车、长飞光纤、烽火通信等偏资本品属性，缺少类似海尔青啤之于青岛、三一中联之于长沙、格力之于珠海、美的之于佛山的世界级企业和国际知名品牌。龙头企业量和质上的"双不足"必然严重削弱城市影响力和带动力。

三、未来武汉制造业发展面临的严峻形势

(一)发达国家纷纷实施制造业复兴计划

经历了2000年互联网泡沫、2008年国际金融危机、2020年世纪疫情后,世界各国重新认识到制造业的重要性。美国"先进制造业领导力战略"、德国"国家工业战略2030"、日本"社会5.0"和欧盟"工业5.0"等以再工业化、制造业复兴为核心的发展战略,均以智能制造为主要抓手,力图抢占全球制造业新一轮竞争制高点。在一系列信息技术突破应用前提下,新一轮的国家竞争、区域竞争、城市竞争,聚焦于新技术赋能后的"新制造"。制造业成为未来发展的决胜赛场,而脱离制造业的发展模式将面临产业空心化、科技创新"脱实向虚"等巨大风险。

智能制造已经成为重塑世界城市之间产业竞争力的关键因素。以美国为例,美国的制造业占比虽然仅有百分之十几,但是其在全球范围内配置资源要素,将"制造环节"转移到低成本国家的结果。首先,虽然制造环节空心化,但美国企业仍拥有与"制造环节"相匹配的强大工业技术与科技实力,牢牢掌控微笑曲线两端。其次,在高端制造领域美国依旧是霸主,占有高科技领域的绝对优势。例如美国拥有亚马逊、苹果、微软、谷歌等全球市值排名靠前的科技巨头,英特尔、高通、美光等半导体产业龙头,波音、洛克希德·马丁、联合技术等航空航天产业龙头,赛默飞、安捷伦等精密仪表仪器龙头,以及通用、福特、戴尔、IBM、惠普、强生、宝洁、雷神、思科、辉瑞、陶氏、耐克、雅培、卡特彼勒、霍尼韦尔、3M、特斯拉、杜邦、孟山都、固特异、艾默生、康明斯等在各个细分行业占据主导地位的一大批跨国企业。最后,美国企业高度重视创新,企业研发投入占销售额的比重也普遍高于其他国家。根据欧盟发布的全球研发投入50强企业名单,美国有22家,欧盟18家,日本6家,瑞士2家,中国1家(华为),韩国1家(三星)。注重研发的美国大型制造企业与哈佛、耶鲁、斯坦福、麻省理工、普林斯

顿等世界一流大学的组合,才是美国强大的根源与支柱。

在芯片、精细化工、精密机械、科研设备等高端制造领域,中美差距仍然较大。即便是被普遍认为制造业衰落的纽约市,仍然在智能制造方面世界排名数一数二,以3D打印为代表的都市微制造产业,尤其是高知识密度、高科技含量的高端制造业发展迅速。为给"新制造"创造机会,纽约市设立了21个IBZ(工业商务区),保障工业用地不允许建设普通住宅,要形成以制造业为导向、有就业、有税收,代表科技的区域。

(二)国内主要城市全力推进制造业升级

为应对新一轮科技革命、产业变革、制造业转型升级,我国在2015年提出了《中国制造2025》。之后智能制造试点示范、智能制造专项等政策相继实施,国家级智能制造类试点项目累计超过1000个,各地兴建的智能制造类产业园区超过500家。推进制造业转型升级,打造先进制造业集群成为国内主要城市高质量发展的重要抓手。随着近年制造业比重过快下滑,多数城市开始"重拾"制造业,明确提出稳定甚至提升制造业比重。新一轮城市制造业升级与竞赛正愈演愈烈。

从一线城市"北上广深"来看,即使服务经济已经占据绝对优势,仍然高度重视发展制造业,尤其是先进制造业、高端制造业。北京提出大力发展高端制造业和高精尖产业,筑牢以实体经济为根基的高精尖经济结构,塑造具有全球竞争力的"北京智造""北京服务"。制造业第一城上海正全力打响"上海制造"品牌,加快建设世界级的新兴产业发展策源地和先进制造业集群。制造业第二城深圳工业增加值与上海的差距已经微乎其微,正全力打造"两个百平方公里级"高品质产业发展空间,推动制造业高质量发展坚定不移打造制造强市。广州市深入实施结构优化、技术创新、主体壮大等"八大提质工程",推动"广州制造"向"广州智造"升级,打造具有国际竞争力的先进制造业集群。

从制造业"新一线"城市来看,长三角的苏州、成渝的重庆、珠三角的佛山坚定不移地大力推进制造业高质量发展。国内制造业第三城苏州市瞄准全球制造最高标准、最高水平，加快建设全球先进制造业基地，构建新型制造业体系，打响"苏州制造"品牌。重庆市隆重召开推动制造业高质量发展大会，全力建设高质量的国家重要先进制造业中心，推动制造业"跨越新关口、培植新优势、迈上新台阶"，完成一场高质量发展的系统性变革。佛山市始终坚持制造业立市兴市强市，制造业比重居国内各制造业名城之首，全力打造面向全球的国家制造业创新中心，成为中国制造业转型升级的一个样板。

从同类竞争城市来看，成都、杭州、南京均确立了制造强市的鲜明导向。成都市加快建设具有全球显示度的产业生态圈和产业功能区，打造6个国家级先进制造业集群，推动制造业东移。杭州发布"新制造业计划"和"未来工厂"建设意见，到2025年实现规上工业企业、十百千亿企业、国家级高新技术企业数量和工业投资、工业技改总量、新引进项目投资额"六个倍增"，建设具有全球影响力的先进制造业强市，推动制造业新飞跃。南京市确立制造强市鲜明导向，划定产业发展红线，增加工业用地和都市产业载体供给，明确到2025年制造业比重提升到30%。此外，青岛要重塑"青岛制造"优势，并在苏州设立了促进实体经济发展"一把手"专业化领学研修班，济南提出到2025年工业比重提高到30%以上，先进制造业和数字经济产业发展能级双双达到万亿级。

(三) 武汉制造业升级迟缓优势下降政策滞后

中心城市发展到了一定阶段，剥离一般制造业，将其转移到周边城市，大力发展高科技产业、高端制造业以及生产性服务，是普遍规律。纵观国内城市，只有北上广深基本达到这一阶段，工业实力达到一定强度后再发展更好的服务业，相互融合共同突破发展"天花板"。其他城市的工业实力则越强越好。因为金融、科技等高级服务业的国家顶层设计基本已经成型，缺乏相应功能、平台的支撑难以撼动占据先机的一线城市服务业优势，只有不断壮大自身工业实力，才能凭借实体经济去争夺排名。因此，对于武汉而言，工业制造业占比下降过快、"未富先老"，反映了经济"去工业化"的潜在隐忧，即制造业转型升级步伐较为缓慢，相关扶持政策措施不够给力，工业发展的优势不断下降，市场主体对工业投资的信心有些不足。如果不能紧跟制造业新一轮高质量发展和产业转型升级的步伐，武汉成为全国经济中心的道路将更加曲折，国家中心城市的地位将极大削弱。

1. 近年武汉工业制造业优势下降明显

工业制造业投资不振、增速下滑是全国普遍现象，但对标先进城市和同类城市，武汉近年来工业制造业的优势下降明显。

一是2015年之后工业比重降幅过快过巨。这种剧烈波动是武汉工业发展自身存在结构问题与外部环境、疫情冲击叠加的必然结果。武汉工业中央企、国企、外企占比较高，发挥着主导和骨干作用，民营经济和中小企业占比偏低活力不足。2019年，全市规模以上工业企业中，国有及国有控股企业的总资产、固定资产净值、营业收入和利润总额占比分别高达84.5%、67.1%、75.64%和51.35%，外商及港澳台投资企业产值占规模以上工业总产值的32.2%。这样的所有制结构，再加上基本维持在75%左右水平的重工业比重，导致民营和中小工业企业大部分处于从属、配套、弱势地位，毛利润率低、规模不大、实力不强。从全市来看，近10年来民营经济增加值占GDP比重基本维持在40%左右，低于湖北省54%的平均水平，2020年占比40.3%，低于杭州、成都、南京、广州。此外，虽然传统和新兴产业结构在持续优化，但传统汽车、钢铁、石化、烟草等支柱产业增长空间有限，光电子信息、下一代汽车、高端装备等领域受芯片等"卡脖子"技术产品制约，其他优势新兴产业无论规模还是占比远未成为工业主要支撑，产业转型升级和新兴产业培育壮大任重道远。其他如科教优势未能充分转化为经济优势，财政资金对产业扶持的集中化、协同化、市场化不够，金融对制造业支持不足等问题依然存在。

二是制造业排名和优势下降。近年武汉的工业增加值总量先后被佛山、宁波、无锡、东莞、泉州、南京、杭州、成都等城市超越，跌出全国前十。在首批25个国家级先进制造业集群中，深圳共有4个先进制造业集群入选，广州有3个入选，上海、佛山、南京、东莞、青岛、成都则各有2个入选，杭州、苏州、西安、长沙、合肥、惠州、德阳各有1个入选，武汉申报的两大产业集群未能入选。在国家级制造业单项冠军、专精特新"小巨人"、独角兽等企业数量上武汉的排名都比较靠后。截至2021年11月，武汉制造业单项冠军企业（产品）为11家，全国城市排名20以下；专精特性"小巨人"企业51家，全国排第19名，远低于宁波、深圳、成都、青岛，也不如西安、长沙、郑州、合肥、杭州。

三是在代表未来制造业发展方向的智能制造方面排名不高。根据《世界智能制造中心发展趋势报告（2019）》对全球50个重要智能制造中心城市的数据分析，纽约、伦敦、东京、芝加哥等老牌世界级制造业中心城市排名仍然靠前，苏州、天津、佛山等中国的新兴智能制造中心城市表现不俗。中国22个样本城市中仅有6个城市高于平均水平，武汉在50个城市中综合排名37（详见附录2图5），低于上海（2）、深圳（5）、苏州（8）、天津（10）、北京（15）、重庆（20）、佛山（24）、宁波（27）、广州（32）、南京（36）。

2. 现行政策措施未能凸显对制造业的足够重视

从近年来出台的政策措施来看，武汉现行产业政策还需要进一步聚焦制造业的规模提升和高质量发展。

一是新兴产业、细分行业关注多，容易忽视整体。武汉市十四五规划提出"着力构建以战略性新兴产业为引领、先进制造业为支撑、现代服务业为主体的'965'现代产业体系，提升全国经济中心功能"，但对先进制造业和战略性新兴产业具体如何实现高质量发展却着墨不多。随后出台的《实施"链长制"推动"965"产业集群发展的工作方案》要在11个重点领域形成一批万亿级、五千亿级、千亿级具有国际国内影响力的产业集群，更加强调"一产一策"全覆盖，缺少对制造业整体发展和优先次序的统筹部署。其他诸如5G、工业互联网、集成电路、超级计算、氢能、北斗、区块链、线上经济、数字经济、设计之都、大健康和生物技术等产业都已出台了独立的发展方案、计划或政策。

二是纲领性政策举措缺乏，容易弱化信号。2018年《实施"万千百工程"推进制造业高质量发展行动方案》提出，推动形成万亿产业集群、千亿支柱产业、百亿企业新格局，打造工业经济高质量发展的武汉样板。2019年《关于推进重点产业高质量发展的意见》要求加快实施"万千百工程"，打造三大世界级产业集群，推进四大国家级产业基地和大健康产业基地建设，推进八大重点产业高质量发展。2021年《大力推进产业转型提升工作实施方案》将全市产业地图进一步分解落实到区级，并制定各区主导产业发展的"一谱一策三清单"（制定产业发展图谱，出台促进产业发展政策，梳理形成重点企业、重点项目、重点平台3张清单）。虽然这些也是关于产业或制造业高质量发展的整体性政策，但更偏向于从工作层面来推动，而不是从战略高度上推动，缺少一个类似2011年推出的"工业发展倍增计划"这种纲领性政策与系列举措，难以给外界一个下决心推动工业制造业规模提升与高质量发展的强烈信号。

三是重发布轻落地，容易流于形式。纵观近年来产业方面的政策文件，条目不可谓不细，措施不可谓不严，但都普遍存在落地难、考核难等问题。各种发展规划、行动计划、实施方案出台了很多，但真正政策落地、见到实效的却不多。反观近十年来实施效果较好、外部影响较大的政策，如2011年工业发展"倍增计划"、2016年"创谷计划"、2017年"新两园"创新发展意见等，都具有建设目标明确、配套政策完善、组织保障有力、评价指标合理、绩效考评严格等特点。主要领导亲自抓落实，每周调度、月度分析、季度排位、年底结账。只有出台纲领性重磅举措，并且以"抓铁留痕"的劲头持之以恒抓落实才能变政策为实效。

3. 面向未来制造业转型升级步伐迟缓

制造业高质量发展是一场系统性变革，蕴含着新内涵新特征。从产业群看，主要体现为龙头带动和成龙配套；从产业链看，主要体现为自主可控和安全高效；从产业端看，主要表现在拓展"高端"价值和增强"终端"产品。当前，新一轮科技革命和产业变革加快演进，制造业发展呈现出智能化、高端化、绿色化、融合化、区域化等趋势。国内主要城市都把制造业高质量发展摆在更加突出的位置，加快转型升级。武汉尚处于工业化阶段，制造业发展空间和潜力巨大，转型升级任务繁重，远没有到全面转向服务业的时候。与先进或同类城市相比，武汉制造业转型升级的步伐相对迟缓。

一是定位滞后。北京塑造具有全球竞争力的"北京智造",上海建设世界级的新兴产业发展策源地和先进制造业集群,深圳打造制造业高质量发展的深圳样本,苏州以全球制造最高标准、最高水平建设全球先进制造业基地,佛山市打造面向全球的国家制造业创新中心,成都建设具有全球显示度的产业生态圈和产业功能区,杭州建设具有全球影响力的先进制造业强市。此外,北京、重庆、南京、济南、青岛等城市都明确提出在"十四五"期间实现工业增加值或制造业增加值比重回升。与之相比,武汉国家先进制造中心或国家先进制造业基地的定位略显滞后,工业增加值比重达到27%左右的目标不够出彩。

二是措施滞后。上海连续举办8届"AMC先进制造业大会",苏州构建新型制造业体系打响"苏州制造"品牌,重庆召开推动制造业高质量发展大会并要完成一场高质量发展的系统性变革,成都要建成14个高能级产业生态圈、66个特色产业功能区、6个国家级先进制造业集群,杭州发布"新制造业计划",要实现"六个倍增",并且大力培育聚能工厂、链主工厂、智能工厂、数字化车间、云端工厂等五类"未来工厂"。与之相比,武汉在新制造、新工厂、新产业功能平台等方面推进措施比较滞后。

三是空间滞后。上海划定高质量产业发展底线空间,工业用地规模550平方公里。深圳打造"两个百平方公里级"高品质产业空间,全面保障具战略性、支撑性意义的实体产业空间。广州在全市划定工业产业区块总面积621平方公里。苏州划定100万亩(约675平方公里)全面保障产业用地"数量",计划实现100平方公里工业用地更新,全面提升产业用地"质量"。佛山累计完成15.1万亩村级工业园土地整理,规划建设一批智慧、安全、生态、人文连片主题产业城(园)。杭州严控300平方公里存量普通工业用地,计划3年内新推45平方公里产业用地,并在主城区规划50个创新产业发展单元共约40平方公里创新型工业用地,为新兴企业、新兴产业提供中心区的高复合功能空间。南京市划定产业发展红线,通过"产业园区—产业社区—零星工业地块"三级体系稳定300平方公里工业用地规模。

与之相比，武汉在保证高品质产业空间方面已经滞后。根据第三次国土调查数据，武汉现状工业物流规划用地407.08平方公里，其中已建成283.62平方公里，主要集中在"3+4+3"区域（3个国家级开发区、4个新城区、3个跨三环中心城区）和中心城区7个都市工业园。可以说现有工业用地，基本上是工业倍增计划和创谷计划的产物。"工业倍增计划"对应于首轮国家中心城市建设和GDP进入万亿俱乐部，实施后新城区工业用地面积从原来的60平方公里增加到231平方公里。"创谷计划"对应于建设全面创新改革试验区，共建三批13个"创谷"，规划总面积31.57平方公里，建设各类孵化器221家。尽管后来在此基础上，又实施了现代产业园和科创小微企业园"新两园"政策，但产业发展空间与质量提升有限。而且武汉工业用地利用效率不高，全市地均工业产值57亿元/平方公里，地均工业增加值16亿元/平方公里，较先进城市还有差距，工业用地区块保护不够，碎片化明显，可用增量十分有限。

四、加码先进制造中心的政策建议

面向2035年，建设全国经济中心，需要坚定不移地发展工业，毫不动摇地建设制造强市，持之以恒地推进制造业高质量发展，始终把发展先进制造业作为武汉经济建设的主旋律、主阵地。

（一）长期坚持持续打造世界先进制造业与产业创新中心

工业制造业是第二产业的主体，而第二产业是第三产业的基石，没有强大的工业制造业，就没有强盛的服务业。2020年武汉经济中工业比重26%，与工业生产高度相关的生产性服务业比重约37%，二者合计超过60%。因此，工业稳则经济稳，工业强则经济强，大力发展工业制造业就是筑牢全国经济中心的基本盘。要抓紧高标准研究制定《"武汉制造2035"行动纲领》，旗帜鲜明地把建设具有全球影响力的世界先进制造与产业创新中心作为打造全国经济中心的主要目标，始终围绕先进制造业发展协同推进"五个中心"建设，把工业比重回升到30%、制造业比重回升到26%作为重要量化指标。在双循环新发展格局中，发挥好产业基础、区位交通、创新能力等传统优势，厚植新兴及未来产业、先进制造集群发展新优势，更多占据产业价值链中高端环节，以研发设计创新链、先进制造产业链、商贸物流供应链等为核心支撑，形成以先进制造业和现代生产性服务业为双主导的产业结构。持续打造先进制造产业价值链的引领能力、控制能力、增值能力，形成与"北上广深"等一线城市差异化、互补化的发展战略定位，全面推进制造强市战略落地生效，对外发出新工业倍增强烈信号，给全社会和企业家安心发展实体经济的良好预期。我们应有甘当"蓝领"、追求卓越的"工匠精神"，聚焦"武藏曲线"中段，聚焦制造环节的技术创新和工艺创新，聚焦制造环节的利润挖掘，谋求实体经济高质量发展的武汉特色道路。

(二) 实施"战略性新兴产业倍增计划"

加快实施战略性新兴产业倍增计划，尽快把新兴产业培育成新的支柱产业。一是立足现有的四大国家级产业基地和大健康产业基地，突破性发展新兴产业，超前布局未来产业，培育新技术、新产业、新业态、新模式，推动产业有机更新、迭代升级。二是突破性发展数字经济，加快建设工业互联网等数字"新基建"，发展"光芯屏端网云智"等数字新产业，推进三次产业数字化转型等数字"新融合"，建设全国数字经济一线城市。三是设立中小企业服务局，打造更优的市场化、法治化、国际化营商环境，围绕降低税费、控制房价两大因素为实体经济创造更好发展条件，提升民营经济占比。针对工业企业数量较少、民营经济占比不高、新兴产业发展较慢等问题，建议实施"新民企培育行动"。一方面，持续深化放管服改革，发扬"店小二"精神，服务企业一视同仁；另一方面，通过制度设计、政策调节、监管规范等手段解决民营企业在融资成本、融资便利性、资本市场支撑性等方面存在的突出问题。

(三)实施"先进制造产业创新能力倍增计划"

以位于中心城区的都市工业园和"创谷"为主,打造创新创业的主战场和创新型人才、创新型企业的主要聚集地,提升产业创新的服务能级。设立创新型产业用地分类,将"创谷"纳入创新型产业用地管理,重点在主城区规划 50 个左右创新产业发展单元、50 平方公里左右创新型工业用地,为新兴企业、新兴产业提供中心区的低成本多功能高品质复合空间。创新型产业用地总面积原则上控制在工业用地总面积的 10%以内。优化调整 M0 土地政策,在严格限定创新型产业发展导向基础上,深度集聚孵化器、加速器、产业基金和科技中介机构等要素,为优质中小微创新创业企业提供低成本产业空间,防止脱离工业及生产性服务业业态,防止实质转为商业用地。在符合高度控制的要求下,适当提高土地使用效率,增加人才公寓、商业配套等功能,优化配置服务创新群体的公共交流空间,提升"创谷"工作和生活环境质量。

大力发展智能制造、精密制造、高端制造和绿色制造,以更好适应高质量发展阶段以工业 4.0、智能制造为代表的先进制造业发展形势与任务要求。一方面鼓励传统制造业注重研发设计、产品创新、品牌创建,向"微笑曲线"两端延伸,向产业价值链中高端迈进。另一方面持续推进"万企万亿"技改工程,完成规上工业企业数智升级全覆盖,引导更多制造企业产品技术、工艺装备、能效环保、安全水平、服务能力等全流程全方位改造提升,挖掘制造环节利润,锻造长板并向"武藏曲线"凸变。

推进制造业数字赋能、精神赋能、文化赋能。大力推动大数据、互联网、人工智能与制造业有机结合,搭建面向各行业的工业互联网公共服务平台,高质量建设制造业大数据中心,推进制造业数字赋能。广泛宣传推广精益求精、创新进取的工匠精神,推动制造业精神赋能。通过精心的文化理念、精当的文化创意、精致的文化设计,推进产品特色升级,实现制造业文化赋能。用好用足工业互联网国家顶级节点(武汉)、武汉人工智能计算中心、国家数字化设计与制造创新中心、国家信息光电子创新中心等创新平台和基础设施，强化核心基础零部件或元器件、先进基础工艺、关键基础原材料、产业基础技术等研发创新，加快数字产业化产业数字化。

（四）实施"先进制造产业价值增值倍增计划"

由三大国家级开发区和六个新城区所属工业园构成的环城工业带是武汉工业发展的主战场。建议以环城工业带为主建立若干新工业倍增承载区，重点实施"先进制造产业价值增值倍增计划"。一方面，以重大工业投资项目、工业投资总量与增速、工业总产值、增加值总量和增速作为这些园区的考核目标，突出发展重点。另一方面，以武汉城市圈作为承载先进制造业集群的空间载体，注重与城市圈周边城市合作共建，解决土地资源瓶颈，共谋工业布局，实现工业倍增。按照市区产业地图谋划的主导产业，有效承接东南沿海地区产业转移，抓住关键产业领域打造支柱产业、龙头企业、知名品牌。

（五）实施"先进制造产业发展空间倍增计划"

推动新一轮工业倍增和制造业高质量发展必须加快打造高品质产业发展空间，提供充足的土地要素和空间资源保障。建议制订实施"先进制造产业发展空间倍增计划"，参照上海、深圳、广州等地模式，千方百计拓展产业发展空间和工业用地规模，划定产业区块线，锁定产业发展空间底线，确保中长期工业用地总规模和比重。确保每年工业用地增量占年度土地出让总量的比例不低于30%。

根据市规划研究院、市自然资源和规划信息中心联合研究成果，以地均产出法估计（工业增加值24亿元/平方公里），武汉2035年工业增加值达到9000亿元需工业用地375平方公里。同时梳理全市18个开发区、7个都市工业园、9个新型工业化示范园区、14个一般工业园区，以及五大产业基地和四大合作产业园空间边界，划定了77个工业物流功能片区，总计范围面积为637平方公里，其中用地面积为360平方公里。该项研究成果，为武汉现有集中连片的高品质产业发展空间划定了一个基本框架,但总体上偏乐观。武汉目前地均工业增加值为16亿元/平方公里,提升到24亿元/平方公里比较困难。而且2035年武汉工业增加值可能达到1万亿元水平,按中间值20亿元/平方公里测算,所需工业用地可能达到500平方公里。因此,建议确定500平方公里为武汉产业空间发展底线,划定工业区块线,保障产业用地规模。同时实现其中100平方公里工业用地更新,全面提升产业用地质量。将承载国家战略功能的先进制造业基地予以长期锁定并提升能级,形成代表国内制造业最高水平的产业基地。通过"产业园区—产业社区—零星工业地块"三级体系稳定500平方公里工业用地规模。建立产业用地全生命周期管理政策,盘活的存量用地,坚决杜绝用于非生产用途。聚焦集成电路、生物医药、人工智能等战略性新兴产业的发展需求,统筹布局各类空间要素,优先保障重大项目、优质项目用地。

报告撰稿人: 樊志宏　武汉市社会科学院党组书记、院长、博士
　　　　　　　周　阳　武汉市社会科学院马研所副所长、博士

附录1 名词解释

(1) 全球制造业四级梯队。2019年2月，工信部前部长苗圩在全国政协会议上对《中国制造2025》进行全面解读时指出，全球制造业已基本形成四级梯队发展格局：第一梯队是以美国为主导的全球科技创新中心；第二梯队是高端制造领域，包括欧盟、日本；第三梯队是中低端制造领域，主要是一些新兴国家，包括中国；第四梯队主要是资源输出国，包括OPEC(石油输出国组织)成员国以及非洲、拉美等地区的国家。在全球制造业的四级梯队中，中国还处于第三梯队，要成为制造强国至少要再努力30年。

(2) 二产比重、工业比重和制造业比重关系。第二产业包括工业和建筑业，而工业包括制造业、采矿业，电力、热力、燃气及水生产和供应业。第二产业、工业、制造业三者占GDP的比重依次递减。从全国平均水平来看，二产与工业比重的差额即建筑业比重约7%，工业和制造业比重的差额约为4.6%。武汉市二产与工业比重的差额近3年在全国主要城市中偏高，约为9%，仅次于重庆(约12%)。

(3) 微笑曲线。台湾宏碁公司董事长施振荣在1992年最先提出，用于说明电脑行业不同环节与所实现的附加值之间的关系，即在产业链两端的研发、设计和销售、售后是高附加值的，产业链中间的组装生产是低附加值的。"微笑曲线"后来被广泛应用于其他领域。以iPhone手机为例，美国、日本、韩国分别凭品牌设计、技术研发、关键零部件等获得49.4%、34%和13%的利润分成，中国靠生产获得的利润不到4%。

(4) 武藏曲线、反微笑曲线。与"微笑曲线"正好相反，2004年日本索尼中村研究所所长中村广末提出了"武藏曲线"(反微笑曲线)，认为真正利润丰厚的环节是中间的加工组装环节。2005年，日本经济产业省对日本近400家制造企业的调查得到相同结论。这与日本制造业顺应了智能制造趋势，在规模化生产、高精度要求、高技术工艺、供应链管理之间形成了新的均衡有关。随着制造业向智能制造方向转型，越来越多的行业将呈现出"武藏曲线"特征。最典型的案例是专注于芯片加工领域的台积电和专注于高端手机屏幕制造领域的三星电子。

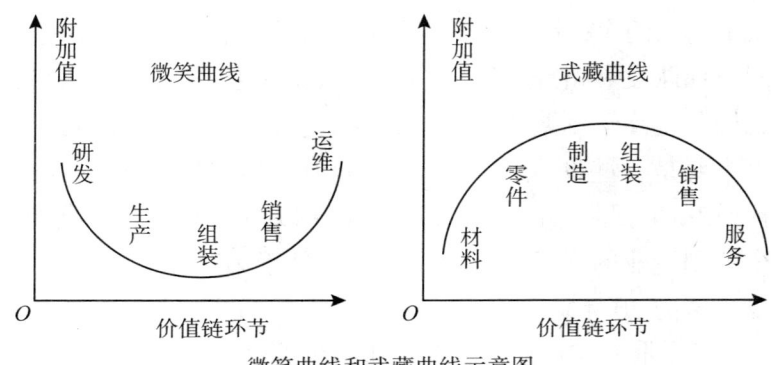

微笑曲线和武藏曲线示意图

附录2 重要图表

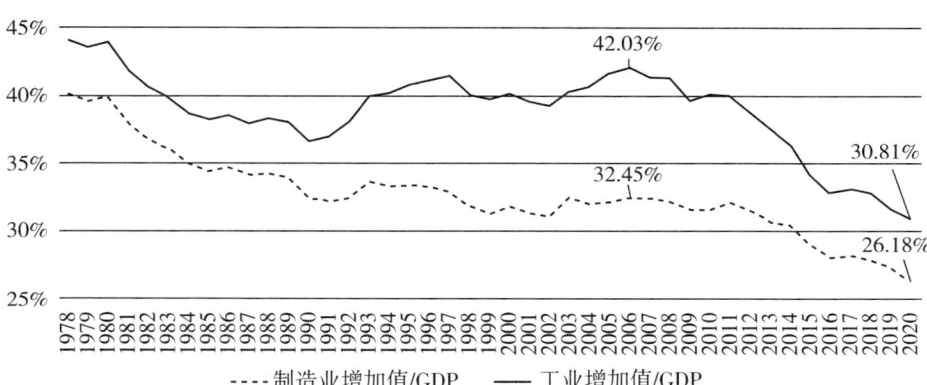

图1 1978—2020年中国工业和制造业增加值分别占GDP比重

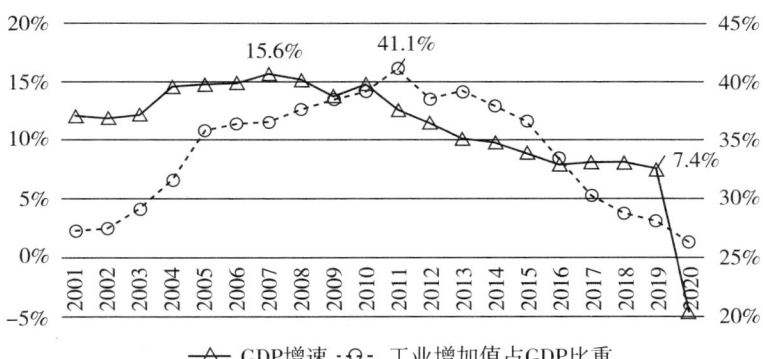

图2 2001—2020年武汉工业占比与GDP增速

表1 2001—2020年武汉二产和工业占比

时间	GDP	增速%	二产增加值	工业增加值	二产占比	工业占比
2001	1335.40	12.0	582.40	362.78	43.6%	27.2%
2002	1467.80	11.8	635.50	401.54	43.3%	27.4%
2003	1622.18	12.1	701.87	470.67	43.3%	29.0%

续表

时间	GDP	增速%	二产增加值	工业增加值	二产占比	工业占比
2004	1882.24	14.5	825.78	592.78	43.9%	31.5%
2005	2262.77	14.7	1025.87	807.98	45.3%	35.7%
2006	2668.87	14.8	1186.45	968.58	44.5%	36.3%
2007	3184.80	15.6	1398.18	1160.70	43.9%	36.4%
2008	4064.62	15.1	1788.85	1526.80	44.0%	37.6%
2009	4741.69	13.7	2024.99	1821.77	42.7%	38.4%
2010	5458.35	14.7	2363.64	2135.46	43.3%	39.1%
2011	6586.52	12.5	2993.25	2704.65	45.4%	41.1%
2012	7752.52	11.4	3503.95	2982.62	45.2%	38.5%
2013	8747.64	10.0	3938.70	3424.63	45.0%	39.1%
2014	10025.93	9.7	4222.72	3798.69	42.1%	37.9%
2015	10547.67	8.8	4360.74	3854.65	41.3%	36.5%
2016	11531.42	7.8	4579.29	3842.33	39.7%	33.3%
2017	13090.81	8.0	5053.35	3950.37	38.6%	30.2%
2018	14928.72	8.0	5579.42	4278.29	37.4%	28.7%
2019	16223.21	7.4	5988.88	4539.11	36.9%	28.0%
2020	15616.06	-4.7	5557.47	4085.48	35.6%	26.2%

注：数据来源于历年武汉市统计年鉴。第4次经济普查后对历年GDP、二产、规上工业增加值进行了调整。2016年之前的工业增加值根据调整后的规上工业增加值进行估算，以保持工业占比数据的连续性和合理性。GDP、二产增加值、工业增加值单位为亿元。

表2　　主要城市工业增加值在4000亿~5000亿元时工业占比

城市	时间	GDP	工业增加值	工业/GDP
上海	2006	10598.86	4621.17	43.6%
苏州	2009	7851.01	4361.02	55.5%
深圳	2010	10069.06	4441.22	44.1%
重庆	2012	11595.37	4291.40	37.0%

续表

城市	时间	GDP	工业增加值	工业/GDP
广州	2012	13194.69	4338.37	32.9%
佛山	2014	7509.96	4563.05	60.8%
宁波	2017	10146.55	4579.74	45.1%
无锡	2017	10313.07	4553.15	44.1%
东莞	2018	8818.11	4697.26	53.3%
泉州	2018	9019.24	4690.59	52.0%
武汉	2019	16223.21	4539.11	**28.0%**

注：GDP 和工业增加值单位为亿元。

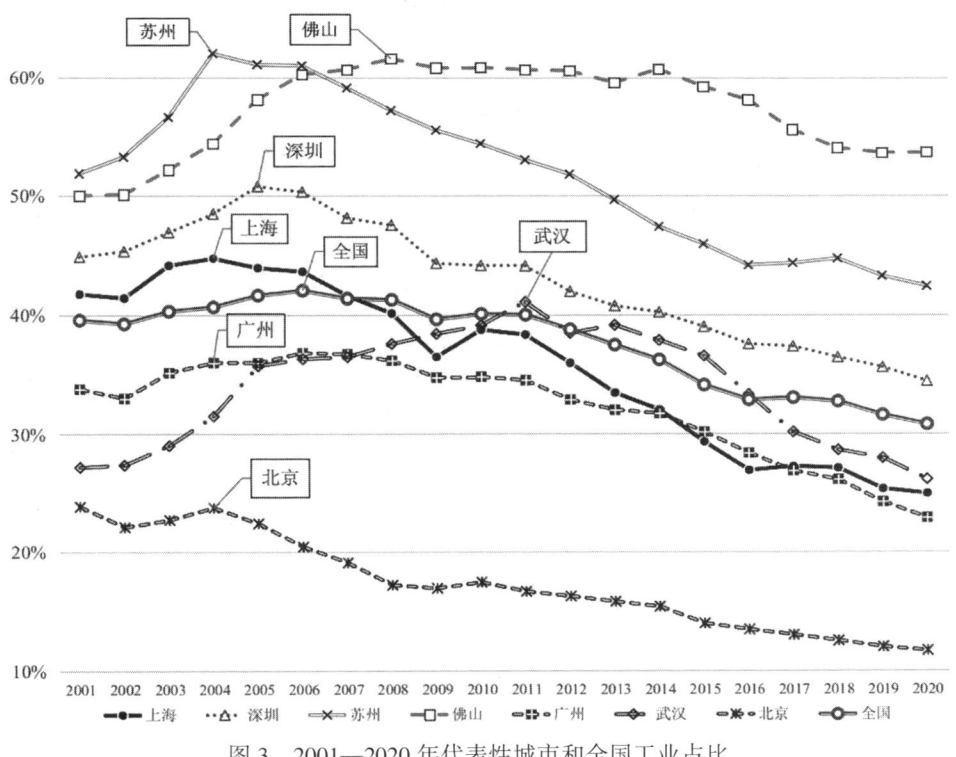

图 3　2001—2020 年代表性城市和全国工业占比

表 3   2001—2020 年主要城市工业占比最大值及降幅

城市	2019年工业增加值	2020年工业增加值	最大工业占比	出现时间	最大工业占比到2020年降低	2015至2020年降低
全国	311858.70	313071.10	42.0%	2006	11.2%	3.3%
上海	9670.68	9656.51	44.7%	2004	**19.8%**	4.4%
深圳	9587.94	9528.12	50.8%	2005	**16.3%**	4.6%
苏州	8316.49	8549.15	62.1%	2004	**19.7%**	3.6%
重庆	6656.72	6990.77	40.3%	2006	12.4%	7.1%
佛山	5758.46	5806.74	61.6%	2008	8.0%	5.6%
广州	5722.94	5722.52	36.8%	2006	13.9%	7.3%
泉州	5167.98	5120.69	55.8%	2014	5.4%	4.8%
宁波	5164.64	5045.60	50.2%	2007	9.5%	4.2%
无锡	5034.41	5125.51	55.9%	2005	14.5%	2.8%
东莞	5031.34	4968.56	60.0%	2006	8.5%	4.5%
武汉	4539.11	4085.48	41.1%	2011	14.9%	**10.4%**
天津	4394.27	4188.13	51.2%	2008	21.5%	13.1%
杭州	4288.42	4221.00	45.8%	2004	**19.6%**	8.5%
北京	4241.10	4216.50	23.8%	2001	12.2%	2.3%
南京	4215.77	4380.05	42.7%	2005	13.1%	4.8%
成都	4118.40	4106.20	38.1%	2010	**14.9%**	8.9%

表4　2020年GDP总量前十名城市头部企业数量比较

	数据来源	发布时间	全国	上海	北京	深圳	广州	重庆	苏州	成都	杭州	武汉	南京
GDP	统计公报	2021.4	1015986	38700.58	36102.60	27670.24	25019.11	25002.79	20170.50	17716.70	16106.00	15616.10	14817.95
GDP/全国	统计公报	2021.4	—	3.81%	3.55%	2.72%	2.46%	2.46%	1.99%	1.74%	1.59%	1.54%	1.46%
GDP/所在城市群	统计公报	2021.4	—	19.06%	41.79%	20.26%	18.32%	33.97%	9.93%	24.07%	7.93%	16.74%	7.30%
世界500强（胡润）	胡润研究院，市值或估值排名	2021.1	51	6	14	8	1	0	0	0	4	0	0
世界500强（财富）	《财富》杂志，营收排名	2020.8	133	9	55	8	3	0	3	0	4	1	1
中国企业500强	中国企业联合会、中国企业家协会		500	30	97	24 广东 57	24 广东 57	15	10 江苏 45	11 四川 15	20 浙江 43	6 湖北 10	5 江苏 45
中国制造业企业500强	中国企业联合会主办的2020中国民营企业500强峰会发布	2020.9	500	19	29	22 广东 41	8 广东 41	12	8 江苏 55	5 四川 13	26 浙江 79	4 湖北 9	3 江苏 55
中国服务业企业500强		2020.9	500	46	55	35 广东 91	45 广东 91	23	13 江苏 45	11 四川 12	27 浙江 47	10 湖北 10	11 江苏 45
中国民企500强	全国工商联	2020.9	500	16	14	27 广东 58	15 广东 58	12	26 江苏 90	8 四川 12	39 浙江 96	13 湖北 19	6 江苏 90
上市公司数	2020年，境内	2021.4	4250	372	612	470	117	57	145	97	161	63	94

注：(1)"世界500强（胡润）"由胡润研究院发布，按照企业市值或估值进行排名。"世界500强（财富）"由《财富》杂志发布，通过营收进行排名。中国企业500强、中国制造业企业500强、中国服务业企业500强与2020峰会论坛中国企业家协会、中国企业联合会、中国企业家协会公布。"中国民企500强"由全国工商联主办的2020中国民营企业500强峰会发布。(2)上海、苏州、杭州、南京对应长三角城市群，北京对应京津冀城市群，深圳、广州对应粤港澳大湾区，重庆、成都对应成渝双城经济圈，武汉对应长江中游城市群，城市群经济总量均以省级数据加总计算，粤港澳大湾区数据包括广东、香港、澳门。

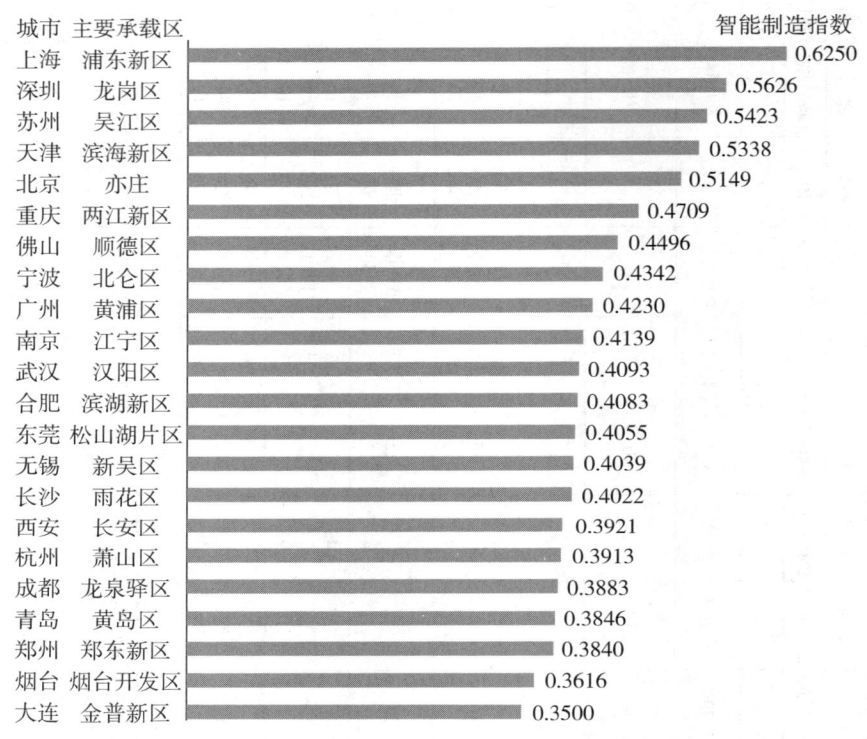

图 5 国内智能制造中心城市评价结果图

表 5   2021—2035 年武汉 GDP 和工业增加值增长方案（亿元）

	中方案		低方案		高方案	
	GDP	工业增加值	GDP	工业增加值	GDP	工业增加值
	年均6%	占比27%	年均5%	占比26%	年均7%	占比28%
2020	15616.06	4085.48	15616.06	4085.48	15616.06	4085.48
2021	16553.02	4469.32	16396.86	4263.18	16709.18	4678.57
2022	17546.21	4737.48	17216.71	4476.34	17878.83	5006.07
2023	18598.98	5021.72	18077.54	4700.16	19130.34	5356.50
2024	19714.92	5323.03	18981.42	4935.17	20469.47	5731.45
2025	20897.81	5642.41	19930.49	5181.93	21902.33	6132.65

续表

	中方案		低方案		高方案	
	GDP	工业增加值	GDP	工业增加值	GDP	工业增加值
	年均6%	占比27%	年均5%	占比26%	年均7%	占比28%
2026	22151.68	5980.95	20927.01	5441.02	23435.50	6561.94
……	……	……	……	……	……	……
2033	33307.94	8993.14	29446.41	7656.07	37632.28	10537.04
2034	35306.41	9532.73	30918.73	8038.87	40266.54	11274.63
2035	37424.80	10104.70	32464.67	8440.81	43085.20	12063.86
取整	35000.00	9450.00	30000.00	7800.00	40000.00	11200.00
年均增长	5.53%	5.75%	4.45%	4.41%	6.47%	6.95%

表6　2011—2020年主要城市二产与工业比重的差额(%)

年份	2011	2012	2013	2014	2015	2016	2017	2018	2019	2020	平均
全国	6.5	6.6	6.7	6.9	6.7	6.7	6.8	6.9	7.0	7.0	6.8
上海	2.5	2.4	2.2	2.1	1.9	1.8	1.7	1.7	1.6	1.6	2.0
深圳	2.9	2.8	3.0	2.8	2.7	2.7	2.7	3.1	3.4	3.3	3.0
苏州	4.1	4.1	4.1	4.2	4.2	4.0	4.0	4.1	4.2	4.1	4.1
重庆	8.6	8.8	9.3	9.4	9.9	10.4	11.2	11.9	12.0	12.0	**10.4**
佛山	2.4	2.3	2.4	2.5	2.4	2.5	2.6	2.7	2.7	2.7	2.5
广州	3.5	3.3	3.3	3.3	3.1	2.9	2.8	3.0	3.1	3.5	3.2
泉州	6.1	6.5	6.6	6.7	6.5	6.4	6.7	6.8	6.9	6.8	6.6
宁波	5.8	5.7	5.6	6.0	5.9	5.7	5.3	5.4	5.2	5.2	5.6
无锡	3.9	3.8	3.7	5.4	3.3	4.8	2.9	2.7	5.0	5.1	4.1
东莞	13.1	6.5	1.3	4.3	5.2	4.1	0.9	3.0	3.5	2.3	4.4
武汉	4.4	6.7	5.9	4.2	4.8	6.4	8.4	8.7	8.9	9.4	**6.6**
天津	4.4	4.2	4.1	4.1	4.3	4.3	3.9	3.4	4.4	4.4	4.1

续表

年份	2011	2012	2013	2014	2015	2016	2017	2018	2019	2020	平均
杭州	2.2	4.8	5.4	5.2	4.7	4.3	4.0	3.9	3.8	3.7	4.2
北京	4.1	4.0	3.9	4.0	3.9	3.8	3.9	4.0	4.2	4.2	4.0
南京	5.9	5.8	5.7	5.6	5.3	5.0	5.2	5.9	5.9	5.6	5.6
成都	8.8	8.8	8.2	7.7	7.4	6.4	6.5	7.0	6.6	7.4	**7.5**

注：从全国平均水平来看，二产与工业比重的差额即建筑业比重约7%，工业和制造业比重的差额约为4.6%。近三年武汉建筑业比重约9%，与主要城市约4%的水平相比偏高，说明基础设施、房地产等建筑工程项目较多。

武汉市住房市场金融调控政策的成效、存在的问题及完善建议

曾国安　陈　芮　杨小曼

为促进房地产市场健康发展，建立住房市场金融调控长效机制势在必行。住房市场的金融调控政策是指为调控住房市场而对土地购置、住房开发、住房流通等实施的信贷调控以及其他金融方面的调控政策。由于房地产业是高度资金密集型产业，因此金融调控政策能对住房市场的运行产生重要的影响。科学、合理的金融调控政策能促进住房市场的平稳健康发展，促进住房市场的总量平衡和结构优化，不科学、不合理的金融调控政策则会引起住房市场的波动，导致总量失衡和结构失调。因此，如何在国家金融调控政策之下，制定和实施科学、合理的金融调控政策，是决定武汉住房市场能否平稳健康发展的重要条件。

一、武汉市住房市场金融调控政策的成效

2008年以来，武汉市认真落实国家住房市场调控政策，先后制定和实施了一系列调控住房市场的金融调控政策。住房市场金融调控政策的实施取得了积极的成效。从2010年以来的情况看，住房贷款保持了长期增长的趋势，从表1的数据来看，2020年住房贷款余额较2010年净增4977.80亿元，2020年住房贷款余额是2010年的8.03倍，住房贷款余额年均增长23.17%。

表1　2010—2020年武汉市居民住房贷款余额变化情况

	住户贷款余额（亿元）	短期贷款余额（亿元）	中长期贷款余额（亿元）	住房贷款余额（亿元）	住户贷款余额比上年增长率（%）	短期贷款余额比上年增长率（%）	中长期余额比上年增长率（%）	住房贷款余额比上年增额（亿元）	住房余额比上年增长率（%）
2010	1446.20	152.22	1293.98	707.66	—	—	—	—	—
2011	1700.21	235.19	1465.02	825.10	17.56	54.51	13.22	117.44	16.60
2012	1975.36	338.55	1636.81	991.96	16.18	43.95	11.73	166.86	20.22
2013	2395.97	483.47	1912.50	1182.30	21.29	42.81	16.84	190.34	19.19
2014	2842.95	560.73	2282.22	1414.72	18.66	15.98	19.33	232.42	19.66
2015	3569.31	531.22	3038.09	1872.47	25.55	-5.26	33.12	457.75	32.36
2016	5165.92	414.14	4751.78	2963.01	44.73	-22.04	56.41	1090.54	58.24
2017	6613.84	478.21	6135.63	3576.37	28.03	15.47	29.12	613.36	20.70
2018	7881.69	558.33	7323.26	4248.23	19.17	16.75	19.36	671.86	18.79
2019	9393.60	713.59	8680.01	5104.48	19.18	27.81	18.53	856.25	20.16
2020	10432.04	830.72	9601.32	5685.46	11.05	16.41	10.61	580.98	11.38
年均增长	898.58	67.85	830.73	497.78	23.17	18.49	22.19	—	23.17

说明：①由于缺乏住房贷款余额的公开数据，本表住房贷款余额数据依据武汉市住户贷款余额数据，按当年全国住房贷款余额占住户贷款余额比重的平均数进行计算所得，因此其与武汉市住房贷款余额实际数据恐有出入。

②原始数据来自相关年份武汉市统计年鉴（见 http：//tjj.wuhan.gov.cn/tjfw/tjnj/）。

具体来看，住房市场金融调控政策的成效主要反映在以下几个方面。

1. 活跃了住房市场交易，促进了住房市场的不断扩大

从商品住房销售情况来看，2010—2020年武汉市商品住房销售总体呈上升态势，销售面积年均增长116万平方米，年均增长率达7.5%；

销售金额年均增长 270 亿元，年均增长率达 18.5%。从二手住房交易情况来看，2010—2020 年武汉市二手住房交易量总体呈上升态势，成交面积年均增长率与商品住房销售面积年均增长率、成交金额年均增长率与商品住房销售金额年均增长率都十分接近。

2. 促进了住房建设，住房供给保持长期增长

住房金融对住房需求端的有力支持为住房购置需求的增长提供了强有力的支撑，从而为开发企业生产的商品住房提供了不断扩大的市场，而这必然拉动商品住房建设，由此保障住房供给能不断增长。

从商品住房供给套数情况来看，2011—2020 年平均每年增加 10 万套以上；从商品住房供给面积情况来看，2011—2020 年平均每年增加 1000 万平方米以上。从存量市场类住房来看，也呈现出迅猛增长的状态。存量市场类住房（商品住房、私房）建筑面积年均增长率和存量市场类住房套数年均增长率均在 10% 以上。

实际上，金融支持对住房供给增长的促进作用不只是体现在促进商品住房供给的增长上，也同时反映在促进棚户区改造和保障性住房建设方面。"十一五"以来大规模的棚户区改造得以顺利推进，虽有财政资金支持，但主要得益于国家开发银行、中国建设银行等金融机构的资金支持。棚户区改造增加了住房建设用地的有效供给，大幅度增加了住房的有效供给。限价商品住房、经济适用住房等产权式保障性住房、棚户区改造安置住房、公共租赁住房供给的增长都获益于政策性和商业性住房金融的支持。

3. 增强了居民住房购置能力，促进了居民住房水平提高，并始终维持着高住房自有率

金融支持下的住房供给的大规模增长为居民住房水平的提高提供了坚实的基础。住房信贷支持优化了居民消费支出结构，直接提高了居民住房购置能力，发挥了促进居民不断提高住房消费水平，不断改善住房条件的作用，也强有力地支持了住房自有率的提高。在迅速的大规模的城镇化条件下，在人口持续较大规模增长的条件下，武汉市居民住房水平不仅没有下降，反而大幅度提高，住房条件不仅没有恶化，反而大幅

度改善，的确是难能可贵的。

2010年武汉市常住人口只有978.54万人，2020年增至1244.77万人，净增266.23万人，常住人口年均增长率为2.44%。武汉市人均住房建筑面积持续提高，2010年为32平方米，2020年已经超过40平方米，年均提高将近1平方米。人均住房建筑面积增长速度超过常住人口增长速度。武汉市住房私有率始终保持在高水平（不低于90%），住房自有率也保持在80%左右（见表2）。这主要得益于住房金融的支持，其中住房公积金贷款对低收入和中低收入居民住房水平和住房自有率的提高发挥了十分积极的作用。

表2　　　　　　　　　　2008年以来武汉市住房自有率情况

年份	住房自有率（%）	年份	住房自有率（%）
2008	78.4	2013	77.3
2009	78.0	2014	77.9
2010	78.4	2015	77.9
2011	83.9	2016	80.6
2012	85.4	2017	82.2

说明：本表根据相关年份武汉市统计年鉴居住房屋来源的有关数据计算而得。

4. 住房价格水平相对合理，也促进了租金变化及水平的相对合理

由于土地出让价格的不断上涨、建筑材料的上涨、税收随价而涨、资金成本高昂以及通货膨胀等因素，住房价格由成本上涨不断被推高，加之刚性的住房消费需求、金融投资产品的高风险等导致住房需求相对旺盛，住房市场价格不断高企。从武汉市的情况来看，虽然住房市场价格也不断上升，但相对于武汉市经济增长速度、城镇居民人均可支配收入增长速度以及经济社会的整体发展和其他城市房价的变化及水平来说，武汉市住房市场价格水平还是比较合理的。虽然不同年份，住房市

场价格增速与经济增长速度、城镇居民人均可支配收入增长速度的关系有差异,但总体上商品住房、二手住房市场价格增速均低于经济增长速度、城镇居民人均可支配收入增长速度。与一线和其他二线城市相比较,武汉市商品住房价格收入比一直处于比较低的状态。

住房金融对居民购置自有住房的支持刺激了住房建设,促使住房总供给不断增长,从而为相对稳定住房市场租金提供了必要条件①;同时伴随着居民购置自有住房,租房需求必然相应减少,并且随着居民自有住房的增加,也不断增加着住房租赁市场的房源,租赁房源供给的增长势必有利于稳定市场租金。而住房租赁市场租金的相对稳定和低水平为抑制人工成本上升,为小微企业培育和高新科技企业孵化、为企业发展和产业升级,为相对提升出口商品竞争力做出了极大的贡献。② 武汉市

---

① 若没有住房总供给的不断增长,在人口不断增长和居民住房改善需求不断提升的条件下,稳定住房市场租金几乎是不可能的。

② 我们不认同时下流行的观点,即认为租售比过低不合理,并据此提出要通过提高租金来提高租售比,并以所谓经济发达国家和地区的租售比作为合理标准。我们认为租售比低是一种状态,至于这种租售比是否合理,则是另一个问题,以经济发达国家和地区的租售比作为标准显然是错误的思路,因为经济发展所处阶段、城镇化规模和速度、人地关系、人口的地域分布、土地所有制和流通制度、房地产税费、资金成本等都不相同,根本不应该将经济发达国家和地区的租售比作为标准,它们的租售比也只是一种状态,根本谈不上标准,即便它们的租售比是合理的,那也只能反映对它们是合理的,并不能将其作为判断中国城镇住房租售比是否合理的标准。从中国经济社会发展来看,恰恰是因为租售比低,租金不与房价"共舞",才支撑了将近3亿元的农业转移人口在城市工作和生活,这样才有城市和非农产业的迅猛发展,为企业积累、投资和创新提供了条件,也才铸就了中国出口商品在国际上很强的价格竞争力,可以说低租金是中国城镇化和工业化能快速推进的关键条件之一,未来仍然需要依靠低租金来继续推进城镇化和工业化,如果不能稳定租金,城镇化和工业化将会受到极大的制约。从这个意义上看,正是购房人为追求财富的价值以及溢价收益而做出的购房选择,为住房租赁市场提供了源源不断的房源,没有他们,很难想象住房租赁市场能有这么多的房源供给(没有购房需求,开发企业不会建房。从过去的市场发展历程来看,开发企业根本不愿意自持住房用于出租。正是因为有广大居民"接盘",开发企业才会建房。居民的购房选择实际上是打通了从开发企业到租赁市场的通道,没有居民购房,没有这个通道,住房租赁市场必然陷入房荒的状态,租金必高,城镇化和工业化必受阻碍,我们就不可能这么早见到引以为傲的巨大的发展成果)。

住房租金一直处于比较低的水平，租金上涨速度低于房价上涨速度，更低于经济增长速度和城镇居民人均可支配收入增长速度。

5. 住房金融持续发展，总体风险较小

2010年以来，武汉市住房贷款余额持续增长，一方面是住房公积金住房贷款持续增长，另一方面是商业性住房贷款不断增长。住房金融的持续发展对武汉市住房市场的发展发挥了十分重要的作用。

并且，在住房金融持续发展的条件下，居民住房债务风险整体较小，仍处于安全边界范围之内。从表3中的数据来看，宏观住房债务率虽然上升，但2019年之前均处在30%以下，因疫情影响，2020年上升至36.41%，但只要经济快速增长，宏观住房债务率上升必会受到限制。户均住房负债额虽然在增长，但2015年之前基本上在5万元以下，2016年开始较大幅度上升，不过到2020年仍不到20万元；按户籍人口计算，2020年人均住房负债额为6.21万元，按常住人口计算，2020年人均住房负债额为4.57万元，尚处于可负担范围之内；常住人口人均住房负债额与常住城镇居民人均可支配收入之比在2015年及之前年份均在0.5以下，后续年份上升，到2020年达到0.91；常住人口人均住房负债额与常住城镇居民人均储蓄余额之比2015年之前在0.3以下，2015年之后超过0.3，2020年仍在0.75以下。由于居民金融资产中储蓄份额呈下降之势，若按储蓄资产占50%计算，2020年常住人口人均负债与常住城镇居民人均金融资产价值之比不到0.3。

根据《中国金融稳定报告（2021）》的数据，2020年年末我国住户部门杠杆率为72.5%，2008年只有17.9%。根据《第一财经》的一篇报告[1]，部分城市住户部门杠杆率已经很高。2018年就已经有11个城市超过了国际平均水平，有5个城市超过了80%，属于高杠杆行列。其中，杭州达到了103.2%，厦门达96.3%，温州以91.1%位居第三，海口和深圳也都超过了80%。从居民资金杠杆率来看，有8座城市超过了

---

[1] 国泰君安证券研究所的报告称，2018年年末，中国居民部门的杠杆率为52.6%。https://www.huxiu.com/article/313284.html?f=member_article。

表3 2010年以来武汉市住房债务状况变化情况

年份	住房贷款余额（亿元）	地区生产总值（亿元）	宏观住房债务率(%)	家庭总户数（万户）	户均住房负债额（万元/户）	户籍人口数（万人）	户籍人口人均住房负债额（万元/人）	常住人口数（万人）	常住人口人均住房负债额（万元/人）	常住城镇居民人均可支配收入（万元）	常住人口人均住房负债额与常住城镇居民人均可支配收入之比	常住人口人均储蓄余额（万元）	常住人口人均住房负债额与常住城镇居民人均储蓄余额之比
2010	707.66	5565.93	12.71	274.58	2.58	836.73	0.85	978.54	0.72	2.08	0.35	3.8	0.19
2011	825.1	6762.2	12.2	276.5	2.98	827.24	1	1002	0.82	2.37	0.35	4.01	0.21
2012	991.96	8003.82	12.39	281.29	3.53	821.71	1.21	1012	0.98	2.71	0.36	4.59	0.21
2013	1182.3	9051.27	13.06	286.39	4.13	822.05	1.44	1022	1.16	2.98	0.39	5.03	0.23
2014	1414.72	10069.48	14.05	288.02	4.91	827.31	1.71	1033.8	1.37	3.33	0.41	5.21	0.26
2015	1872.47	10905.6	17.17	297.1	6.3	829.27	2.26	1060.77	1.77	3.64	0.48	5.63	0.31
2016	2963.01	11912.61	24.87	302.12	9.81	833.85	3.55	1076.62	2.75	3.97	0.69	6	0.46
2017	3576.37	13410.34	26.67	310.88	11.5	853.65	4.19	1089.29	3.28	4.34	0.76	6.32	0.52
2018	4248.23	14928.72	28.46%	321.07	13.23	883.73	4.81	1108.1	3.83	4.74	0.81	7.09	0.68
2019	5104.48	16223.21	31.46%	329.53	15.49	906.4	5.63	1121.1	4.55	5.17	0.88	8.02	0.70
2020	5685.46	15616.06	36.41%	334.16	17.01	916.19	6.21	1244.77	4.57	5.04	0.91	8.31	0.75
年均增长率(%)	23.17	10.87	—	1.98	20.76	0.91	21.99	2.44	20.29	9.25	—	8.14	—

说明：①宏观住房债务率=住房贷款余额/地区生产总值；户均住房债务额=住房贷款余额/家庭总户数；户均住房负债额=住房贷款余额/户籍人口数；户籍人口人均住房负债额=住房贷款余额/户籍人口数；常住人口人均住房负债额=住房贷款余额/常住人口数。
②由于缺乏住房贷款余额的公开数据，本表住房贷款余额数据依据武汉市住户贷款余额数据，按全国住房贷款余额占住户贷款余额比重进行计算而得，因此其与武汉市住房贷款余额实际数据恐有出入。
③家庭户数、人口数的原始数据均来自相关年份的武汉市统计年鉴。

100%，分别是厦门、深圳、杭州、南京、合肥、珠海、苏州和广州。其中，厦门的居民资金杠杆率高达172.2%，深圳以144.4%位居第二，杭州以136.7%位居第三(见表4)。① 这说明与这些城市比较，武汉市债务风险相对较低，也意味着武汉市住房债务风险的防控相对较严格。

表4　　　　　　　　　　部分城市居民杠杆率情况

城市	住户存款余额（亿元）	住户贷款余额（亿元）	居民资金杠杆率	GDP（亿元）	住户杠杆率
杭州	10198.5	13945.70	136.7%	13509.00	103.2%
厦门	2679.81	4615.43	172.2%	4791.41	96.3%
温州	6621.00	5473.00	82.7%	6006.20	91.1%
海口	1727.62	1265.10	73.2%	1510.51	83.8%
深圳	13810.06	19942.95	144.4%	24221.98	82.3%
珠海	1772.01	2202.42	124.3%	2914.74	75.6%
广州	16456.56	16776.46	101.9%	22859.35	73.4%
南京	7106.00	9136.16	128.6%	12820.40	71.3%
上海	28569.24	22274.95	78.0%	32678.87	68.2%
合肥	4049.35	5159.80	127.4%	7822.91	66.0%
昆明	4882.29	3261.79	66.8%	5206.90	62.6%
中山	2642.90	2192.11	82.9%	3632.70	60.3%
北京	32507.00	18000.00	55.4%	30320.00	59.4%
保定	4245.60	1777.20	41.9%	3070.90	57.9%
宁波	6663.00	6171.50	92.6%	10746.00	57.4%
重庆	15986.57	11606.38	72.6%	20363.19	57.0%
沈阳	7394.60	3564.80	48.2%	6292.40	56.7%
成都	13141.47	8569.17	65.2%	15342.77	55.9%

---

① 转引自 https://money.163.com/19/0730/08/ELANULJS00258105.html。

续表

城市	住户存款余额（亿元）	住户贷款余额（亿元）	居民资金杠杆率	GDP（亿元）	住户杠杆率
石家庄	6516.30	3285.90	50.4%	6082.60	54.0%
苏州	8812.00	9475.00	107.5%	18500.00	51.2%
哈尔滨	5394.30	3086.70	57.2%	6300.50	49.0%
长沙	5692.08	5376.76	94.5%	11003.41	48.9%
呼和浩特	2174.10	1211.70	55.7%	2900.00	41.8%
青岛	5913.70	4789.90	81.0%	12001.50	39.9%
大连	6206.33	2973.86	47.9%	7668.50	38.8%
常州	3888.40	2231.70	57.4%	7050.30	31.7%
威海	2060.56	944.47	45.8%	3641.48	25.9%
无锡	5599.85	2739.73	48.9%	11438.62	24.0%
烟台	4492.19	1576.34	35.1%	7832.58	20.1%

说明：①居民资金杠杆率＝住户贷款余额/住户存款余额；住户杠杆率＝住户贷款余额/GDP。

②本表数据来源：https://money.163.com/19/0730/08/ELANULJS00258105.html。

二、武汉市住房市场金融调控政策存在的问题

必须肯定武汉市金融调控政策对住房市场发展所发挥的积极作用，但同时也要看到调控政策存在的问题。我们认为住房市场金融调控政策主要存在以下几个方面的问题。

1. 对住房市场的金融调控政策总体上多是被动执行上级政策

不同的城市有不同的定位，有不同的生命周期，在同一时期住房发展所处的阶段并不相同，住房市场运行的周期、特征、结构及其变化等并不相同，需要因城施策，一城一策。住房市场调控的长效机制建设既要应对短期波动，更要针对武汉住房市场发展的长过程和长远发展，但

由于我国金融调控体制的特征，武汉市的金融调控政策多是被动地执行上级指令，并没有长远的调控政策设计，这样就削弱了金融调控政策作为促进武汉市住房市场长远平稳健康发展的工具的作用。

2. 金融调控与武汉市住房市场运行所产生的调控需求不尽同步，一定程度上干扰了住房市场的正常发展

武汉市定位于国家中心城市，在中部崛起中有着不可替代的作用，但就其发展现状来看，依然是典型的二线城市。与人口规模超过2000万人、综合实力强劲，且有多方面政策和资源优势的北、上、广、深等一线城市相比较，武汉市属于发展道路上的第二梯队，影响住房市场的经济社会因素与一线城市相比有着极大的不同，在住房发展阶段等方面也有着不同于它们的特征，无论是住房需求量，还是住房需求结构（需求主体、收入结构、租与售等），无论是住房供应量，还是住房供应结构（供应主体、存量与增量、租与售、住房供应种类、中心城区与远城区等），无论是住房市场交易规模，还是交易价格等，都不同于一线城市，当然也不同于三线、四线、五线城市，需要解决的问题也不同。这意味着，武汉市住房市场运行周期及由此产生的调控需求（包括调控时间的选择、调控对象的选择、调控手段的选择、调控目标的选择等）与一线城市不同，也与三线、四线、五线城市不同，但在金融调控政策一刀切的条件下，武汉市住房市场的金融调控政策多不是根据武汉市住房市场的调控需求来决定的，而是被动地与一线城市共振。其所带来的问题，就是金融调控对武汉市住房市场的正常运行和发展形成了干扰。

3. 金融调控过于频繁，且波动大

尽管住房贷款等的增长推动了住房市场的扩大，但过于频繁、力度过大的调控有损于住房市场依照内在规律运行。宏观经济调控体系和金融监管体系根本上决定了武汉市金融调控很难因城施策，而基于全国住房市场，或者基于"头部城市"住房市场运行情况而做出的调控决策不可避免地造成过于频繁的调控。由于存在政策时滞以及对调控政绩的目标追求，金融调控政策向来都不是柔性调控，总是偏好"下猛药"，由此经常性造成住房市场过大的波动。

4. 金融调控政策"一刀切",不仅打乱了刚需族和改善型需求居民的住房消费期限节奏,也加重了刚需的住房消费负担

让住房市场正常运行,各类住房消费者就会根据市场运行规律安排其住房购置和相应的筹资和融资规划。如果金融市场能顺应消费者的需要提供支持,就会对居民住房消费产生十分积极的作用。但针对住房市场的金融调控几乎都是"一刀切"的安排,一旦要抑制住房市场,就会收紧各项政策,例如提高首付比例、提高贷款利率、延长贷款审核周期、缩短贷款偿还期等,这种一刀切的调控政策虽然也限制了享受型住房消费者的消费,但更伤害了刚需族和有改善型需求居民的住房消费,因为这样的政策必然会延误他们购房;而一旦要刺激住房市场,就会放松各项政策,虽然肯定会惠及刚需族和有改善型需求居民,但住房价格也会上扬,他们要被迫增加住房消费支出。基本上形成了这样的格局:因为一刀切的金融调控政策,房价低时,刚需族和有改善型需求居民难以获得金融支持,失去低价购房的机会;房价高时,刚需族和有改善型需求居民能够获得金融支持,但要被迫增加更多的支出。

5. 针对调控目标,供给侧调控与需求侧调控方向错配

确定了住房市场调控要达到的目标,就需要制定和实施合理的调控政策。从多年来金融调控的实践来看,始终存在的一个问题就是需求侧的调控与供给侧的调控从方向上看,是同向调控,即若需求侧调控是收缩性的,供给侧调控也是收缩性的,反之,同为扩张性的。例如为平抑住房市场价格,本来一方面需要降低需求,另一方面要增加供给,供给侧调控与需求侧调控在方向上应该是相向而行,即在需求侧采取抑制性政策时,供给侧调控则要着力于增加住房供应。但在金融调控实践中,需求侧采取限贷等抑制性政策,供给侧也采取抑制性政策(如压缩开发贷款规模,切断开发商资金来源,提高开发商融资成本等),其结果就是住房市场供给因此下降,从而无法达到控制房价的预期目标。由此导致一方面为了实现控房价的目标,行政部门直接管制住房市场价格,从而扭曲了价格信号,破坏了住房市场机制和住房市场运行的基础,导致资源错配,也带来了住房质量、装修等多方面的问题,另一方面为下一

轮住房市场价格的上涨创造了条件，从而引起一轮又一轮的价格管制。而在需求侧采取扩张性政策时，供给侧也同时采取扩张性政策，其结果是一方面造成市场过热，越来越多的资金涌向房地产开发市场，引起资源错配，另一方面因为市场过热而被迫采取"下猛药"式的金融调控（两侧同向收紧），由此就必然造成市场非正常波动和过大波动，也造成库存爆发式大规模增长，既容易造成住房市场的系统性风险，也容易带来系统性金融风险。

6. 金融调控方式主要是直接的行政管控方式

金融调控包括规模调控和结构调控，但无论是规模调控，还是结构调控，都主要是采取行政指令的方式对市场主体进行直接干预。从规模调控来看，虽然也运用了参数式调节工具，但主要还是行政管控手段，包括信贷对象管制、融资主体管制、融资项目管制、对商业银行等信贷机构的信贷规模管制、贷款利率管制、对信贷以外的融资渠道及规模、价格的管制、资本金、自有资金、自筹资金规模和比例管制等。从结构调控来看，虽然也有间接调控手段，但主要是依靠行政管控手段，包括信贷对象分类对待、融资主体分类对待、融资项目分类管制、贷款条件、首付条件、贷款比例、贷款利率、信贷规模分类管制、融资渠道和规模分类管制、资本金、自有资金、自筹资金规模和比例分类管制等。这种以行政管控为主的金融调控虽然从行政效率来看能够满足行政部门的要求①，但从对住房市场的调节效果来看，则带来了不少问题。一是行政管控方式直接剥夺了或者损害了市场主体的经济决策权，离开了市场主体的自由决策权，市场机制必被扭曲，市场机制的功能自不可能充分发挥出来，而且会在行政干预造成资源错配的基础上，进一步扭曲资源配置；二是行政管控既直接对资金供应的数量进行管制，也直接管控资金价格，市场机制的运行基础就被破坏了，市场机制功能无法释放；

---

① 以行政管控方式为主的原因是多方面的，包括金融市场体系不发达，金融机构体系不健全，金融机构不是真正的企业等，不过也有金融监管部门追求短期目标和熟悉及偏好行政手段的原因。

三是会造成各种形式的寻租和设租，不仅扭曲资金配置，而且抬高了资金价格，造成效率损失，且大部分租金成本会转化为购房人和租房人的负担；四是资金配置直接听命于行政指令，而不是对开发企业、购房居民资金需求及其经营或财务状况的反应，因此必然造成企业突发性资金短缺和资金成本上升、购房居民突发性资金供应不足和成本上升①，供给和需求都会出现非正常波动，最终带来住房市场的突发性和过大的波动，无法实现在参数调节下市场的平滑运行，这给稳预期带来了相当大的困难。

尽管地方金融调控政策的选择是被动的，但金融调控政策对住房市场发展所带来的不利影响却是难以避免的，因此应该着眼于因城施策、促进住房市场持续健康平稳发展而不断完善住房市场金融调控政策。

三、完善武汉市住房市场金融调控政策的建议

(一)完善住房市场金融调控政策的必要性及原则

1. 完善住房市场金融调控政策的必要性

第一，完善住房市场金融调控政策是房地产市场平稳健康发展长效机制建设的需要。住房市场调控机制建设是房地产市场平稳健康发展长效机制建设的基本组成部分，而金融调控政策是住房市场调控机制的关键部分，完善住房市场金融调控政策是住房市场调控机制建设的核心内容之一。如果住房市场的金融调控政策不科学、不健全、不合理，是绝对不可能有房地产市场平稳健康发展的。要通过不断完善住房市场金融调控政策促进武汉市住房市场平稳健康发展，进而促进武汉市房地产市场的平稳健康发展。

第二，解决住房市场所存在的问题需要不断完善住房市场金融调控政策。自1998年城镇住房体制全面改革以来，住房市场获得了巨大的

---

① 监管部门"开闸放水"和"关闸停水"都是突然而至，导致市场主体很难稳定预期。

发展，居民住房条件得到了巨大改善，但在住房市场发展中也还存在一些问题，既有总量方面的问题（市场波动、居民住房面积远远低于经济发达国家居民的住房面积等），也有结构方面的问题（包括住房品质不高、住房价格相对较高、新市民住房条件较差、住房自有率较低、住房租赁市场发展不充分等）。解决这些问题需要采取多方面措施，但金融调控政策不可或缺，始终是基本的政策工具。实际上，住房市场存在的这些问题不仅需要通过金融调控政策去解决，而且很多问题就是由不科学、不健全、不合理的金融调控政策所造成的。这表明，要解决住房市场所存在的问题必须不断完善针对住房市场的金融调控政策。

第三，住房市场金融调控政策本身存在的各种问题需要通过改革和创新去完善。前已述及，过去及现行的住房市场金融调控政策存在多方面的问题，这些问题意味着过去及现行的住房市场金融调控政策是存在不科学、不健全、不合理的因素的，必须通过改革和创新来完善住房市场金融调控政策。

2. 完善住房市场金融调控政策的原则

第一，系统设计。在现有金融调控政策的基础上，根据市场经济规律、住房发展目标、金融市场与住房市场之间关系的性质和机制、市场经济中经济调控的内在规律等对住房市场金融调控政策的完善进行整体规划和系统设计。

第二，明确目标。住房市场金融调控政策应当服从和服务于住房市场的发展目标。具体来看，包括以下几个方面：

一是住有所居。住房市场金融调控政策必须促进住有所居，因此必须以促进住房建设和供应，促进住房消费，规范和健全住房市场，完善住房供应方式和消费方式，促进市场平稳健康发展为目标。

二是房住不炒。住房市场金融调控政策必须防范和打击住房市场的投机，必须促进住房市场满足居民住房消费需要的基本功能的实现。

三是租售并举。租售并举应是市场经济条件下居民住房消费方式的常态，因此住房市场金融调控政策必须从供给端和需求端以及供求连接链方面来推进租售并举。

四是提升品质。不断提高居民住房水平和持续改善居民住房条件（设施和环境等）是经济持续发展的要求，也是社会不断进步的重要标志，追求更美好的住房条件是我们的长期目标，住房市场金融调控政策应该始终支持这一目标的实现。

五是住房自有。要鼓励有能力的居民拥有自有住房，住房市场金融调控政策应该始终支持居民购置自有住房，虽然市场经济中不可能实现人人拥有自己的住房，但金融调控政策应始终助力于住房自有，特别是要助力于从租到购的居民群体的住房自有。

六是动态平衡。一是要促进住房总供求动态平衡，防范总量失调；二是要促进结构优化，既要助力于住房供求结构以及市场结构的合理化与协调，也要助力于住房供应结构（租售结构、区域结构、套型结构、面积结构等）、品质结构等的不断升级。

七是稳定市场。金融调控政策始终要把防范和控制住房市场波动和风险作为基本目标之一，要助力于构建稳定市场的机制，并能与其他政策配套，有效化解住房市场面临的系统性风险和非系统性风险。

第三，尊重规律。完善住房市场金融调控政策必须建立在掌握和尊重市场经济的基本规律、住房发展规律、住房市场运行规律、金融运行规律和经济调控规律的基础之上，不以主观意志代替经济规律。

第四，合理定位。一是住房市场中金融调控政策角色的合理定位。这个定位就是金融调控政策不是代替市场，而是在市场运行的前提下，对市场扭曲进行矫正，不是代替市场机制，而是让市场机制功能更充分发挥作用的条件下，对市场机制的必要补充，并且这种补充也要充分利用市场机制。

二是住房市场调控政策体系中金融调控政策作用的合理定位。要深透把握住房市场金融调控政策不可或缺的作用以及金融调控政策在住房市场调控政策体系中的功能分工和定位，并与住房市场调控政策体系中的其他调控政策有机协调和配合。

第五，方式恰当。从基本制度安排来看，应坚持以间接调控为主，但同时根据调控的具体领域选择恰当的调控方式（组合）。一方面不损害市场机制的正常运行,另一方面实现调控的可预期性和对住房市场的可预期性,促进市场的平稳健康发展。

第六,有效约束。金融调控政策的工具选择、调控时机和力度选择均应依法依规,要因市施策(根据武汉市住房市场运行需要确定调控政策),通过法律法规硬约束金融调控政策的选择。

(二)完善武汉市住房金融市场调控政策的主要政策建议

1. 做好住房市场调控的长期政策选择,提高住房市场金融调控政策的主动性

按照因城施策,一城一策的精神,着眼于武汉市国家中心城市建设和国际化大都市建设的长远发展目标,准确把握武汉市经济社会发展和住房发展的特征,致力于建设住房市场调控的长效机制,做好住房市场调控的长期政策设计,改变住房市场金融调控政策的外生性特征,真正使金融调控政策成为武汉市住房市场长期平稳发展的有机的内生的机制和力量。

2. 把握市场运行特征,顺应调控需求,推动错位调控

改变与一线城市同步调控的格局,根据武汉市自身的特征,把握武汉市住房市场总供求和供求结构等方面的特征,根据武汉市住房市场调控需求来选择调控时机,根据武汉市住房市场调控的目标选择调控工具和力度,由此避免同步调控对武汉市住房市场带来的负面影响。

3. 推进专业性住房金融机构建设,促进住房市场相对独立和平稳运行

推进武汉市住房银行建设,拓展住房金融业务,通过专业性住房金融机构的相对独立运行而减弱基于一线城市或全国性市场而实施的不适合于武汉市住房市场发展需要的金融调控政策的影响,使武汉市住房市场能够相对独立和平稳地运行,促进住房市场更好地发展。

4. 围绕实现调控目标的需要,做好供给侧调控和需求侧调控间的匹配

改变供给侧调控和需求侧调控无条件同向运行的格局,根据调控目

标，选择供给侧调控和需求侧调控的合理方向，亦即根据实现调控目标的需要选择同向或者反向组合。例如，要稳价格，则需在需求侧实行紧缩性政策，而在供给侧实行刺激供给增长的政策，或在需求侧实行刺激性政策，而在供给侧实行抑制供给增长的政策；要促进租赁市场发展，则需在需求侧刺激租赁需求，供给侧刺激租赁供给。

5. 合理选择金融调控政策与其他调控政策组合，增强调控效力

一是要把握好金融调控政策与其他调控政策的性质，避免出现不同调控政策性质相冲突的局面；二是把握好金融调控政策与其他调控政策工具和力度的选择，避免出现调控失效和调控过度的局面；三是统筹考虑和调整住房市场金融调控政策与其他领域金融调控政策的关系，在构建它们之间的联动机制的前提下，合理安排住房市场的金融调控政策。

6. 完善差别化住房信贷政策，限制投机性购房需求

进一步完善差别化住房信贷政策，一方面充分发挥市场机制作用，让市场机制提供差别化住房信贷的作用得到充分发挥，尊重合法信贷主体的市场选择权，另一方面体现政策导向，落实房住不炒精神，满足刚需族和有改善型住房需求居民的信贷需求，通过首套房、首付比例、利率等差异化的政策安排，让刚需族和有改善型住房需求居民能真正享受到政策倾斜。同时要通过健全住房金融机构体系和住房金融市场，更好地落实针对中低收入和低收入居民购房和租房的支持政策，通过特惠和风险防范的合理制度安排，真正使得住房金融的发展能普惠于广大市民。

7. 关注居民住房信贷债务，做好长期审慎管理工作

金融监管部门要密切关注居民住房信贷债务情况，既要关注宏观负债率的变化，也要关注债务主体的结构，包括不同收入水平、不同年龄、不同职业、不同资产水平、不同贷款额度等的债务主体的情况，重点关注不良贷款债务主体的情况，建立、健全居民住房债务预警体系。一方面参照国际经验、结合武汉市长远发展，依据居民住房债务实际情况，科学评估居民住房信贷债务履约风险，另一方面及时对信贷主体（债权主体）进行预警、指导和相应的管制，建立和健全居民住房债务

风险处置机制,以此为武汉市住房市场的长期平稳健康发展提供有利条件。

在互联网金融迅猛发展和民间信贷继续活跃的情况下,还必须关注居民住房债务来源结构的变化,着手建立对非银行住房信贷市场、非正规住房信贷市场的监控和风险防控机制,及时做好预警和风险治理工作。

8. 推进建立住房租赁市场融资监管体制,防范租赁市场金融风险

要关注和研究住房租赁市场融资的特征和发展动态,着手构建针对住房租赁市场的融资监管体制,既要促进租赁市场发展,也要能及时发现和化解住房租赁市场金融风险。

9. 严厉打击非法市场行为,维护住房信贷秩序,促进住房金融安全

一方面跟踪市场,及时掌握非法市场行为,对线上线下非法融资活动给予严厉打击,对于违规收取定金、租金等的行为严厉禁止和处罚,另一方面进一步完善金融信用和社会信用体系建设,加强部门联动,对于骗取银行以及其他信贷主体信贷资金、恶意拖欠等欺诈、失信行为进行严厉打击,切实维护住房信贷秩序,维护住房金融安全。

(本报告为武汉市房地产市场管理中心课题"关于武汉市房地产金融创新模式的研究"的成果之一)

课题负责人:曾国安　武汉大学经济与管理学院二级教授、博士生导师,武汉大学发展研究院院长、武汉大学中国住房保障与房地产经济研究中心主任
报告执笔人:曾国安　陈　芮　杨小曼

关于提升商科毕业生就业质量的思考
——基于武汉大学2021届商科毕业生就业状况的系统分析

李 好 王晨茜

改革开放以来，我国高等教育发展迅猛，在校大学生人数已达4430万，高等教育入学率也由2012年的30%升至2021年的57.8%，高等教育进入大众化阶段。与此同时，我国高校毕业生人数亦持续增长，2022年高校毕业生已突破1000万，达历史新高；相比2012年，我国高校毕业生在10年内数量增加了58.24%，年均增速达4.70%。然而，受新冠肺炎疫情冲击，不少行业如出口贸易、互联网等纷纷采取裁员或缩招的措施，以减少疫情带来的负面影响。根据智联校园发布的《春节后校招趋势报告》，2022年春节后毕业生整体简历量同比增长了223.6%，而与之相对的是，总体职位量只有21.2%的同比增幅。[①] 对我国商科类毕业生而言，其面临的就业形势依然严峻。前程无忧发布的《2022高校毕业生秋招行情》显示，我国电子商务行业2022年毕业生招聘量比2021年下降11%，是近三年来的首次下跌。随着专业对口岗位减少，就业竞争日益激烈，不同学校、不同地域的商科毕业生就业率差距日益显著。高校毕业生的就业不仅影响社会的稳定，还关系着我国经济社会的持续发展，高校毕业生就业问题受到国家、社会、个人等层面的广泛关注。国务院印发的《"十四五"就业促进规划》提出：以实现更加充分更高质量就业为主要目标，深入实施就业优先战略，健全有利于更加充分更高质量就业的促进机制，完善政策体系、强化培训服务、注

---

① 财经郎眼.2022届毕业生的最"卷"春招［EB/OL］. https://baijiahao.baidu.com/s?id=1729438352321640371&wfr=spider&for=pc.2022-04-07.

重权益保障，千方百计扩大就业容量，努力提升就业质量，着力缓解结构性就业矛盾，切实防范和有效化解规模性失业风险，不断增进民生福祉，推动全体人民共同富裕迈出坚实步伐。

我国高等院校商科改革开放以来发展很快，商科毕业生在每年应届毕业生中占有较大比例。2020 年，我国共有 870 多万大学毕业生（未含我国港澳台地区，后同），其中经济学大类专业的学生就有 101 万，超过医学、教育学等专业的毕业生数量。在新的发展形势下，我国商科毕业生就业质量问题日益凸显，应该引起高等院校与社会的广泛关注。湖北省作为高等教育大省，高等院校毕业生数量位居全国前列，商科毕业生质量和数量在全国影响较大，必须高度重视商科毕业生就业质量问题，并采取积极应对策略。

一、我国商科教育发展现状

1. 商科体量、生源质量可观

根据教育部 2020 年教育统计数据，2020 年我国高校毕业生超过 870 万，其中经济商科类专业的毕业生约有 101 万，超过医学、教育学等专业的数量。目前，武汉大学本科生每个年级约 7000 人，武汉大学经济与管理学院作为唯一的商科学院，本科生每个年级有近 700 人，商科本科生几乎占到武汉大学在校本科生总人数的 1/10。武汉大学经济与管理学院也一直是全校 36 个学院中规模最大的学院。

从武汉大学近 3 年的最低录取分数来看（见表1），商科类专业吸引了相当数量的高分考生，生源质量较好。

表 1　　　　武汉大学商科类专业录取分数排名

年份	2021	2020	2019
文科	经济类排名第二	经济类排名第三	经济类排名第一
理科	工商类排名第二	数理金融第一	数理金融第一

艾瑞深中国校友会网曾调查 2007—2016 年的中国各地区高考状元的志愿选择，工商管理和经济学大类下的财经专业，是高考状元们最青睐的专业方向。根据有关统计，武汉大学 2019—2021 年文理科经管专业录取状况有些变化，2019 年之前基本上录取学生文理科最高分都会在经管学院。因近期医学、电子信息、计算机等专业的时兴，虽然在 2020 年、2021 年经管学院的录取分数排名有所下降，但依旧稳定在全校的前 20%。总体而言，商科相关专业的学科热度高，竞争强度大，是高分学生的热门选择。

2. 商科就业金字塔效应明显

从商科毕业生就业整体情况分析，表现出高收入、高门槛、全领域竞争与低就业满意度。

2020 年，中金公司的人均薪酬达到了 114.98 万元，而排在它后面的其他券商公司薪酬也不低。根据第一财经的梳理，薪酬最高的 15 家券商公司，人均年薪都超过了 40 万元。与之相比，在国内处于领头地位的、实力强劲的商业银行人均年薪是 50 万元左右，中国银行、中国工商银行等国有六大银行的人均薪酬则是 25 万元左右。金融行业头部的收入远超很多其他行业的平均薪资，这也是许多考生选择商科专业的原因。

高收入带来的是，想去金融行业就业的远不止财经专业的学生。最近几年有大量其他专业的毕业生（如电子信息、计算机、法学等）都想进入金融行业。这种其他专业学生对金融行业的青睐，进一步加剧这个赛道就业的竞争压力。

金融头部行业入行门槛高，不仅需要毕业生的生源主要来自本科硕士均为"985""211"的高等院校，还需要顶尖名校加持，实习经历丰富，熟练掌握 Python/VBA 编程，通过 CAF、ACCA、CPA 等专业考试。这种竞争可谓高门槛、全领域的竞争。

据麦可思《中国 2018—2020 届大学毕业生培养质量跟踪评价》，2020 年麦可思对毕业 5 年后的 2015 届中国大学生进行追踪调查。结果表明：在 39 个主要学科中，金融专业学生在毕业多年后的就业满意度排名第 39 位,排名倒数第一;工商管理类就业满意度也不尽如人意,排名第 22 位。这与高考学生进校时的高分数、高期待形成鲜明对比,也在一定程度上表明金融行业的"二八定律"。

3. 商科发展新模式亟待创新

随着近 2 年商科专业高考录取分数略有下降,而新兴发展的电子信息、计算机等专业分数不断攀升,我们急需商科教育旧模式反思与新商科创新。

新商科是对传统商科进行学科重组交叉,将新技术融入商科教育,用新理念、新模式、新方法为学生提供综合性跨学科教育。首先,新商科是融合现在新技术的综合学科。传统商科以智能为导向培养专门人才,例如市场营销、金融、人力资源、财务,新商科趋于行业导向培养跨学科复合型人才,诸如数字经济、金融科技等。其次,新商科是突破中国理论与方法的商学教育。传统商科采用西方理论和案例,新商科则着力构建中国特色的话语体系,采用中国案例、中国理论,解释中国现象,解决中国问题,指导中国经济的发展与实践。最后,新商科是产教深度融合的全新培养模式。传统商科教育单向度、填鸭式、实践教学能力差。而新商科与处在经济发展最前沿、对新型人才最渴望的一线企业对接。通过校企合作深度产教融合,推动教学内容、体系、方法、实践的改革,全方位提升改造商科教育。

二、我国商科毕业生就业现状

《2021 中国留学白皮书》的数据显示,2018—2020 年,"会计与金融"是硕士留学申请最多的专业,占了整体申请量的 17.9%,排在第二的也是财经专业中的"商务与管理",占比达到 13.5%。商科领域涵盖的专业较多,包括银行和金融专业、市场营销专业、经济学专业、会计学专业、工商管理专业等。商科毕业生就业主要集中在金融类监管机构、商业银行、证券公司、基金管理公司等领域。根据近几年重点财经类院校及综合型大学的经管院系发表的毕业生就业质量报告,本文从就业率、就业行业、薪资水平等方面对商科毕业生的就业现状进行分析。

1. 我国商科毕业生就业率

根据北大汇丰商学院发布的《2021届毕业生就业报告》，22名金融硕士(金融科技方向)毕业生就业率达100%，其中21人直接就业，1人继续深造。上海财经大学发布的《2021届毕业生就业质量报告》显示，商学院和金融学院研究生就业率达99.56%，经济学院达97.93%，会计学院达100%。中国科技大学管理学院2021届金融硕士就业率为100%。上海对外经贸大学2020届金融管理学院研究生就业率为100%，工商管理学院研究生就业率为96%，国际经贸学院研究生就业率为93.92%，会计学院研究生就业率为90.67%。[1]

2. 我国商科毕业生就业行业分布

我国商科类就业去向一般包括以下几种[2]：

第一种是金融监管机构类，主要包括中央(人民)银行、银保监会、证监会、政策性银行等。一般而言，这类机构总部录取难度较大，省市分部也是不错的就业去向，待遇因城市而异。第二种是商业银行，包括四大行和股份制商行、城市商业银行。银行岗位种类较多，研究生主要集中于管培生、资管、投行、金融市场部等部门。大部分管培生需要去轮岗2年左右，但以后就是银行的骨干精英，其中资管部门负责理财产品配置资产，投行部门更侧重于债券承销，具体可以根据自己的专业和兴趣选择适合的岗位。第三种热门就业去向是证券公司、基金管理公司、信托投资公司、金融控股集团等。总体来说，这类企业竞争大，压力大，但是待遇也高，对于想要追求高薪酬的毕业生是不错的选择。第四种就业去向是四大资产管理公司、金融租赁、担保公司等。这类企业的特点是工作强度较大，奖金与业务挂钩，压力比较大但待遇也比较高。第五种就业去向是VC、PE、实体企业的战略投资部门等。其工作

---

[1] 看看这几所常考院校的研究生就业率到底咋样. http://news.sohu.com/a/501672515_120649313.

[2] 经管类的学生毕业后会进入哪些行业. https://www.163.com/dy/article/GMSCDHLK05378G8H.html.

内容主要是做行业分析，搜寻优质创业公司，协助领导做投资决策。第六种就业去向是进入体制内机构，包括考公、选调、事业单位等。总体来说，这类工作强度相对较小，薪酬待遇相比于进入金融行业要低，但是比较安稳，且福利较好。

具体而言，清华五道口金融学院2020届研究生毕业生当中，有21%进入金融监管、政府机构、事业单位，21%去往证券业，21%去往投资业比如私募、VC、信托等，12%进入银行业，其他去向包括高校、国际组织等。中央财经大学2020届硕士毕业生就业去向最多的是国有银行、会计师事务所、互联网行业、工程建筑行业和快速消费品行业。北大汇丰商学院金融科技方向毕业的21名金融硕士中，有4人进入事业单位或国家机关，占比19%；到商业银行、券商投行、互联网、VC/PE/FA就业各占14%；到基金、资产管理就业各占10%；其他就业占5%。上海财经大学2020届硕士毕业生行业集中度为51.58%，就业主要在银行、会计师事务所、教育科研、计算机/互联网/电商、证券。中国科技大学管理学院2021届金融硕士毕业生中，有20人进入券商工作，占比24.39%；有18人进入银行工作，占比21.95%；有11人进入基金、信托、资管工作，占比13.41%。上海对外经贸大学2020届研究生毕业生在金融业就业人数最多，占比27.31%；在商业和服务业就业占比为24.52%；在经济行业就业占比为18.16%。

总的来说，金融业依旧是这些商科类研究生就业的首选去向。

3. 我国商科毕业生薪资水平

从整体来看，我国商科类研究生收入水平一般都比本科生高，但是不同的专业、不同的行业之间薪酬差距比较大，薪资增长速度也不一样。

根据清华大学经济管理学院职业发展中心发布的《2019届毕业生就业概况》，清华经管学院普通硕士毕业生的平均年收入为31.2万元，年薪在20万~50万元的毕业生占比最高，为59.8%。北京大学光华管理学院2019届学术硕士毕业生年薪主要分布在10万元到30万元之间，其中年薪在10万~20万元的人数最多，占比33.8%。复旦大学管理学院2019届专业硕士毕业生的年收入中位数均在20万元以上,其中国际商务硕士(全球化经营与管理方向)的年收入最高,中位数达到了44万元。上海交通大学高级金融学院2019届金融硕士毕业生的平均年薪约为31万元,大部分毕业生的年薪分布在20万~30万元,占比47%。2019年,中央财经大学毕业生的平均起薪为8862.14元/月,其中研究生的平均起薪为9491.53元/月,本科生的平均起薪为7062.16元/月。

从商科毕业生就业行业情况看,证券业实际起薪最高,为10953.19元/月。以上海财经大学为例,上海财经大学2019年毕业生的平均月薪为9211元,其中本科生平均月薪8047元,硕士生平均月薪9754元,博士生平均月薪10736元。新金融行业为商科类毕业生签约月薪最高的行业,为13249元;银行为商科类毕业生流向最多的行业,占比16.38%。①

4. 我国商科毕业生就业区域

据统计,上海财经大学2021届硕士毕业生有67.82%在上海地区工作,24.81%在东部地区(除上海)工作;除此之外,在中部、西部和东北地区工作的占总体比例分别为3.29%、3.38%、0.69%。上海财经大学2021届博士毕业生有52.26%在上海地区工作,25.82%在东部地区(除上海)工作;除此之外,在中部、西部和东北地区工作的占总体比例分别为11.59%、7.75%、2.58%。

三、武汉大学2021届商科毕业生就业情况分析

武汉大学商科具有源远流长的历史,在全国高等院校中具有重要地位。武汉大学理论经济学是国家"双一流"建设学科,经济学是首批国家级一流本科专业建设点。与国内众多高校商科一样,武汉大学2021届商科毕业生去向大体分为三种:一是国内升学;二是出国(出境)深

---

① https://zhuanlan.zhihu.com/p/273455939.

造;三是签约就业。

1. 商科本科生就业情况

据《武汉大学2021届毕业生就业质量报告》显示,2021届商科本科毕业生共有712人,其中有243名学生选择国内攻读硕士研究生(保送研究生193人、考取研究生50人),占派遣总人数的34.13%;126人选择出国(出境)深造,占派遣总人数的17.70%;182人就业(包括自由就业1人),占派遣总人数的25.56%;未落实161人,占总人数比例为22.61%;总落实率为77.39%(见图1)。

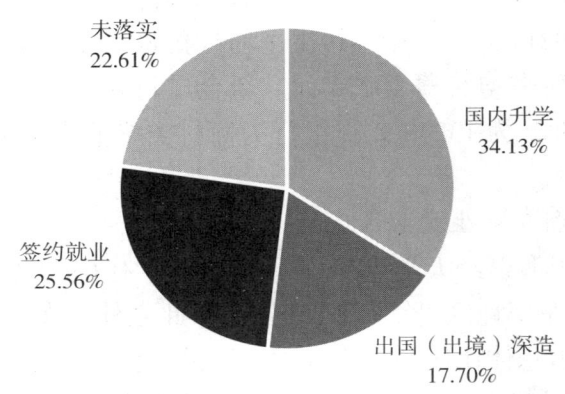

图1 武汉大学2021届商科本科毕业生毕业去向情况

国内升学:在武汉大学2021届商科本科毕业生中,选择国内升学的学生中绝大多数为保送研究生,考取研究生并非主流。国内继续读研学生共243人,其中保送研究生193人,占总人数的79.42%;考取研究生50人,占总人数的20.58%。

①保送研究生。在武汉大学2021届国内升学的商科本科毕业生中,有193名学生保送研究生,占读研总人数的79.42%。其中校内推免125人,占读研总人数的51.44%,校外推免68人,占读研总人数的27.98%。

②考取研究生。在武汉大学2021届国内升学的商科本科毕业生中,考取硕士研究生50人,其中考取本校研究生10人,占读研总人数的

4.12%。考取校外研究生40人,占读研总人数的16.46%(见图2)。

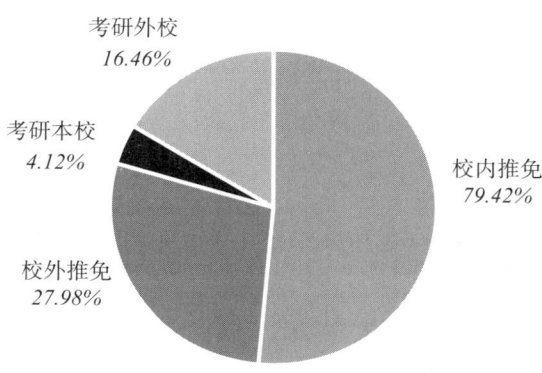

图2 武汉大学2021届本科毕业生国内升学情况

武汉大学2021届商科本科毕业生选择校外读研共计108人,主要去向为清华大学、北京大学、中国人民大学、中国科学院大学、中国科学技术大学、中国社会科学院大学、中央财经大学、北京师范大学、对外经济贸易大学、复旦大学、上海交通大学、上海财经大学、浙江大学、南京大学、南开大学、厦门大学、中山大学、兰州大学、西南财经大学、东北财经大学、华南师范大学、中南财经政法大学、苏州大学、外交学院、中国电影艺术研究中心。校外读研去向高校通常排名较靠前。

出国(出境)深造:武汉大学2021届商科本科毕业生出国(出境)深造情况与前几届毕业生去向相似,美国仍然为出国(出境)深造主要目的地,紧随其后的为中国香港(出境)、英国、新加坡。2021届商科本科毕业生出国(出境)深造总人数为126人。其中赴美国深造者占出国(出境)人数的30.16%(38人),赴中国港澳台地区深造的占出国(出境)人数的26.19%(33人),赴英国深造的占出国(出境)人数的23.02%(29人),赴新加坡深造的占出国(出境)人数的16.67%(21人),赴法国深造的占出国(出境)人数的1.59%(2人),其他国家和地区占2.38%(3人)(见图3)。

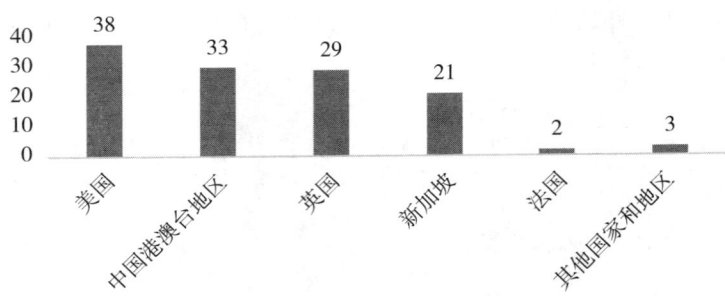

图 3　武汉大学 2021 届商科本科毕业生出国(出境)情况

从具体专业来看，武汉大学 2021 届商科本科毕业生出国(出境)比例排名前三的专业(方向)为：金融学(含数理金融)(43 人)、金融工程(24 人)和经济学(14 人)(见图 4 和图 5)。

	保险学	财政学	国际经济与贸易	金融工程	金融学	经济学
国内保研	8	10	14	20	43	19
国内考研	2	1	4	6	8	9
出国（出境）深造	2	1	9	24	43	14

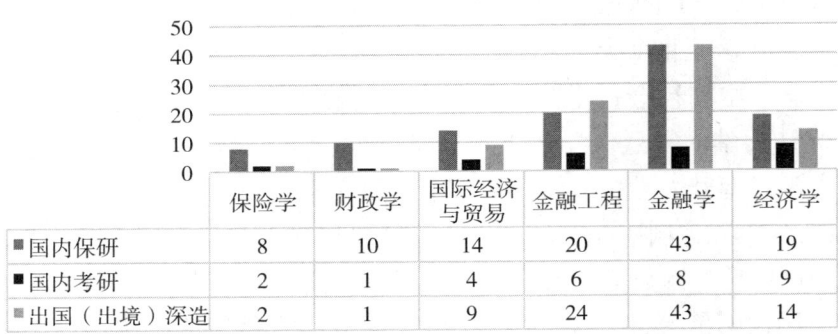

图 4　武汉大学 2021 届商科本科毕业生升学深造情况(经济学类)

	财务管理	工程管理	工商管理	会计学	人力资源管理	市场营销	物流管理
国内保研	17	10	8	15	11	11	7
国内考研	4	2	2	4	2	4	2
出国（出境）深造	4	1	4	10	4	4	6

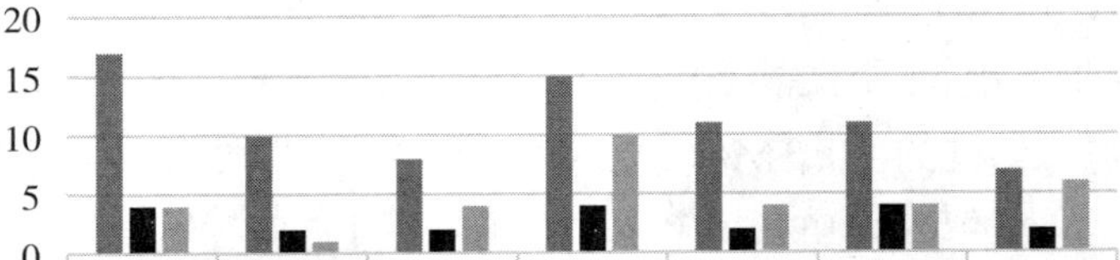

图 5　武汉大学 2021 届商科本科毕业生升学深造情况(管理学类)

签约就业：武汉大学2021届商科本科毕业生就业总人数为182人，其中自由就业1人。签约就业人数占比（签约人数占专业总人数百分比）排名前五名的专业依次是财政学（42.22%）、工程管理（39.39%）、财务管理（35.85%）、市场营销（35.56%）和物流管理（33.33%）。就业人数占比相对较低的专业为：金融工程（13.92%）和经济学（13.11%）（见图6）。

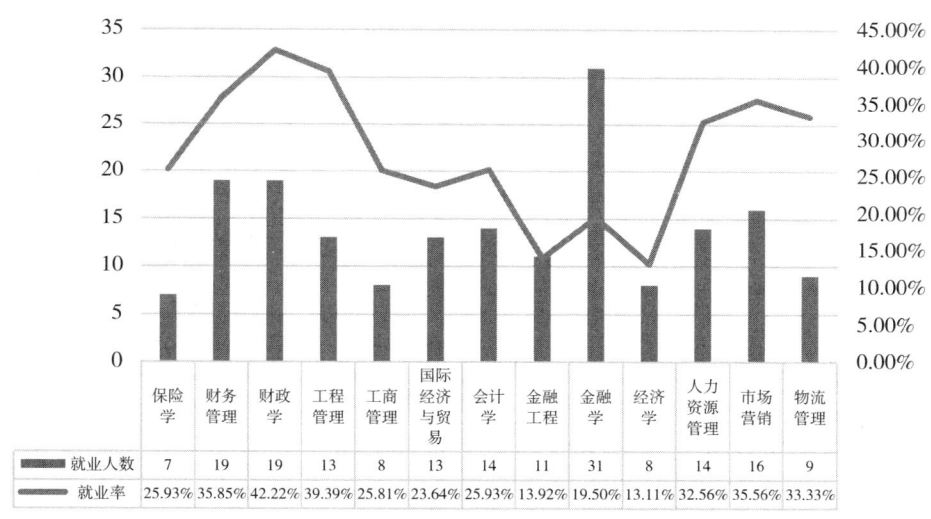

图6　武汉大学2021届商科本科毕业生就业情况

从就业单位性质来看，以民营企业为主的其他企业，依旧是武汉大学2021届商科本科毕业生主要去向单位，占就业总人数的42.86%；国有企业排名第二，是毕业生们所青睐的仅次于民营企业的单位，占就业总人数的32.42%；机关与三资企业也受到毕业生的青睐，分别占就业总人数的12.64%和12.09%（见图7）。

在就业地区方面，武汉大学2021届商科本科毕业生去广东省（主要是深圳）的人数较多（50人），紧随其后的是湖北省（36人）、北京市（14人）、湖南省（11人）和上海市（11人）（见图8）。近年来，湖北省加大吸引毕业生留鄂工作力度，湖北省尤其是武汉市对本土高校学生的吸引力明显增强,武汉大学2021届商科本科毕业生留鄂就业人数跃居第二,超过北京、上海等地区。

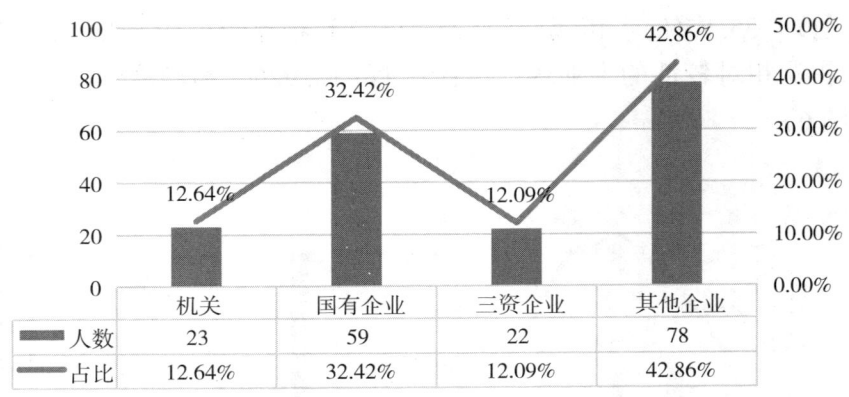

图7 武汉大学2021届商科本科毕业生就业单位性质情况

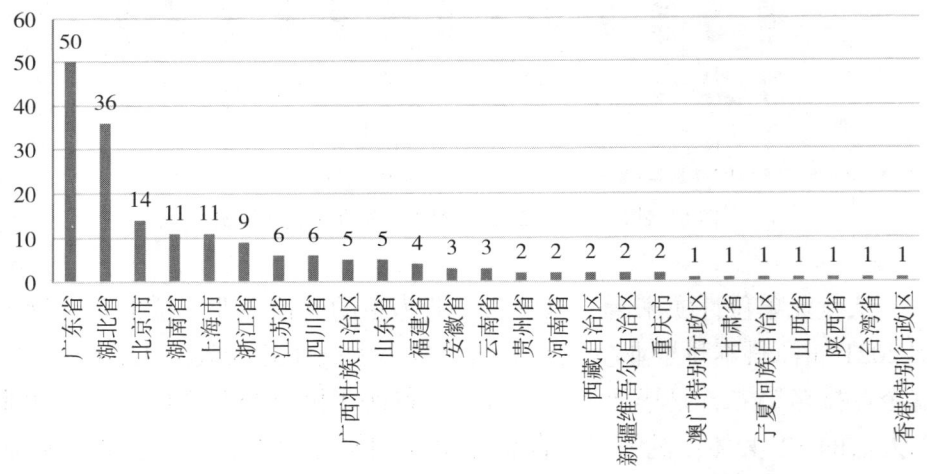

图8 武汉大学2021届商科本科毕业生就业分布情况

从就业行业来看,与我国其他重点高校相似,武汉大学2021届商科本科毕业生签约企业行业分布人数最多的为金融业(50人),占就业总人数的27.47%,其次为信息传输、软件和信息技术服务业(32人)、公共管理、社会保障和社会组织(24人)、建筑业(23人)、租赁和商务服务业(12人)、房地产业(11人)、教育业(11人)、批发和零售业(9人)以及制造业(8人),其他行业也有少部分毕业生进入。

未落实:武汉大学2021届商科本科毕业生未落实就业者共计161人,其中待业中54人(求职中或签约中),占33.54%;拟升学(二次考研或出国深造)107人,占66.46%。

2. 商科研究生就业情况

据《武汉大学2021届毕业生就业质量报告》显示,2021届商科毕业研究生共有402人,其中硕士毕业生318人,博士毕业生84人。截至2021年12月7日,总落实374人(含参加工作、国内升学、出国深造和自主创业等四种途径),毕业研究生总落实率为93.03%。其中,博士研究生落实64人,占博士生总人数的76.19%;硕士研究生落实310人,占硕士生总人数的97.48%。在总落实的374人中,直接参加工作346人,占总落实人数的92.51%;国内升学23人,占总落实人数的6.15%;出国(出境)深造5人,占总落实人数的1.34%(见图9)。

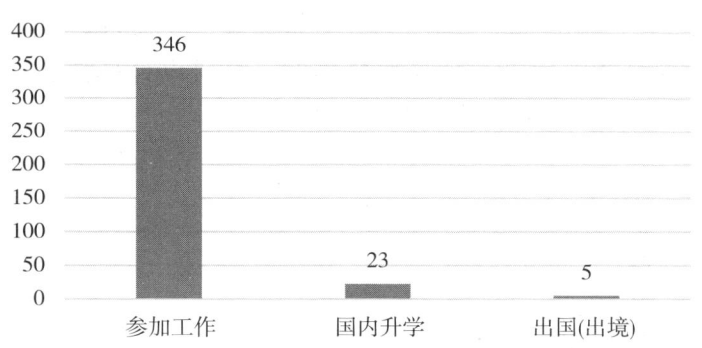

图9 武汉大学2021届商科研究生毕业去向统计

1. 就业单位性质分析

(1)商科博士研究生

在武汉大学已落实毕业去向的2021届64名商科博士研究生中,高等教育单位吸收商科博士生最多,共有41人进入高等教育单位工作或学习，其次为党政机关(8人)、国有企业(7人)、科研单位(3人)、事业单位(3人)以及民营企业(2人)(见图10)。

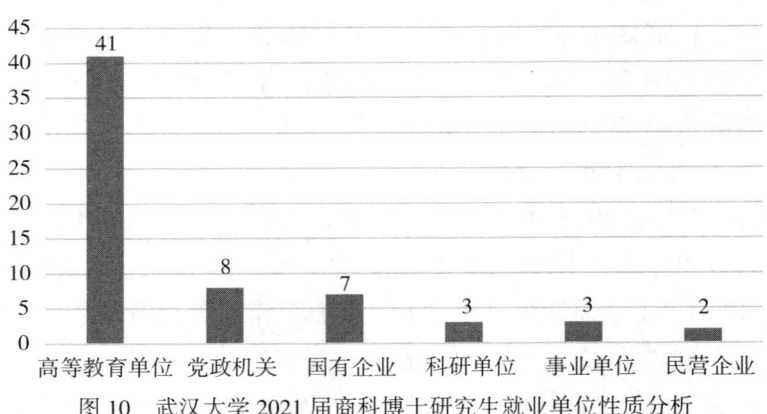

图10 武汉大学2021届商科博士研究生就业单位性质分析

(2)商科硕士研究生

在武汉大学直接参加工作的2021届282名商科硕士研究生中，国有企业就职人数最多，共有112名毕业生进入国有企业工作，其次为民营企业(75人)、党政机关(46人)、三资企业(30人)以及事业单位(11人)，也有部分毕业生进入高等教育单位、科研设计单位、医疗卫生单位和中初教育单位工作(见图11)。

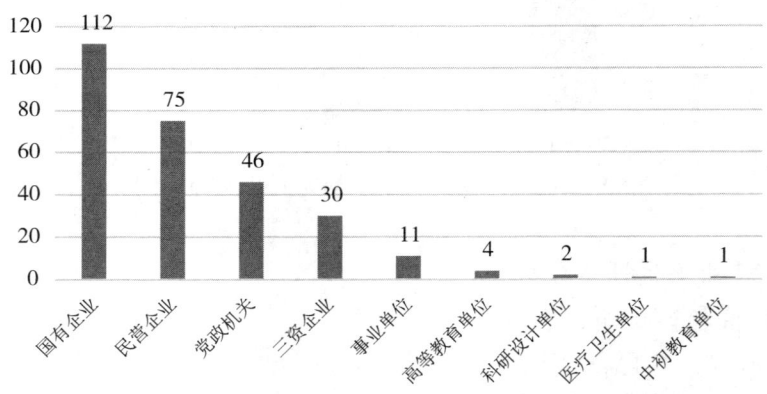

图11 武汉大学2021届商科硕士研究生就业单位性质分析

2. 就业地域分析

武汉大学2021届商科博士毕业生就业地域广泛,其中留在湖北省继续工作的毕业生人数最多(20人),其次为北京市(8人)、广东省(6人)、安徽省(4人)、湖南省(4人),其余毕业生去往全国其他省区市(见图12)。

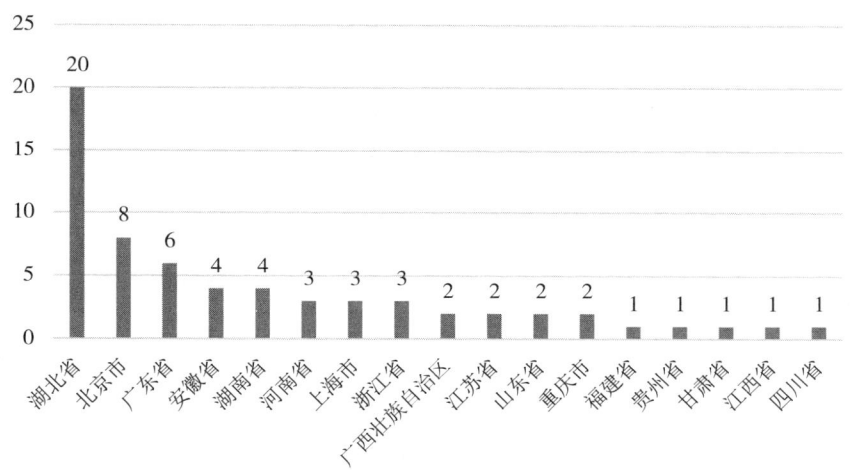

图12 武汉大学2021届商科博士研究生就业地域分析

在武汉大学2021届商科硕士毕业生中,广东省为众多毕业生的首选之地,共有79位毕业生前往广东省工作或学习;紧随其后的为湖北省,共有71人选择在湖北省工作或学习;此外,上海市(40人)、北京市(32人)、浙江省(18人)、江苏省(15人)、安徽省(7人)、河南省(7人)、天津市(6人)等地也是毕业生就业的热门省市(见图13)。

3. 就业行业类别分析

对于武汉大学2021届商科博士毕业生来说,从就业的行业来看,教育行业独占鳌头,共有42人从事教育行业;另有7人从事金融行业,6人从事公共管理、社会保障和社会组织工作,4人从事科学研究和技术服务业;此外,也有部分毕业生在批发和零售业、文化、体育和娱乐业、制造业以及电力、热力、燃气及水生产和供应业工作(见图14)。

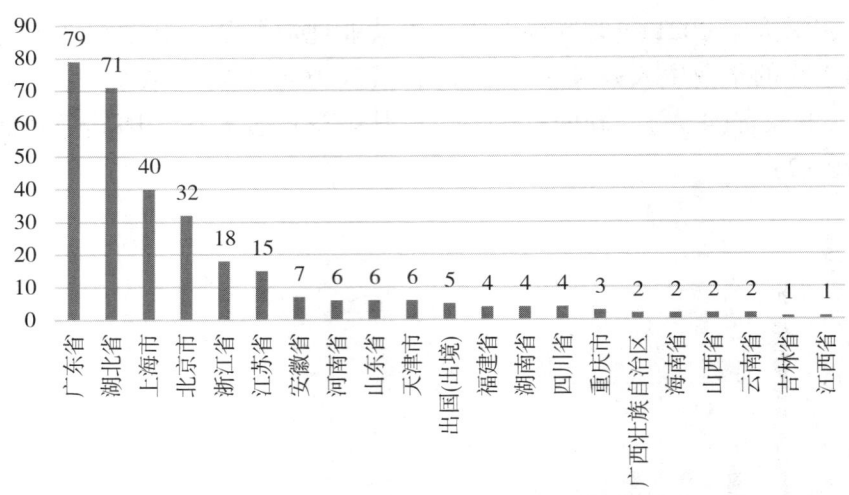

图 13 武汉大学 2021 届商科硕士研究生就业地域分析

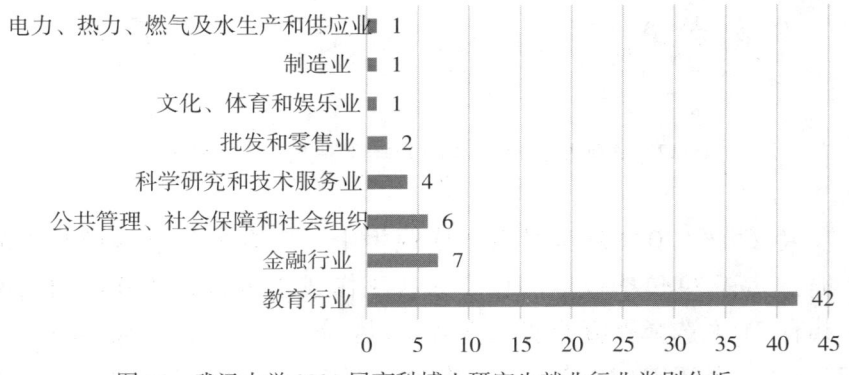

图 14 武汉大学 2021 届商科博士研究生就业行业类别分析

对于武汉大学 2021 届商科硕士毕业生来说，金融行业为热门行业，毕业生就业人数最多(97 人)；信息传输、软件和信息技术服务业(55 人)和公共管理、社会保障和社会组织(48 人)也非常受毕业生青睐；此外，房地产业(18 人)、水利、环境和公共设施管理业(16 人)、建筑业(11 人)以及教育行业(9 人)也是不少毕业生的就业选择(见图 15)。

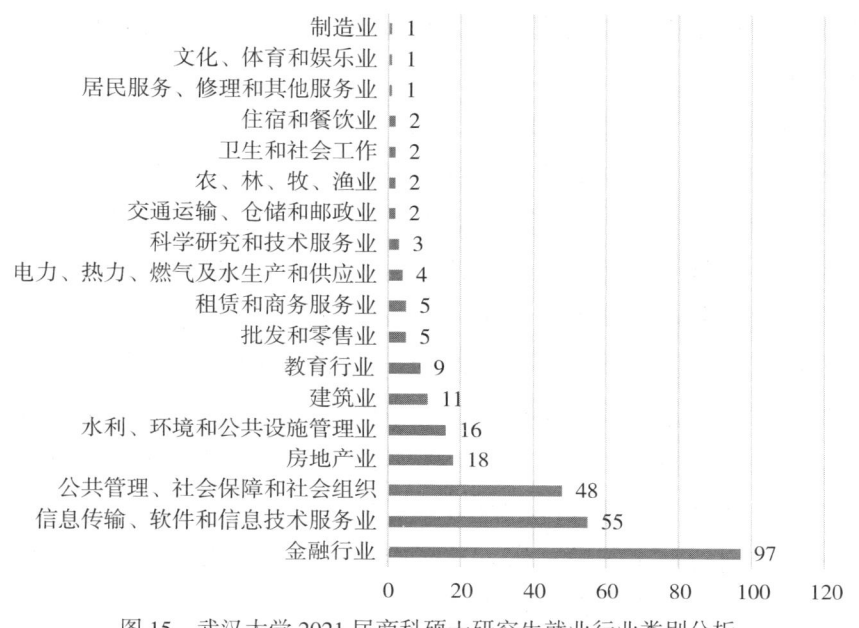

图 15 武汉大学 2021 届商科硕士研究生就业行业类别分析

四、我国商科毕业生当前就业难点

全球新冠肺炎疫情暴发，给我国大学生的学习、生活和就业带来了巨大冲击，其中毕业生的就业工作问题首当其冲。如何做好高校毕业生就业工作，切实帮助毕业生迈出人生关键的一步，对学生自身及其家庭均具有重要的意义。目前，我国商科毕业生面临的就业工作难点主要有以下几方面：

1. 企业资源聚合与毕业生就业分散的矛盾

商科教育历来重视就业资源的整合，不少商科院校积极拓展校企合作渠道，形成了联系多、范围广的就业资源体系。但与此相矛盾的是，商科学院不同专业之间的专业体系、求职方向却有较大差异，也很少有一家单位招收多名同专业毕业生的情况。同时，商科毕业生前往实习实践基地企业、校友企业的人数较少，学院就业资源与学生就业去向严重不匹配,进而给企业资源维系、就业渠道拓展、就业服务指导等工作带来了巨大压力。

2. 企业需求与毕业生结构的矛盾

商科学院毕业生就业普遍呈现出"就业单位多、行业分布广、岗位需求少"的特点,除了部分会计师事务所等专门企业,大多数就业单位对职能类、管理类等相关岗位的招聘需求较少,部分单位还对性别有所倾向。在新冠肺炎疫情的影响下,多数单位普遍缩减了职能类、管理类岗位的招聘规模,仅有部分单位对营销类岗位的需求有所增长。与之相矛盾的是,经管学院学生结构与企业招聘需求严重错位,女生比例超过60%,会计、金融等热门专业女生比例超过80%,而就业市场对女生要求更严苛,增加了就业匹配的难度。此外,经管学院学生普遍就业期望较高,大多愿意从事行政、管理等后台类岗位,从事营销类等一线岗位的意愿较低,这与企业现实需求不符。

3. 升学意愿与升学难度的矛盾

一方面,近年来重点商科学院毕业生选择继续深造的比例持续上涨,考研比例已经超过了35%,同时重点商科学院学生普遍高考成绩较好,对自身的期待值较高,超过75%的学生在报考时选择"985"及"两财一贸"高校。另一方面,在全国范围内,商科类专业因为试题难度相对工科专业较低,也使得会计、工商管理等经管类专业成为考研的热门专业。然而,受限于研究生培养规模,商科类专业考研报录比平均低于1/40,[①] 即使近年来因疫情扩大研究生招生规模,商科类专业考研报录比例仍未有增长。此外,商科学院历来是留学深造学生最多的学院,但受到新冠病毒疫情和国际政治摩擦的双重打击,毕业生留学申请难度不断加大,留学难让商科类专业毕业生的升学之路难上加难。

---

① 朱一豪. 后疫情时代经管类专业毕业生就业现状及对策研究——以南京航空航天大学为例[J]. 中国商论,2021(23):159-161.

4. 培养周期与求职周期的矛盾

开设商科学院，意味着学校通常进行大类培养，学生在大一大二学年以通识教育为主，大三学年才开始接受专业教育，学生开始生涯规划与职业选择的时间较晚。同时，经管类的就业岗位对综合素质的要求高于专业能力，加之竞争人数多、可替代性强等特点，导致了繁杂的面试过程和较为严格的筛选条件，很多单位要求学生先完成三个月的实习后再与之签约。与之相矛盾的是，近年来越来越多的毕业生将考研、考公作为首选，而公务员、研究生等考试时间相对较晚，一旦选择考研、考公，需要投入大量的时间进行复习准备，他们往往不会加入迫切就业的大军，较晚的职业选择期和较长的求职周期让"慢就业""不就业"的情况愈加凸显。

5. 职业预期与市场竞争压力的矛盾

商科一直是高考选志愿的热门专业，每年商科报考人数非常多，而职场上需求有限，出现明显的供大于求现象。因此，商科毕业生在就业市场上面临较大的竞争压力，尤其是在新冠肺炎疫情防控常态化背景下，就业需求收缩，很多毕业生难以找到心仪的工作，进而出现考公热的现象，很多毕业生毕业之后选择考公，但是考公竞争压力也非常大。

另外，很多理工科本科的大学生读研转到商科，相比于本科也是商科的研究生来说，他们有理工科的专业背景，存在一定的竞争优势。然而，商科背景的学生跨越到理工科的难度较大，因此就形成了只能进、不能出的状况，更加剧了就业竞争。

五、高等学校提升商科毕业生就业质量的措施

针对我国客观存在的商科毕业生就业质量问题，高等学校作为培育商科毕业生的摇篮，应该深化教育改革创新，努力适应国家及区域经济社会高质量发展需求，积极采取一系列提升商科毕业生就业质量的应对措施。

1. 加强就业指导调研，完善就业指导服务流程

做好商科学生生涯调研，推进就业资源整合。利用问卷调查、随机访谈等在校园内开展学生生涯认知相关调研，调查学生生涯认知现状及就业指导需求，初步了解学生对职业生涯的认知现状及就业中存在的困难。针对调研结果进行深入分析，结合生涯认知现状和就业难点的特征，总结学生生涯指导工作的要点。立足学生职业规划现状调研结果，系统化设计并开展学生职业规划活动。邀请各行业嘉宾做行业分析和职业特点介绍，帮助学生了解行业的发展前景和规律，对学生从自我定位到职场技巧再到职业成长进行全方位辅导。

2. 细化就业指导内容，创新就业指导服务方式

重点关注就业存在困难的学生，做到专人专策。摸清商科学生未就业原因，对未就业学生进行分级分类，① 根据分级分类制订相应的帮扶计划。根据学生类别组建求职队伍，根据学生求职需求，在未就业学生群体中重点打造专门的求职团队，进行每日就业信息的汇总、共享，定期交流求职心得经验，实现求职困难学生互相帮助、共同就业。关注特殊群体就业，面向体育、艺术特长生等群体，开展专场就业交流，积极联系对口招聘企业，专人专策切实解决特殊群体的就业问题。

3. 积极应对就业形势，打造就业求职教育品牌

聚焦学生的自我探索、能力培养、发展规划，以"分阶段、抓重点、全程服务学生职业发展"为工作思路，持续开展因事而化、因时而进、因势而新的职业生涯咨询与指导活动，在现有就业工作基础上进一步拓展就业服务活动，开展研途"职"南针、"公"路加油站等活动，加强对学生的沟通了解，引导学生缓解就业焦虑，树立健康的求职观念。针对学生求职意向，开展相对应的就业指导工作，灵活应对就业变化，促进学生就业。

---

① 朱一豪. 后疫情时代经管类专业毕业生就业现状及对策研究——以南京航空航天大学为例[J]. 中国商论，2021(23)：159-161.

4. 强化就业素质训练，开展陪伴式生涯规划辅导

对照不同阶段学生的不同需求，形成大学一年级职业启蒙教育、大学二年级生涯规划教育、大学三年级求职技能教育、大学四年级职前适应教育的生涯规划辅导体系。加强宣传引导，实现多元化就业，引导毕业生选择多种就业形式，加强创新创业教育，鼓励和支持更多毕业生自主创业，支持毕业生以新就业形态、灵活多样的方式实现就业。

5. 完善课程体系建设，实现课程设置动态更新

课程体系建设做到理论、实践相结合。课程体系建设是学生就业中的重要一环。在建设课程时，应该切实根据发展需要与时俱进。一方面，要重视学生必需的基础理论知识体系的构建，提升学生的专业素质和基本技能。[①] 另一方面，要始终秉承与时俱进的办学理念，要时刻对人才培养方案进行动态化更新，保障课程设置的动态性;[②] 同时要结合市场需求来调整专业设置，热门专业和就业率高及就业质量好的专业要适当增加；授课形式也应多样化。

6. 学习与实践相结合，自主提升就业创业能力

学生在大学期间应及时了解就业相关信息，设立就业目标，提前提升求职过程中所需的各项能力。在大学进行课程学习提升专业能力的同时，注重实践，做到理论和实践相结合。社会实践是提升综合素质的有效途径，通过在学校的各类社会实践活动，学生不仅可以了解社会、接触岗位，将学校所学知识和技能转化为独立分析解决实际问题的能力，同时还可以不断发现自身的问题和差距，及时调整学习重点和目标，提升自身的就业竞争力。武汉大学商科本科职业规划图见图16。

[①] 张腾飞，郭玉莉. 经管类专业创新创业教育优化的实践研究——基于毕业生追踪调查的大数据分析[J]. 教育现代化，2019，6(7)：88-90.

[②] 潘兵，程广华，朱扬宝，杨霞. 高校经管类毕业生就业质量影响因素及路径分析[J]. 淮南师范学院学报，2020，22(4)：46-51.

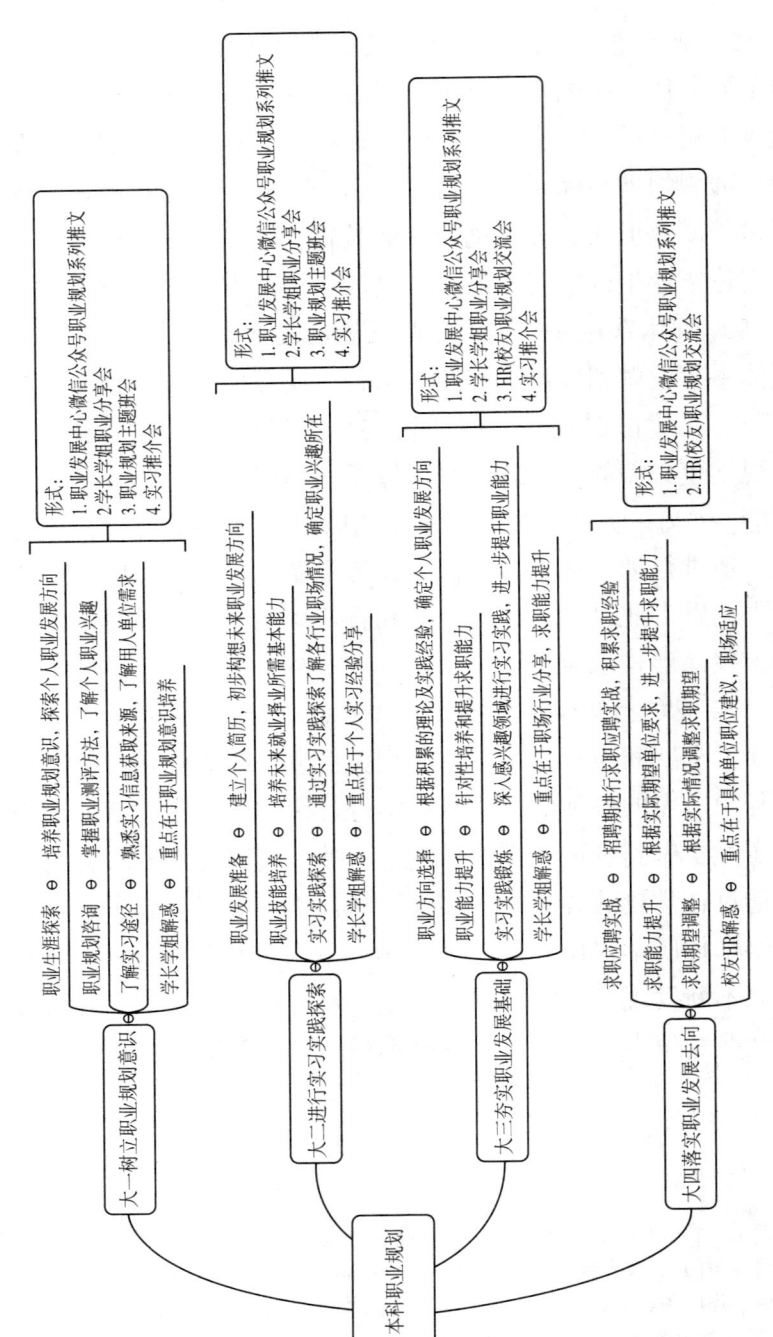

图16 武汉大学商科本科职业规划图

7. 及时引导心态调整,树立良好就业创业观念

学生求职就业过程中应树立弹性化的就业理念。学生在树立弹性化的就业态度前,要充分了解自我的就业焦虑,即在面临就业时,学生对自我和就业问题的认知不足所产生的一种不安情绪。[1] 通过加强自我认知教育,使自己懂得如何去认识自我,如何评价自我,以准确地对自我进行定位,减少就业中的盲目性,以达到高质量的初次就业,为后期的发展奠定牢固的基石。[2]

报告撰稿人: 李　好　武汉大学经济与管理学院党委副书记、博士
　　　　　　王晨茜　武汉大学经济与管理学院研究生辅导员、硕士

---

[1] 潘兵,程广华,朱扬宝,杨霞.高校经管类毕业生就业质量影响因素及路径分析[J].淮南师范学院学报,2020,22(4):46-51.
[2] 周侗,王媛.××学院会计专业毕业生就业质量评价与改善措施[J].中国管理信息化,2022,25(1):216-221.

超大城市社区冲突类型与矛盾化解机制研究
——基于武汉市典型社区的考察

肖泽磊　王烨

随着城市化的快速推进，包括利益、环境、权责和结构等多维度的社区冲突频发不断。寻求社区治理困境与矛盾化解机制、提升基层治理效能成为一个亟待解决的重大现实问题。因此，本研究聚焦"社区"治理单元，基于政府多源大数据信息，按照"冲突诊断—原因追溯—路径探索"的逻辑链条，识别社区冲突类型及其对应的冲突关系和矛盾形成机制。针对物理环境、社会资本、制度建设、公共服务和技术应用等五个层次的影响因素厘清不同的冲突治理策略，并以此提出加强环境建设、培育社会资本、优化治理结构、深化服务理念和治理主导技术的政策建议，以期为我国超大城市社区治理提供理论参考。

一、提出问题：社区冲突造成治理困境

城市社区是国家治理的重要载体平台，也是各项政策在城市落地的重要抓手，更是新时代国家治理现代化的基础工程。"十四五"规划明确提出，"完善社会治理体系，推动社会治理重心向基层下移，向基层放权，加强基层城乡社区治理和服务体系建设"。基础不牢，地动山摇。要不断夯实基层社会治理这个根基，提高社区治理的效能，必须遵循《中共中央　国务院关于加强基层治理体系和治理能力现代化建设的意见》的思想指导，做好规划建设、整合数据资源、拓展应用场景。实

际上近年来，随着经济社会的发展转型与新制度、新技术的更迭，基层社区的空间结构及社会结构在不断变化，社区承载的功能也日益扩展，这使城市基层成为一个愈加复杂的治理场域，面临着多重现实需求的治理压力。与此同时，居民对公共服务的需求不断增长且日益多样化，对社区治理提出了诸多新挑战，出现了一些具有共性的治理挑战和社区冲突，包括公共服务需求增加、居民参与缺失、共同体营造困难、治理规范不足、社区利益整合碎片化等，特别是居民服务精细化需求与社区回应渠道阻塞产生的"居社"矛盾日益突出。居民需求与社区回应不匹配的冲突在以武汉为例的超大城市中显得更为普遍和激烈，寻求社区治理困境与矛盾化解机制、提升基层治理效能以回应居民需求成为一个亟待解决的重大现实问题。

二、研究框架与理论分析

社区冲突的应对和解决是社区治理体系不断反思和进步的过程。社区冲突与矛盾化解要秉承"创新基层治理、提升治理效能"的理念，从"居社矛盾"趋近"政民共赢"，从"零和博弈"走向"正和博弈"。"无矛盾，不社会"，社区也是这样。若有科学的态度和理性的观念来引领，则可以大大降低业已发生冲突的解决难度，这也是社区冲突化解和治理新情景设置的前提要件。

基于此，本文在社区冲突治理的视角下，综合国内外相关研究的理论成果，考虑国内社区矛盾与冲突的本土化特点，结合超大城市社区人口结构和社区冲突特性，建立了"冲突诊断—原因追溯—路径探索"的解释框架。同时以武汉市典型社区为中观场域，建构社区冲突化解的中层理论。在此基础上，对问题进行由里及外，兼顾"软硬"特征的系统性、全面性和综合性的分析，并尝试从系统视角对超大城市社区冲突生成与化解机制的逻辑进行理论阐释（见图1）。

课题组认为，对社区冲突的分类应结合对社区冲突的概念界定和特

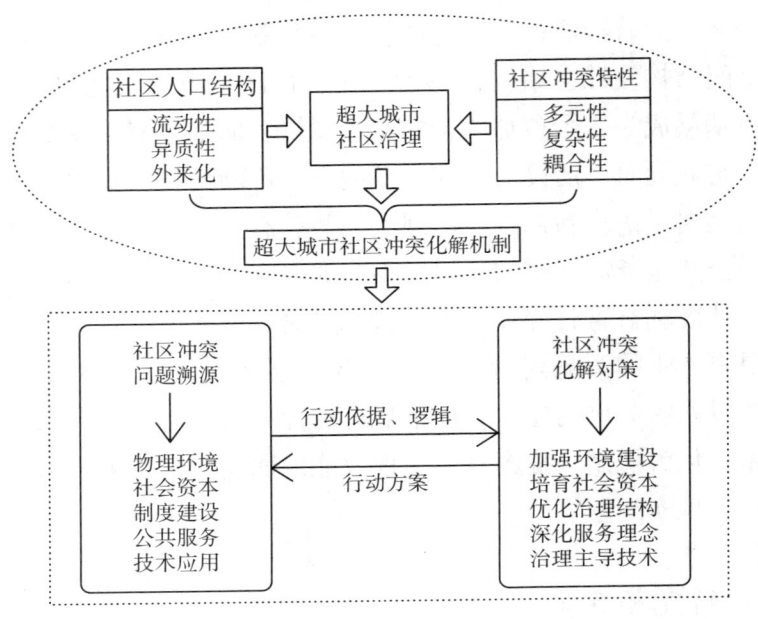

图 1　超大城市社区冲突分析逻辑框架

征归纳。对此，根据以上理论观点，同时结合我国城市社区的独特场域特点，本文把当前我国城市社区冲突划分为四种类型：

(一) 社区环境冲突

处于系统中的个体在选择适应和改变、行使自由反应的权利时，会意识到社区的存在。在个人与"他者"不断交换信息和能量时，环境也在不断地适应和变化。具体来说，居民在动态的变化中，社区环境也在不断适应并影响着社区个人及群体的稳定和发展。而社区环境对居民身心健康的影响也是近年来公共健康、社会学、城市规划等多学科领域关注的一个热点问题。社区环境泛指社区物理环境，不仅包括环绕社区的生态环境，还包括营造社区公共空间的硬件设施和基础建设，是居民在社区进行生活和工作的重要载体和关键场域。良好的社区物理环境不但可以有效融合异质性元素，影响流动人口融入社区的市民化进程和社区治理的有序进行，还有利于塑造新型、和谐的社会关系。社区环境冲突主要表现为社区环境卫生"脏、乱、差"和基础设施老旧、破损与存在安全隐患等，这些因素都直接影响着社区治理的质量和效果。因此应将社区环境的建设和维护视为推进社区治理体系和治理能力现代化的基础工程。

（二）社区利益冲突

社区利益冲突主要围绕社区公共利益展开，一般具有公共性和多样性两大特点，涉及社区空间内公共资源的分配、公共环境的维护和公共信息的分享等多个方面。因此，本文将社区利益冲突定义为因社区公共资源与利益分配以及公共环境和互动平台维护而产生的矛盾与纠纷。由于社区不同治理主体的立场不同、资源分配和既得利益占有不同，在利益认同和问题协商方面存有异质性，达成共识的过程和结果有所差异，因此相应的行为选择和行动逻辑不能统一，使得居民出现行动差异、认知差异甚至冲突行为。

表1　　　　　　　　社区居民共识性与行为选择模型

利益冲突类型	居民共识性	行为差异性
协商合作型	较高	较低
行动差异型	较高	较高
冲突行为型	较低	较高
行动趋同型	较低	较低

根据居民间共识性的高低和行为选择的差异，课题组将社区的利益冲突问题分为四种类型（见表1）：第一，协商合作型。作为居民利益聚合群体的社会组织，在拥有完善的社区公共权力体系、稳定的社区秩序以及治理主体具有深层价值认同的治理场域中，基于居民需求的导向，参与社区商谈并能达到有效共识，居民协作意愿高，在公权力有序引导下能够促成协商合作与集体行动；第二，行动差异型。在具有较高共识性的社区内，资源的分配情况会影响到居民行为选择的差异，进而影响

集体行动的达成。参考马特兰德提出的模糊-冲突模型，应用于中国本土化社区冲突问题研究时，要考虑到象征性执行的问题。这种情况的前提是具备相应的人、财、物资源。若所需资源不足，即使与目标达成相关的多元主体有一定的合作基础，但若未形成具备优势地位的联盟，且各方因存在目标模糊、行动途径各异以及对于利益实现的不同立场和态度等因素干扰，容易造成行为选择的差异；第三，冲突行为型。当社区异质性高、人员流动性强时，居民主体之间的陌生感、疏离感使得社区难以凝聚，利益主体彼此孤立和不信任难以促成合作的集体行动，反而因为各自的利益差异强化了各个利益主体之间的冲突和对立，从而导致社区冲突行为和矛盾纠纷的发生；第四，行动趋同型。在居民有一定合作基础和惯例的社区内，人们之间信任感较强，合作意愿明显，社会资本丰沛，往往能达到"求同存异"的效果，即使存在认知差异、共识性低的现象，由于居民对于社区公共意志的服从性较高，往往也能促成合作的集体行动。

(三) 社区权责冲突

现代城市社区治理的发展过程中，社区权责冲突主要表现为社区居民委员会、社区社会组织、业主委员会、社区物业服务企业、社区居民等主体之间的权责边界模糊和权责割裂。社区中权力与责任关系，一般是指参与、决定和控制社区公共事务的权力，以及由权力衍生的责任关系。现实中，数量多、异质性强的居民主体的参与，使得他们之间的关系更为复杂。由社区权责冲突引发的事件通常包括两类：一类是社区居民委员会、业主委员会和社区物业服务企业之间对社区公共权力的争夺，加之工作交叉、重叠从而引发的社区冲突；另一类则是发生在以上列举的三类治理主体与居民之间的冲突。

(四) 社区结构冲突

社区结构冲突是指围绕社区内部、社区组织与外部组织等主体，在运行机制、管理系统和治理模式等方面产生的冲突。社区结构冲突更倾向于对治理结构的关注，具体分为两方面：一方面是社区机构或组织内部之间的冲突。在我国现行的社区管理体制背景下，社区党组织、居民委员会、业主委员会、物业服务企业、工作站以及其他社区社会组织等参与主体之间不仅存在着机构设置的混乱，并且常常互相推诿、扯皮甚至"打架"；另一方面，还存在着社区内部组织机构同社区外部执法部门之间的冲突。正是因为组织机构在设置上存在缺陷，导致在职能交叉、工作重叠的领域出现不作为、乱作为、缺位、越位、错位的现象，影响社区日常事务处理。

三、现实情景：社区冲突诊断与问题溯源

武汉是中部六省中唯一的副省级省会，其较高的经济发展水平和较为成熟的城市发展阶段赋予其超大城市的社区承载容量。作为超大城市的武汉在社区抗疫方面交出了一份较为满意答卷，但是也暴露出社区固有的、本质的矛盾与冲突。同时，为不断优化社区治理效能，武汉市整合并升级政务服务一张网、市长专线、数字城管、城市留言板等办事和报事入口信息，构建全市统一的"民呼我应"信息化服务平台和武汉微邻里移动应用，成为数据共享、信息贯通、问题研判的主要依托。技术化手段的升级为课题组掌握武汉市社会治理中的社区矛盾提供了较好的技术平台。基于此，本课题组将武汉市相关社区作为研究对象，借助武汉市较成熟的信息化政务平台和移动政务APP，以点带面探讨超大城市社区冲突的主要类型、本质原因和解决路径。

（一）冲突诊断

在社区抽样方面，考虑到新老社区属性差异，结合各个城区的实际发展情况和典型特征，抽取D城区和W城区分别作为中心城区和远城区的代表。在研究的时间跨度方面，设定2020年1月到2021年6月为

研究区间,数据来源主要包括:"民呼我应"信息平台、市民热线和"微邻里"移动APP等大数据政务信息交流平台。为保证数据具有代表性、完整性和真实性,本文按照场域类型即"老旧型""商住型"和"综合型"对数据进行分类,从社区上报到街道办受理,从居民反映问题到市级下发街道,贯穿基层治理流程的全过程,试图从居民视角对武汉市社区冲突进行"360°"的剖析和探究。具体抽样社区分布情况见表2。

表2　武汉市W城区和D城区社区情况

研究对象	城区类型	所辖社区(个数)	社区类型
W城区	中心城区	139	老旧型(51)、综合型(67)、商住型(6)、单位型(10)、村改居(2)、其他(3)
D城区	远城区	70	老旧型(21)、综合型(20)、商住型(20)、其他(9)

根据W城区和D城区具体社区类型的情况,以"案件类型名称""案件关键词""来话内容"等关键词类目爬取武汉市典型社区出现频次最多的冲突和问题。数据分析结果显示,目前造成武汉市社区冲突的成因及类型中,位列前八位的依次是:环境卫生问题(垃圾、噪声等)、房屋建设问题、基础设施建设问题、社区公权力主体纠纷、社区服务问题、社区公共区域管理问题、社区防疫问题、中小学生教育管理等。从具体的数据来看,虽然冲突类型较为广泛,但仍有显著的集中性,群众反映较为突出的前3项问题占总样本比例分别为36.90%、17.00%和16.00%,累计占比高达69.90%,具体问题分布情况见表3。

表3　典型社区冲突表现

典型社区冲突表现	样本数(个)	百分比(%)
环境卫生问题	36213	36.90%
房屋建设问题	16688	17.00%

续表

典型社区冲突表现	样本数(个)	百分比(%)
基础设施建设问题	15691	16.00%
社区公权力主体纠纷	7943	8.10%
社区服务问题	7261	7.40%
社区公共区域管理问题	6169	6.30%
社区防疫问题	4494	4.60%
中小学生教育管理	3538	3.60%
其他问题*	40	0.10%

* 其他问题包括市场物资供应、交通管理、民事纠纷等。

基于当前数据，参考现有社区冲突解释模型，同时结合我国城市社区的场域特点及冲突的不同属性，课题组将武汉市典型社区冲突按照环境冲突、利益冲突、权责冲突以及结构冲突等四个维度进行分类。同时将现有社区冲突中最具有代表性的事件进行提炼浓缩、归纳总结，从而为剖析矛盾和冲突出现的原因奠定基础(见表4)。

表4 武汉市典型社区冲突表现与冲突类型

冲突类型	冲突表现
环境冲突	1. 生活垃圾、道路不洁、噪声等问题 2. 公共设施老旧、破损或设置不合理 3. 私搭乱建、污水、垃圾协商处理不当
利益冲突	4. 学区划分不合理，中小学生入学资格分配问题 5. 拆迁问题(强拆、拆迁款以及拆迁过程中造成的生活不便等问题) 6. 工作人员滥用职权所产生的房屋纠纷和申领低保等问题
权责冲突	7. 业委会组建过程不够公开透明，对结果不满意 8. 物业纠纷(乱作为、不作为、腐败、投票不透明、乱拆乱建等现象) 9. 业委会违规操作、掏空维修资金
结构冲突	10. 业委会组建过程不够公开透明，居民及其他部门对结果不满意 11. 社区强行驱逐物业 12. 执法部门的越位、缺位现象

(二) 问题溯源

结合政务信息和移动政务大数据以及课题组专项实地调研发现，武汉市中心城区和远城区社区冲突产生原因无显著性差异，主要冲突原因包括治理结构不完善、权力机构职能"打架"、基层公权力越位、缺位等，这也被大多数文献所认同。但同时课题组认为，要溯源武汉这样的超大城市社区的矛盾冲突，不能仅仅从单一角度或者孤立维度简单地追求个别矛盾的探寻，要以综合性、全面性的眼光来探讨城市社区冲突和矛盾的根源和瓶颈，厘清冲突发生和现实治理的运行逻辑和内在张力，从而为提升武汉市这样的超大城市社区治理效能提供整体行动方案。基于此，参考图1社区冲突的溯源模型，本文主要从以下五个维度展开论证。

1. 物理环境：环卫管理滞缓与维护工作缺位

社区环境卫生与公共设施，作为居民共同生产生活的关键场域的重要组成要件，直接影响到居民的身心健康与社区治理进程。具体而言，武汉市三类典型社区中居民反映最突出的问题是环境卫生问题（垃圾、噪音等），达到了36213个样本数量，累计占比达到36.9%，因其与居民的衣食住行切身关联，容易成为社区治理的众矢之的。这表明社区环境卫生质量是居民关注的焦点问题。除此之外，积水漏水、路面破损等社区市容环境管理问题分别有6524件和14493件，约占样本总体的6.7%和14.8%，这些具有较强复杂性、重叠性的问题也暴露出社区工作人员对于公共设施维护和更新工作的缺位。这种缺位，不但影响社区居民的身心健康，激化居民的不满情绪，也可能间接造成社区资本的流失、居民归属感的降低，从而影响社区治理的稳定性。

2. 社会资本：共同体意识式微与自组织发育孱弱

社会资本被认为在提供社区公共产品和促成集体行动方面发挥了重要作用。一些学者甚至认为社会资本是嵌入在个人、社区和社会网络关系中的资产或资源的总和。普特南在对意大利不同地区制度绩效的研究中将社会资本作为重要的解释变量，根据社会网络、信任和互惠规范的三位一体观点，认为社会资本在促进合作行为、实现集体目标等方面具有重要作用。然而，经历了"单位制—街居制—社区制"不断转型的中国城市，社区资本本身的存量不足，即使社区居民较容易形成共识，也因薄弱的联系网络和差异性的利益取向在行为选择上存在分歧，容易引发以个人为单位的社区冲突。结合数据分析和实地调研发现，城市社区治理中社会资本匮乏导致的冲突与矛盾主要表现在三个方面：其一，治理主体间的信任缺乏。这突出表现为社区与居民之间的不信任导致政群之间矛盾不断加深，例如对业委会的决议不满意、质疑业委会的组建过程不够公开透明等；其二，社区自组织发育孱弱。参考武汉市W城区的政务数据，申领低保、失业金等问题因频次较高（约有1962件，约占总样本的2%）成为热点问题，但此类意见都是以个人为单位逐次反映，缺少由个人向组织的黏合过程，缺乏居民需求的有效整合，进而影响问题处理的解决效率；其三，居民参与的文化氛围营造不足。这表现在无论是居民还是街道办反映的社区冲突均主要集中在与居民自身利益息息相关的环卫垃圾、养老以及资格分配等问题，而社区的安全问题与社区文化氛围的营造等问题则甚少涉及。

3. 制度建设：制度冲突激化与居民参与不足

社区冲突和矛盾的解决有赖于制度手段的运用。规范性的力量可以诱导治理主体在一定的规则下相互合作，从而使社区权力和规则从无序状态转为有序状态。制度作为建设社区的稳定手段，在特定的时间点和阶段上，也会出现动态的变化。某项新型制度的实施之所以会在不同的政治、经济和社会环境下呈现出不同的效果，主要是因为该新型制度与已有制度之间存在耦合偏差，即存在制度冲突。同理，当"旧"制度面对新的社区冲突和利益纠葛，也会出现不适应和不适用，从而出现在行为指引上互相矛盾或冲突的现象，导致社区治理主体因制度冲突而无所适从、行为紊乱，影响其参与能力和参与机会。以抽样数据为例，从2020年至2021年上半年六个季度以来，武汉市因多方利益协调机制不健全、治理主体权责边界不清而诱发的社区矛盾困境共计19609起，约占样本总体的20%。典型问题包括："社区其他公权力主体强行驱逐物业""业委会违规选举""执法部门缺位、越权"等的现象。这不但影响了社区日常事务的正常运行,也让居民和社会组织等其他治理主体"无门可循",打击其参与积极性,对社区发展持保留或观望态度。这种恶性循环使社区治理陷入被利益冲突、权责冲突、结构冲突等裹挟的困境。

4. 公共服务:服务意识淡薄与供给内容低质

当前,我国基本上形成了结构完整、内容多样和多元供给的社区公共服务体系,极大地满足了社区居民的日常生产生活需求。但与居民日益增长的公共服务需求相比,仍然存在社区公共服务人员分布不均衡、工作不规范和服务不精细的问题。具体表现如投诉社区服务人员"服务态度不好"(0.6%)、"资源分配不合理"(2.7%)、"工作过程互相推诿、故意拖延、逾期不回复"(3.7%)等。这充分说明在当前的社区工作中,部分工作人员服务意识淡薄,服务队伍的专业和道德素质亟待提升。

除此之外,社区公共服务供给的同质化且不匹配问题也同样值得重视。现行社区公共服务是在政府指导下的标准化供给,具有覆盖面广、个性化低的配置特征。统一标准的服务供给意味着对公共服务的质量进行精准把控相对较弱,导致许多社区公共服务供给的质量良莠不齐。如部分社区的卫生、文娱设施年久失修又缺乏适时更新等。这些现象容易引起居民的不满,降低居民的满意度。以武汉市的W城区的典型社区为例,设施老旧破损等问题表现在数据上有23798件,约占样本总体的24.2%,如居民反映"公共设施老化破旧""路面破损""消防设施老旧隐患""下水道破损堵塞"等问题比比皆是。

5. 技术应用:化解平台缺失与舆情管理漏洞

伴随着城市经济的发展与网络社会的来临,无论是人们的生产生活、管理机构的运作,抑或是权力机关的组织运行以及社会整合和认同的方式都发生了巨大的变化。随着社区居民的权利意识觉醒、法制观念提升,多元化的需求和单一的反馈机制之间难以制衡,城市社区的矛盾与冲突不断。

以武汉市两城区为例:一方面,无论是市民热线、城市留言板还是"微邻里"类似的意见反馈平台,均缺少冲突化解功能的设置,尤其是对于市民反馈"问题未解决""结果需要考虑"以及"问题仍待处理"的情况，未能及时跟踪冲突的处理过程，导致市民对平台的运作效率不满。并且根据已知数据，当前冲突调解与化解工作的重心主要在于冲突形成之后的"事后处置"，缺乏具备预测、预防、排查功能的机制和平台。在这种情况下，由于化解平台缺失和服务平台功能受限，如今的调解手段为了"稳定"和"立竿见影"，免不了行政化手段的介入，这明显挫伤了社会组织和社区居民等相关治理主体参与的积极性。

另一方面，现行信息服务平台对于数据的统计和筛选大多限于事件发生地、时间与关键词的简要记录，对于事件的处理流程和反馈并没有得到很好的反映。例如，占研究有效样本18.5%的事件因缺少当时居民和投诉人的联系方式而"无处反馈"，直接影响到社区矛盾化解的及时性和有效性，这也恰恰反映出当前社区舆情管理的漏洞。基层社区是社会的基本细胞，而社区舆情独具的分散性、不均性和多样性更是加剧了社区冲突的复杂性。这突出表现为社区冲突领域跨度广、事件类目琐碎、反映渠道分散等特点。缺乏具有针对性、现实性和适切性的舆情引导，造成舆情"产生—传导—处理"这一流程过程长、效果差甚至问题反复出现的现象，这在无形中阻碍着社区冲突的化解进程。

四、路径选择：社区治理困境与矛盾化解机制探索

社区治理效能是在矛盾化解中不断规范治理方式、完善治理结构和形成适宜的治理制度中持续提升的。因此建设超大城市的和谐社区需要在不断的动态变化中寻求平衡，在不断地认识问题和化解冲突的过程中总结经验，从而为提升社区治理效能提供理论指导。

基于对武汉市社区治理中的冲突诊断和问题溯源，本节从引发社区冲突的五大维度入手，通过加强环境建设、培育社区资本、优化治理结构、深化服务理念以及坚持治理主导技术等五个方面探索武汉市社区建设的矛盾化解机制，从而以点带面地为中国探索超大城市社区治理抛砖引玉。

(一) 加强物理环境建设，增强社区治理稳定性

一方面要重点关注直接影响社区"容貌"且与居民日常生活息息相关的环卫治理。特别应该注重提升居民在社区环卫管理工作中的参与度，共建共治共享社区环境。参考相关城市的治理经验，具体实施建议包括：充分发挥社区居委会的作用，积极引导居民参与到社区环卫治理的过程中来。一是可以通过成立环保委员会，架起社区与居民之间环境治理的桥梁，充分了解居民与社区环卫管理工作的纠纷与矛盾。二是通过线上平台或协调机构表达居民意见，监督、落实居民社区卫生管理的任务。三是创新工作机制，鼓励公众共同参与城市环卫管理工作。例如，可以通过组织居民参与假期实践、社区保洁等活动，让广大市民认识环保的迫切性，从而积极参与到社区环境保护的事业中；通过"积分制"对参与社区环卫管理工作的居民进行物质奖励，激发民众的积极性和主动性。

另一方面要及时更新契合居民需求的社区服务设施，尤其是在老城区或老旧社区，对于因设施布局固化而整改难度较大的现象，应强化基层组织建设，发挥基层党组织在政策引导、资金投入和监管等方面的作用，引入符合标准的社会组织与市场主体，从运营管理的角度切实解决居民的实际问题。与此同时，要关注社区居民的多元化与异质性特征，切实结合居民需求整合社区便民资源，系统性动态更新社区服务流程，在此基础上提升社区管理与服务水平，强化服务供给的监督，提高社区设施运营服务匹配度和满意度，增强社区治理的稳定性。

(二) 培育提升社区资本，促进居民参与互动

社区的社会资本是维系社区作为地域共同体得以存续和发展下去的关键要素，是基层自治的重要治理资源。因此，课题组认为加强社会参与、提升社会资本、培养公民的社区共同体意识和自组织化是破解社区治理困境之法。

一方面，要培育社区资本，增强社会信任和社区凝聚力。通过创造

以人为本的生产生活氛围，促进居民之间自发的日常互动，让居民广泛参与到社区治理中来，以"参与式治理"化解社区矛盾，实现居民从"旁观者"到"治理者"的角色转变；同时积极赋权于民，让社区居民真正感受到"主人公"的精神和待遇。特别是有关社区公共事务或争议事项，应加强"人人参与、人人监督"的制度设计，让社区居民成为相关制度的制定者，增强居民参与感与社区凝聚力，这将有助于大大减少或有效避免冲突的发生频率。

另一方面，提升自组织综合能力。首先要关注有共同利益需求的居民群体，为他们争取必要的外部社会资本，使同质性的居民之间能够彼此互信合作。这不仅要求内部信任，还要引导居民运用制度手段有序表达、合法参与。可以通过采取各类措施，例如筹办活动、节日晚会等，促进自组织成员内部的相互协调和合作，提升自组织的协调能力。另外，也要争取同外部其他组织进行合作，争取链接更多社会资源，从而为组织的可持续发展创造一个良好的外部社会环境；其次要关注社区志愿者组织的成长。社区志愿者组织在社区社会资本形成中的作用不仅体现在形成（准）正式的社区关系网络的能力上，而且也体现在它是合作态度和公民技能的训练场，能够增强社会资本的"溢出"效应，能够在以组织为主导治理力量的社区建立更广泛、更包容的社会关系，能够在促进社会资本互利范畴之外的自我组织中产生多个层面的积累。

（三）优化社区治理结构，提升基层治理弹性

首先，根据"结构-功能主义"理论，优化社区治理结构的首要因素便是找寻整合治理主体行动的核心力量，即实现基层党建对社区事务的有效引领。基于此，课题组认为：第一，要关注干部队伍素质与能力的提升，推进干部队伍和晋升渠道的建设，从组织、思想和作风三方面着手梳理典型模范，增强党建对社区治理的引领能力；第二，健全基层党组织内部全覆盖的组织结构，同时优化基层党组织外部协同联动的网格结构也不容忽视；第三，面对日益多元化、异质化的居民利益，要与时俱进，搭建与社区居民需求相匹配的城市社区治理综合服务平台，为民

主协商、利益整合、需求反馈等提供载体与渠道。

其次，有针对性地加强居民之间以及不同治理主体之间的互动合作，加强社区协商机制的建设和完善。对不同社区治理主体的职责范围和相互关系作出明确规定，厘清行政自治和社区自治的边界，解决治理主体缺位、错位、越位的问题，这是开展居民协商的基础，也是全过程人民民主的重要体现。同时，要关注协商主体之间的信息不对称问题，促进不同治理主体之间的理性沟通，避免社区治理主体之间为过度追求自身利益而出现零和博弈的困境，这也是对社区治理困境与矛盾化解机制的有益探索。

（四）深化社区服务理念，提升公共服务水平

一方面，要有序健全社区治理的服务供给机制。首先，考虑到社区内公益类自组织的缺位，应关注到社区志愿者组织在社区服务中的重要角色，逐步实现社区志愿服务向着规范化、常态化和项目化的方向发展。尤其要发挥志愿者组织内党员先锋模范作用，积极引导党员首先支持、参与到社区的各项工作中；特别是参与到社区重要事项、有争议事件的商议与协调中去，协助社区各项服务工作的开展；积极引导社区志愿者组织转变服务思想，化传统的被动"响应"为主动服务，常态化组织为民服务志愿活动，助推和谐社区的建设。其次，要对社区公共服务供给进行精细化管理，精准配置各类公共服务资源。可以借助公益创投、政府购买公共服务等形式，推动社区服务与居民多元化需求的精准匹配，从而提升社区的公共服务水平，为尽可能减少甚至避免社区冲突的生成创造好的服务文化。

另一方面，应提高社区社工"素质化"与"组织化"程度，这是破解部分社区工作者服务意识淡薄、供给内容低质等问题的题中之义。首先，为提高社区工作者综合素质和专业化水平，一方面可以依托高等院校，积极引进社会工作机构参与社区服务，促进社区服务的专业化、规范化和科学化。另一方面要抓好社会组织综合服务中心的孵化培育，加强对枢纽型、支持型社会组织的培育；强化社区权益、养老、文娱服务

等各领域专业社会工作机构的建设，逐步提升社区社工队伍的整体素质和专业性，构建更有凝聚力的社区治理共同体，实现共融共创。其次，针对社工组织化程度低的现象，一要加大对社工工作的放权赋权力度，这是针对当前社工工作行政干预过多导致社工角色定位偏差、专业服务低效所提出的。同时，探索进一步优化政府职能部门与社工机构之间的关系，建立平等的合作关系。经双方协商设置社会工作内容清单，社工机构有权拒绝执行超出清单范围的内容；二要注重社工管理"平台化"，优化团队建设，定期、定点在社区开展实务培训，在社区工作中探索社会工作职业化发展方向。三是要引导社会组织和专业社会工作者进入社区，联合社会各方创新服务项目，为特殊利益群体和弱势群体提供极具契合性的服务。

（五）坚持治理主导技术，合理引导社区舆情

依托信息技术梳理社区舆情和强化"居-社"协商成为社区矛盾与冲突化解的先行一步。但引入"技术治理路径"并非简单地引入或者运用新技术来提升社区冲突的治理成效，而是依托大数据时代迅速发展的信息技术，对社区冲突事件进行监测、预警、研判、处理、反馈等一系列的治理。坚持治理主导技术是将信息技术作为社区治理工具补充的新路径，以满足居民诉求和增进社区稳定为核心的技术创新模式。

首先，针对武汉市现有智慧化信息平台缺少冲突化解功能的问题，要充分利用大数据、云计算等先进技术，建立起统一的社区冲突化解制度，做到需求收集、信息筛选、利益整合、排查处理、反馈督察、痕迹管理等一系列程序的协同运作，使民众能够更直观、更便利地了解到投诉意见的处理流程，从而提高民众对平台服务的认可度与参与度，提升社区舆情回应的精准性与有效性。

其次，合理运用信息化智能手段，切实做好社区舆情在社区冲突应对中的合理引导和有效应对。在社区具体的管理工作中，应适时引导党和政府、社区能人、社会权威舆论等媒介，紧紧围绕和谐社区有序发展、有效治理、有情互动的"三有"目标这一根本舆情导向，充分利用

智能化、现代化、亲民化的舆情传播媒介，创设信息发布 APP 或搭建政群互动平台，遵循社区"居民投诉—事件处理—意见反馈"这一冲突调解路径，把握社区调解有门、和谐发展的宣传力度，切实确保社区舆情环境清净、社区舆论空间清朗，为社区冲突化解提供良好的舆论氛围和舆情环境。

撰稿人： 肖泽磊　华中师范大学政治与国际关系学院、一流学科城乡治理研究团队副教授

　　　　　王　烨　华中师范大学政治与国际关系学院、一流学科城乡治理研究团队硕士研究生

荆州市推进承接产业转移示范区发展研究

秦尊文　张　宁

2011年12月，国家发展改革委以"发改地区〔2011〕2997号"文件批复同意设立湖北省荆州承接产业转移示范区，示范区以荆州市为主体，另有荆门、仙桃、潜江、天门4市为辐射区。在湖北省委、省政府的坚强领导下，荆州市以承接产业转移示范区建设为抓手，国民经济和社会发展取得明显成效。进入"十四五"时期，荆州市应坚决贯彻中央决策、落实湖北省委要求，深入推动承接产业转移示范区高质量发展。

一、十年来推进承接产业转移示范区建设成就

在全国的国家级承接产业转移示范区中，荆州市是唯一被明确为"主体区"的。荆州市不负厚望，十年来承接产业转移示范区建设成果喜人。

（一）经济发展质效提升

承接产业转移促进了荆州经济和社会发展。首先表现为经济实力增强，产业结构优化。2021年地区生产总值由2011年的1083.14亿元增加到2715.52亿元，年均增长10.04%；同期地方一般公共预算收入由44.33亿元增加到136.76亿元，年均增长12.18%；产业结构加快调整，三次产业占比由24.1∶40.8∶35.1调整为19.4∶32.4∶48.2，呈现"一产降、二产稳、三产升"的良好态势；交通运输仓储和邮政业、批发和零售业、住宿和餐饮业、房地产业、金融业、旅游业等现代服务

业发展迅猛,被评为2019年度"全省服务业发展突出贡献单位"。农业产业化发展步伐加快。出台《农产品加工业发展三年行动方案》,4条重点产业链图谱得到完善。小胡鸭晋升国家重点龙头企业,新增省级龙头企业24家、省级现代农业产业园4家。

其次是企业创新能力提升、综合竞争力增强。2021年全市规模以上工业企业数由2011年的713个增加到1267个,建成荆州开发区白色家电产业集群、荆州市(公安)汽车零部件产业集群、沙市区针纺织服装产业集群、白云边酒业产业集群等10个省重点成长型产业集群;高新企业由80个增加到458个,高新技术产业增加值占GDP比重超过14%,中石化四机石油机械有限公司、湖北菲利华石英玻璃股份有限公司双双入选2021年度湖北省高新技术企业百强。"千企千亿"技改工程加速推进,"百领"企业、"隐形冠军"企业大幅增加。经过多年发展,荆州培育了美的、法雷奥、恒隆、安道麦、能特、楚源、新生源、神电、白云边、玉沙纺织、亿钧玻璃、菲利华等一批骨干企业,形成了食品加工、装备制造、医药化工、轻工建材、电子信息和纺织服装六大主导产业。荆州境内外上市企业总数达到10家,全省排第3位。

(二)招商引资成效显著

设立示范区以来,荆州市累计引进亿元以上项目1066个,实际到位资金2143亿元。汽车及零部件、新能源新材料、电子信息等产业成长迅速。航天科工、中国供销、中农联控股、山鹰纸业等32家世界和国内500强、央企、上市公司先后进驻;美的、五方光电、凯乐量子通讯等高新技术项目投产见效;吉利新能源动力电池及模组、石首中材超低能耗建材产业园、监利玖龙纸业、荆州煤炭铁水联运储配基地等一批重大生产力布局和产业项目加快推进或建成;荆州方特东方神画成为全省规模最大、人气最旺的主题公园。

近年来,招商体制改革深入推进,设立15个驻外办事处,形成700余名专职招商干部驻点招商的新格局。荆州承接产业转移的来源地区遍布省内外,在引入的销售收入过亿元企业中,50%来自长三角、珠三角、京津冀地区,17%来自武汉,33%来自其他地区(见图1)。

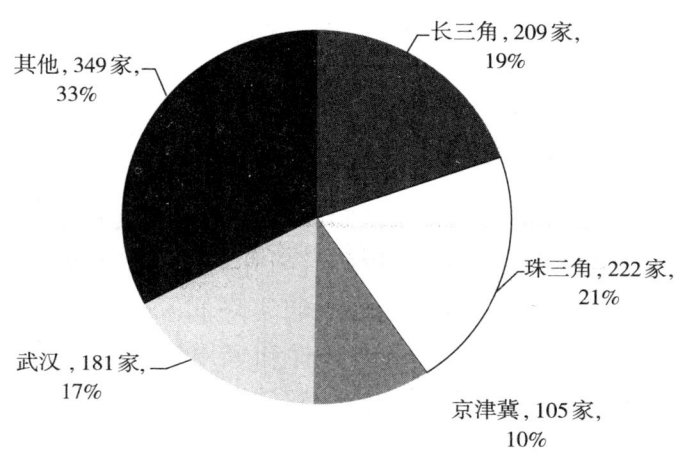

图1 荆州市亿元以上引进项目来源地区分布情况

(三)绿色发展深入推进

荆州市先后推进鄂西生态文化旅游圈、湖北长江经济带建设,绿色发展取得阶段性成果。高质量实施长江大保护"双十"工程,拆除长江干线码头340处,腾退岸线55公里,关改搬转沿江化工企业61家,洪湖、长湖拆除围网22.7万亩,退垸还湖还湿20万亩,洪湖湿地获批国家级自然保护区。22个水生生物保护区实施全面禁捕,航道疏浚弃砂综合利用模式在长江全流域推广。成功创建国家卫生城市、国家森林城市、全国绿化模范城市,获批全国第二批黑臭水体整治示范城市,秸秆露天禁烧工作连续6年保持全省第一。2020年,荆州空气改善幅度排名全国第6位,空气质量优良天数创8年来新高;2021年全市各县市区空气质量优良天数达标比例在85.8%~88.8%,空气质量综合指数在3.50~3.90。其中,荆州城区PM10累计均值为64$\mu g/m^3$,与上年持平;PM2.5累计均值为35$\mu g/m^3$,同比下降5.4%;环境空气质量优良天数322天,优良天数达标率88.2%,同比上升0.8个百分点;环境空气综合质量指数为 3.82。扎实抓好生态环保督察问题整改,中央和省反馈 117 项、整改 101 项。长江沿线及洪湖禁捕退捕全面落实,24 个国控断面水质优良率提升至 87.5%。"万里长江险在荆江"逐步转向"万里长江美在荆江"。

(四)对外开放取得突破

荆州市拥有全省唯一的自贸试验区协同区,开放型经济水平进一步提升。荆州综合保税区建设上报国务院,外资综合服务中心揭牌。加快湖北国际贸易"单一窗口"推进工作,切实降低了企业通关成本。荆州开发区、监利市分获国家级汽车零部件和家用纺织品外贸转型升级基地,公安县获批省级农产品(禽蛋)外贸转型升级基地,松滋海关监管区通过验收。荆州沙市机场建成通航填补了鄂中南地区民用机场的空白,进一步放大了荆州的开放开发优势。2020 年全市在疫情的冲击下进出口总额仍然达到 17.3 亿美元,比 2011 年的 9.8 亿美元增长了 77.04%,年均增长 6.5%。2021 年全市实现货物进出口总额 22.57 亿美元,比上年增长 25.2%,10 年平均年增长 8.7%。实际利用外资 21324 万美元,比上年增长 145.6%,10 年平均年增长 11.12%。

(五)民生福祉持续改善

荆州市高质量完成脱贫攻坚任务,民生福祉不断增进。截至 2020 年年底,全市建档立卡贫困人口 131494 户、400524 人全部脱贫;2021 年进入巩固拓展脱贫攻坚成果同乡村振兴有效衔接新阶段。卫生健康服务能力稳步提升,疾控体系改革步伐加快。教育事业全面发展,人口素质不断提升。社会保障体系不断完善,城乡居民社会养老保险和医疗保险实现全覆盖。完成应急体制改革,安全生产水平进一步提高,"一感一度一率一评价"居全省前列。

2021 年,全市城镇常住居民人均可支配收入 38231 元,比上年增长 10.9%,10 年平均年增长 8.76%;农村常住居民人均可支配收入 21207 元,比上年增长 12.7%,10 年平均年增长 10.71%。农村常住居民人均可支配收入增速快于城镇常住居民人均可支配收入增速,城乡差距进一步缩小。积极推动新型城镇化建设,监利成功撤县设市,是国务院设市"解冻"之后湖北省仅有的 2 个新设市之一。2021 年常住人口城镇化率 56.52%,比 2011 年提升 12.07 个百分点(见表 1)。

表 1　2021 年与 2011 年荆州市主要经济社会发展指标对比

指　标	单位	2021 年	2011 年	年均增速(%)
地区生产总值	亿元	2715.52	1043.12	10.40
地方一般公共预算收入	亿元	136.76	44.33	12.18
规模以上工业企业数	个	1267	713	[554]
高新企业数	个	458	80	[378]
进出口总额	万美元	225684	98000	8.70
实际使用外商直接投资	万美元	21324	7429	11.12
引进的三类 500 强企业	家	58	25	[33]
常住人口城镇化率(%)		56.52	44.45	[12.07]
城镇常住居民人均可支配收入	元	38231	16513	8.76
农村常住居民人均可支配收入	元	21207	7664	10.71

＊[ ]为累计增长。

二、荆州承接产业转移面临的机遇与挑战

荆州同全国一样,已全面建成小康社会,在迈向社会主义现代化建设新征程中,要抢抓新机遇,迎接新挑战,再上新台阶。

(一)荆州承接产业转移面临的机遇

一是国际国内产业发展变化新趋势带来新机遇。全球产业发展趋势是:高新技术产业链主导权竞争更加白热化,特别是美国与中国在高新

技术产业链尤其是即将进入应用临界阶段的产业主导权争夺将更加激烈;全球制造业智能化发展趋势明显,机器人、工业互联网等将更广泛地应用。新冠疫情持续蔓延冲击全球产业链供应链的稳定与安全,而我国稳定安全的环境增强了承接产业转移的竞争力。在国际国内产业分工深刻调整的背景下,我国东部沿海产业向中西部地区转移步伐加快。国家"十四五"规划纲要提出,要促进产业在国内有序转移,推进产业基础高级化和产业链现代化,并确保产业链、供应链安全,这为荆州承接产业转移、推进产业结构调整升级带来良好机遇。

二是融入新发展格局为荆州加快承接产业转移提供机遇。着力构建以国内大循环为主体、国内国际双循环相互促进的新发展格局,是中央基于国内发展形势、把握国际发展大势作出的重大科学判断和重要战略选择。习近平总书记在全面推动长江经济带发展座谈会上,将长江经济带定位为"畅通国内国际双循环主动脉"。荆州作为长江经济带重要节点城市,荆州开发区作为长江经济带国家级转型升级示范开发区,在主动脉的畅通过程中必然获得加快发展的机遇。

三是国家重大战略推动荆州更多承接产业转移。国家深入实施促进中部地区崛起、京津冀协同发展、长三角一体化、粤港澳大湾区建设等战略,为荆州带来新的机遇。《中共中央 国务院关于新时代推动中部地区高质量发展的意见》明确要求"湖北荆州"等示范区要积极承接新兴产业转移,重点承接产业链关键环节。荆州有望适当增加承接制造业转移项目新增建设用地计划指标,并得到中央预算内投资加大对产业转移合作园区基础设施建设支持力度等优惠政策。国家大力推动京津冀协同发展中,不符合首都功能定位的产业企业将被刚性转移,为荆州承接北京产业转移提供良机。荆州通过发挥"天元"区位优势、产业基础优势和土地、水资源、人力等要素优势,能更多地承接上海、南京、杭州、广州、深圳等地产业转移。

四是省委明确"重要一极"为荆州承接产业转移注入新动能。湖北位于中部之中,荆州位于湖北之中,区位优越,发展潜力大。省委明确定位"荆州是湖北高质量发展的重要一极",明确指出"城镇化、工业化、产业化是荆州发展不可逾越的阶段",明确要求依托长江黄金水道和浩吉铁路干线,加快建设新能源新材料产业基地,打造国家级承接产业转移示范区,积极承接高端产业转移,重点承接产业链关键环节,促进产业转移精准化、产业承接集聚化;只要符合全省产业发展方向和产业定位,能支持的尽量支持。这些定位和决策,为荆州高质量发展提供了强有力的支撑。

(二)荆州承接产业转移面临的挑战

一是交通基础设施短板亟待补齐。首先是铁路网络密度低。2021年荆州铁路营业里程达219公里,铁路网密度155公里/万平方公里和39公里/百万人,低于全省288公里/万平方公里的平均水平。公路、水路里程各占全省的10%左右,但铁路里程仅占全省的3%,特别是高速铁路和集疏运铁路已成为制约荆州综合交通运输体系发展的薄弱环节。其次是公路等级结构和路网结构不优。2020年年底全市公路网络通车总里程25154公里,其中二级以上公路占比12.9%,低于全省13.2%的平均水平,而二级以下农村公路占比过大。同时,中心城区高速公路环线尚未形成;江北高速往西未打通,东西向过江出行需绕行较长距离;对外省际市际出口通道有所欠缺,特别是往湖南安乡和华容方向不畅。最后是过江通道建设滞后。建成通车长江大桥只有5座,每97公里一座,而沿江各省市长江干流平均不到30公里就有一座大桥。

二是产业结构不优制约转型升级步伐。首先是产业结构不合理。2021年荆州市第一产业占比高达19.4%,比全省平均水平9.3%高10.1个百分点,仅次于恩施州和黄冈市;第三产业占比为48.2%,比全省平均水平52.8%低4.6个百分点。农产品加工、纺织服装、医药化工、轻工建材、装备制造、电子信息六大支柱产业分布区域较散、规模较小,工业发展水平较低,企业自主创新能力不强,难以推动产业技术迭代和转型升级。其次是荆州产业尚不完全适应绿色发展要求。境内有荆江分蓄洪区、洪湖分蓄洪区,两大国家级分蓄洪区约占全市国土面积的

30%；还有沮水生态湿地保护区、石首麋鹿自然保护区等一批国家级保护区和荆州大遗址保护片区等。用地和能耗基数相对较小，在用地指标和能耗指标持续收紧、增加指标主要考虑基数的背景下，荆州承接产业转移和招商引资面临较大困难。

三是人口流失削弱区域发展后劲。2021年，全市公安部门统计年末总户数为197.67万户，比上年减少0.33万户；户籍人口为628.19万人，比上年减少4.44万人。全市年末常住人口513.73万人，又比上年减少9万多人。而与示范区建立之初的2011年相比，下降幅度更大。2021年户籍人口比2011年的662.74万人减少34.55万人，常住人口比2011年的570.4万人减少56.67万人，分别下降5.21%和9.94%，是全省人口减少最多的城市之一；2021年荆州常住人口低于户籍人口92.34万人，是全省人口严重流失地区。人口的持续减少，带来人力资源的减少，适应荆州承接产业转移的人力支撑明显不够，直接影响荆州的可持续发展能力。

四是营商环境急需进一步改善。在2020年12月21日粤港澳大湾区研究院、21世纪经济研究院联合发布的2020年中国296个城市营商环境报告中，荆州市排在200名以外，在省内城市中排位靠后。根据2021年6月2日省政府新闻办发布的湖北营商环境2020年评价成果，荆州在政务服务能力、"非接触式"办税、网上金融服务大厅等具体实践方面与标杆城市存在一定差距，总体评价居全省中下游水平，急需进一步改善。

三、荆州承接产业转移重点方向

依托现有产业基础和区位、资源等优势，围绕产业升级和培育新的增长点，实施差异化协同发展，明确主攻方向，因地制宜承接发展一批各具特色、优势互补、结构合理的优势重点产业，构建"战略性新兴产业引领、先进制造业主导、现代服务业驱动"的现代产业体系。

(一)培育战略性新兴产业

1. 新一代信息技术产业

发展壮大光通信产业。以荆州开发区电子信息产业园为重点,推进监利华中光电产业园、洪湖市光电产业园等项目建设,巩固光纤光缆、光纤预制棒制造等产品优势,积极对接国际国内光纤光缆企业,培育发展光学与微电子材料、光纤器件、光信息服务、高频调谐器、通信系统等产品,打造具有全国影响力的光电子信息产业创新创业示范基地。

促进集成电路产业链上下游配套。以荆州开发区为重点,巩固高性能纤维复合材料及石英制品、微电子材料等产业优势,集聚一批集成电路材料企业,增强集成电路产业配套能力。

积极发展新型显示与电子元器件。依托五光方电、山鹰光电、扬子江光电、富世华等企业,巩固发展生物识别滤光片、光学镜头、触屏显示器等产品,承接发展新型平板显示、柔性显示等领域,做大新型显示产业规模。依托悠进电装、亮锐科技、蓝光电子、中泰电子等企业,重点承接发展电线电缆、汽车灯泡、电流保险丝、高低频变压器、高清数据线、软磁新材料等领域,提升在国内外市场占有率。

培育软件和信息服务。以荆州高新区等为载体,依托荆鹏、华孚、明德等企业发展应用软件信息服务业,重点发展基础软件、工业软件、行业应用软件、货运信息平台等细分领域,打造示范区产业数字化聚集区。

提高工业互联网水平。以融入全省工业互联网产业链为抓手,依托明德科技等龙头企业,重点发展传感器、PLC工控设备等细分领域。加快实施"互联网+制造"行动计划,支持引进行业龙头企业搭建面向重点行业的工业互联网平台,促进大数据、移动互联网、云计算、物联网在制造行业的深入应用。

2. 新能源新材料产业

加快新能源产业发展。积极引进风电、光伏、智能电网、新型储能等新能源装备制造产业,以新能源高端装备制造带动新能源开发应用,合理有序开发利用新能源，加快推进屋顶分布式光伏和分散式风电发展，积极推进"新能源+"应用，依托兴旺生物质、聚能秸秆等企业有序开发利用生物质能，加快推进地热能开发利用，逐步提高荆州新能源在能源消费中的比重。

加强前沿新材料产业布局。依托各地材料资源优势，重点承接发展先进基础材料、先进化学材料、新兴功能材料、新型复合材料等领域产业，推动新材料融入高端制造供应链。以石首东升工业园、沿江产业园为重点，承接发展特种纸、高分子材料、新型板材、金属制品、活性染料等产业。以荆州开发区和江陵县现有化工园区为依托，逐步拓展至50平方公里以上，承接发展化工新材料产业集群。

3. 节能环保产业

巩固资源循环利用产业优势。以荆州开发区绿色循环产业园、石首市金平工业园为重点，依托湖北金科环保、石首市明阳再生资源、湖北荣成再生科技等龙头企业，重点承接发展废旧电器电子产品、废纸、废旧塑料、废旧轮胎、再生金属回收等循环利用产业。

培育发展节能及环保治理装备与产品。以推进工业园区绿色化、循环化改造和大中型企业清洁生产为抓手，重点引进水污染治理、大气污染治理、工业废渣等固体废弃物处理等关键技术和装备；培育高效节能电动机、工业用节能窑炉、节能变压器、电网能量补偿等节能机电装备制造产业。

4. 生物医药产业

突破性发展化学制药与生物制药。巩固解热镇痛、抗感染、抗病毒原料药市场优势，积极承接市场前景好的化学原料药，突破性发展化学制剂新药和仿制药。支持益曼特健康产业(荆州)公司打造全球维生素E生产基地。支持荆州"一半天"等企业开展短缺药品、创新药品自主研发。支持能特等企业加快发展大健康产业。积极发展生物制药，培育发展特色良种繁育、饲料酶制剂、生物化肥、生物农药等生物农业。

发展壮大现代中药。着力推进中药现代化，推广"种、产、销"一体化发展模式，延伸中药材精深加工产业链，大力发展中药新制剂、天然药物等新品种，支持打造中成药品牌。

5. 未来产业

加快发展氢能产业。发挥荆州汽车电池制造的优势，聚焦燃料电池核心基础材料和核心部件自主研发能力，引进培育关键材料及催化剂、关键设备和燃料电池系统集成等企业，促进氢燃料电池技术链发展。

加大区块链领域布局。推动数字经济与实体经济融合，加快引进落地一批区块链龙头企业、创新企业和独角兽企业，构建形成区块链与移动通信、物联网、云计算、大数据和人工智能等新一代信息技术融合创新的数字经济产业集群，在开源联动、应用孵化、行业推广等方面形成竞争力。

加大人工智能发展步伐。以市场需求为牵引，重点引进培育人工智能控制产品、智能理解产品、智能硬件产品，促进人工智能技术的产业化，推动智能产品在工业、医疗、交通、农业、金融等领域的集成应用。深入实施智能制造，鼓励新一代人工智能技术在工业领域各环节的探索应用，系统提升制造装备、制造过程、行业应用的智能化水平。

(二)壮大支柱性产业

1. 汽车及零部件产业

稳步发展整车与专用汽车。支持中联重科、先行汽车等具备专用车制造基础的企业做大做强，承接发展军工装备、建筑、急救、市政作业、电力维护、物流装卸等领域专用车辆，逐步壮大专用车辆制造产业。瞄准乘用车、商用车和专用车等领域企业，创新招商引资模式，争取其在示范区落户。

推动零部件配套高端化发展。以新滩经合区、青吉工业园、屌陵工业园、金平工业园等为重点，加快承接汽车发动机、底盘集成控制、变速箱、轮胎等零部件企业，突破性承接发展动力电池、车用传感器、车载芯片、电控系统、轻量化材料等高端零部件产业。

2. 先进装备制造产业

打造特色智能制造装备基地。以荆州城南高新园、公安青吉工业园、石首金平工业园为重点，承接发展矿山机械、石油石化装备、建筑机械等产业，打造一批特色智能制造装备基地。支持荆州依托江汉众力等企业，积极发展临空制造产业。

做大船舶和海洋工程装备产业。以荆州开发区为重点，做强海洋钻机、钻头、海洋修井机、海洋固井设备、海洋压裂设备、海洋高压管汇、井下动力工具等优势海工产品，加快承接发展海洋钻井包、海洋修井作业设备、大型网络控制压裂机组和辅助成套设备、各种高压流体控制元件和组合管汇、水下生产系统、作业监控和应急救援系统等海洋工程装备，打造我国海洋工程装备专用设备制造基地。

3. 现代化工产业

转型升级煤化工。以荆州新能源新材料产业基地等重大项目落地为突破口，推动煤炭深加工向聚酯、聚酰胺、聚乙烯、高性能纤维、功能性隔膜材料等化工新材料方向发展，把江陵绿色能源化工产业园建成国家级现代煤化工产业基地。

大力发展精细化工。重点承接发展水性涂料、胶粘剂、UV固化涂料、防水材料、可降解材料、电子化学品、有机硅等产品，加快发展氯碱氢有机合成及医药中间体、氧化消毒剂、食品添加剂等精细化工产品。

4. 食品加工业

建设国内重要粮油加工基地。以"优品种、提品质、创品牌"为重点，建设良种生产和繁育基地，积极承接发展粮油精深加工，开发低碾磨大米、重构功能大米、健康米糠油与高油酸菜子油等产品，打造绿色食品、有机食品、放心食品，努力建成国内重要的粮油加工基地。

促进畜禽加工多元发展。承接发展畜禽屠宰及冷鲜肉、分割肉、熟食肉制品深加工，扩大保洁蛋、皮蛋、盐蛋加工，新增蛋粉、液蛋、罐头肉、火腿肠、午餐肉、肉丸、肉馅、速冻水饺等产品加工，开发利用动物血液、骨头、脏器、蛋壳等副产品发展生物医药产品深加工。依托畜禽产品加工企业，建设一批现代化、标准化、规模化养殖基地。

发展壮大特色水产加工。发挥渔业资源优势，重点承接淡水鱼类、小龙虾及水生植物等水产品精深加工，延伸发展鱼鳞、鱼骨、内脏、甲壳等副产物综合利用，促进粗加工向深加工转变、加工产业链由低档向高端转变、由低附加值向高附加值转变，将荆州建成国内最大的淡水产品生产加工出口基地。

提高休闲健康食品加工附加值。重点承接发展营养功能食品、健康休闲食品等高附加值产品，推动休闲食品产业向风味型、营养型、享受型、功能型方向转化，建设全国休闲食品生产运营中心。

打造国内优质酒类加工基地。推动白云边酒业向集团化、规模化方向发展，支持黄山头酒业做大做强，扶持监利粮酒、枫林酒业、虎桥、橘颂酒业等企业发展，建设白酒原料及生产基地。

5. 轻工纺织产业

促进纺织服装向产业链中高端方向发展。加快纺纱织布向自主品牌服装鞋帽、家用纺织品及产业用纺织品等产业链中高端方向发展，推进沙市金色童年小镇、松滋中南国际服装产业城、监利及江陵巾被家纺产业园等一批重点项目建设，积极吸引品牌服装大企业落户，延伸拓展纺织服装全产业链条，建设中部地区的服装研发制造基地和产业转移承接基地。

推动造纸包装产业转型升级。强化造纸产业能源资源消耗、污染物排放的倒逼约束机制，推动造纸产业绿色、循环、低碳发展。依托山鹰、玖龙、荣成、真诚、骏马、宇兴等企业，加快形成年产1200万吨包装纸及生活用纸产能，建设现代循环造纸产业园。配套引进造纸包装下游高端产业链，打造华中高档包装纸基地。

加快家电智能化发展。发挥美的、华意等企业示范带动作用，推动传统家电产业向智能家居制造产业转型。支持智能家电创新中心建设，承接绿色环保型、高效节能型、信息智能型和个性化的智能家电产业。推广应用第三方电子商务平台，形成生产交易专业分工、品牌建设和市场运作等一体化格局，打造中部地区大型智能家电生产销售基地。

(三) 发展现代服务业

1. 现代物流业

引进发展一批品牌化、专业化物流企业,重点承接发展工业物流、商贸物流、保税物流、国际物流、快递物流、冷链物流、医药食品物流等专业物流,形成"通道+枢纽+网络"的现代物流体系。打造集监管查验中心、保税加工中心、进出口货物采购分拨中心、电子商务中心、物流金融中心为一体的现代保税产业基地,形成面向长江中游的多式联运节点和区域性物流中心。以江陵煤炭物流产业集聚区为核心,以盐卡港综合物流园区和荆州、江陵、公安、松滋等港区为支撑,以荆岳、荆襄等沿线物流中心为补充,建设一批多式联运的综合物流园区、物流港、物流中心项目。推进物流业与制造业、商贸服务业、现代农业融合发展,开展定制化物流服务、"互联网+"高效物流试点示范。

2. 电商服务业

以荆州市与中国(杭州)跨境电子商务综合试验区结对为契机,依托中国(湖北)国际贸易"单一窗口"跨境电商综合服务平台,着力搭建进口商品展示交易中心、B2C 第三方平台和自建站。培育引入知名度高、带动力强的电商龙头企业,推进建设一批电子商务公共服务平台和电商产业园。支持沙市区建设国家级电商产业园区。支持石首、监利等国家电子商务进农村综合示范县建设。推进与京东、阿里巴巴等大型电商集团的战略合作,打造"一县多品""一镇一品"的电商小镇和电商特色村。

3. 文化旅游业

支持纪南生态文化旅游区加快实施现代文旅产业链强链工程,建设荆楚文化传承高地,打造中国旅游名城。统筹做好荆州古城历史文化旅游区、荆州文博园等重大项目开发运营,实现生态、文化和旅游融合发展。以楚文化、三国文化、红色文化、长江文化为内核,积极引入旅游服务头部企业,围绕红色旅游、历史文化旅游、乡村旅游、休闲度假旅游、夜间旅游等领域谋划一批重点文旅项目,推出一批一体化精品旅游线路,扩大"楚国古都、三国荆州"品牌市场影响力,提高旅游核心竞争力。大力发展休闲观光农业和乡村旅游,建设一批示范景点和文旅名县、名镇、名村,着力打造一批有影响力的休闲农业品牌。充分利用文化资源,引入社会资本发展影视基地、文创空间、动漫制作体验、数字娱乐等文化产业,推动与旅游及数字多媒体产业的融合发展,打造湖北重要的文化创意基地。

4. 科技服务业

发挥科教资源优势和企业主体创新作用,重点引进集研究开发、设计、制造于一体,具有较强竞争力的骨干企业,承接科技研发、工业设计、技术推广、节能减排等服务业发展,培育科技咨询、技术转移与成果转化、知识产权、创新创业孵化等科技服务机构。以研发设计、软件开发、检验检测为重点,打造科技信息服务业集聚区,着力提升区域内检验检测中心、研发设计中心、医药工业质检中心等机构水平。推动节能环保、研发设计、检验检测、现代供应链管理等专业服务业发展。

四、为承接产业转移示范区发展提供强有力支撑

为进一步引导和支持产业有序转移和科学承接,促进示范区高质量发展,需要在投融资、开放合作、要素保障等方面给予必要的政策支持。

(一)增强承接产业转移科技支撑

坚持创新在现代化建设全局中的核心地位,增强承接产业转移示范区的科技承载力,夯实创新第一动力。

1. 加快建设科技创新平台

充分利用荆州在全省位于前列的高校和科研院所科研资源,发挥石油、化工、水产科研等在全省领先的优势,加快资源整合,加强与企业的联合,深化产学研合作,围绕产业链强化创新链、围绕创新链部署资本链,提高就地科技成果转化水平,推进科技与经济结合、技术与资本

联姻。以长江大学、荆州理工职业学院等高校和科技型企业为依托,建设荆州科创大走廊。充分调动石油装备企业、石化装备企业、油田化学企业积极性,与有关高校院所联合建设荆州油田化学产业研究院,共同打造荆州石油科技城。

2. 推动重点领域创新突破

推动荆州国家创新型城市和江陵县、石首市、洪湖市等创新型县市创建;建设省级乡村振兴农业科技创新示范基地。围绕产业链部署创新链,围绕创新链布局产业链,增强"钱变纸""纸变钱"能力,提高科技研发应用的层级和水平。紧扣汽车及零部件、电子信息、石化装备、纺织服装、造纸、农产品加工等重点优势领域和关键环节,突破一批制约产业转型升级的关键核心技术,推动产业高端化、绿色化发展。围绕新一代信息技术、高端装备、新能源新材料、生物医药、节能环保等领域布局重大科技项目,推动关键技术产业化,增强产业可持续发展能力。

3. 完善多层次创新体系

强化企业创新主体地位,促进各类创新要素向企业集聚。大力培育创新主体,实施高新技术企业倍增计划、科技型中小企业成长计划、隐形冠军企业培育计划。支持承接产业转移企业与国内外高校院所对接,围绕企业技术需求,联合设立研发机构或技术转移机构,组建一批企业主导的产业技术创新战略联盟,共同开展技术研发、成果应用、标准制定等。建立与产业转出地科技小巨人企业互认制度,对认定的科技小巨人企业优先列入国家、省、市重点建设计划,支持参评高新技术企业、创新型企业等。着力深化科技体制机制改革,打造热带雨林式科技创新生态,推进建立健全具有湖北特色的全区域、全链条、全主体、全要素科技创新体系。

(二)实行高水平对外开放

加大"引进来"力度,加快"走出去"步伐,打造高水平开放平台,努力扩大外资外贸,深度融入"一带一路"建设和长江经济带发展,积极融入国内国际双循环相互促进新格局,全面推进更高水平对外开放。

1. 打造高水平开放平台

深度对接湖北自贸区，建设湖北自贸区荆州协同区，促进荆州市深化改革、创新进取，尽可能缩小与各自贸区片区在开放水平、制度创新等方面的差距，促进荆州的铁水空国际贸易发展、跨境电商发展、跨区域经贸合作发展等，带动示范区产业转型升级，经济更加健康可持续发展。

加快荆州综保区申报审批工作，发展以石油装备、机电设备、汽车零部件等装备制作业为核心，以荆州华强方特等文旅企业的大型游乐设备设施保税检修为特色的保税加工、保税物流、保税服务等业务，与省内的综保区特别是宜昌综保区形成协同合作、优势互补、各有特色的发展模式。

依托武汉新港空港综合保税区建设洪湖新港园区，支持升级洪湖新港码头为集装箱港，设立海关监管窗口，形成多种功能于一体的综合性园区。支持监利建设白螺港申报海关特殊监管区，加快白螺B保区或保税仓基础设施建设。支持荆州高新区农产品国际物流交易中心建设。支持公安县推进长江沿岸港口项目建设。支持监利依托随岳高速南北通道功能优势打造白螺华中综合物流枢纽。支持洪湖新港综合物流园、新滩经合区物流产业园、仙洪监支线铁路洪湖站物流园建设，推动融入武汉物流产业体系。

2. 加快开放新通道建设

依托长江黄金水道、荆州港、荆州沙市机场、两横两纵铁路网、三横五纵高速路网，构建"水陆空铁"互联互通综合立体交通运输体系，形成通江达海、连南贯北、四通八达的综合运输枢纽。

加快建设长江经济带区域性航运中心，推动港口体制机制改革，加强协作，共同研议解决航运、物流和贸易企业利用长江水道面临的瓶颈。密切与长江流域城市间的交流，推进港口物流、生态保护、环境综合治理等领域的深度合作。突出区位和生态环境优势，加强与交通枢纽城市以及沿海沿边沿江港口区域协作，健全高效衔接的多式联运体系，强化联运服务模式创新。探索开行荆汉欧（荆州—武汉—中东欧）、荆西欧(荆州—西安—中东欧)班列,打通西向通道,积极融入"一带一路"发展。加强与邻省联系,谋划构建"中部陆海新通道"。

(三)加大财税金融政策扶持力度

1. 完善财政税收政策

抢抓《中共中央 国务院关于新时代推动中部地区高质量发展的意见》发布实施的机遇,争取中央预算内投资加大对荆州示范区内各产业转移园区基础设施建设支持力度。对接和落实财政部《关于全面推动长江经济带发展财税支持政策的方案》。争取中央财政继续给予荆州国家老工业基地政策扶持,继续给予松滋国家资源枯竭型城市政策支持,加大对江汉平原粮食主产区的政策补贴力度。全面落实国家支持湖北疫后重振的各项税收优惠政策,支持实体经济发展、企业技术创新,切实减轻企业税收负担。

对重大基础设施建设和重大产业项目,在投资安排、资金补助、贷款贴息等方面给予支持。省有关部门指导荆州市编制示范区产业发展指导目录,对目录内的投资项目,享受省鼓励类产业产品相关支持政策。对示范区内重大基础设施建设和重大产业项目,在规划编制、产业布局、审批核准及投资安排、资金补助、贷款贴息等方面给予支持。规划期内,中央、省财政加大转移支付力度,支持示范区基础设施、自主创新和环境建设。对荆州市承接产业转移示范区内符合条件的企业,切实落实好新税法规定的各项税收优惠政策。设立专项资金奖补四湖流域污染防治,为绿色发展示范。引导央企和省级投资平台加大对荆州市的投资力度。省财政设立承接产业转移专项1亿元,对于促进产业集群、产业链发展的入驻企业进行奖励与税收优惠。将重点企业纳入省级应收账款融资服务平台,加大省长江产业基金对高新企业的投资力度。省政府主导的产业发展基金加大对县域实体经济的支持力度。支持省高新产业投资集团与洪湖市合作,建立洪湖市高质量发展产业投资基金。

2. 细化金融扶持政策

银行业金融机构加大对符合国家产业政策和节能环保要求等产业转

移的信贷投放力度，积极为示范区建设和发展提供有效信贷支持。支持符合创业板发行上市条件的自主创新及其他成长型创业企业进入创业板融资，鼓励示范区内符合条件的企业发行企业债券、短期融资券和中期票据。支持示范区在多种所有制金融企业、外汇管理政策等方面进行改革试验。支持示范区按照有关管理办法规定，设立股权投资基金，发展创业投资，建立担保风险基金。探索开放短期出口信用保险市场，扩大出口信用保险覆盖率。积极探索开展跨境贸易人民币结算试点。

在"金融链长制"方面予以倾斜，将荆州生猪、工业互联网等产业纳入全省"金融链长制"重点扶持推进，并适时拓展到文旅产业链。协调省级各银行金融机构给予县市分支机构适当信贷审批权限，确保更多金融资源向县域倾斜以加强承接产业转移金融保障。

强化金融有效支持实体经济功能，持续推进县域金融工程，鼓励金融机构开发普惠性金融产品，扩大农村金融服务规模，增强金融有效供给能力，努力提高金融服务便利性。推动重点上市后备企业在主板市场成功上市，引导中小企业到北京交易所挂牌，扩大直接融资规模。建立重大项目"白名单"制度，鼓励引导金融机构在有效控制风险和商业可持续的前提下，对"白名单"项目保持信贷支持连续性。健全绿色金融体系和机制。推进绿色信贷与国家节能减排、循环经济专项相结合，优先支持绿色发展项目，探索开展绿色项目评级，鼓励对列入清单的企业和项目给予信贷政策倾斜。积极探索绿色贷款、绿色债券、绿色保险、绿色基金等绿色金融工具的运用，鼓励符合条件的绿色企业在武汉"中碳登"注册开展碳排放权交易、参与碳金融活动。

(四)持续优化营商环境

1. 优化市场化营商环境

实施统一的市场准入负面清单，对清单以外的行业、领域、业务等，各类市场主体均可依法平等进入，不以任何形式设置附加条件、歧视性条款和准入门槛。对标国际一流水平，建设与国际通行规则接轨的市场体系，促进国际国内要素有序自由流动、资源高效配置。改善中小微企业发展生态,放宽小微企业、个体工商户登记经营场所限制,便利各类创业者注册经营、及时享受扶持政策,支持大中小企业融通发展。

2. 优化法制化营商环境

严格落实《优化营商环境条例》及相关法律法规,推动专项领域相关法律法规调整工作。加强事前事中事后全链条监管,加大反垄断和反不正当竞争执法司法力度,为各类所有制企业发展创造公平竞争环境。依法严厉惩治侵犯知识产权违法犯罪行为,建立健全知识产权纠纷多元化解机制和知识产权维权援助机制。

3. 优化国际化营商环境

完善外资准入负面清单制度,坚持内外资企业一视同仁、公平竞争。支持高端制造业企业通过并购、合资合作、购买知识产权以及技术入股等形式,在境外投资建设研发中心。鼓励有条件的企业"走出去"开展境外投资。引导优势出口企业开设境外贸易公司,支持具有海外经营能力的企业设立境外加工厂。

荆州市营商环境总体水平要力争居全省中上游、进入全国城市前150名,营商环境便利度指数在90%以上,政务服务大厅在线审批率在95%以上,不断向国际先进水平的营商环境迈进。

撰稿人: 秦尊文　湖北省人民政府咨询委员、湖北省社会科学院研究员

张　宁　湖北省社会科学院助理研究员

2021年湖北省国民经济和社会发展主要指标

	单位	2020年		2021年	
		实际数	增幅(%)	实际数	增幅(%)
生产总值(当年价)	亿元	43443.46	-5.0	50012.94	12.9
其中：第一产业增加值	亿元	4131.91	3.2	4661.67	11.1
第二产业增加值	亿元	17023.90	-7.4	18952.90	13.6
规模以上工业增加值	亿元	—	-6.1	—	14.8
第三产业增加值	亿元	22287.65	-3.8	26398.37	12.6
全社会固定资产投资(不含农户)	亿元	—	-18.8	—	20.4
社会消费品零售总额	亿元	17984.87	-20.8	21561.37	19.9
出口总额	亿元	2702.0	8.7	3509.3	29.9
实际使用外资	亿美元	103.52	-19.8	124.6	20.3
地方公共财政预算收入	亿元	2511.52	-25.9	3283.30	30.7
城镇居民人均可支配收入	元	36706	-2.4	40278	9.7
农村居民人均可支配收入	元	16306	-0.5	18259	12.0
居民消费价格指数	上年=100	102.7	-0.4	100.3	-2.4
城镇化率(%)		62.89	—	64.09	—
全员劳动生产率	万元/人	12.19	-5.2	—	—
年末全省城镇登记失业率(%)		3.35	—	2.99	—
人口自然增长率(‰)		—	—	—	-0.88

数据来源：2020年、2021年《湖北省国民经济和社会发展统计公报》；根据2021年公报，2020年全省生产总值最终核实数为43004.49亿元，生产总值、各产业增加值绝对数按现价计算，增长速度按不变价格计算。另，2020年"城镇化率"数据来源于湖北省统计局、湖北省第七次全国人口普查办公室发布的《湖北省第七次全国人口普查主要数据情况》。

（易晓波　摘编）

后　记

　　《湖北发展研究报告》是湖北省教育厅和武汉大学共同发起、由湖北省普通高校人文社会科学重点研究基地——武汉大学发展研究院承担的专项任务。从 2003 年开始,《湖北发展研究报告》由武汉大学发展研究院组织、研究和编辑出版。武汉大学为更好地服务地方经济社会发展,2011 年成立了武汉大学湖北发展问题研究中心。从 2012 年开始,《湖北发展研究报告》由武汉大学湖北发展问题研究中心与武汉大学发展研究院共同组编。

　　《湖北发展研究报告》的宗旨是：关注湖北省科技、经济和社会发展中的重大问题,分析湖北省经济社会的运行状况,探索湖北省可持续发展战略及其重要举措,提出促进湖北省高质量发展的对策建议。《湖北发展研究报告》力求具有科学性、探索性、创新性、时效性和实用性。《湖北发展研究报告 2003》《湖北发展研究报告 2004》《湖北发展研究报告 2005》《湖北发展研究报告 2006》《湖北发展研究报告 2007》《湖北发展研究报告 2008》《湖北发展研究报告 2009》《湖北发展研究报告 2010》《湖北发展研究报告 2011》《湖北发展研究报告 2012》《湖北发展研究报告 2013》《湖北发展研究报告 2014》《湖北发展研究报告 2015》《湖北发展研究报告 2016》《湖北发展研究报告 2017》《湖北发展研究报告 2018》《湖北发展研究报告 2019》《湖北发展研究报告 2020》《湖北发展研究报告 2021》,已由武汉大学出版社出版。

　　在深入贯彻落实中国共产党第十九次全国代表大会及十九届历次中央全会精神、喜迎中国共产党第二十次全国代表大会胜利召开、努力实现中华民族伟大复兴的实践中,中国共产党湖北省第十二次代表大会 2022 年 6 月隆重举行。这次重要会议全面总结湖北省过去五年工作取得的主要成绩、积累的宝贵经验，深刻分析了新发展阶段面临的新形势、新任务，明确提出今后五年工作的总体要求、奋斗目标和重点任务。《湖北发展研究报告2022》积极服务湖北省肩负的"建成支点、走在前列、谱写新篇"国家战略使命，积极服务湖北省努力建设全国构建新发展格局先行区的奋斗目标。

《湖北发展研究报告2022》以问题为导向，重点研究未来五年应重点关注的科技、经济和社会发展问题。《湖北发展研究报告2022》包括32篇研究报告，这些报告分别由武汉大学、华中科技大学、武汉理工大学、中国地质大学（武汉）华中师范大学、武汉科技大学、江汉大学、武汉轻工大学、黄冈师范学院、湖北省人民政府研究室、湖北省发展和改革委员会、湖北省商业厅、湖北省社会科学院、湖北省市场监督管理局、湖北省地质局、湖北艺术职业学院、湖北省科技信息研究院、武汉市社会科学院、武汉光谷创新发展研究院等单位的专家学者完成。《湖北发展研究报告2022》的特点是：在喜迎中国共产党第二十次全国代表大会胜利召开、贯彻落实中国共产党湖北省第十二次代表大会精神背景下，深入研究湖北省实施创新驱动发展战略和实现高质量发展的相关问题，力求观察问题的全面性、分析问题的透彻性、研究问题的系统性、解决问题的建设性。

《湖北发展研究报告2022》是在湖北省普通高校人文社会科学重点研究基地建设基金、武汉大学人文社会科学发展基金资助下完成的。《湖北发展研究报告2022》中所陈述的只是课题组及撰稿人的看法，并不代表任何部门以及他们所属机构的观点，观点是否得当、数据正确与否均由他们自己负责。由于《湖北发展研究报告2022》是以跨学科、跨部门方式集体完成的，文字风格等不尽一致，加之或多或少受新冠肺炎疫情防控影响，虽然几易其稿，最终又由《湖北发展研究报告2022》统筹人、武汉大学发展研究院李光教授统稿，但仍有许多不尽如人意之处，敬请读者不吝指教。

从《湖北发展研究报告》开始策划起，就得到中共湖北省委、省政府和省教育厅等职能部门以及武汉大学领导的关心和大力支持。在《湖北发展研究报告 2022》的研究、组编及出版过程中，武汉大学有关领导更是为之倾注了心血，提出具有指导性和建设性的意见。《湖北发展研究报告 2022》的面世，蕴含着多方面的关心和支持，也凝结着众多人的辛勤劳动，特别感谢长期合作的武汉大学出版社及其编辑，在此一并致以衷心感谢和诚挚敬意。

2022 年是武汉大学发展研究院成立 20 周年，也是《湖北发展研究报告》连续组编出版 20 年。从 2003 年到 2022 年的 20 年间，我们一直在坚持和努力，因为我们坚信连续组编出版《湖北发展研究报告》的价值和意义。期待《湖北发展研究报告 2022》的读者提出建设性意见，以便进一步完善我们的工作，并使《湖北发展研究报告》更好地成为展示湖北省发展研究成果的公共平台。

编　者
2022 年 7 月

图书在版编目(CIP)数据

湖北发展研究报告.2022/武汉大学湖北发展问题研究中心,武汉大学发展研究院组编.—武汉:武汉大学出版社,2022.11
ISBN 978-7-307-23313-3

Ⅰ.湖… Ⅱ.①武… ②武… Ⅲ.区域经济发展—研究报告—湖北—2022 Ⅳ.F127.63

中国版本图书馆 CIP 数据核字(2022)第 170498 号

责任编辑:陈 红　　责任校对:汪欣怡　　版式设计:韩闻锦

出版发行:武汉大学出版社　(430072　武昌　珞珈山)
　　　　　(电子邮箱:cbs22@whu.edu.cn　网址:www.wdp.whu.edu.cn)
印刷:湖北恒泰印务有限公司
开本:720×1000　1/16　印张:32.5　字数:466 千字　插页:2
版次:2022 年 11 月第 1 版　　2022 年 11 月第 1 次印刷
ISBN 978-7-307-23313-3　　定价:98.00 元

版权所有,不得翻印;凡购我社的图书,如有质量问题,请与当地图书销售部门联系调换。